HERMANN MENGE

REPETITORIUM DER GRIECHISCHEN SYNTAX

HERMANN MENGE

REPETITORIUM
DER GRIECHISCHEN SYNTAX

Erste Hälfte: Fragen

Zweite Hälfte: Antworten

1978

WISSENSCHAFTLICHE BUCHGESELLSCHAFT

DARMSTADT

Mit Genehmigung des Georg Kallmeyer Verlags, Wolfenbüttel, veranstalteter unveränderter
reprografischer Nachdruck der 9., verbesserten Auflage 1961. Diese Auflage wurde im
Zusammenwirken mit Ute Gebhardt besorgt von Andreas Thierfelder

CIP-Kurztitelaufnahme der Deutschen Bibliothek

Menge, Hermann
Repetitorium der griechischen Syntax. — Unveränd.
reprograph. Nachdr. d. 9., verb. Aufl. 1961 / diese
Aufl. wurde im Zusammenwirken mit Ute Gebhardt
besorgt von Andreas Thierfelder. — Darmstadt:
Wissenschaftliche Buchgesellschaft, 1978.
Enth.: Hälfte 1. Fragen. — Hälfte 2. Antworten.
ISBN 3-534-00166-4

1 2 3 4 5

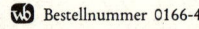 Bestellnummer 0166-4

© 1978 by Georg Kallmeyer Verlag, Wolfenbüttel
Druck und Einband: Wissenschaftliche Buchgesellschaft, Darmstadt
Printed in Germany

ISBN 3-534-00166-4

Vorwort

Hermann Menge hatte seinem „Repetitorium" zum Selbststudium des Lateinischen, nach dessen beifälliger Aufnahme durch das Publikum, 1878 ein entsprechendes Buch für das Griechische nachfolgen lassen. Beide Werke dienten viele Jahrzehnte hindurch weiten Kreisen zu gründlicher Erlernung der beiden klassischen Sprachen, waren jedoch seit 1914 nicht mehr aufgelegt worden. Dringenden Wünschen von philologischer und theologischer Seite nach einem Neudruck auch des griechischen Repetitoriums konnte schon bald nach dem Erscheinen des lateinischen (1953) entsprochen werden. Es sei erlaubt, für manche Fragen, welche Entstehung, Zielsetzung und Gestalt der Repetitorien betreffen, auf das Vorwort zu dem letztgenannten Werke zu verweisen.

Aus dem praktisch-unterrichtlichen Zweck erklärt sich, daß das griechische Repetitorium von dem lateinischen in seinem Wesen von vorn herein etwas verschieden war. Anweisungen zum Gebrauch der Sprache in freier Komposition oder Rede kamen für das Griechische nicht in Betracht: darum fehlt hier die Stilistik im Titel wie in der Darstellung. Das Werk war gedacht zur Einübung der griechischen Syntax im Umfang des damaligen Gymnasialpensums, und Menge hat ihm diesen Charakter des Lern- und Übungsbuchs stets belassen, nicht, wie mit dem lateinischen Repetitorium, mehr und mehr wissenschaftliche Ziele verfolgt. Er hat auch am Umfang eher gekürzt als hinzugetan, übrigens die Bearbeitung auch bald aus der Hand gegeben: die 6. Auflage (1909) besorgte Professor W. Wagner (Braunschweig), die 7. (1914) Dr. Wilhelm Schonack (Berlin).

In der 8. Auflage, die 1954 erschien, konnte das Register durch Zweiteilung übersichtlicher gestaltet werden; sonst blieb es, unter Berichtigung mancher Versehen, bei dem Druckbild von 1914, das photomechanisch wiederholt wurde.

In der vorliegenden 9. Auflage ist der Text neu gesetzt. Zahlreiche Änderungen, die meist von Fräulein Ute Gebhardt herrühren, betreffen zur Mehrzahl den deutschen Ausdruck in den Übungsstücken des ersten Teils (S. 1–88), sonst auch die Darbietung des grammatischen Stoffes, die einprägsamer gestaltet oder der Darstellung neuerer grammatischer Werke angepaßt wurde.

Mainz, Frühjahr 1961

Andreas Thierfelder

Inhalt

FRAGEN

I. DER ARTIKEL

1. In welchen Fällen gebraucht die attische Prosa den Artikel in demonstrativer Bedeutung?

2. Übersetze: 1) Die einen behaupten, der Wein sei zur (ἐπί *c. dat.*) Bestrafung der Menschen gegeben, damit sie rasend werden, die andern, um der Gesundheit und Stärkung des Körpers willen. 2) Halte es für wichtiger, deinen Kindern trefflichen Ruhm als großen Reichtum zu hinterlassen; denn der letztere ist vergänglich, der erstere unvergänglich! 3) Kyros gab dem Klearchos zehntausend Goldstücke; der nahm das Geld und warb mit (ἀπό) dieser Summe ein Heer. 4) Fliehet den Umgang mit den Schlechten; denn einerseits entfremden sie euch der Tugend, andererseits erfüllen sie die Seele mit häßlichen Begierden und Lüsten! 5) Viele Städte, die vormals die andern teils durch Größe der Land- und Seemacht teils durch Reichtum und Einkünfte teils durch Gesetzmäßigkeit und Tüchtigkeit der Bürger übertrafen, erscheinen jetzt klein oder sind gänzlich untergegangen. 6) Viele von den Kranken rufen keinen Arzt, sondern diesen und jenen herbei und bedienen sich nicht der zweckmäßigen Heilmittel, sondern tun dies und das. 7) Klearchos fragte die Boten, was sie wünschten; diese erwiderten, daß sie wegen eines Waffenstillstandes gekommen seien; der aber antwortete: „Meldet dem Artaxerxes, daß zunächst eine Schlacht erforderlich ist!" 8) Hunde halten wir teils zur Bewachung des Hauses (Plur.), teils zur Jagd auf wilde Tiere, teils zum Vergnügen.

3. Welche beiden Arten des Artikels sind zu unterscheiden?

4. Wie sind folgende Sätze zu übersetzen? 1) Ὁ προδότης τὴν δίκην ἔδωκεν. 2) Οἱ στρατιῶται τὸν μισθὸν ἀπήτησαν. 3) Οἱ πλούσιοι τοῖς χρήμασι τοὺς κινδύνους ἐξωνοῦνται. 4) Γένοιτό μοι τὰς χάριτας ἀποδοῦναι τῇ πατρίδι. 5) Ὁ στρατηγὸς ἑκάστῳ τῶν στρατιωτῶν τὸ μέρος τῆς λείας ἔνειμεν. 6) Ὁ κατήγορος τὸ μέρος τῶν ψήφων οὐ λαβὼν ἀπέτεισε τὰς πεντακοσίας δραχμάς. 7) Οἱ πολέμιοι ἠπόρουν τῶν ἐπιτηδείων.

5. Welche Regeln in bezug auf den Gebrauch des Artikels kommen bei der Übersetzung folgender Beispiele in Anwendung? 1) Kyros sprang von seinem Wagen und zog seinen Panzer an. 2) Die Römer sandten den Fabricius zu Pyrrhos. 3) Ägypten war sehr fruchtbar. 4) Das Heer des Perserkönigs wurde bei Salamis besiegt. 5) Der Philosoph Pythagoras; der Seher Silanos; der makedonische König Philipp; die Stadt Rom; die Insel Samos; der Fluß Euphrat; der Fluß Eurotas; der Fluß Styx; der See Moiris; das Gebirge Pelion; das Vorgebirge Sunion; das Vorgebirge Leukopetra; das Gebirge Kithairon; der Berg Olymp; der Berg Ätna; das Alpengebirge. 6) Die verständigsten Menschen sind die glücklichsten. Homer nennt den Agamemnon den Völkerhirten. Die Griechen wählten den Xenophon zum Feldherrn. Immer ist es das beste, die Wahrheit zu sagen. Einem Undankbaren wohlzutun ist dasselbe, wie eine Schlange zu füttern. 7) Die Leichtbewaffneten waren an die zweitausend Mann stark. Von den Schiffen scheiterten über zweihundert. Von den zehn Feldherren waren drei abwesend. Von den Reitern wurden zwei Drittel gefangen.

6. Welche Regeln in bezug auf den Wegfall des Artikels ergeben sich aus folgenden Beispielen? 1) Εὐσέβεια καὶ σωφροσύνη τοῖς νεανίαις πρέπει. Τίς οὐκ ἂν μουσικὴν φιλοίη; Ὀργὴ φιλούντων ὀλίγον ἰσχύει χρόνον. 2) Κορίνθιοι πρὸς Ἀθηναίους πρέσβεις ἔπεμψαν. 3) Οἱ Ἕλληνες ἅμ' ἔῳ ἔπλεον. Ἐπορεύοντο ἐν δεξιᾷ ἔχοντες τὸν ἥλιον. 4) Ἡδέως πείθου πατρί τε καὶ μητρί. 5) Πόλιν καὶ οἰκίαν καταλείπειν. Ὑπὲρ παίδων καὶ γυναικῶν μαχόμεθα.

7. Wie unterscheidet sich: 1) ὁ ἀγαθὸς ἀνήρ und ὁ ἀνὴρ ὁ ἀγαθός von ἀνὴρ ὁ ἀγαθός und ὁ ἀνὴρ ἀγαθός. 2) ὁ τῶν Ἀθηναίων δῆμος von ὁ δῆμος τῶν Ἀθηναίων.

8. Was ist über die Stellung des partitiven Genitivs zu bemerken?

9. Wie unterscheidet sich: 1) πολλοί von οἱ πολλοί, πλείονες von οἱ πλείονες, ἄλλοι von οἱ ἄλλοι, ὀλίγοι von οἱ ὀλίγοι. 2) ὁ μόνος παῖς von μόνος ὁ παῖς, ἡ μέση νῆσος von μέση ἡ νῆσος, ἐν τῇ ἐσχάτῃ ὕλῃ von ἐν ἐσχάτῃ τῇ ὕλῃ, ἐπὶ τῷ ἄκρῳ ὄρει von ἐπὶ ἄκρῳ τῷ ὄρει. 3) ὁ βασιλεὺς αὐτός von ὁ αὐτὸς βασιλεύς. 4) ἑκάστη πόλις von ἑκάστη ἡ πόλις. 5) πᾶσαι αἱ πόλεις von αἱ πᾶσαι πόλεις und πᾶσαι πόλεις.

10. Übersetze: 1) Durch diesen Hain; um jenes Lager herum. 2) Beide Hände; in jedem der beiden Dörfer. 3) Ein solcher Feldherr; eine so große Zahl. 4) Ich Unglücklicher; wir Schüler; ihr Fremdlinge.

5) Alle Löwen; jeder Arzt; die Gesamtzahl; die gesamte Menschheit; lauter Gold; in völliger Ungesetzlichkeit leben. 6) Mein Großvater; eure Schwestern; seine Verwandten.

11. Welche Regel ergibt sich aus Ausdrücken, wie οἱ νῦν ἄνθρωποι, τὰ ἐνθάδε πράγματα? Übersetze demnach: 1) Die übermäßige Freiheit; 2) die augenblickliche Lust; 3) die hiesigen Gesetze; 4) die früheren Volksversammlungen; 5) die benachbarten Völkerschaften; 6) die auswärtigen Angelegenheiten; 7) die alten Römer; 8) die Ewigkeit; 9) die Zwischenzeit; 10) die jeweiligen Behörden; 11) die Ober- und die Unterstadt; 12) der wahre Philosoph; der echte Römer; der richtige Steuermann.

12. Übersetze auf die kürzeste Weise: 1) Die Angelegenheiten der Thessalier; die Verhältnisse in Korinth; 2) die Lage des Staates; die Erscheinungen in der Natur; die Fügungen des Schicksals; 3) die Gegenden am Meere; die Striche längs des Euphrats; 4) die Eigenschaften der Tiere; die Eigentümlichkeiten der Bienen; das Wesen der Freiheit; 5) die Dinge in der Unterwelt; die jetzigen Zustände; die früheren Ereignisse; die darauf folgenden Ereignisse; 6) die Umgebung des Kyros; das Gefolge des Xerxes; 7) die Schüler des Plato; Zeno und seine Schule; 8) Leonidas und seine dreihundert Spartiaten; 9) die Zeitgenossen des Perikles; die Nachkommen des Perseus; 10) die auf der Burg stehenden Ölbäume; die unter der Erde lebenden Tiere; 11) die am Meere liegenden Städte; der vom Himmel fallende Regen; 12) die von Norden wehenden Winde; die von den Karthagern geschickten Briefe; 13) die bei den Skythen gebräuchlichen Opfer; die in der Unterwelt fließenden Ströme.

13. Der Satz: „Du hast blaue Augen" heißt im Französischen bekanntlich *Tu as les yeux bleus* (d. h. du hast die Augen als blaue); der Franzose faßt dabei das Adjektiv blau nicht attributiv, sondern prädikativ. Übersetze mit Anwendung solcher prädikativen Stellung folgende Sätze ins Griechische: 1) Diejenigen, die von der Sonne gebrannt werden (καταλάμπειν), haben schwärzere Hautfarbe. 2) Du wirst ein angenehmes Leben führen, wenn du gute Freunde besitzest. 3) Richter, wenn ihr jetzt ein gerechtes Urteil fällt, so werdet ihr nicht nur von der Mitwelt Lob und Ehre ernten, sondern auch der Nachwelt einen unsterblichen Ruhm hinterlassen. 4) Der lydische König Kroisos glaubte eine unüberwindliche Macht und unermeßliche Schätze zu besitzen. 5) Da die Natur uns einen sterblichen Körper verliehen hat, so müssen wir von unserer Seele ein unsterbliches Andenken zu hinterlassen suchen. 6) Wer reine Hände und einen demütigen Sinn hat, der darf zu den Altären der Götter treten, auch wenn er ein geringes Opfer darbringt. 7) Es ist offenbar, daß dieser Zeuge falsche Aussagen gemacht hat. 8) Die Feigheit der Gegner hat uns Griechen einen leichten Sieg verschafft. 9) Der Krieg der Perser mit den Griechen fand durch zwei See- und zwei Landschlachten eine schnelle Entscheidung. 10) Der Gerechte, auch wenn er arm ist an (*gen.*) Besitz, führt doch ein zufriedeneres Leben als der Ungerechte, der an allen Gütern reich ist. 11) Artaxerxes, der Sohn des Xerxes, führte den Beinamen Langhand, weil er eine längere Hand hatte. 12) Als Diogenes bei seiner Ankunft in Myndos die großen Tore und die kleine Stadt sah, sagte er: Männer von Myndos, schließt die Tore, damit eure Stadt nicht hinausläuft! 13) Ich habe das feste Vertrauen, daß aus dem Kriege ein ehrenvoller und dauernder Friede hervorgehen wird.

14. Welche Regeln über die Kraft des Artikels ergeben sich aus folgenden Sätzen? 1) Οἱ ἀγαθοὶ τοῖς ἀγαθοῖς εὖνοί εἰσιν. Τοὺς μὲν ἐπαίνου ἀξίους τιμᾶτε, τοὺς δ᾽ ἀδίκους φεύγετε. Τὰ δίκαια ἀεὶ ποιεῖν χρή. Ἅπαν τὸ χρηστὸν γνησίαν φύσιν ἔχει. Οἱ ἐλάχιστα ἐξαμαρτάνοντες εὐτυχέστατοί εἰσιν. Οἱ νῦν πολὺ διαφέρουσι τῶν πάλαι. 2) Τὸ σιγᾶν τοῖς νεανίαις κόσμον φέρει. Νίκησον ὀργὴν τῷ καλῶς λογίζεσθαι. Οἱ ἄνθρωποι πάντα ποιοῦσιν ὑπὲρ τοῦ μὴ δοῦναι δίκην. 3) Περιβόητόν ἐστι τὸ „Γνῶθι σαυτόν". Τὸ „ἀνήρ" δισύλλαβόν ἐστιν. Τὸ „ὑμεῖς" ὅταν εἴπω, τὴν πόλιν λέγω. Ἰσχόμαχος ἐγέλασεν ἐπὶ τῷ „τί ποιῶν καλὸς κἀγαθὸς κέκλησαι". 4) Ἀστυάναξ τε καὶ Ἕκτωρ οὐδὲν τῶν αὐτῶν γραμμάτων ἔχει πλὴν τοῦ Τ, ἀλλ᾽ ὅμως ταὐτὸν σημαίνει.

15. Wann wird das „Wahre, das Nützliche, das Schändliche" durch τὸ ἀληθές, τὸ συμφέρον, τὸ αἰσχρόν, wann durch τὰ ἀληθῆ, τὰ συμφέροντα, τὰ αἰσχρά ausgedrückt? – Übersetze: 1) Das Gute ist auch schön, aber das Schöne nicht immer gut. 2) Die Dichter haben über die Dinge in der Unterwelt viel Seltsames geschrieben. 3) Schwätzer verscheuchen durch ihr unaufhörliches Reden das Angenehme der Unterhaltung. 4) Wer stets das Gerechte tut und das Ungerechte haßt, wird wohl mit Recht für einen Ehrenmann gehalten.

16. Übersetze: 1) Die Lakedaimonier machten bekannt, jeder, wer wolle, möge Getreide, Wein, Käse und andere Speisen nach der Insel Sphakteria bringen. 2) Die Athener schickten gegen zehntausend Kolonisten an den Fluß Strymon und bemächtigten sich der

damals sogenannten neun Wege. 3) Ein von einem Hunde gebisse-
ner Mensch suchte jemanden, der ihn heilen sollte (*Partic. futuri* mit
dem Artikel); da begegnete ihm ein Bekannter und sagte: „Wenn
du dich vor den Hunden schützen willst, so gib ihnen Brot!"
4) Diejenigen, die von denselben Eltern entsprossen und in demselben Hause aufgewachsen sind und von denselben Eltern geliebt
werden, die fürwahr sind die allerbefreundetsten. 5) Die Nägel
sind vorn an den Fingern. 6) Milon, der Ringer aus Kroton, hob
einen Stier auf und trug ihn mitten durch die Rennbahn. 7) Kein
Mensch ist imstande zu berechnen, ob er sich für die Zukunft
freuen wird; denn die Götter allein sehen das Kommende voraus.
8) Beide Flüsse haben ihre Quellen in der sogenannten Nymphen-
grotte und fließen von der Spitze des Hügels längs des Waldrandes
hin. 9) Nicht nur Leonidas, sondern auch alle seine Leute starben
bei Thermopylai, gehorsam den Gesetzen ihres Vaterlandes. 10) Die
Dreihundert in der Umgebung des Leonidas wagten den Kampf
mit dem unzähligen Heere des Perserkönigs aufzunehmen; solche
Männer werden doch gewiß mit größtem Recht von aller Welt bewundert. 11) Die Griechen gebrauchten das Sprichwort „Nichts
zuviel!", um damit zu ermahnen, maßvoll in seinem Begehren zu
sein. 12) Gott vergibt uns unsere Schulden, wie auch wir unsern
Schuldigern vergeben. 13) Als die Chier einst einen Chor von hundert jungen Männern nach Delphi geschickt hatten, kehrten ihnen
nur zwei von diesen zurück; achtundneunzig aber hatte eine Seuche
befallen und dahingerafft. 14) Die Mehrzahl der Senatoren (ὁ
βουλευτής) beschloß die Vorschläge der Gesandten nicht anzunehmen, sondern ihnen die Weisung zu geben, bis zum Abend außerhalb der Landesgrenzen zu sein. 15) Cicero wurde, als er durch die
Entdeckung der katilinarischen Verschwörung den Staat von der
größten Gefahr befreit hatte, vom Senat (ἡ σύγκλητος) für den Vater
des Vaterlandes erklärt. 16) Sei überzeugt, daß dieselben Menschen
über dieselben Dinge nicht immer in gleicher Weise urteilen. 17) Die
Winde selbst werden zwar nicht gesehen, was sie aber bewirken, ist
allen offenbar. 18) Auf Delos, der mittelsten (mittleren) der Kykla-
den-Inseln, war der Berg Kynthos und jene Palme, unter welcher
die Göttin Latona den Apollo und die Diana geboren haben sollte.
19) Den Thales bewunderten seine Zeitgenossen wegen (ἐπί *c. dat.*)
der Vorausverkündigung einer Sonnenfinsternis. 20) Von den
Serern erzählt man, daß sie gegen dreihundert Jahre leben, und von

den Chaldäern, daß sie über hundert Jahre leben. 21) Wir müssen uns nicht so sehr darum kümmern, was der große Haufe von uns (*Acc.*) sagen wird, sondern was der [sagen wird], der Gerechtes und Ungerechtes versteht. 22) Herrlich ist folgender Ausspruch eines pythagoreischen Philosophen: Die Besonnenheit ist die Stärke der Seele, denn sie ist das Licht eines leidenschaftlosen Gemütes. 23) Von Poseidon erzählt man, er habe mit dem Dreizack die Erde geschlagen, so daß in der Mitte der Burg eine Quelle entstand, welche die Athener das erechtheische Meer nannten. 24) Cato sagte zu einem lasterhaften Greise: „Mensch, warum fügst du dem Greisenalter, das [so schon] mancherlei Leiden hat, die aus der Schlechtigkeit entstehende Schande hinzu?" 25) Alkestis, die Tochter des Pelias, wollte als einzige für ihren Mann sterben, obwohl er Vater und Mutter hatte. 26) Nach der Sage der Griechen stammen die jetzigen Menschen von Deukalion, dem Sohne des Prometheus, ab. 27) In jedem Kahne waren drei Männer, von denen zwei ausstiegen und einer sitzen blieb. 28) Sokrates sagte: „Wenn die Gaben der Schlechten den Göttern erwünschter wären als die der Guten, so wäre es für die Menschen nicht der Mühe wert zu leben." 29) Nachdem der Perserkönig Kyros die Herrschaft des Kroisos gestürzt hatte, unterwarf er die Länder, welche innerhalb des Flusses Halys lagen. 30) Von den hundert Schiffen, welche die Athener ausgerüstet hatten, waren sechzig Schnellsegler und vierzig Transportschiffe. Die Spartaner hatten von dem Peloponnes zwei Fünftel in Besitz. 31) Diejenigen, welche in völliger Gesetzlosigkeit leben, werden leicht zu jeder Verwegenheit verleitet. 32) Von den Leuten Hasdrubals fielen die einen in jener Schlacht, die anderen wurden (noch) an demselben Tage abends gefangengenommen. 33) Anfangs gefiel die Mehrzahl der Oligarchen durch ihre Mäßigung nicht nur den Leuten in der Stadt (Athen), sondern auch den Leuten auf dem Lande. 34) Odysseus stieg in die Unterwelt hinab, um die Seele des Sehers Teiresias wegen der Rückkehr in die Heimat zu befragen. 35) Solon setzte den Rat auf dem Areopag aus den jährlichen Archonten zusammen. 36) Der Perserkönig behauptete, der Herr über die gesamte Menschheit zu sein vom Aufgang der Sonne bis zu (ihrem) Untergange. 37) Ihr Barbaren kennt weder das Wesen der Freiheit, noch seid ihr imstande, aus (*dat.*) den jetzigen Verhältnissen die späteren Ereignisse zu berechnen. 38) Nicht der große Haufe, sondern allein der König soll die Angelegenheiten des Staates und das Kriegswesen leiten.

14

II. SYNTAXIS CONGRUENTIAE SIVE CONVENIENTIAE

17. Gib die Gesetze der *Syntaxis congruentiae* nach folgenden Beispielen an: 1) Σὺ μὲν διδάσκεις, ἡμεῖς δὲ μανθάνομεν. Ἡ μὲν ἀρετὴ θαυμάζεται, πονηραὶ δὲ πράξεις μισοῦνται. 2) Ὁ μὲν ἄνθρωπος θνητός ἐστιν, οἱ δὲ θεοὶ ἀθάνατοι. Πενία χαλεπή ἐστιν. Οἱ χρηστοὶ ἄνδρες τοῖς χρηστοῖς ἀνδράσιν εὐνοί εἰσιν. 3) Τὰ ῥόδα θάλλει. Κακοῦ ἀνδρὸς δῶρα ὄνησιν οὐκ ἔχει. Εἴθε πάντα τὰ πράγματα ταῦτα καλῶς τετελεσμένα εἴη. 4) Ὁ λόγος εἴδωλον τῆς ψυχῆς ἐστιν. Ἡ Αἴγυπτος δῶρόν ἐστι τοῦ Νείλου. Θούριοι ἀποικία τῶν Ἀθηναίων ἦν. Πόλεως ψυχὴ οἱ νόμοι εἰσίν. Πόνος εὐκλείας πατήρ ἐστιν. Ἡ φιλαργυρία μήτηρ πάντων κακῶν ἐστιν. Αἱ Φόρκου θυγατέρες γραῖαι ἦσαν. 5) Φίλιππος καὶ Ἀλέξανδρος πολλὰ καὶ θαυμαστὰ ἔργα ἀπεδείξαντο. Δίκη καὶ ἀδικία ῥᾳδίως διακρίνονται. 6) Πελοπίδας καὶ Ἐπαμεινώνδας ἀνδρειότατοι ἦσαν. Ἥρα καὶ Ἀθηνᾶ τοῖς Τρωσὶν ἐχθραὶ ἦσαν. Ὁ ἀνὴρ καὶ ἡ γυνὴ ἀγαθοί εἰσιν. Ἡ γυνὴ καὶ τὰ τέκνα ἀγαθαί εἰσιν. 7) Ἡ ὀργὴ καὶ ἡ ἀσυνεσία κακαί εἰσιν. Εὐγένεια καὶ δύναμις καὶ τιμαὶ δῆλά ἐστιν ἀγαθὰ ὄντα. Ὁ τοῦ γείτονος ἀγρὸς καὶ κῆπος διεφθαρμένοι εἰσίν. Ἡ ἀγορὰ καὶ τὸ πρυτανεῖον Παρίῳ λίθῳ ἠσκημένα ἦν. Λίθοι τε καὶ πλίνθοι καὶ ξύλα καὶ κέραμος ἀτάκτως ἐρριμμένα οὐδὲν χρήσιμά ἐστιν. 8) Ἡ τύχη καὶ Φίλιππος τῶν ἔργων κύριοι ἦσαν. Ὁ βασιλεὺς καὶ αἱ νῆες αὐτοῦ ἤδη ᾤχοντο φεύγοντες. Δημοκρατία καὶ τύραννος φύσει πολέμιά ἐστιν. 9) Ἐγὼ καὶ σὺ καὶ ὁ φίλος νοσοῦμεν. Ἐγὼ καὶ οἱ ἄλλοι πρέσβεις συνήλθομεν. Ὑμεῖς καὶ οἱ Θηβαῖοι οὔτε νόμοις οὔτε ἔθεσι χρῆσθε τοῖς αὐτοῖς. 10) Αὕτη ἀρίστη διδασκαλία ἐστίν. Αὕτη ὑπὸ πάντων ὕβρις ὀνομάζεται. Οὗτοι λόγοι αἴσχιστοί εἰσιν. Τίς ἐστιν αἰτία τῆς λύπης ὑμῶν; 11) Ἀλέξανδρος, ὁ τῶν Μακεδόνων βασιλεύς, ἐνίκησε Δαρεῖον, τὸν τῶν Περσῶν βασιλέα. Φεῦγε τὰς ἡδονάς, δεσποίνας θωπευτικωτάτας. 12) Ἴδε τὰ ἐμὰ δυστήνου κακά.

18. Durch welche Redeteile kann im Griechischen das Subjekt ausgedrückt werden, und in welchen Fällen drückt der Grieche das Subjekt nicht besonders aus?

19. In welchen Fällen wird im Griech. die Kopula ἐστίν und εἰσίν ausgelassen?

20. Wann nennt man das Verbum εἶναι ein *Verbum substantivum?*

21. Wie wird im Griechischen das deutsche Pronomen „man" ausgedrückt? – Übersetze: 1) Weder Reichtum noch Schönheit hat Nutzen, wenn (ὅταν) man keinen Verstand hat. 2) Wenn man die Lei-

denschaften nicht bezwingt, wird man selbst von ihnen bezwungen.
3) Wenn man sich nicht anstrengt (κάμνω), kann man nicht glücklich sein. 4) Es ist gerecht, daß man diejenigen, die das Vaterland beschimpfen und verraten, mit den äußersten Strafen züchtigt.
5) Die Sitten, in welchen man von Kindheit an bis zum Mannesalter lebt, liebt man am meisten und haßt die entgegengesetzten.
6) Wenn man verstände, die Felsen zu Gold zu machen, so würde diese Kenntnis nichts wert sein, wenn man das Gold nicht zu gebrauchen verstände. 7) Deswegen hat man zwei Ohren und nur einen Mund, damit man mehr hört und weniger redet. 8) Bei den Athenern findet man die Bildsäulen guter Feldherrn und von Leuten, welche die Tyrannen töteten, auf dem Markte aufgestellt.
9) Als man den Agesilaos fragte, wie man am besten bei den Menschen in gutem Rufe stehen könne, sagte er: wenn man das Beste spräche und das Rühmlichste täte. 10) Man erzählt von Anaxagoras aus Klazomenä, man habe ihn niemals lachen, ja nicht einmal lächeln sehen. 11) Wenn man sich den Finger verwundet, empfindet es der ganze Körper und leidet mit. 12) Wenn man die in den Kriegen errungenen Vorteile erwägt, so findet man, daß die meisten und größten durch Täuschungen zustande gekommen sind. 13) Von dem trojanischen Kriege bis zur Rückkehr der Herakliden rechnet man achtzig Jahre. 14) Alles kann man ausfindig machen, wenn man die Mühe nicht flieht, die mit dem, was man sucht, verbunden ist.

22. Gib die Regeln über den Gebrauch des D u a l s im Griech. an! – Übersetze: 1) Ein Brüderpaar hat, wie mir wenigstens scheint, Gott zu einem größeren Nutzen füreinander geschaffen, als Hände, Füße, Augen und das übrige, soviel (bei) den Menschen von Natur brüderlich ist. 2) Das Auge des Herrn leistet oft mehr als seine beiden Hände. 3) Auf einem Gemälde sieht man Medea, wie sie ein Schwert in den Händen hält und ihre beiden Söhne wild anblickt; die Unglücklichen aber spielen lachend und von dem Bevorstehenden nichts ahnend.

23. Führe die wichtigsten Arten der sogenannten *Constructiones ad sensum* an!

24. Übersetze mit Anwendung von *Constructiones ad sensum*: 1) Ein Teil der Menschen glaubt überhaupt nicht an Götter, andere sind der Ansicht, sie kümmerten sich nicht um uns. 2) Das Volk in Argos rottete sich zusammen und griff die Oligarchen an. 3) Der rechte Flügel der Athener griff die Feinde mutig an und schlug sie in die Flucht; der linke aber, dem die Reiterei in den Rücken gefallen war, erlitt eine Niederlage. 4) Als das athenische Volk von Salamis aus seine Vaterstadt in Flammen stehen sah und hörte, daß der Tempel der Minerva von den Persern zerstört sei, wurde es außerordentlich mutlos. 5) Wer (ὅστις ἄν) die jungen Leute zu sittlicher Haltung anspornt und die Bürger den Gesetzen gehorsam macht, der wird mit Recht für einen Wohltäter des Vaterlandes gehalten. 6) Die Behörden der Lakedaimonier sandten ein Heer ab aus Furcht, daß das athenische Volk, wenn es von ihnen nicht unterstützt würde, ein Bündnis mit dem Perserkönige schließen möchte. 7) Als Theramenes und seine Mitgesandten von Sparta nach Athen zurückgekehrt waren, umringte sie bei ihrem Einzuge in die Stadt ein großer Menschenhaufe, welcher fürchtete, sie möchten unverrichteter Sache angekommen sein. 8) Als die Spartaner, die in Attika eingefallen waren, das Land verwüsteten, wurde die Bürgerschaft sehr unwillig und kehrte ihren Zorn gegen Perikles. 9) Eine große Menge Menschen lebt vom Ertrag der (ἀπό) Herden, indem sie sich von (Dat.) Milch, Käse und Fleisch nährt.

25. Welche Beobachtungen ergeben sich aus folgenden Sätzen, die von den allgemeinen Regeln über die *Syntaxis congruentiae* abweichen? 1) Σύμβουλος ἀγαθὸς χρησιμώτατον πάντων τῶν κτημάτων ἐστίν. 2) Ἡ μὲν σοφία κάλλιστον, ἡ δὲ ἀμαθία αἴσχιστόν ἐστιν. Πιστὸν ἡ γῆ, ἄπιστον ἡ θάλασσα. Οὐκ ἀγαθὸν πολυκοιρανίη. 3) Ἡ τῆς πόλεως περίοδος στάδιοι τριάκοντά εἰσιν. Ἐκεῖνο τὸ χωρίον πρότερον Ἐννέα ὁδοὶ ἐκαλοῦντο. Ἡ προὶξ ὀγδοήκοντα μναῖ γενήσονται. Ὁ ὕπνος εἴδωλον θανάτου ὀνομαστέον ἐστίν. 4) Ἀρετὴ καὶ πίστις τιμιωτέρα ἐστὶ πάντων τῶν χρημάτων. Φόνος καὶ θόρυβος ἐν τῷ στρατοπέδῳ ἦν. Ἐστρατήγει τῶν νεῶν Ἀριστεὺς καὶ Καλλικράτης καὶ Τιμάνωρ. Οἱ προεστῶτες καὶ μάλιστα Θρασύβουλος ἔπεισε τοὺς στρατιώτας. Οἱ ἐν τῇ Μιλήτῳ καὶ ὁ στρατηγὸς αὐτῶν ἐθάρσησεν. Φαλῖνος ᾤχετο καὶ οἱ σὺν αὐτῷ. Οἱ παῖδες καὶ ἅπαν τὸ γένος τὸ τοῦ ἐπιορκήσαντος μεγάλαις ἀτυχίαις περιπίπτει. 5) Τὴν πεπρωμένην μοῖραν ἀποφυγεῖν ἀδύνατά ἐστι καὶ θεῷ. 6) Ἴχνη πολλὰ καὶ ἵππων καὶ ἀνθρώπων φανερὰ ἦσαν. Τὰ ἄρματα ἐφέροντο τὰ μὲν δι' αὐτῶν τῶν πολεμίων, τὰ δὲ καὶ διὰ τῶν Ἑλλήνων. Ἐγένοντο ἐκ τῆς λείης εἴκοσι καὶ ἑκατὸν τάλαντα. 7) Τοῦτο ἀμαθία ἐστίν. Νομίζω τοῦτο εὐσέβειαν εἶναι. Ὅπερ ἐν νηὶ κυβερνήτης ἐστί, τοῦτο ἐν πόλει οἱ νόμοι εἰσίν. 8) Ἤλθομεν εἰς τὴν ἄκραν, αἳ ἐκαλοῦντο

κλεῖδες τῆς Κύπρου. Θῆβαι, ἣ μητρόπολίς ἐστι τῆς Βοιωτίας. Περσικὸν ξίφος, ὃν ἀκινάκην καλοῦσιν.

25. b. Welcher Unterschied ist zwischen den Ausdrücken τί ἐστι φιλία und τίς ἐστι φιλία?

26. Welchen Gebrauch hat im Griechischen der k o l l e k t i v e S i n g u l a r?

27. Welche Regeln kommen bei Übersetzung folgender Beispiele in Anwendung? 1) Tag und Nacht lernen; den Schmeichlern sein Ohr leihen; sein Auge an der Qual der Unglücklichen weiden; Hand an jemand legen. 2) Die Freunde gaben einander die Hand. Die Bürger griffen zum Schwert. Steckt euer Schwert in die Scheide! 3) Die Feinde wandten den Rücken. Den Gefangenen wurde der Kopf abgeschlagen. Die Reiter sprangen vom Pferde. 4) Klein ist aller Dinge Anfang. Ein guter Bürger gehorcht dem Gesetze gern. 5) Es gibt sehr viele Vögel, die gegen Winter an einen andern Ort wandern. 6) Den Lauf der Sterne beobachten; aus dem Fluge und Gesange der Vögel die Zukunft vorhersagen. 7) Die Schauspieler schminken ihr Gesicht. Die griechischen Schauspieler gingen auf (dem) Kothurn. 8) Großer Männer Leben und Charakter, mögen sie sich im Kriege oder im Frieden ausgezeichnet haben, kennen zu lernen, ist nicht allein angenehm, sondern auch nützlich und notwendig. 9) Oft ist es schwer, den Geist und die Gesinnung der Leute zu durchschauen. 10) Regenschauer und Hagelwetter, Schneegestöber, starker Frost, anhaltende Hitze, Fleischvorrat. 11) Zornausbrüche, Todesarten, Liebesbezeigungen, Äußerungen von Freude und Neid, Beweise von Mitleid und Sanftmut, Verdachtsgründe, Regungen von Reue und Scham, Altersstufen. 12) Kleanthes behauptete, der Gottesbegriff sei dem Geiste des Menschen eingeprägt. 13) Nicht wenige junge Männer bringen ihre Jugend in Zügellosigkeit, Leichtsinn und Tändelei hin. 14) Die Kranken müssen den Ratschlägen des Arztes nachkommen, um von ihrer Krankheit frei zu werden. 15) Solon wollte, daß die Söhne ärmerer Eltern wenigstens ein sitzendes Handwerk lernten. 15) Viele von denen, die in den Hades kommen, sagt Plato, haben eine schlechte Seele, sind aber mit einem schönen Körper und Adel und Reichtum umkleidet. 17) Wenn (ὅταν) die Staaten ins Unglück geraten, sehnen sie sich nach der Leitung älterer Männer und zwangen schon oft einen Greis gegen seinen Willen, die Staatsangelegenheiten in Sicherheit zu bringen.

28. Wie ist die appositionelle Partikel „als" in folgenden Sätzen griechisch auszudrücken? 1) Alexander nahm als achtzehnjähriger Jüngling an der Schlacht bei Chaironeia teil und zog vier Jahre später als Oberfeldherr der Griechen nach Asien, um das Perserreich sich zu unterwerfen. 2) Ithaka war als gebirgige Insel zur Pferdezucht nicht geeignet. 3) Archytas enthielt sich als ein Pythagoreer der Bohnen. 4) Paulus verlangte als römischer Bürger mit vollem Recht, daß man ihn nicht ohne Verhör binde und geißele. 5) Viele Vögel, wie Gänse, Enten, Schwäne usw., können schwimmen. 6) Bei den Alten wurden die Dichter als Diener und Dolmetscher der Götter mit frommer Gesinnung geehrt. 7) Hanno zeigte sich bei jeder Gelegenheit als Feind der Barciner. 8) Sokrates wurde als alter Mann von siebenzig Jahren von Meletos als Verderber der Jugend angeklagt. 9) Nichts wird dir als einem klugen Manne entgehen. 10) Die Feinde hausten nach Eroberung der Burg in unserm Lande als Räuber. 11) Da Vater und Mutter mir gestorben waren, sorgtest du als Vater für mich. 12) Kimon, den ich als Sohn des Miltiades schon oben erwähnt habe, besiegte als Feldherr der Athener am gleichen Tag die Flotte und das Landheer der Perser am Flusse Eurymedon. 13) Die Eulen haben als Raubvögel krumme Schnäbel. 14) Die Natur verlieh uns die Tränen als Trost in den Leiden. 15) Als Herkules den kithaironischen Löwen überwältigt hatte, legte er sich das Fell um und verwandte den Rachen als Helm. 16) Jedes Wissen, welches sich von (Gen.) der Gerechtigkeit und Tugend entfernt, erscheint als Schlauheit, nicht als Weisheit.

29. Was versteht man unter *Appositio partitiva* oder *distributiva?* Übersetze mit Anwendung dieser Apposition: 1) Von den Akarnanen zogen einige aus Gewinnsucht, die meisten aber aus Wohlwollen für die Athener als Bundesgenossen mit gegen Syrakus. 2) Von den Peloponnesiern und ihren Bundesgenossen fielen zwei Drittel in Attika ein. 3) Von den Persern, die mit Xerxes nach Griechenland hinübergekommen waren, kamen die meisten infolge des Krieges und der Winterkälte um; die übrigen kehrten, nachdem sie vieles in Griechenland erduldet hatten, in die Heimat zurück. 4) Sokrates sagte, daß einige von den Menschen es versuchten, Bäume um der Früchte willen zu pflegen, die meisten aber für einen Freund, welchen wir für das einträglichste Gut halten, ohne Eifer und lässig sorgten. 5) Philipp besetzte einige von den griechischen Städten, einige zerstörte er. 6) Die Sklaven kosteten in Athen gewöhnlich teils zwei Minen, teils fünf, teils auch zehn.

30. Wie ist das deutsche „nämlich" bei der Apposition in folgenden Sätzen auszudrücken? 1) Zweierlei ist es, was die jungen Leute erzieht, nämlich die Bestrafung derer, die Unrecht tun, und die Belohnung, die man guten Menschen gibt. 2) Jedes Lied besteht aus drei Dingen, nämlich aus dem Text, aus der Melodie und dem Takt. 3) Der Vater der Geschichtsschreibung, nämlich Herodot, war zu Halikarnaß geboren. 4) Selbst der rechtschaffenste aller griechischen Philosophen, nämlich Sokrates, mußte den Giftbecher trinken. 5) In einigen Beziehungen stehe ich hinter euch zurück, nämlich an Vornehmheit und Ruhm. 6) Christus hat den Menschen nur ein Gebot gegeben, nämlich sich untereinander zu lieben. 7) Livius sagt im Anfange des 21. Buches, er wolle den denkwürdigsten aller Kriege, die jemals geführt seien, beschreiben, nämlich denjenigen, den die Römer mit den Karthagern geführt haben. 8) Pythagoras pflegte zu sagen, zwei Dinge seien den Menschen von den Göttern als die schönsten gegeben, nämlich die Wahrheit zu sagen und Gutes zu tun.

31. Welche Regel ergibt sich aus Ausdrücken, wie ἀνὴρ βασιλεύς, ἄνδρες δικασταί, θυγάτηρ παρθένος?

32. Warum wird der Satz: „Sokrates trank das Gift heiter und freudig" nicht Σωκράτης τὸ κώνειον εὐθύμως καὶ ἀσμένως ἔπιεν, sondern Σωκράτης τὸ κώνειον εὔθυμος καὶ ἄσμενος ἔπιεν übersetzt?
Übersetze: 1) Eine Arbeit, an die man ungern geht, gedeiht gewöhnlich nicht recht. 2) Wie klar und ruhig fließt diese Quelle dahin! 3) Der Riese fiel, von einem Steine mitten vor die Stirn getroffen, rücklings nieder. 4) Ich habe dir nicht wissentlich unrecht tun wollen, sondern die Worte, die dich gekränkt haben, unabsichtlich geäußert. 5) Unrecht tut, wer zuerst den Vertrag bricht, nicht wer sich gegen den Vertragsbrüchigen verteidigt. 6) Von den Schiffen liefen die einen am dritten, die anderen am neunten Tag in den Hafen ein. 7) Ein Bote, der am Abend in das Lager kam, meldete den Soldaten zu ihrer Freude, daß die Feinde unverrichteter Sache abgezogen seien. 8) Proviant war in der Burg reichlich vorhanden. 9) Das Feuer ergriff die ganze Stadt, da der Wind stark wehte. 10) Denjenigen, der unabsichtlich fehlt, wird niemand einen Bösewicht nennen. 11) Diejenigen, die zuerst auf die Spitze des Berges gekommen waren, erblickten das Meer und jubelten vor Freude laut auf. 12) Von allen außeritalischen Ländern haben die Römer Sizilien zuerst

unterworfen, Britannien zuletzt. 13) Obgleich die Lakedaimonier die ganze Nacht hindurch marschiert waren, kamen sie doch später an als die Athener. 14) Bei dem gemeinsamen Gastmahle saßen mein Bruder und dein Vater sich gegenüber. 15) Die Wolken ziehen oben in der Luft. 16) Das Pferd, das von einem Geschosse in die Seite getroffen war, richtete sich gerade in die Höhe und warf seinen Reiter ab. 17) Viele von unsern Mitbürgern wandern über den Ozean aus, teils weil sie durch Not und Armut dazu gezwungen werden, teils weil sie mit ihrer Lage unzufrieden sind, teils weil sie von Verwandten und Freunden überredet wurden. 18) Im Kriege muß man die Tapfersten an die Spitze und ins Hintertreffen stellen, in die Mitte die Feigsten, damit sie von den einen geführt, von den anderen gedrängt werden. 19) Der Gesetzgeber Lykurg befahl den Lakedaimoniern, nicht oft mit den gleichen Feinden Krieg zu führen, damit sie nicht selbst jene gegen ihren Willen Krieg führen lehrten.

33. Was versteht man unter Einordnung und Beiordnung von Adjektiven? – Übersetze: 1) Eine alte, heilige Eiche. Ein langwieriger, verderblicher Krieg. Ein hohes, prächtiges Gebäude. 2) Heftige bürgerliche Unruhen. Vorzüglicher roter Wein. Frische syrische Feigen. 3) Vom Perserkönig kamen Gesandte, welche viele herrliche Geschenke brachten. Die Peisistratiden veranstalteten den Göttern viele glänzende Opfer. Cäsar sank, von vielen schweren Wunden durchbohrt, nieder. In dem Heere waren viele feige Soldaten.

33 b. Übersetze: 1) Was die meisten Menschen Tugend nennen, das, behauptest du, sei ein leerer Name. 2) Alle jungen Leute (μειράκιον), die vordem mit Sokrates verkehrt hatten, lobten, wenn sie sich daheim miteinander unterhielten, oftmals seine Tugenden und seinen Edelmut. 3) Sokrates untersuchte nicht die Dinge am Himmel, sondern forschte (danach), was die Tugend, was die Gerechtigkeit, was die Ungerechtigkeit sei (Ind.), was man unter einem Staate, was unter einem Staatsmann verstehe (καλεῖσθαι). 4) Halte das für die beste Gottesverehrung, wenn du dich stets gut und gerecht zeigst! 5) Unter allen Gütern setze den Reichtum zuletzt an; denn er ist das Unsicherste von dem, was wir besitzen. 6) Das Vaterland ist doch gewiß (bei) allen verständigen Menschen etwas Ehrwürdigeres und Heiligeres als Vater, Mutter und alle Verwandten. 7) Die Mauern

der Stadt Babylon waren nicht aus Quadern, sondern aus Ziegel-
steinen erbaut. 8) Die meisten Menschen kümmern sich um einen
Freund, den wir (doch) für das einträglichste Gut halten, in träger
und nachlässiger Weise.

III. GEBRAUCH DER KASUS

1. Nominativ und Vokativ (*Casus recti*, Gegens. *Casus obliqui*)

34. Welche Verba können ein Prädikatsnomen im Nominativ bei
sich haben?

35. Übersetze: 1) Kyros wurde von Dareios zum Feldherrn aller Truppen ernannt, die sich in (εἰς) der Ebene des Kastolos versammelten.
2) Als einst eine große Dürre in Attika entstanden und die Früchte
und eine Menge von Menschen zugrunde gegangen waren, brachte
Erechtheus aus Ägypten eine große Menge Getreide nach Athen,
wofür er von den dortigen Einwohnern zum König gewählt wurde.
3) Solange die Gesetze Lykurgs unverändert blieben, wurden die
Spartaner mit Recht für die tüchtigsten unter den Griechen gehalten. 4) Diejenigen, die den Sport übermäßig betreiben (χρῆσθαι),
werden oft roh, die aber die Musik, weichlich. 5) Als Cicero, der
von den Römern zum Konsul gewählt war, die Verschwörung des
Catilina entdeckt hatte, wurde er vom Senat für den Vater des Vaterlandes erklärt. 6) Lieber Sohn, beherzige immer, daß viele Menschen nicht so sind, wie sie scheinen! 7) Zeige dich immer so gegen
deine Mitmenschen, wie du wünschest, daß die andern gegen dich
seien! 8) Diogenes aus Sinope, der von Plato als rasender Sokrates
bezeichnet wurde und von den Zeitgenossen sich „Hund" nennen
lassen mußte, starb als Greis in Korinth. 9) Kersobleptes, der jüngste
von den Söhnen des Königs Kotys, wurde von seinem Vater als
König der Thraker eingesetzt.

36. Welche Regeln ergeben sich, wenn man folgende lateinische Sätze
ins Griechische übersetzt? 1) *Nomen ei erat Alexandro. Athenienses
Aristidi cognomen indiderunt Iusto.* 2) *Sapientia omnibus honori est. Hoc
tibi magnae utilitati erit.*

37. Übersetze: 1) Wenn man denen, die ihr Ackerland am schönsten be-
arbeiten, Preise aussetzte, würde viel Gutes vollbracht werden und,
was das wichtigste ist, der Ackerbau selbst bedeutend gewinnen.

2) Es sterben nicht bloß Menschen und Familien, sondern auch ganze Städte, ja, was noch seltsamer ist, es versiegen selbst ganze Flüsse. 3) Wenn die Bürger den Gesetzen nicht gehorchen wollen, so geht der Staat zu Grunde, und, wie man zu sagen pflegt, das oberste kehrt sich zu unterst. 4) Ihr bewundert die Tapferkeit eurer Vorfahren und lobt ihre Bestrebungen; was aber das allererstaunlichste ist, ihr selbst habt keine Lust, tapfere Männer zu sein. 5) Die Götter haben uns alles Gute verliehen, und, was das schönste ist, wir sehen unsere Macht wachsen und die der Feinde abnehmen.

38. Welche Regeln ergeben sich aus folgenden Beispielen? 1) Ὑμεῖς, οἱ ἡγεμόνες, πείθεσθέ μοι. Χαίρετε, ὦ ἄνδρες οἱ παρόντες. 2) Ὦ οὗτος Αἴας, δεύτερον σὲ προσκαλῶ. 3) Ὦ Κῦρε καὶ οἱ ἄλλοι Πέρσαι, ἐγὼ ἄχθομαι. Πρόξενε καὶ οἱ παρόντες Ἕλληνες, οὐκ ἴστε, ὅ τι ποιεῖτε.

39. Was ist über das Hinzufügen und Weglassen der Interjektion ὦ beim Vokativ zu bemerken? – Übersetze: Kyros sagte zu seinen Lochagen: „Männer, die ihr anwesend seid! Wir Perser sind augenblicklich (zu) wenig, (um) die Feinde anzugreifen. Gehe du nun, der älteste, zu unsern Bundesgenossen mit der Bitte, uns möglichst viele Soldaten zu schicken!“

2. Akkusativ

40. Was versteht man unter äußerem und innerem Objekt?

41. In welcher Weise gebraucht die griechische Sprache das innere Objekt?

42. Übersetze: 1) Die Athener feierten so viele Feste, wie keine von den übrigen griechischen Städten (feierte), und führten so viele Prozesse, wie nicht einmal alle Menschen (führten). 2) Wer den besten Rat zu geben weiß, dem muß man folgen. 3) Kein Vogel singt, wenn er hungert oder friert oder eine andere Unbehaglichkeit empfindet. 4) Mir wenigstens scheint es besser, eines schnellen Todes zu sterben, als ein ruhmloses Leben zu führen. 5) Als die Thebaner in der Schlacht bei Leuktra gesiegt und sehr großen Ruhm aus ihr davongetragen hatten, machten sie einen schlechten Gebrauch von ihrem Glück. 6) Die Sieger in den olympischen Spielen wurden der größten Ehren gewürdigt. 7) Den schönsten Sieg wird wohl der davontragen, der seine Leidenschaften besiegt; die schlimmste Knechtschaft aber dürfte derjenige erleiden, der den Lüsten frönt. 8) Diejenigen, welche die größten Verbrechen begangen haben und unheilbar sind, werden entfernt, da sie dem Staate den größten Schaden zufügen. 9) Die guten Regenten erteilen das Lob und verhängen den Tadel nicht mit Rücksicht auf sich und das ihnen Zuträgliche. 10) Wenn jemand einen Siegesschmaus gibt, so lädt er vor allen diejenigen ein, die den Kampf mit ausgefochten haben. 11) Als die Athener den Zug nach Sizilien unternehmen wollten, wurden in einer Nacht alle Hermen in der Stadt verstümmelt. 12) Aphrodite wird von den Malern süß lächelnd und sehnsüchtig blickend dargestellt. 13) Den Hirschen und Rehen hat die Natur die Gabe verliehen, leicht und weit zu springen. 14) Es nützt zu nichts, laut zu schreien und viel daherzureden, sondern alle Sorge aufzuwenden, damit wir, nachdem wir viele Leiden erduldet haben, uns an den Feinden rächen. 15) Gute Menschen werden nicht jeden Gewinn machen, sondern nur rechtlichen, schnöden aber nicht. 16) Als Karanos in Makedonien sein Hochzeitsmahl gab, wurden den eingeladenen (Gästen) silberne Schalen zum Geschenk gegeben, einem jeden eine.

43. Übersetze: 1) Die Athener wählten oft solche zu Feldherren, die in der Kriegskunst unerfahren waren. 2) Das Geld macht zuweilen unscheinbare und ungeachtete Menschen in kurzer Zeit angesehen und gepriesen, indem es Ehre und Ruhm verschafft. 3) Laßt uns versuchen, das Vaterland den Nachkommen größer und mächtiger zu übergeben, als wir es von den Vätern empfangen haben! 4) Der Redner verlangt mit Recht, daß die Zuhörer sich anständig zeigen und aufmerksam auf das, wovon geredet wird. 5) Den frühzeitigen Tod Alexanders betrauerten nicht bloß die Makedonen, sondern auch die Perser; denn auch gegen diese hatte sich Alexander mild und freundlich gezeigt. 6) In Coriolan lernten die Römer den schlimmsten Feind ihres Vaterlandes kennen. 7) Ich übergebe euch, Söhne, sagte Mikipsa, die Herrschaft als eine starke, wenn ihr einträchtig seid, als eine schwache, wenn ihr uneins sein werdet. 8) Unsere Vorfahren haben Recht und Gerechtigkeit gepflegt; denn das hielten sie für Reichtum, guten Ruf und Adel. 9) Themistokles besiegte als Admiral die Seeräuber und machte so das Meer sicher. 10) Die Römer bezeichneten vor alters Sizilien als die Kornkammer Roms. 11) Die Athener machten ihren Piräus zu einem Handelsplatze in der Mitte von Griechenland. 12) Aus Gegnern Freunde zu machen, das nenne ich Klugheit.

44. Welche Verben regieren im Griechischen den Akkusativ abweichend vom Deutschen?

45. Übersetze: 1) Dem Gerechten wird schon im Leben viel Gutes zuteil von Göttern und Menschen, Größeres aber erwartet ihn nach dem Tode. 2) Dem Armen, der seine Armut anderen aus Schamgefühl verbirgt, tue auch ungebeten Gutes! 3) Weder nützt einem Kranken ein goldenes Bett, noch einem Unverständigen ausgezeichnetes Glück. 4) Der König Antigonos ahmte dem Dionysos in allen Stücken nach, indem er Epheu statt des Diadems um sein Haupt wand und einen Thyrsosstab statt des Szepters trug. 5) Als Herkules dem erymanthischen Eber nachsetzte, trieb er ihn mit lautem Geschrei in den tiefen Schnee und fing ihn dann. 6) Als Herkules noch ein kleines Kind war, entsetzte er sich nicht vor den beiden Schlangen, die Hera geschickt hatte, sondern erwürgte sie mit beiden Händen. 7) Als die Konsuln in die Stadt zurückgekehrt waren, flohen sie vor dem Anblick der Menge, weil sie einen schimpflichen Frieden mit dem Feinde geschlossen hatten. 8) Die ihren Herren entlaufenen Sklaven werden der Strafe nicht entgehen. 9) Wer bei den Göttern falsch geschworen hat, wird den Göttern nicht verborgen bleiben. 10) Wer sich vor sich selbst nicht schämt, wenn er seinen Wohltätern Schaden zufügt und von seinen Freunden schlecht spricht, vor dem nehmen alle guten Menschen sich in acht. 11) Als den Soldaten der Proviant ausgegangen war und sie den Angriffen der Feinde nicht mehr standzuhalten vermochten, suchten sie ihren Anführer zu überreden, mit den Feinden in Unterhandlung über einen Waffenstillstand zu treten. 12) Dareios wollte sich an den Athenern für das Böse rächen, das sie ihm zugefügt hatten; die Athener aber verteidigten sich gegen das ungeheure Heer, das er nach Griechenland geschickt hatte, aufs tapferste, indem sie sich vor nichts mehr fürchteten als vor der Knechtschaft; und sie siegten, obgleich ihnen die Lakedaimonier nicht halfen, in der Schlacht bei Marathon. 13) Die Wohltaten der Götter könnte wohl kein Mensch mit würdigem Danke vergelten. 14) Was wäre unsinniger, als das Sichere aufzugeben und dem Unsichern nachzujagen? 15) Der Tapferkeit unserer Vorfahren nacheifernd, werden wir die Feinde von den Landesgrenzen abhalten und nicht dulden, daß (*acc. c. inf.*) sie unserm Vaterlande Schaden zufügen. 16) Der Fremdling schwur zwar bei allen Göttern und Göttinnen, niemandem etwas zuleide getan zu haben, als er aber überführt war, büßte er mit dem Tode. 17) Odysseus befahl dem

Telemach, das größte Stillschweigen zu beobachten und seinen Zorn vor den Freiern zu verbergen, auch wenn sie seinem Vater die ärgsten Schmähungen und Mißhandlungen zufügten. 18) Zeus erloste die Herrschaft im Himmel, Poseidon die auf dem Meere und Pluto die in der Unterwelt. 19) Der große Haufe wendet sich, wenn ihm die sicheren Hoffnungen mangeln, zu den unsicheren. 20) Welche Gefahr ist für die Menschen größer als zur Winterzeit das Meer zu befahren?

46. Welche Regeln kommen bei der Übersetzung folgender Sätze in Anwendung? 1) Nachdem die Feinde an der Insel entlanggefahren waren, landeten sie, gingen über den Fluß Asopos und lagerten sich um das Kastell. 2) Die Hopliten marschierten am ersten Tage eine Strecke von 100 Stadien. 3) Es scheint, als ob die Führer uns nicht den bequemsten, sondern den beschwerlichsten Weg führen. 4) Auch wenn ein Dieb weiß, daß er den Weg zum Tode abgeführt werden wird, stiehlt er doch. 5) Die Thebaner drangen unter Epaminondas in den Peloponnes ein und setzten selbst über den Eurotas. 6) Die Vögel wandern über das Meer in wärmere Länder und durchfliegen weite Strecken, und die Flügel ermüden ihnen nicht. 7) Die wir beweinen, sind keineswegs tot, sondern (nur) denselben Weg vorangegangen, den wir selbst werden gehen müssen. 8) Sulla ist zuerst von allen Römern mit Waffen in die Stadt eingezogen. 9) Sich in Gefahren begeben; die Gesetze übertreten; ein Amt antreten; in den Städten von Argolis herumgehen; Furcht kommt über mich; dem Kriege aus dem Wege gehen; um das Vorgebirge fahren. 10) Die Kausianer weinen über diejenigen, die geboren werden, preisen aber die Gestorbenen glücklich. 11) Als Diogenes auf dem Markt frühstückte, sagten die Umstehenden unaufhörlich zu ihm: „Hund, Hund!" Er aber sagte: „Ihr seid Hunde, die ihr um mich herumsteht, wenn ich frühstücke." 12) Telemach kehrte auf demselben Wege, den er gekommen war, nach Hause zurück, da er den auflauernden Freiern verborgen geblieben war.

47. Welche griechischen Verba haben einen doppelten Akkusativ (des persönlichen und des sachlichen Objekts) bei sich?

48. Übersetze: 1) Astyages zog dem Kyros, dem Sohne seiner Tochter, als er bei ihm weilte, ein schönes Kleid an und schmückte ihn mit Halsketten und Armspangen. 2) Die Eltern sollen ihre Kinder ein Handwerk lehren, damit sie, wenn sie ihrer übrigen Habe beraubt werden, eine sichere Zuflucht haben. 3) Obgleich Sokrates viele in der Weisheit unterrichtete, trieb er doch von keinem jemals weder Lohn ein, noch forderte er Geld (von ihm). 4) Wenn man die Gottheit bloß um Gesundheit und Reichtum bittet, so bittet man um vergängliche Güter. 5) Ich werde euch an die Kämpfe erinnern, welche eure Vorfahren bestanden haben, damit ihr wißt, daß die Tapfern mit Hilfe der Götter auch aus den gefährlichsten Lagen gerettet werden. 6) Die Athener trieben von den Inselbewohnern alljährlich viele Talente als Steuer ein. 7) Eine Menge Freier verzehrten ohne Scheu vor den Göttern und ohne Scham vor den Menschen das Hab und Gut des Odysseus, der seit zwanzig Jahren von Ithaka entfernt war, und verlangten von Penelope, der Tochter des Ikarios, die Ehe. 8) Minerva verwandelte den Odysseus, welcher an den Freiern Rache zu nehmen wünschte, in einen alten Bettler von häßlichem Antlitz und kleidete ihn in häßliche Lumpen. 9) Obgleich der Epeirotenkönig Pyrrhos nicht aufhörte zu den Göttern (Dat.) zu beten (Partiz.) und zu opfern und Weihgeschenke darzubringen, forderte er von ihnen doch nie einen Sieg oder größere Macht oder Ruhm, sondern flehte immer nur um das eine, nämlich gesund zu sein. 10) Bei den Athenern wurde von denjenigen, welche die (obrigkeitlichen) Ämter bekleidet hatten, Rechenschaft gefordert.

49. Was versteht man unter dem *Accusativus Graecus?*

50. Übersetze: 1) Kyros, der erste König der Perser, war von schöner Gestalt und von menschenfreundlichem Herzen und wurde schon als Knabe für den besten Krieger gehalten. 2) Der Hellespont ist sieben Stadien breit und vierhundert Stadien lang. 3) Am Flusse Tigris war eine große Stadt namens Larissa; ihre Mauer war fünfundzwanzig Fuß breit und hundert Fuß hoch. Bei dieser Stadt war eine steinerne Pyramide, ein Plethron breit und zwei hoch. 4) Solche Lehrer muß man für die Kinder suchen, die in ihrem Charakter einwandfrei und wissenschaftlich sehr tüchtig sind. 5) Die Fabier nahmen den Krieg gegen die Vejenter allein auf sich; niemals ist ein an Zahl kleineres, an Tapferkeit größeres Heer in den Krieg gezogen. 6) Sowie es demjenigen, der ein schwaches Gesicht hat, nicht möglich ist, das Sonnenlicht zu schauen, so ist es dem an Verstand Schwachen noch viel weniger möglich, die Wahrheit zu schauen. 7) Die am Körper Verstümmelten sind weniger beklagenswert als die an der Seele Verdorbenen; denn jene sind vergänglicher, diese aber unvergänglicher Güter beraubt. 8) Wie Gott seiner Natur und seinem Wesen nach beschaffen ist, hat niemals jemand erforscht; denn diese Kenntnis hat er auch den weisesten (Männern) verborgen. 9) Apelles war geschickt in der Malerei, Praxiteles in der Bildhauerei. 10) Paris, seiner Abkunft nach ein Trojaner, raubte die Helena, eine Frau von ausgezeichneter Schönheit. 11) Ptolemaios, der Sohn des Lagos, übergab zwei Jahre vor seinem Tode seinem Sohne Ptolemaios mit dem Beinamen Philadelphos die Herrschaft. 12) Plato riet dem Xenokrates, der etwas mürrischen Charakters, im übrigen aber ein tüchtiger Mann war, den Grazien zu opfern.

51. Welche Regeln ergeben sich aus folgenden Sätzen? 1) Ψαμμήτιχος τῶν Αἰγυπτίων ἐβασίλευσε πέντε καὶ εἴκοσιν ἔτη. Πλαταιαὶ Θηβῶν ἀπέχουσιν ἑβδομήκοντα σταδίους. Αἱ σπονδαὶ ἐνιαυτὸν ἔσονται. 2) Ἀλέξανδρος ἐτελεύτησε τριάκοντα καὶ τρία ἔτη γεγονώς. 3) Ὁ βασιλεὺς ἐνάτην ἡμέραν ταύτην ἐν τῇ πόλει ἐστίν.

52. Nenne die wichtigsten adverbialen Akkusative, die im Griechischen vorkommen!

3. Dativ

53. Gib die verschiedenen Arten des Dativs nach folgenden Ausdrücken und Sätzen an:

A. 1. a) Προμηθεὺς ἔδωκε τοῖς ἀνθρώποις τὸ πῦρ. b) Ἀεὶ πείθεσθε τοῖς νόμοις. c) Οἱ ἀγαθοὶ τοῖς ἀγαθοῖς φίλοι εἰσίν. d) Ὁ ῥήτωρ εἶπε συμφερόντως τῇ πόλει. e) Ἡ τοῖς φίλοις βοήθεια.

2. a) Οἱ μαθηταὶ ἑαυτοῖς μανθάνουσιν. b) Τρεῖς θυγατέρες τῷ βασιλεῖ εἰσιν. c) Τί μοι ὁ γέρων ἐν τοῖς δόμοις δρᾷ; d) Οὐδὲν πέπρακται τοῖς στρατιώταις. e) Ἐπίδαμνός ἐστι πόλις ἐν δεξιᾷ ἐσπλέοντι τὸν Ἰόνιον κόλπον.

3. a) Οἱ Ἕλληνες ἐμαχέσαντο τοῖς Πέρσαις. b) Συγγενεῖς ἡμῖν ἐστε. c) Ἅμα τοῖς ἄλλοις.

B. 1. Ὁρῶμεν τοῖς ὀφθαλμοῖς. Οὐδεὶς ἔπαινον ἡδοναῖς ἐκτήσατο.

2. Ἀλέξανδρος νόσῳ ἐτελεύτησεν. Πολλάκις ἀγνοίᾳ ἁμαρτάνομεν.

3. Μεγάλη σπουδῇ τοῦτο ἐγένετο. Οἱ στρατιῶται παντὶ σθένει ἔδραμον.

4. Οἱ Πέρσαι Μαραθῶνι ἐνικήθησαν.

5. Ταύτῃ τῇ ἡμέρᾳ, τῷ αὐτῷ μηνί.

6. Τέσσαρσιν ἔτεσιν ὕστερον, πολλαῖς γενεαῖς πρότερα τῶν Τρωικῶν.

54. Übersetze: 1) Homer vergleicht das Leben der Menschen mit den Blättern der Bäume. 2) Dolche und Schwerter wurden unter die Hirten verteilt. 3) Im Vertrauen auf die Zwietracht der Römer machten die Volsker in der Nacht einen Angriff auf das Lager. 3) Ein Böcklein, das auf einem Dache stand, beschimpfte einen vorübergehenden Wolf. 5) Es ist dasselbe, Gott zu folgen und der Vernunft zu gehorchen. 6) Ein Fuchs, dessen Schwanz in einer Falle abgeschlagen war, suchte auch die andern Füchse zu bereden, den Schwanz abzuhauen. 7) Der große Haufe pflegt diejenigen zu beneiden, die durch ihre Einsicht oder etwas anderes hervorragen. 8) Tue nicht, was du an andern, wenn sie es tun, tadeln würdest! 9) Halte nicht diejenigen für zuverlässig, die alles loben, sondern die, welche die Fehlenden zurechtweisen! 10) Wer etwas in zweckentsprechender Weise auszuführen gedenkt, bedarf der Kunstfertigkeit. 11) Einst fuhr Bias mit gottlosen Menschen über See. Als nun das Schiff in einen Sturm geriet und jene die Götter anriefen, sagte er: Schweigt, damit sie nicht merken, daß ihr hier fahrt! 12) Von den zwei Töchtern des Servius Tullius verheiratete sich die ältere mit Lucius Tarquinius, die jüngere mit Aruns. 13) Mit Recht tadeln wir denjenigen, dem das eigene Wohl mehr am Herzen liegt als das des Vaterlandes. 14) Allen Menschen ziemt es, Unglücklichen zu helfen, Bedrängten beizustehen und Verzagte zu ermutigen. 15) Christus hat uns geboten, unsern Feinden zu verzeihen und nicht auf die zornig zu werden, die uns geschmäht haben. 16) Im Vertrauen auf ihre Tapferkeit näherte sich ein Teil der Skythen dem Lager der Makedonen und fing an, die Wachen zu beschimpfen und sie mit Weibern zu vergleichen; aber schnell wichen sie vor der Reiterei zurück und folgten den übrigen Skythen. 17) Weder ist es möglich, sich eines Pferdes ohne Zügel mit Sicherheit zu bedienen, noch des Reichtums ohne Überlegung. 18) Aristogeiton verheimlichte dem Hippas furchtlos die Namen aller, die er zu Mitverschworenen gehabt hatte.

55. Welche Regel ergibt sich aus folgenden Beispielen? Ὁμοίαν τὴν γνώμην ἔχω καὶ σύ. Τὸ αὐτό ἐστι πονηρὸν ἄνθρωπον εὖ ποιεῖν καὶ ὄφιν τρέφειν. Ὅμοια πεπόνθατε ἡμῖν. Τὰ αὐτὰ ἐλέξατε τῷ στρατηγῷ. Ἁρμόδιον καὶ Ἀριστογείτονα οἱ Ἀθηναῖοι ἐτίμων ἐξ ἴσου τοῖς ἥρωσι καὶ τοῖς θεοῖς. – Übersetze: 1) In den Gesetzen Drakons war beinahe auf alle Vergehen der Tod als Strafe gesetzt, so daß solche, die Gemüse oder Obst gestohlen hatten, ebenso wie die Tempelräuber oder Mörder bestraft wurden. 2) Als die Athener von den Römern besiegt waren, erfuhren sie dasselbe Schicksal wie die andern Völker. 3) Bei den Römern pflegten viele Frauen dieselben Schuhe zu tragen wie die Männer. 4) Seid überzeugt, daß die Hehler dieselbe Strafe verdienen wie die Stehler. 5) Als Solon gefragt wurde, wie wohl kein Unrecht im Staat vorkäme, antwortete er: „Wenn diejenigen, denen kein Unrecht geschieht, ebenso unwillig sind wie die Geschädigten." 6) Die Vornehmsten im Staate müssen ebensogut den Gesetzen gehorchen wie die Geringsten. 7) Weil Thukydides seine Freude an der Wahrheit hatte, betrieb er nicht dasselbe wie die anderen Geschichtsschreiber, welche in ihre Geschichtsdarstellungen Mythen einmischten, weil sie mehr auf das Ergötzliche als auf die Wahrheit ausgingen.

56. Was versteht man unter *Dativus ethicus?*

57. Setze in folgenden Sätzen den einfachen Dativ statt ὑπό *c. gen.*: 1) Phokion aus Athen ist von keinem weder lachend noch weinend gesehen worden. 2) Die alten Korinther waren durch ihr Geld mächtig, wie dies auch von den alten Dichtern klar dargelegt ist. 3) Als Pythagoras gefragt wurde, wie wohl ein Trunkenbold von der Trunkenheit abließe, sagte er: Wenn derselbe unablässig sein Benehmen (= das von ihm Getane) erwägt. 4) Von vielen weisen Männern sind die menschlichen Dinge beweint worden, weil sie glaubten, das Leben sei eine Strafe. 5) Viele und mannigfaltige Heilungen körperlicher Krankheiten sind von den Ärzten entdeckt worden. 6) Es wäre wohl eine schwierige (πολύς) Aufgabe, Richter, anzugeben, wie viel Böses und Schlechtes sowohl von diesem Agoratos als von seinen Brüdern ins Werk gesetzt ist.

58. Welche Regeln kommen bei Übersetzung folgender Sätze in Anwendung? 1) Die zweihundert Schiffe, welche die Athener nach Ägypten geschickt hatten, gingen mitsamt der Mannschaft zugrunde. 2) Arion stürzte sich mitsamt seiner Leier und seiner kostbaren Kleidung in das Meer. 3) Wenn man aus dem Schwarzen Meere durch den Bosporos fährt, so liegt zur rechten Hand Thrakien, zur linken Bithynien. 4) Um es kurz zu sagen: es ist besser, weniges gut zu gebrauchen als vieles schlecht. 5) Xerxes brach mit ungefähr 1200 Schiffen und einem unzähligen Landheere gegen Griechenland auf, angeblich, um sich an den Athenern zu rächen, in Wirklichkeit aber, um ganz Griechenland anzugreifen. 6) Cäsar verfolgte die Feinde mit seinem ganzen Heere. 7) Alle Flüsse werden passierbar, wenn man bis zu ihren Quellen geht. 8) Wenn man bedenkt, wie wenige Geld-

mittel euch zu Gebote stehen, so habt ihr offenbar viel geleistet.
9) Die Athener segelten mit 60 Schiffen auf (ἐπί *c. gen.*) Samos zu,
und 16 von ihnen gebrauchten sie nicht, mit 44 aber kämpften sie bei
der Insel Tragia gegen 70 Schiffe der Samier. 10) Die Dioskuren ziehen die Schiffe aus den Tiefen samt den Matrosen, die glauben, daß
sie sterben werden. 11) Kroisos sandte nach Delphi zwei ungewöhn-
lich große Mischkessel, einen goldenen und einen silbernen, von
denen der goldene zur rechten Hand stand, wenn man in den Tempel trat, der silberne zur linken.

59. Übersetze: 1) Die Athener hatten bei Marathon, als sie gegen die
Feinde anstürmten, keine Reiterei und keine Geschosse. 2) Numa
erwählte drei Priester, den einen für Jupiter, den andern für Mars,
den dritten für Quirinus. 3) Ehemals war der Tiberfluß für die
Etrusker und Latiner die Grenze. 4) Wir wollen nicht für uns reich
sein, sondern für Verwandte und Freunde und am meisten für den
Staat. 5) Antiochos, der König von Syrien, hatte zwei durch ihre
Namen berühmte Elefanten; der eine hatte den Namen Ajas, der
andere den Namen Patroklos. 6) Dem Mars zu Ehren führten die
sogenannten Salier einen sehr feierlichen und sehr heiligen Tanz auf.
7) Wenn du etwas Gutes vorhast, wirst du günstige Zeichen von den
Göttern bekommen. 8) Es würde mir Freude machen, nach so langer
Zeit mein Vaterland wiederzusehen und denen gebührend zu dan-
ken, die sich um mich die größten Verdienste erworben haben.
9) Adeimantos sagte zu Themistokles, er müsse schweigen, denn er
habe kein Vaterland mehr. Dieser aber erwiderte: „Ich habe ein
größeres Land und eine größere Stadt als ihr; denn die Athener
haben zweihundert Schiffe." 10) Die Platäer hatten nicht die Absicht,
von den Athenern abzufallen. 11) Laßt uns nie vergessen, daß (ὅτι)
Fleiß und Arbeit der sicherste Schatz für die Menschen sind! 12) Die
meisten Athener legten den Toten einen Obolos in den Mund als
Gebühr der Überfahrt für den Fährmann Charon. 13) Als Meleagros
das Fleisch des kalydonischen Ebers an die Helden aus Griechenland
verteilte, nahm er den Kopf und die Haut des Tieres als Ehrenpreis
für sich.

60. Welche Verben der (freundlichen und feindlichen) Gemeinschaft regieren den einfachen Dativ?

61. Übersetze: 1) Als die dreißig Tyrannen dem Sokrates verboten, sich
mit jungen Leuten zu (μή) unterhalten, gehorchte er nicht, weil ihm

dies gegen die Gesetze anbefohlen war. 2) Mit denjenigen, die über dieselben (Dinge) immer dasselbe sagen, möchte ich lieber verkehren als mit euch, die ihr mit euch selbst nicht übereinstimmt. 3) Marsyas, der mit Apollo in der Musik zu wetteifern gewagt hatte und besiegt war, wurde von jenem geschunden. 4) Als Herakles die Unsterblichkeit erlangt und sich mit Hera ausgesöhnt hatte, heiratete er Hebe, ihre Tochter. 5) Auf der Insel Tenos war eine Quelle, mit deren Wasser sich Wein nicht mischte. 6) Da es den Lakedaimoniern unmöglich schien, zugleich mit den Athenern und den Argivern Krieg zu führen, beschlossen sie nach der Schlacht bei Amphipolis, sich mit den Athenern zu vergleichen. 7) Die Griechen verabredeten mit den Trojanern, daß Menelaos und Paris allein miteinander um Helena kämpfen sollten. 8) Solange Kritias und Alkibiades mit Sokrates verkehrten, beherrschten sie ihre schlechten Begierden und taten sich weit vor allen ihren Zeitgenossen hervor; als sie sich aber von ihm losgesagt hatten, vernachlässigten sie die Übung der Tugend und brachten dem Staat viel Unheil. 9) Die Eintracht scheint für die Staaten das größte Gut zu sein; deshalb treiben auch die vortrefflichsten Männer ihre Mitbürger an, untereinander einträchtig zu sein. 10) Die Argiver gerieten mit den Lakedaimoniern über das kynurische Land, das ein Grenzgebiet war, in Streit. 11) Als die Lakedaimonier im Kriege mit den Thebanern bei Leuktra in Böotien besiegt waren, schickten sie, da sie in einer schlimmen Lage waren und Geld nötig hatten, den Antalkidas zu Artaxerxes, um ihn aufzufordern, ein Bündnis mit den Lakedaimoniern zu schließen. 12) Die Griechen hatten den Glauben, daß sich die Seelen der Unbestatteten nicht mit den übrigen vereinigten. 13) Pausanias aus Lakedaimon schloß insgeheim mit dem Perserkönig Freundschaft, um die Griechen zu verraten. 14) Klearchos führte mit den Thrakern Krieg, bis Kyros sein Heer benötigte; dann aber zog er ab, um vereint mit ihm Krieg zu führen. 15) Als Alexander sich mit Diogenes unterhalten hatte, ward er von der Lebensweise und der Würde des Mannes so betroffen, daß er oft in der Erinnerung an ihn sagte: „Wenn ich nicht Alexander wäre, möchte ich wohl Diogenes sein."

62. Übersetze: 1) Die Pfauen sind mit den schönsten Federn geschmückt. Selbst das wildeste Pferd läßt sich durch den Zaum und die Peitsche bändigen. 2) Themistokles schickte nachts durch einen Sklaven einen Brief an Xerxes. 3) Ein tapferer Mann wird von Schmerzen nicht gebrochen und durch Drohungen nicht entmutigt. Xerxes ließ das

Meer aus Zorn geißeln. Nur aus Unkenntnis könnte jemand nach dem Kriege verlangen. 4) Die Gottheit freut sich über gerechte Werke und ist über ungerechte betrübt. 5) Die Neidischen ärgern sich über das Wohlergehen ihrer Nebenmenschen und freuen sich über ihr Unglück. 6) Als die Feinde mit lautem Geschrei heranzogen, stellten sich die Griechen in Stille ihnen gegenüber auf und versuchten ihrer auf alle Weise Herr zu werden. 7) Die Gänse, die das Kapitol gerettet hatten, wurden auf öffentliche Kosten gefüttert. 8) Das alexandrinische Talent war fast 51 Pfund größer als das attische. 9) Je größere Wohltaten jemand empfangen hat, um so ungerechter wäre er, wenn er sich nicht dankbar erweist. 10) Mummius war, als er Korinth, die bei weitem reichste Stadt Griechenlands, zerstört hatte, um nichts reicher als zuvor. 11) Miß das Glück weder nach der Fülle des Reichtums noch nach dem Glanze der Ehre, sondern nach den Vorzügen der Seele! 12) Orpheus, ein Sohn des Oiagros, seines Geschlechts ein Thraker, ragte durch Bildung, Gesang und Dichtkunst weit vor allen seinen Zeitgenossen hervor. 13) Als alle sich über den Tod Philipps freuten, sagte Phokion: „Jene Macht, die bei Chaironeia vier Jahre vordem mit uns kämpfte, ist nur um einen Mann schwächer geworden."

63. Verwende bei der Übersetzung folgender Ausdrücke solche Komposita, die den Dativ regieren: 1) Mit den Freunden betrübt sein. Mit jemandem in Freundschaft vereint sein. Mit dem Gatten zugleich sterben. 2) Am Feste der Saturnalien speisten die Sklaven in Rom mit ihren Herren zusammen. 3) Die Gesetze halten. 4) Diejenigen, die in Gefahren geraten waren, beteten zu den rettenden Göttern. 5) An den Plynterien und anderen Festen griff kein Athener ein ernstes Geschäft an. 6) Freue dich mit den Fröhlichen und weine mit den Weinenden! 7) Sich an das Volk wenden. 8) Schamgefühl in die Seele pflanzen. 9) Furcht befiel die Wanderer. 10) Vaterlandsliebe wohnt in allen. 11) Der Jugend Selbstbeherrschung beibringen. 12) Einen Feldherrn an die Spitze des Heeres stellen. 13) Kythera liegt Lakonien gegenüber. 14) Die Nacht brach über dem Kampfe herein. 15) Mit der Macht sind Feindschaften verbunden. 16) Achtgeben auf die Worte der Redenden. 17) Sich neben jemanden stellen; sich neben jemanden setzen; an jemandes Seite (neben jemand) sitzen. 18) Ein Tempel liegt unten am Berge. 19) Wir sind Kampfgenossen der Böotier. 20) Die Götter halten es mit uns. 21) Die Undankbarkeit ist mit der Unverschämtheit verbunden. 22) Eure Taten stimmen nicht mit euren Worten überein. 23) Mit den Feinden zusammen-stoßen. 24) Die Griechen wurden mit den Persern handgemein. 25) Mit jemandem Krieg (einen Prozeß) anfangen. Sich freundlich (feindlich) gegen jemanden benehmen. 26) Ein Diadem um das Haupt legen. 27) Zeus schmetterte auf den Typhon den Berg Ätna. 28) Wir wollen immer unsere Worte und Handlungen bedenken, damit wir in möglichst wenig Fehler verfallen. 29) Lykurg weckte in Sparta ganz besonders den Gehorsam gegen die Gesetze. 30) Der Geschichtsschreiber Xenophon wurde von den Athenern verbannt, weil er zusammen mit Kyros gegen den Perserkönig Artaxerxes ge-zogen war. 31) Der Gesetzgeber der Arkader, Kerkidas, befahl, man solle den ersten und zweiten Gesang der Ilias mit ihm begraben. 32) Pelops verbannte seine Söhne Atreus und Thyestes, nachdem er über sie den Fluch ausgesprochen hatte, durch sich selbst umzu-kommen. 33) Als der Leichnam des Kapaneus verbrannt wurde, stürzte sich Euadne, sein Weib, in den Scheiterhaufen und wurde mit dem Leichnam des Mannes verbrannt. 34) Nach dem Vorschlag des Themistokles segelten die Griechen bei Artemision mit der gesamten Flotte auf die Feinde los. 35) Die Lakedaimonier schickten zu Tissa-phernes Gesandte, um ihm zu sagen, er solle nicht gegen die helle-nischen Städte in Asien die Waffen tragen.

4. Genitiv

64. Von welchen Wörtern kann im Griechischen ein Genitiv ab-hängen?

65. Bestimme die Bedeutungen, die im Griechischen ein von einem Sub-stantiv abhängiger Genitiv haben kann, nach folgender Tabelle:

1. οἱ Σόλωνος νόμοι, λόγος Δημοσθένους.

2. ἡ τοῦ βασιλέως οἰκία, τὰ Κροίσου κτήματα.

3. τεῖχος λίθου, στέφανος ὑακίνθων, κρήνη ἡδέος ὕδατος.

4. οὐδεὶς τῶν στρατιωτῶν, τῶν Ἀθηναίων ὁ ὄχλος.

5. ὁ τῶν πολεμίων φόβος, ἡ τῶν τέκνων ἐπιμέλεια.

6. οἰκία εἴκοσι μνῶν.

7. ὁδὸς τριῶν ἡμερῶν, παῖς δέκα ἐτῶν.

8. γραφὴ κλοπῆς, μεγάλων ἀδικημάτων ὀργή.

66. Welche Regeln kommen bei der Übersetzung folgender Sätze in An-wendung? 1) Die Griechen stellten sich bei Platää in Böotien auf. In

Therapnai im Lakonerlande wurden dem Menelaos und der Helena heilige Opfer gefeiert. Das Heer gelangte am dritten Tage nach Oinoe in Attika. Tullus Hostilius, der dritte der römischen Könige, machte viele andere Feldzüge und zog auch gegen Veji in Etrurien. 2) Hermes, der Sohn des Zeus und der Maja, stahl, als er noch in den Windeln lag, die Rinder des Apollo. Kleopatra, die Tochter des Ptolemaios Auletes, war von herrlicher Schönheit. Orpheus stieg in die Unterwelt hinab.

67. Übersetze: 1) Verständige Väter schicken ihre Söhne in die Schule, damit sie am Geiste ausgebildet werden. 2) Kein Mensch ist von Natur schlecht, sondern die meisten Schlechten werden durch den Umgang mit Schlechten verdorben. 3) Wenn du mit weisen Menschen umgehst, so wirst du selbst auch weise werden, wenn du aber mit lasterhaften Menschen umgehst, wirst du selbst auch lasterhaft werden. 4) Kleine Ereignisse durch Worte zu vergrößern, ist leicht; aber den durch ihre Größe ausgezeichneten Taten das Lob gleichzumachen, ist schwer. 5) Die Lakedaimonier nahmen den Messeniern den besten Teil ihrer Ländereien weg. 6) Die Athener gelangten nach den Perserkriegen zu einer bedeutenden Machtentwicklung, die Lakedaimonier aber verhielten sich die meiste Zeit ruhig. 7) Orpheus gelangte zu solchem Ansehen (zu solchem Ruhm), daß er durch seinen Gesang sogar Bäume zu bezaubern schien. 8) Den freigeborenen Spartanern war es nicht erlaubt, Geldgeschäfte zu treiben, damit sie vollständig frei wären. 9) Ehrgeizige Menschen tun alles, um (ὅπως *c. ind. fut.*) ein unsterbliches Andenken von sich zu hinterlassen. 10) Die einen Künste hat anfänglich das Bedürfnis geschaffen, die andern irgendein Vergnügen hervorgerufen.

68. Übersetze: 1) Wir sind unser nur wenige. 2) Ihr seid euer nicht mehr als hundert. 3) Die römischen Tribus, deren es 35 gab, zerfielen in städtische und ländliche. 4) Niobe verlor alle ihre Kinder, deren sie zwölf hatte. 5) Die Zedern, von denen es vor alters sehr viele auf dem Libanon gab, sind jetzt fast gar nicht mehr vorhanden. 6) Wir haben der frohen Tage mehr als der traurigen erlebt. 7) Der Sterne gibt es so viele, daß sie nicht gezählt werden können. 8) Ich bitte dich, mir einige Bücher, wenn du deren hast, zu schicken.

69. Übersetze: 1) Die Furcht vor Hannibal, die Scheu vor den Greisen, die Angst vor dem Tode, Schutz vor dem Schnee. 2) Die Liebe zu den Nebenmenschen, die Veranlassung zum Aufstand, das Zutrauen zu den Gesandten. 3) Die Sehnsucht nach der Heimat, die Begierde nach Geld. 4) Der Haß gegen den Tyrannen, das Wohlwollen gegen die Armen, die Milde gegen die Kriegsgefangenen, der Widerwille gegen Wein. 5) Die Sorge um die Herden, die Trauer um die gestorbene Gattin, die Erinnerung an die Niederlage, die Erfahrung im Kriegswesen, die Unerfahrenheit im Reiten, ein Trost in Leiden. 6) Der Sieg über die Satrapen, die Verzeihung für den Fehler, die Lobrede auf Cäsar, der Übergang über den Fluß, die Reue über die Tollkühnheit, der Beschluß über die Megarer. 7) Ein Heilmittel gegen die Pest, die Befreiung von der Knechtschaft, die Eide bei den Göttern, die Bitte um Unterstützung, der Umgang mit Schauspielern, Mangel an Speise, Abfall von den Athenern.

70. Welche A d j e k t i v e regieren im Griechischen den G e n i t i v abweichend vom Deutschen? Übersetze: 1) Der Landmann ist mit den Annehmlichkeiten der Stadt nicht vertraut, und die Städter mit denen des Landlebens. 2) Xenophon war nicht nur ein tüchtiger Philosoph, sondern auch in der Kriegswissenschaft wohlerfahren. 3) Troizen in Argolis war dem Poseidon heilig, weshalb es auch einst Poseidonia genannt war. 4) Achaia, das in der Mitte zwischen Elis und Sikyon lag, wurde vor alters mit dem Namen Aigialeia genannt. 5) Ägypten ist regenlos, aber reich an Getreide und voll von Menschen und anderen Geschöpfen. 6) Die Erforschung und Auffindung der Wahrheit ist dem Menschen eigentümlich, weil der Mensch allein von allen Geschöpfen der Vernunft teilhaftig ist. 7) Bei den Lakedaimoniern waren diejenigen, die nicht heirateten, von der Ehre und Hochachtung ausgeschlossen, welche die Jungen den Älteren erwiesen. 8) Ein Feldherr muß die Fähigkeit haben, das zum Krieg Nötige vorzubereiten, die Lebensmittel für die Soldaten zu beschaffen und die Feinde zu täuschen. 9) Die Athener verbannten viele Bürger, die sich die größten Verdienste um den Staat erworben hatten und alle Dankbarkeit verdienten. 10) Die Luft wenigstens gehört allen Menschen gemeinsam, wenn auch das andere den Tyrannen ausschließlich gehört. 11) Diejenigen, die in den Werken der Frömmigkeit und Tugend unerfahren sind, werden nicht teilhaben an dem Leben der Seligen. 12) Gute Athleten kämpfen mit zwei- oder dreimal so vielen, als sie sind. 13) Karthago war mit griechischen Bildsäulen und Weihgeschenken angefüllt, (welche) von Sizilien (stammten). 14) Wer an der Spitze des Staates steht, muß seinen eigenen (Vorteil) hinter dem allgemeinen Besten zurücktreten lassen.

71. Welche Adverbien können mit einem Genitiv verbunden werden? Übersetze: 1) Nirgends in der Welt findest du lauter gute Menschen. 2) Überall auf der Erde genießen die Menschen die Wohltaten Gottes. 3) Spät am Abend kam das Gerücht von der Schlacht bei Chaironeia nach Athen. 4) Torheit der Menge, die das Gold der Tugend vorzieht! 5) Pfui über den schlechten Menschen, der das Vaterland an die Feinde verraten hat! 6) Der Faustkämpfer Nikodoros gab im späten Lebensalter den Mantineern Gesetze. 7) Ein guter Feldherr bedenkt stets, von welcher Seite des Feldes er den Feind angreifen werde. 8) Wir stehen in dem Alter und befinden uns in einer solchen Geistesverfassung, um selbst zu bemerken, in welchem Unglücke und wie nahe am Verderben wir uns befinden. 9) Die Hirsche werfen einmal im Jahre das Geweih ab. 10) Auch in unsern Gegenden blühen die Bäume zuweilen zweimal im Jahre.

72. Welchen Gebrauch hat im Griech. der temporale Genitiv, und wie unterscheidet er sich von dem temporalen Dativ und Akkusativ?

73. Übersetze: 1) Die Athener verbannten den Kimon durch das Scherbengericht, um, wie Plato sagt, innerhalb von 10 Jahren seine Stimme nicht zu hören. 2) Pompeius besiegte innerhalb dreißig Tagen die Seeräuber, aber Alexander innerhalb dreier Jahre fast die ganze Erde. 3) Für Diogenes reichte ein Kleid Sommer und Winter hin. 4) Als einst Philipp in seinem Zelte am Tage schlief, versammelten sich die Soldaten unwillig an der Türe und schalten. Da sagte Parmenio: „Wundert euch nicht, daß Philipp am Tage schläft, denn nachts, wenn ihr schlaft, wacht er für euch." 5) Während des peloponnesischen Krieges glaubten die Lakedaimonier, innerhalb weniger Jahre die Macht der Athener zu stürzen, wenn sie ihr Land verheerten. 6) Die Athener siegten am Flusse Eurymedon in Pamphylien an demselben Tage zu Wasser und zu Lande über die Perser. 7) Die Böotier besetzten im sechzigsten Jahre nach Ilions Eroberung Böotien, das früher das kadmeische Land genannt wurde. 8) Am dritten oder vierten Tage, nachdem Solon nach Sardes gekommen war, führten ihn die Diener des Kroisos in den Schatzkammern umher und zeigten ihm alle Kostbarkeiten. 9) Plato war geboren im dritten Jahre der 87. Olympiade am siebenten Tage des Thargelion und starb im ersten Jahre der 108. Olympiade, nachdem er 81 Jahre gelebt hatte. 10) Die Athener gaben ein Gesetz, daß man die Gedichte Homers allein an den Panathenäen vortragen solle.

74. Welche Verben werden im Griechischen abweichend vom Deutschen mit dem Genitiv verbunden?

75. Übersetze: 1) Die Feigen fangen mit der Flucht an, aber sie ziehen zuweilen auch die Tapfern nach. 2) Nicht für Gold noch für Silber, sondern für Anstrengungen und Schweiß verkaufen uns die Götter die Tugend. 3) Da Kritias und Alkibiades nach der Weisheit Verlangen trugen, die Sokrates besaß, so begehrten sie den Umgang mit ihm. 4) Da die Chaldäer sehr arm und kriegerisch waren, zogen sie für Sold in den Krieg, sooft (ὁπότε c. optat.) jemand sie nötig hatte. 5) Die Athener gaben allen Bürgern in gleicher Weise Anteil am Staat und den Ämtern. 6) Themistokles schloß den Hieron, der mit einem Gespann nach Olympia gekommen war, von den Wettkämpfen aus, indem er sagte, daß der, welcher an der größten Gefahr Griechenlands keinen Anteil genommen habe, auch an den Festversammlungen keinen Anteil haben dürfe. 7) Die Unverständigen fürchten sich vor dem Tode, weil sie glauben, er gehöre zu den größten Übeln. 8) Der Rinderhirt Titormos ergriff einen großen Stier beim Fuße und hielt ihn so fest, daß er nicht fortlaufen konnte. 9) An die Stadt Olympia grenzt ein Hain, in dem sich ein dem Zeus geweihter Tempel befindet. 10) Wer Schweinefleisch genossen hatte, wurde von dem Heiligtume der Aphrodite ausgeschlossen. 11) Wenn die Schatten der Verstorbenen in die Unterwelt kommen, so trinken sie von dem Wasser der Lethe und erlangen so die Vergessenheit der früheren Geschehnisse. 12) Als Alexander von Mücken gestochen wurde und sie emsig abwehrte, sagte Nikesias, ein Schmeichler: „Sicherlich werden diese Fliegen über die andern herrschen, da sie dein Blut gekostet haben." 13) Sowie die Pferde die Kamele rochen und wahrnahmen, flohen sie sogleich; denn das Pferd erträgt weder den Anblick noch den Geruch des Kamels. 14) Juno, Venus und Minerva stritten miteinander, indem eine jede sagte, der Apfel der Eris gehöre ihr. 15) Die meisten Sklaven halten sich, wenn sie auch von der Sklaverei freigesprochen werden, (doch) vom sklavischen Wesen nicht frei. 16) Es liegt im Wesen schlechter Menschen, die Wohltaten, die sie von anderen empfangen haben, leicht zu vergessen. 17) Alkibiades hatte einen Hund von bewunderungswürdiger Größe und Schönheit für siebenzig Minen gekauft. 18) Kein Freund wagte den Körper Phokions zu berühren; nur ein gewisser Konopion, der solches um Lohn zu tun pflegte, verbrannte den Leichnam. 19) Glaukos vertauschte seine Waffen mit denen des Diomedes, goldene mit ehernen. 20) Zuerst von allen Menschen, die wir kennen, sollen die Lyder Münzen aus Silber und Gold geschlagen haben. 21) Pytheas verlachte oft den Demosthenes, den er um seinen Ruhm beneidete, indem er sagte, seine Reden röchen nach der Lampe. 22) Im Frühling duften die Gärten nach Veilchen, Narzissen, Hyazinthen, Rosen und andern Blumen. 23) Verachte diejenigen, die den Reichtum und Ruhm für das höchste, die Tugend für nichts achten! 24) Geh sparsam mit der Zeit um und höre auf die Worte älterer Leute! 25) Solon sagte, man dürfe keinen Menschen wegen seines Geschickes vor dem Tode glücklich preisen. 26) Die Athener klagten den Alkibiades wegen Gottlosigkeit an und verurteilten ihn zum Tode. 27) Es ist Pflicht der Richter, beide Parteien ohne Unterschied anzuhören und an der Gerechtigkeit festzuhalten. 28) Als die Tarentiner so weit in ihrer Unbesonnenheit gingen, daß sie die römischen Gesandten verhöhnten, sprach Postumius: „Jetzt lacht ihr, aber in kurzer Zeit werdet ihr das, was ihr heute getan habt, bereuen." 29) Wenn schlechte Menschen Ehrenstellen erlangen, werden sie voll Unverstand und Keckheit und vergessen die Mäßigung. 30) Sowohl durch unsere Taten als auch durch unsere Gesinnung stehen wir bedeutend hinter den Vorfahren zurück. 31) So sehr zeichnet sich die Weisheit vor allen übrigen menschlichen Dingen aus, wie die Sonne vor den übrigen Gestirnen. 32) Der Hilfe des Antiochos beraubt, waren die Ätoler den Römern nicht gewachsen. 33) Die Athener genossen ihre Besitztümer am wenigsten, weil sie immer nach Erwerb strebten. 34) Sokrates machte viele seiner Anhänger von schändlichen Begierden frei, indem er bewirkte, daß sie nach der Tugend strebten. 35) Selbst Pyrrhos mußte den Fabricius wegen seiner Rechtschaffenheit bewundern. 36) Zu wiederholten Malen tadelte Christus die Pharisäer wegen ihrer Heuchelei. 37) Ich bitte euch, ihr Bürger, allen zu beweisen, daß ihr nicht nach Geld Verlangen tragt, sondern für die Stadt sorgt und auf unehrenhafte Ratgeber nicht hört. 38) Wer die Tugend vernachlässigt, aber um Ruhm und Ehre sich kümmert, schätzt das Wertvollste sehr gering und das Schlechtere höher. 39) Die beiden Vorgebirge Rhion und Antirrhion, die auf beiden Seiten des korinthischen Busens liegen, sind etwa sieben Stadien voneinander entfernt. 40) Pittakos, der von jemandem beleidigt war und die Macht hatte, ihn zu strafen, entließ ihn mit den Worten: „Verzeihung ist besser als Rache; denn jene verrät eine gebildete Natur, diese aber eine tierische." 41) „Ich glaube", sagte Sokrates,

„daß der Ungerechte überhaupt unglücklich ist, noch unglücklicher aber dann, wenn (ἐάν) ihm keine Strafe zuteil wird." 42) Die Lakedaimonier sind so weit hinter der allgemeinen Bildung zurückgeblieben, daß (ὥστε) sie nicht einmal die Anfangsgründe lernen. 43) Es ist nicht unsere Sache, denjenigen, der die (geschworenen) Eide vernachlässigt, wegen seines Reichtums oder wegen seiner Ehren zu preisen. 44) Den sogenannten Theten gestattete Solon nicht, irgendein Amt zu verwalten, sondern sie hatten nur durch ihre Teilnahme an der Volksversammlung einen Anteil an der Verfassung. 45) Du siehst, wie weit wir von der Wahrheit abgekommen sind. 46) Da Hasdrubal erkannt hatte, daß die Milde wirksamer sei (Part.) als die Gewalt, zog er den Frieden dem Kriege vor. 47) Viele Syrakusaner, die nach der Eroberung von Syrakus aus Armut Mangel an Lebensunterhalt hatten, erklärten sich selbst für Sklaven, damit sie, verkauft, Lebensunterhalt von den Käufern bekämen. 48) Ein gerechter Herrscher beneidet seine Untertanen nicht um ihren Reichtum; denn es gehören ihm die Schätze aller, welche am Staate Anteil haben. 49) Die Reichen mögen ihren Reichtum für sich behalten, ziehe du die Tugend dem Gelde vor!

5. Präpositionen

76. Welche Präpositionen werden in der attischen Prosa auch als Adverbien ohne folgendes Substantiv gebraucht?

77. Welche Präpositionen können ihrem Nomen nachgestellt werden?

78. Was versteht man unter *Anastrophe praepositionum?*

79. Welche Regeln in Beziehung auf die Stellung der Präpositionen ergeben sich aus folgenden Beispielen? 1) Πρός σε θεῶν αἰτῶ πείθεσθαι. Πρός νύν σε πατρός, πρός τ' εἴ τί σοι κατ' οἶκόν ἐστι προσφιλὲς ἱκετεύω. 2) Μεγάλου μετὰ κινδύνου. Χρόνον ἐπὶ πλεῖστον. Πανταδαπαῖς ἐν ὥραις. Ἀργείων ἐπὶ ναῦς ἐλθεῖν. Χεῖρας εἰς ἐχθρῶν πεσεῖ. 3) Ἐν μὲν εἰρήνῃ – ἐν δὲ πολέμῳ. Ἐκ μὲν τῆς μοναρχίας – ἐκ δ' αὖ τῶν μὴ πολλῶν.

80. Übersetze: 1) Vor und in dem Lager. 2) Vor und nach der Schlacht. 3) Über und unter der Erde. 4) Einige Tiere leben sowohl innerhalb als auch außerhalb des Wassers. 5) Die Kühe weideten teils in teils vor dem Walde.

81. Warum ist in dem Satz Οἱ στρατιῶται ὑπὲρ γυναικῶν τε καὶ παίδων μάχονται die Präposition nur **einmal**, nämlich bei dem ersten Begriffe gesetzt, während sie in dem Satze Οἱ Πέρσαι καὶ ἐν Σαλαμῖνι καὶ ἐν Πλαταιαῖς ἡττήθησαν vor **beiden** Begriffen steht?

82. Was ist im allgemeinen über die **Rektion der Präpositionen** zu merken?

83. Welche Präpositionen regieren **einen** Kasus, welche **zwei**, welche **drei**?

84. Gib die Bedeutungen der einzelnen Präpositionen an!

85. Welche Beobachtungen knüpfen sich an folgende Sätze? a) Τὸ κύπελλον τῷ γέροντι ἐν χερσὶν ἔθηκεν. b) Πάντες οἱ πολῖται συνῆλθον (συνελέγησαν, ἠθροίσθησαν) εἰς τὴν ἀγοράν. Οἱ πολέμιοι εἰς τὴν νῆσον καθωρμίσαντο (oder ἀπέβησαν). c) Οἱ ἱππεῖς τοὺς ἵππους κατέδησαν ἀπὸ τῶν δένδρων. d) Οἱ ἐκ τῶν νήσων κακοῦργοι ἀπέφυγον. Οἱ πολέμιοι ἥρπασαν τὰ ἐκ τῶν οἰκιῶν. e) Ἐπορεύθησαν διὰ τῶν Χαλύβων σταθμοὺς ἑπτά. Εἰς Πισίδας στρατεύεσθαι. Κτήνη ἐκ τῶν Ταόχων λαβεῖν. Übersetze: 1) Kyros sagte zu seinen Kindern: Legt meinen Leib, wenn ich tot bin, weder in Gold noch in Silber! 2) Das goldene Vließ zu Kolchis war an einer Eiche aufgehängt. 3) Als die Räuber an der Insel gelandet waren, banden sie das Fahrzeug an einen Pfahl und suchten die Höhle auf, in der ihre Genossen sich bereits versammelt hatten. 4) Steckt euer Schwert in die Scheide; denn der Sieg hängt nicht von den Waffen, sondern von unserer Schnelligkeit und Klugheit ab. 5) Die Lakedaimonier haßten die Tyrannen so sehr, daß sie auch die Tyrannen in den übrigen Staaten vertrieben. 6) Xenophon fand sich auf die Einladung des Proxenos in Sardes ein. In Sparta stellten sich persische Gesandte ein mit großen Geschenken, durch die der Perserkönig sich die Spartaner geneigt zu machen hoffte. 7) Die Athener in dem Kastell Phyle zogen in die Ebene hinab und eroberten den Piräus. 8) Die Phoker waren so weit in der Gottlosigkeit gegangen, daß sie sogar die im delphischen Tempel (befindlichen) Weihgeschenke raubten. 9) Die Leute des Xenophon rückten an die Burg heran und vertrieben die Schleuderer auf den Mauern. 10) Als die Soldaten das Geschrei im feindlichen Lager hörten, erschraken sie heftig. 11) Als Lysander Salamis verwüstet hatte, warf er Anker vor dem Piräus mit 150 Schiffen und hinderte die Frachtschiffe an der Einfahrt. 12) Kyros wurde von Dareios zum Feldherrn aller Truppen ernannt,

welche sich in der Ebene des Flusses Kastolos zu versammeln (pflegten).

86. Durch welche Präpositionen kann in dem Satz: „Sei selbst gerecht, damit du auch von anderen Gerechtigkeit erlangest" die Präposition „von" übersetzt werden und mit welchen Unterschieden?

87. Übersetze: 1) Die Jäger halten die Hunde der Jagd wegen. 2) Die Kaufleute durchfahren die Meere des Gewinnes wegen und um ihr vorhandenes Vermögen zu vergrößern. 3) In manchen Gegenden können wegen der Hitze keine Menschen wohnen. 4) Klearchos wurde von Kyros geschätzt wegen seines Wohlwollens und seiner Treue. 5) Vieles, was wir unser selbst wegen nicht tun würden, tun wir den Freunden zuliebe. 6) Christus ist um der Menschen willen gestorben. 7) Meinetwegen darfst du bleiben oder weggehen. 8) Wir sind eure Bundesgenossen geworden nicht zur Knechtung Griechenlands, sondern zur Befreiung von den Persern. 9) Die Eltern schicken ihre Kinder in die Schule der Ausbildung wegen. 10) Dareios sammelte ein großes Heer zur Bestrafung der Athener, die er wegen der Zerstörung von Sardes gewaltig haßte. 11) Alexander besitzt wegen seiner Tapferkeit herrlichen Ruhm und wird auch wegen seiner Bildung und Menschenfreundlichkeit bewundert. 12) Vielen scheint das Leben im Alter traurig wegen des Schwindens der Sinne, die allmählich erlöschen.

88. Übersetze die Präposition „mit" in folgenden Sätzen durch ein passendes Partizipium: 1) Die Feinde zogen mit viel Beute ab. 2. Hieron kam mit einem Gespann nach Olympia, um an den Wettkämpfen teilzunehmen. 3) Wer mit Lügen andere hintergeht, wird nie einen Freund finden. 4) Harpagos schickte an Kyros einen Boten mit einem Brief, der im Fell eines Hasen verborgen war. 5) Als die Lakedaimonier Attika verwüsteten, flüchteten die Leute auf dem Lande mit all ihrer Habe in die Stadt. 6) Getreue Freunde erwerben wir uns nicht mit Gewalt, sondern durch Wohltun. 7) Als Kyros in Kolossä war, kam der Thessalier Menon zu ihm mit 1000 Hopliten und 500 Peltasten. 8) Die Gerechtigkeit wird mit einer Waagschale und mit verbundenen Augen abgebildet. 9) Kyros begab sich barhäuptig in die Schlacht.

89. Übersetze: 1) Der Weg von dem Isthmos nach Megaris und Attika geht über die skironischen Felsen. 2) Der Fluß Halys, der von Süden her zwischen den Syrern und Paphlagoniern fließt, ergießt sich nach Norden zu in das sogenannte Schwarze Meer. 3) Bei Dodona in Epirus stand eine dem Zeus heilige Eiche, und bei dieser befand sich das Orakel, mit Frauen als Prophetinnen. 4) Die Meerenge, wo Helle von dem goldenen Widder hinabgestürzt war, wurde nach ihr Hellespont genannt. 5) Als Kyros vor Babylon stand, stellte er sein ganzes Heer um die Stadt herum. 6) Dionysios, der Tyrann von Syrakus, beschloß, nachdem seine Unternehmungen in Sizilien ihm nach Wunsch geglückt waren, einen Krieg gegen die Karthager zu eröffnen; da er jedoch mit seinen Rüstungen noch nicht fertig war, verbarg er seine Absicht, traf aber die für die bevorstehenden Gefahren erforderlichen Anordnungen. 7) Bei den Arkadern wurden die Kinder von früher Jugend an gewöhnt, Päane und Lobgesänge zu singen, in denen sie nach väterlichem Brauche die einheimischen Götter und Heroen feierten. 8) Was denkt ihr über die Redner, die sich erfrecht haben, zur Verleumdung und Gefährdung des Staates Geld von den Feinden anzunehmen? 9) Man erzählt, Demosthenes habe, weil er beim Reden die eine Schulter unschön bewegte, ein Schwert an der Decke aufgehängt, damit er aus Furcht ruhig bliebe. 10) Perikles trieb Steuern ein von denen, die mit Athen ein Bündnis geschlossen hatten, und schmückte von dem Gelde die Akropolis mit Heiligtümern; Alexander aber nahm die Schätze der Barbaren und schickte sie nach Griechenland mit dem Befehl, man solle den Göttern aus einem Fonds von zehntausend Talenten Tempel bauen. 11) Die Messenier standen seit alter Zeit unter der Herrschaft der Spartaner. 12) Unterhalb des Äthers ist die Luft, unterhalb der Luft die Erde. 13) Alkestis trug kein Bedenken, für ihren Gemahl Admet zu sterben. 14) Numa teilte das Jahr nach der Bewegung des Mondes in 12 Monate.

90. Übersetze: 1) Der König ließ den Griechen durch einen Dolmetscher sagen, er werde nicht dulden, daß ihr Heer durch sein Land ziehe. 2) Hinter den Schwerbewaffneten wurden auf beiden Flügeln die Leichtbewaffneten aufgestellt, damit sie ihre Pfeile über ihre Vordermänner hinwegschießen könnten. 3) Der Hund ist klein gegen den Elefanten und groß gegen die Maus. 4) Bei Plataä waren die Perser den Spartanern gegenüber aufgestellt. 5) Bei den Athenern war es überkommene Sitte, die Führerschaft in Griechenland zu haben; dieser Brauch begann mit Miltiades, kam zur Zeit des Themistokles in Blüte, ging auf Kimon über, wurde von Perikles bewahrt und von seiten des Alkibiades bewundert. 6) Die Sphinx saß auf einem

Berge und stürzte alle, die das Rätsel nicht lösten, vom Felsen hinab. 7) Nackt habe ich die Erde betreten, und nackt werde ich (wieder) unter die Erde gehen. 8) Die Römer zeichneten den Marius für das, was er dem Staate genützt hatte, mit vielen großen Ehren aus. 9) Umsichtige Menschen pflegen vor dem Handeln sich zu beraten, unbesonnene nach der Tat. 10) Die dreißig Tyrannen töteten viele Menschen gegen die Gesetze teils aus Feindschaft, teils auch um des Geldes willen. 11) Als Minerva das Gorgonenhaupt von Perseus erhalten hatte, setzte sie es mitten in ihren Schild. 12) Bei den alten Germanen wurden die Krieger nicht aufs Geratewohl, sondern immer völkerweise und stammweise aufgestellt. 13) Geier fraßen täglich die Leber des Tityos, der (zur Strafe) für das, was er gegen die Götter gefrevelt hatte, in der Unterwelt auf einem Felsen ausgestreckt war. 14) Das Herz der meisten Menschen hängt an Geld und Besitztümern und sorgt für nichts anderes mehr als für den täglichen Gewinn. 15) Man darf weder das Schiff an einen einzigen Anker noch das Leben an eine einzige Hoffnung binden.

IV. PRONOMINA

91. 1) Welche Gebrauchsweise haben die Formen ἐμοῦ und μου, σοί und σοι usw.? – 2) Wie bezeichnet der Grieche die Personalpronomina der 3. Person?

92. Was ist über die Betonung der Wörter ἔγωγε, τοσόσδε und οὑτοσί zu merken?

93. In welchem Falle wird im Griechischen der Nominativ der Personalpronomina gebraucht?

94. Übersetze: 1) Ateas schrieb an Philipp: Du herrschest über die Makedonier, die sich auf die Kriegführung verstehen, ich aber herrsche über Skythen, die auch gegen Hunger und Durst kämpfen können. 2) Ein gewisser Demetrios sagte zu Nero: „Du drohst mir den Tod an, die Natur aber droht ihn dir an." 3) Habe Mitleid mit den Tieren! Denn auch sie freuen sich ihres Lebens. 4) Sage mir, wem wir wohl größeren Dank schuldeten als dir; denn von dir haben wir die meisten Wohltaten empfangen. 5) Den Schülern des Pythagoras genügte das Wort: „Er hat es gesagt". 5) Der Tod ist, wie es mir wenigstens scheint, nichts anderes als die Trennung zweier Dinge voneinander, der Seele und des Körpers. 7) Furcht befiel mich, als ich die Häuser brennen sah. 8) Klearchos sagte zu Tissaphernes folgendes: „Mit dir ist jeder Weg bequem und jeder Fluß passierbar, aber ohne dich geht der ganze Weg durch Finsternis und ist jeder Fluß schwer zu passieren."

95. Welche Regeln kommen bei der Übersetzung folgender Sätze in Anwendung? a) Der wahrhaft Freie beherrscht seine Leidenschaften. b) Solon bewunderte den Scharfsinn des Anacharsis und nahm ihn freundlich auf. – Übersetze: 1) Cäsar besiegte den Pompeius bei Pharsalos und verfolgte ihn bis nach Ägypten. 2) Dem Kroisos erschien im Schlafe ein Traumbild und sagte zu ihm, daß sein Sohn Atys (nur) kurz leben werde. 3) Die wilden Tiere stürzen sich auf die, welche sie verwundet haben. 4) Was wir glauben, werden wir dir sagen; wenn du aber nicht zustimmst, wirst du uns belehren. 5) Sokrates sagte zu den Richtern: „Wenn meine Kinder erwachsen sind, so bestraft sie, wenn sie euch den Eindruck machen, für Geld oder etwas anderes eher zu sorgen als für die Tugend!" 6) Gib einem kranken und sich elend befindenden Körper nicht viele Speisen und Getränke, denn sie werden ihm nichts nützen. 7) Wenn man in einem Staate die Lasterhaften mächtig macht und ihnen den Staat übergibt, so stürzt man die Gesitteteren ins Verderben. 8) Kyros zog von Jugend auf sein Leben lang zu Felde, nachdem er seine Kinder den Frauen übergeben hatte, dieselben großzuziehen.

96. Was ist über den Gebrauch des R e f l e x i v p r o n o m e n s zu merken?

97. Übersetze: 1) Als der Dichter Pindar gefragt wurde, warum Simonides zu dem Tyrannen nach Sizilien gegangen sei, es aber selber nicht wolle, antwortete er: „Weil ich für mich, nicht für einen andern leben will." 2) Du glaubst nicht an Götter, da du sie nicht siehst; aber du siehst auch deine Seele nicht, die Herrin deines Leibes ist. 3) Den Korinthern lag als Anklage gegen die Athener der Umstand vor, daß diese Potidäa, eine Kolonie von ihnen, belagert hätten; den Athenern dagegen, daß sie die mit ihnen verbündete Stadt zum Abfall gebracht hätten. 4) Wenn du die Leiden anderer Menschen kennen lernst, wirst du die deinigen minder schwer ertragen. 5) Ich würde mich schämen, wenn ich mehr für meinen eigenen Ruhm als für das allgemeine Beste zu sorgen schiene. 6) Die Athener nahmen diejenigen, die aus andern Staaten vertrieben waren, wohlwollend in ihren Staat auf. 7) Die Sieger retten ihre Habe und gewinnen noch die Güter der Unterlegenen dazu; aber die Unterlegenen verlieren ihr ganzes Vermögen. 8) Die Geizigen schweben stets in Furcht, daß ihnen ihre Schätze geraubt werden. 9) Sokrates rettete, als die Schlacht bei Platää war, den Alkibiades selbst und seine Waffen. 10) Die Böotier hofften, die Platäer zu bewegen, das Bündnis mit Athen aufzugeben und sich ihnen anzuschließen. 11) Andere mögen ihre Bundesgenossen des Vorteils wegen preisgeben, aber wir werden unseren eigenen Kolonien ihren vorhandenen Wohlstand zu sichern suchen. 12) Wir pflegen diejenigen, die in irgendeiner Beziehung einen Vorzug haben, zu beneiden, wenn sie uns nicht dadurch, daß sie uns wohltun, für sich gewinnen und sie zu lieben zwingen. 13) Die Ankläger behaupteten, Sokrates verderbe die mit ihm verkehrende Jugend besonders dadurch, daß er ihr den Glauben beibrächte, er sei der Weiseste von allen. 14) Als die Athener hörten, daß der Athos durchgraben und der Hellespont überbrückt werde (Partiz.), glaubten sie, daß es weder zu Lande noch zu Wasser eine Rettung für sie gäbe. 15) Als Dareios sich schwach fühlte und das Ende seines Lebens merkte, wünschte er, daß (*acc. c. inf.*) seine beiden Kinder bei ihm seien. 16) Wenn die Philosophen den Reichen schmeicheln, so machen sie nicht jene geehrt, sondern sich selbst verächtlich.

98. Übersetze: Das Andenken an uns; die Sehnsucht nach dir; die Furcht vor euch; das Wohlwollen gegen mich.

99. Übersetze: 1) Die Bienen kämpfen zuweilen miteinander und verwunden sich mit dem Stachel. 2) Als Xerxes mit seinem unzähligen Heere über den Hellespont gegangen war, legten die Griechen die Feindschaften bei, die sie untereinander hatten, und wandten sich gegen den Barbaren. 3) Wir haben ein Bündnis miteinander geschlossen und uns gegenseitig starke Eide geschworen. 4) Anstatt daß (ἀντί *c. Gen.* des Infin.) die Bürger von Athen in Zusammenarbeit Nützliches wirkten, schädigten sie sich oft gegenseitig und waren auf sich neidischer als auf die andern Menschen. 5) Die wahren Freunde sprechen freundlich miteinander und sorgen auch in den größten Gefahren füreinander.

100. Welche Regeln bezüglich der Possessivpronomina kommen bei Übersetzung folgender Sätze in Anwendung? 1) Dein Freund ist reich. Wir sind eure Freunde. 2) Dein Freund ist auch mein

Freund. 3) Ich liebe meine Freunde mehr als die deinigen. 4) Warum hast du unsere Freunde getäuscht?

101. Welche Bedeutungen hat αὐτός?

102. Übersetze: 1) Die Königin war persönlich bei dem Heere. Unmittelbar nach der Seeschlacht wurde der Bruder des Admirals mit neun anderen nach Sparta gesandt. Die Berge hingen schroff gerade über dem Flusse. 2) Sei nicht neidisch auf diejenigen, die mehr besitzen als du; denn sie entbehren ebenfalls viel Gutes, das du genießest. 3) Wer einem Dürftigen nicht gibt, wird gleichfalls nicht empfangen, wenn er bedürftig ist. 4) Die Werke der Mäßigkeit und der Unmäßigkeit sind direkt entgegengesetzt. 5) Der Reichtum an und für sich kann keinen glücklich machen. 6) Die Schüler lernen nicht für die Lehrer, sondern für sich allein. 7) Der Eber stürzte zu Boden, gerade durch das Herz getroffen. 8) Theramenes wurde auf den Rat Lysanders als Gesandter nach Lakedaimon mit neun andern (= „selbzehnter") gewählt. 9) Als die Griechen die Barbaren abziehen sahen, brachen sie gleichfalls auf und machten sich auf den Marsch. 10) Cato tötete sich in Utika selbst. 11) Die Türme, deren es auf den babylonischen Mauern eine große Zahl gab, sollen zehn Fuß höher gewesen sein als die eigentliche Mauer. 12) Die Soldaten, von einigen schlechten Männern aufgereizt, und an und für sich unwillig über die Beleidigungen, plünderten das Dorf und zündeten es an. 13) Die Athener stellten zu den Perserkriegen allein mehr Schiffe als die andern zusammengenommen. 14) Überläufer meldeten, daß (ὅτι c. opt.) die Feinde bereits aus ihrem Lager gerüstet ausrückten und daß ihr König in eigener Person sie aufstelle.

103. Wie unterscheiden sich die Demonstrativpronomina οὗτος, ὅδε und ἐκεῖνος?

104. Übersetze: 1) Alles auf dieser Erde ist ein Geschenk Gottes; wir dürfen also diese Geschenke nicht mißbrauchen. 2) Hier in diesem Hause verbirgt sich der Dieb. 3) Der ägyptische König Tachos verspottete den Agesilaos, welcher von kleiner Statur war, und sagte folgendes: „Ein Berg wollte gebären, Zeus fürchtete sich, der aber gebar eine Maus." Als Agesilaos dieses gehört hatte, sagte er erzürnt: „Ich werde mich dir einst als Löwe zeigen." 4) Schlimmes zu leiden fürchtet der Weise nicht so sehr als Schlimmes zu tun; denn dieses ist die Ursache von jenem. 5) Warum hast du das gesagt? Schämst du dich nicht vor diesen Männern? 6) Es ist kennzeichnend für ratlose und zwar schlechte Menschen durch Meineid etwas zu erreichen. 7) Wer kennt denn nicht den berüchtigten Ephialtes, der Griechenland an die Perser verriet, und zwar deshalb, weil er vom Perserkönig durch Geld bestochen war? 8) Wenn (ἐάν) dir einer deiner Knechte erkrankt, so rufst du einen Arzt herbei, damit er nicht stirbt; wieviel mehr mußt du auf Heilung bedacht sein, wenn du selbst krank wirst und noch dazu an der Seele! 9) Von Drakon rührte folgendes Gesetz her: Wer wegen Raubes oder Diebstahls verurteilt ist, soll mit dem Tode bestraft werden! 10) Die Karthager opferten dem Kronos Menschen, und zwar einige von ihnen auch ihre eigenen Söhne.

105. Wie unterscheiden sich die Relativa ὅς und ὅστις, οἷος und ὁποῖος, ὅσος und ὁπόσος usw?

106. Übersetze: 1) Zeus, wie viele Leiden verursacht uns das Alter! Siehe, wie sanft doch das Kind schläft! Was für Männer haben wir doch zu Gefährten! Was tust du, Freund! 2) Richter, damit ihr wißt, wie viele durch Agoratos ihren Tod gefunden haben, will ich euch ihre Namen vorlesen. 3) Auf Geheiß des Kroisos führten dessen Diener Solon in allen Schatzkammern umher und zeigten ihm alles, was schön und prächtig war. 4) Wer die Götter ehren will, der muß seinen Nebenmenschen Gutes tun. 5) Was für einen Vorteil haben die Reichen, wenn sie Talente auf Talente häufen, da sie ja doch in kurzem aus diesem Leben scheiden müssen? 6) Xenophon sagt: Alles, was die Götter Herrliches dem attischen Lande in den (verschiedenen) Jahreszeiten gewähren, fängt sehr frühzeitig an und hört sehr spät auf. 7) Nicht einmal Herkules entging dem Verhängnis, der doch dem Zeus sehr lieb war. 8) Den nenne ich sehr glücklich, der kein Leiden hat. 9) Zugleich mit den Peltasten marschierte auch das arkadische Hoplitenheer, über das Kleanor das Kommando hatte. 10) Die meisten kümmern sich nicht darum, einen Freund, der doch das größte Gut ist, zu erwerben. 11) Ein Wolf, der Hirten in einem Zelte ein Schaf essen sah, ging nahe hinzu und sagte: „Wie groß wäre der Lärm, wenn ich dies täte?" 12) Der edle Mann muß tüchtig ringen, was auch das Geschick verhängen mag.

107. Was ist über die Formel ἔστιν οἵ zu merken? Was über οὐδεὶς ὅστις οὔ? Was heißt ἐπαινῶ οἷον σὲ ἄνδρα, χαρίζομαι οἷοις ὑμῖν?

108. Ziehe in folgenden Sätzen das Substantiv, auf das sich im Deutschen das Relativ bezieht, in den Relativsatz selbst hinein: 1) Die Leiden, die wir mit andern gemein haben, scheinen uns leichter. 2) Die Kräuter, welche die Tiere nicht fressen, essen oft die Menschen. 3) Viele, die ihr Vermögen aufgebraucht haben, halten sich nicht von solchen Gewinnen fern, deren sie sich früher enthielten, weil sie dieselben für unanständig ansahen. 4) Die Anklage gegen Sokrates lautete ungefähr folgendermaßen: Sokrates tut Unrecht, weil er nicht an die Götter glaubt, an die der Staat glaubt. 5) Sprich nicht immer, noch gegen alle die Meinung aus, die du hast! 6) Die Liebesbeweise, die du deinen Eltern entgegenbringst, wirst du einmal gleichfalls von deinen Kindern empfangen. 7) Freue dich an solchen Beschäftigungen, durch die du dich selbst hebst und andern besser erscheinst! 8) Histiaios sagte zu Dareios: „Ich schwöre dir, dieses Gewand, mit dem ich nach Jonien gehen werde, nicht eher auszuziehen, als bis (πρὶν ἄν c. coni.) ich dir Sardes tributpflichtig gemacht habe."

109. Was versteht man unter Attraktion (Assimilation) des Relativs, und welchen Gebrauch hat diese?

110. Bringe in folgenden Sätzen die Regeln über die Attraktion des Relativs zur Anwendung: 1) Der Geizige genießt die Güter nicht, die er besitzt. Die Geizigen machen keinen Gebrauch von den Gütern, die sie besitzen. 2) Nichts von dem, was wir hofften, ist erfolgt, sondern Feindschaften sind uns durch (ἐκ) das, was wir getan haben, erwachsen. 3) Eurybiades floh eilig fort mit den Schiffen, die er hatte. 4) Jedermann ist gern mit den Freunden zusammen, die er am meisten liebt. 5) Die älteste Seeschlacht, die wir kennen, war die der Korinther gegen die Kerkyraier. 6) Einen bewährten Mann beurteile nicht nur nach dem, was er tut, sondern auch nach dem, was er will! 7) Die Sophisten gaben den deutlichen Beweis (= bewiesen offenbar), daß es leicht sei, über alles, was einer nur vorlegen mag, eine falsche Rede zu ersinnen. 8) Solchen Männern, wie ihr seid, gehorchen wir in (ἐπί c. dat.) allem, was ihr nur anratet. 9) Die Guten bewohnen die Inseln der Seligen zur Belohnung für die Gerechtigkeit, die sie im Leben geübt haben. 10) Wenn ein verständiger Mann einen Sohn verloren hat oder etwas anderes von dem, was er am höchsten achtet, so wird er zwar betrübt sein, sich aber doch im Schmerze mäßigen. 11) Seitdem die Spartaner die Herrschaft zur See erlangt hatten, beobachteten sie nicht mehr die Gesetze, die sie von ihren Vorfahren ererbt hatten, und hielten sich nicht mehr an die Sitten, die sie früher befolgten. 12) Wir werden kein Bündnis schließen mit dem, den wir schon früher als unzuverlässig erkannt haben, und denjenigen nicht um Hilfe bitten, den wir selbst schwach sehen. 13) Die Athener errichteten auf Sizilien ein Denkmal des Sieges, den die Tyrrhener über das Landheer der Feinde gewonnen hatten.

111. Welche Regel ergibt sich aus folgenden Sätzen in bezug auf die Verbindung **zweier Relativsätze** miteinander? Ἀριαῖος, ὃν ἡμεῖς ἠθέλομεν βασιλέα καθιστάναι καὶ ἐδώκαμεν πιστά, οὗτος ἡμᾶς κακῶς ποιεῖν πειρᾶται. Ἐπιδείκνυ μοι τὰς ἐπιστήμας, αἳ δοκοῦσι κάλλισται εἶναι καὶ μάλιστά με δεῖ ἐπιμελεῖσθαι. Οἱ πρόγονοι, οἷς οὐκ ἐχαρίζοντο οἱ λέγοντες οὐδ' ἐφίλουν αὐτούς, τῶν Ἑλλήνων ἦρξαν. Οἱ πλεῖστοι ἐσπίπτουσιν ἐς οἴκημα μέγα, ὃ ἦν τοῦ τείχους καὶ αἱ θύραι αὐτοῦ ἀνεῳγμέναι ἔτυχον. – Übersetze: 1) Hüte dich vor jenen Männern, die ihre Freunde in deren Abwesenheit verleumden und denen alle Guten verhaßt sind! 2) Wir bewundern den Fabricius, der das Gold des Pyrrhos ablehnte und den keine Hoffnungen auf Gewinn von der Rechtlichkeit abbrachten. 3) Derjenige, dem diese meine Worte zwar gewinnbringend zu sein scheinen, der aber fürchtet, daß er durch sie das Bündnis auflöst, der möge bedenken, daß er sich jetzt über das Wohl des Vaterlandes berät.

112. Bekanntlich gebraucht der Lateiner mit besonderer Vorliebe am Anfang von Sätzen das **Relativum** statt des **Demonstrativs**, um einen Satz mit dem vorhergehenden enger zu verbinden (Relativverbindung). Findet sich dieser Gebrauch auch im Griechischen?

113. Achte bei der Übersetzung folgender Sätze auf den Gebrauch der **korrelativen Wörter:** 1) Die Athener übertreffen weder an Wohlklang der Stimme, noch an körperlicher Größe und Kraft die übrigen so sehr wie durch Ehrliebe, die eben am meisten zu rühmlichen und ehrenhaften Dingen antreibt. 2) Die Bestrebungen der Seele stehen um so höher als die des Körpers, je vorzüglicher die Seele ist als der Körper. 3) Wir müssen so gegen andere sein, wie wir wünschen, daß die anderen gegen uns sein sollen. 4) Wie du in Gegenwart eines Freundes sprichst, so denke auch in seiner Abwesenheit. 5) So weit stehen wir an Taten und Gesinnungen hinter unseren Vorfahren zurück, als diese für die Rettung der übrigen es über sich brachten, ihre eigene Vaterstadt zu verlassen, und im

Kampf die Barbaren besiegten, wir aber nicht einmal für unseren eigenen Vorteil Gefahren bestehen wollen. 6) Alkibiades stellte zu den Wettkämpfen in Olympia der Zahl nach so viele Gespanne, wie nicht einmal die größten Staaten stellten, und der Vortrefflichkeit nach so beschaffene, daß er der erste und zweite und dritte (Sieger) wurde. 7) Wo es die meisten Gesetze gibt, da sind gewöhnlich auch die meisten Vergehen. 8) Palamedes fand nach seinem ungerechten Tode eine solche Rache durch die Götter wie kein anderer.

114. Welche Regel ergibt sich aus folgenden Sätzen? Ἔπιτε τοῖς βαρβά-ροις, ὧν τὴν ἀταξίαν αὐτοὶ ὁρᾶτε. Αἰσχύνθητε Δία, ἐν οὗ τῷ ἱερῷ ἐσμεν. Ὧν τὰς δόξας ζηλοῖς, μιμοῦ τὰς πράξεις.

115. Welche Regeln gelten für den Gebrauch der Pronomina interrogativa?

116. Übersetze: 1) Wie viele etwa seid ihr? Ungefähr vier oder fünf. 2) Eine ganz außerordentliche Macht. Eine ganz wunderbare Tapferkeit. In ganz besonderer Weise beleidigt werden. 3) Eine Art von Sehnsucht. So eine Art von Bettler oder Landstreicher. 4) So gut wie gar keiner. 5) Du scheinst mir etwas Richtiges zu sagen. 6) Dem einen gefällt dieses, dem andern jenes. Du urteilst über dieselben Sachen das eine Mal so, das andere Mal anders. Die einen kamen von hier, die andern von da. Der eine ist in dieser, der andere in jener Sache mehr zu brauchen. Gott hat allen Menschen Mühseligkeiten auferlegt, dem einen diese, dem andern jene. Indem Konon bald hier, bald da ans Land stieg, verheerte er das feindliche Gebiet. 7) Eine Hand wäscht die andere. Eine Generation folgt auf die andere. 8) Hannibal war auf dem einen Auge blind. 9) Ich lobe keinen, weder den Tollkühnen noch den Verzagten. Ihr habt keins von beiden getan; ihr seid weder euer selbst Herr geworden, noch dem Übermut der übrigen entgegengetreten. 10) Welche Fessel ist stärker, die Notwendigkeit oder die Leidenschaft? 11) Als Herkules zwei Wege sah, den einen des Vergnügens, den andern der Tugend, war er in Zweifel, welchen einzuschlagen das beste sei. 12) Wer zwei Hasen zugleich verfolgt, fängt wohl keinen (von ihnen). 13) Männer von unserm Schlage werden an der Rettung des Vaterlandes nicht verzweifeln; denn manche sind schon aus schrecklicheren (Situationen) gerettet worden, als worin wir uns jetzt befinden.

117. Was bedeutet: 1) μόνος τῶν ἄλλων. 2) πόλεμος ἀξιολογώτατος τῶν προγεγενημένων?

V. GENERA VERBI

1. Activum

118. Was ist über den Gebrauch des Aktivs im Griechischen zu merken?

119. Übersetze: 1) Ich tauchte mich ein = ich tauchte unter. Ich versenkte. Ich löschte aus, ich erlosch, ich bin erloschen. 2) Ich habe überredet. Ich vertraue. 3) Ich stellte, ich trat hin; ich erzeugte, ich entstand; ich bin zerbrochen, ich bin zerrissen, ich bin verloren, ich sitze fest, geschmolzen sein, faul geworden sein, erschienen sein. 4) Der Tyrann wurde von seinen nächsten Angehörigen getötet. 5) Agesipolis ließ einen Graben rings um die Stadt Mantinea ziehen. 6) Der Nil ergießt sich in sieben Mündungen ins Meer. 7) Worin unterscheidet sich ein Schmeichler von einem Freunde? 8) Es ist oft schwer, einen Schmeichler von einem Freunde zu unterscheiden. 9) Die Athener stürmten im Laufe gegen die Perser, die in Attika eingefallen waren. 10) Tiribazos rückte mit Reitern an das Lager heran, schickte einen Dolmetscher voraus und ließ sagen, er wünsche sich mit den Anführern zu unterreden. 11) Da der Proviant ausging, brachen die Griechen auf und marschierten etwa 30 Stadien. 12) Habe Mitleid mit denjenigen, denen es schlechter geht! 13) Die Spartaner fürchteten die wachsende Macht der Athener. 14) Die alten Athener nahmen viele von denen, die aus anderen Staaten vertrieben waren, in ihre Stadt auf. 15) Sokrates wurde von Meletos wegen Gottlosigkeit angeklagt. 16) Eine alte Sage ging, daß die Insel Atlantis unter das Meer getaucht und verschwunden sei. 17) Als Aristeides gefragt wurde, was ihn bei seiner Verbannung am meisten schmerze, antwortete er: „Die Schande meines Vaterlandes, das wegen meiner Verbannung bei allen in schlechtem Rufe steht." 18) Das ganze keltische Land ist von Flüssen durchströmt, die teils in den Ozean, teils in das Meer innerhalb der Säulen des Herkules münden. 19) Die Menschen behalten die am meisten in der Erinnerung, von denen ihnen in Leiden Gutes erwiesen ist. 20) Unter der Herrschaft des Ardys kamen die Kimmerer, die von den Skythen vertrieben waren, nach Asien und eroberten Sardes mit Ausnahme der Burg. 21) Gewöhne dich, an jenen Beschäftigungen Freude zu haben, durch (ἐκ) welche du selbst wachsen und den Menschen besser zu sein scheinen wirst! 22) Atreus war der Bruder des Thyestes und der Oheim der Kinder, die er schlachten ließ. 23) Wenn Pythagoras in einer Stadt einkehrte, so verbreitete sich das Gerücht, er sei gekommen, nicht um zu lehren, sondern um zu heilen. 24) Als die Soldaten die Aspasia gefesselt herbeiführten, wurde Artaxerxes unwillig und ließ die Täter ins Gefängnis werfen (= binden).

2. Passivum

120. In welcher Weise gebraucht der Grieche das Passiv?

121. Übersetze: 1) Schon vielen, welche die Herrschaft erlangt hatten, wurden Nachstellungen bereitet und das Leben genommen. 2) Dem Nikodemos wurden von Aristarch beide Augen ausgestochen. 3) Rhadamanthys wurde von Minos in der Herrscher- und Richterkunst unterrichtet. 4) Je größere Macht jemand hat, um so größere Rechenschaft wird von ihm gefordert werden. 5) Die Thasier riefen, als ihnen von den Athenern die Freiheit genommen war, die Lakedaimonier zu Hilfe. 6) Hasse die Schmeichler wie die Betrüger; denn beide fügen, wenn man ihnen traut, denen, die ihnen trauen, Schaden zu. 7) Dem Prometheus wurde von einem Adler die Leber abgefressen (= geschoren). 8) Mit Recht sagte Hermokrates, daß von den Athenern der Freiheit aller Einwohner Siziliens nachgestellt würde. 9) Diejenigen, denen die Bewachung der Burg anvertraut war, schlossen mit den Belagerern einen Vertrag. 10) Es lag hoher Schnee, und infolge der Kälte gefror das Wasser, das sich die Soldaten zur Mahlzeit holten, und vielen Griechen erfroren die Nase und die Ohren. 11) Als Lykurg, dem von einem Jüngling das eine Auge verstümmelt war, ihn vom Volke ausgeliefert erhalten hatte, (um) sich (an ihm) zu rächen, wie er nur wolle, verzichtete er auf die Rache (= stand er von der Rache ab), erzog ihn und machte aus ihm einen guten Mann. 12) Odysseus verspottete den Polyphemos, dem das Auge ausgebrannt war. 13) Den Schlechten wird, indem sie bestraft werden, Gutes von Gott getan. 14) Auch vor alters war es Gesetz, daß bei Stimmengleichheit (= wenn gleiche Stimmen abgegeben waren, τιθέναι *perf.*) der Angeklagte immer freigesprochen werden (solle).

122. Was ist über die griechischen Deponentia zu merken?

3. Medium

123. In welcher Weise wird im Griechischen das Medium gebraucht?

124. Übersetze: 1) Die ägyptischen Priester lassen sich alle zwei Tage scheren und baden sich zweimal an jedem Tage und zweimal in jeder Nacht in kaltem Wasser. 2) Wenn die Karer in Ägypten das Fest der Isis feiern, so schlagen sie sich nicht nur, sondern verwunden auch ihr Gesicht mit Schwertern. 3) Wer Trophäen über die Feinde errichtet, ehrt nicht bloß sich, sondern macht sich auch um seine Freunde verdient und hebt sein Vaterland. 4) Der Feldherr, der zornig war, rüstete sich, gegen das Kastell zu rücken, das sehr fest war; als ihm aber beim Opfern die Zeichen am ersten Tage nicht gut ausfielen, opferte er am folgenden Tage nochmals. 5) Als Philipp seinen Sohn Alexander unterrichten lassen wollte, berief er den berühmtesten der damaligen Philosophen, Aristoteles, zu sich. 6) Von den hellenistischen Staaten stellte der der Athener zuerst Gesetze auf und gründete sich eine Staatsverfassung. 7) Aus Hochmut ließ Xerxes den Athos durchstechen, weil er seine Macht zeigen und etwas Denkwürdiges hinterlassen wollte. 8) Es gibt gewisse ungeschriebene Gesetze, die nicht die Menschen sich gaben, sondern die Götter den Menschen gegeben haben. 9) Ziehe deine Schuhe an! Enthalte dich des Umgangs mit schlechten Menschen! Ihr habt nie ein reines Vergnügen gekostet. Sokrates trank den Schierlingsbecher, ohne seine Farbe oder Miene zu verändern. 10) Die Thebaner steuerten kein Geld zur Flotte bei. Kyros zog gegen seinen Bruder Artaxerxes zu Felde. Wie viele Griechen zogen mit Kyros zu Felde? 11) Halte dir den Schild der guten Hoffnung vor! Wir werden nur wenige Bundesgenossen finden. Wir wollen die Beute unter uns verteilen. 12) Die Athener hofften, sich Sizilien unterwürfig zu machen. Die Krieger sollen ihre Schwerter schärfen! Die Seeleute erbaten sich ihren Sold. Jeder möge bei sich bedenken, daß es die Pflicht der Untertanen ist, den Befehlen der jeweiligen Behörden zu gehorchen. 13) Alle diejenigen von den Feinden, die der Waffen beraubt sind, werden sich schnell andere machen lassen, und die, denen die Pferde genommen sind, werden sich schnell andere anschaffen. 14) Die Spartaner töteten in ihren Kriegen diejenigen, die sich ihnen entgegenstellten, die Weichenden dagegen verschonten sie. 15) Themistokles hatte keinen Vorteil weder von (ἐκ) der Seeschlacht bei Salamis, noch von seiner Gesandtschaft nach Sparta. 16) Die Lakedaimonier riefen, als sich der Krieg gegen die Messenier in Ithome in die Länge zog, außer andern Bundesgenossen auch die Athener zu Hilfe; diese kamen unter Kimons Anführung mit einer nicht geringen Macht. 17) Nachdem Deukalion sich einen Kasten gezimmert und Lebensmittel hineingebracht hatte, stieg er mit seinem Weibe Pyrrha hinein. 18) Als die Thasier von Histiaios belagert wurden, umgaben sie ihre Stadt mit einer sehr festen Mauer. 19) Die Karthager verlangten, Regulus solle ihnen einen Frieden auswirken; der aber riet dem Senate, keinen Frieden mit den Karthagern zu schließen. 20) Ein Athener führte in der Schlacht bei Marathon einen Hund mit sich, und beide sind in der Poikile abgebildet. 21) Viele glauben, daß diejenigen, die sich von (Dat.) kostbaren Tafeln nähren, mehr Vergnügen empfinden als die, welche sich einfachere Speisen vorsetzen lassen. 22) Alkibiades erregte den dekeleischen Krieg, um die Athener dafür büßen zu lassen, daß sie ihn zum Tode verurteilt hatten.

VI. TEMPORA VERBI

1. Die Tempora im Indikativ

125. Gib im allgemeinen die Regeln über die Bedeutung der Tempora (im Indikativ) an!

126. Gib an, was der Ind. Präsens in folgenden Sätzen bezeichnet:
1) Ἀστράπτει. Ἡ ἀδελφὴ τὸ ποίημα μανθάνει. Ὁ πατὴρ νῦν νοσεῖ. 2) Ὁ ἥλιος καθ᾽ ἡμέραν ἀνατέλλει. Χαλεπὸν τὸ γῆράς ἐστιν ἀνθρώποις βάρος. Ἐγγὺς Ἰταλίας κεῖται ἡ Σικελία. 3) Ἡρόδοτος λέγει ἐπὶ Ἄτυος ὑπὸ τῶν Λυδῶν εὑρεθῆναι τὰς παιδιάς. Ὅμηρος Πολύφημον τῷ κριῷ διαλεγόμενον ποιεῖ. 4) Αἱ τριάκοντα νῆες τῶν Ἀθηναίων ἀφικνοῦνται ἐς τὰ ἐπὶ Θρᾴκης καὶ καταλαμβάνουσι Ποτείδαιαν. Ἐπειδὴ ἐτελεύτησε Δαρεῖος, Τισσαφέρνης διαβάλλει τὸν Κῦρον πρὸς τὸν ἀδελφόν. 5) Βασιλεὺς πείθει ἡμᾶς συμμαχίαν αὐτῷ ποιήσασθαι καὶ πολλὰ χρήματα δίδωσιν. 6) Ἱκετεύοντες πρὸς ὑμᾶς ἥκομεν· φίλους γὰρ ὑμᾶς τῇ ἡμετέρᾳ πόλει ὄντας πυνθανόμεθα. 7) Ἀπαγγείλατε Ἀριαίῳ, ὅτι ἡμεῖς νικῶμεν βασιλέα.

127. Was versteht man unter dem gnomischen Aorist? – Übersetze: 1) Die Zunge bringt viele ins Verderben. 2) Ein Tag stürzt oft den einen von seiner Höhe und hebt den andern in die Höhe. 3) Stärke mit Klugheit (gepaart) nützt, aber ohne diese bringt sie denen, die sie haben, mehr Schaden. 4) Wenn jemand infolge von Habsucht und Schlechtigkeit mächtig wird, so vernichtet die erste beste Veranlassung und ein unbedeutender Anstoß alles. 5) Wie die Ärzte, wenn sie den Krebs oder sonst ein unheilbares Übel sehen, es auszubrennen oder wegzuschneiden pflegen, so müßt ihr die schlechten Bürger aus der Stadt jagen und vernichten. 6) Die Armut macht die Menschen tüchtiger in (πρός) den Künsten und geschickter für das Leben. 7) Auch ein Kluger irrt, und einem Dummen folgt oft Ruhm, und mancher Schlechte erlangt Ehre (Distichon). 8) Wem Gott nicht völlig Gutes geben will, dem gewährt er Reichtum an Schätzen, macht ihn aber arm an Verstand.

128. Welchen Gebrauch hat im Griechischen das Imperfekt?

129. Wie wird im Griechischen der Ind. Aorist gebraucht?

130. Welchen Gebrauch hat im Griechischen das Perfekt und welchen das Plusquamperfekt?

131. Welchen Gebrauch hat das Futur und welchen das Perfektfutur?

2. Die Tempora im Konjunktiv, Optativ, Imperativ und Infinitiv

132. Welche Bedeutung haben die Tempora im Konjunktiv, Optativ, Imperativ und Infinitiv?

3. Die Tempora im Partizip

133. Welche Bedeutung haben die Tempora im Partizip?

134. Übersetze: 1) Als Phokion den Schierlingsbecher trinken wollte, legte er seinem Sohne ans Herz, den Athenern nicht zu grollen wegen der Hinrichtung seines Vaters. 2) Im Vertrauen auf des Themistokles Rat und Einsicht verließen die Athener ihre Stadt und suchten Zuflucht auf den Schiffen. 3) Die Griechen, zumal diejenigen, die unter der Gewalt der Barbaren leben, haben viele Wörter von den Barbaren entlehnt. 4) Durch unsere frühere Unbesonnenheit sind wir in solche Not geraten, daß wir jetzt nicht wissen, wohin wir uns, Hilfe suchend, wenden sollen. 5) Die goldenen Äpfel der Hesperiden wurden von einem hundertköpfigen Drachen bewacht. 6) Die Künste sind so unter die Menschen verteilt, daß der eine diese, der andere jene besitzt; die Sittlichkeit aber und Gerechtigkeit müssen über alle Menschen verteilt sein. 7) Nachdem der Vortrab der Griechen auf der Spitze des Gebirges angekommen war und das Meer erblickt hatte, entstand ein lautes Geschrei; als Xenophon und die (Leute der) Nachhut es gehört hatten, kamen sie auf den Gedanken, daß vorn andere Feinde angriffen; denn es folgten ihnen auch hinten Leute aus der verwüsteten Gegend nach. 8) Mit Recht behauptet der Philosoph Antisthenes, es sei wünschenswerter, unter die Raben zu geraten als unter die Schmeichler; denn jene richten den Leib eines Gestorbenen übel zu, diese aber die Seele eines (noch) Lebenden. 9) Sowie Kyros in der Schlacht den König erblickt, da kann er sich nicht beherrschen, sondern stürmt mit dem Rufe: „Ich sehe den Mann!" auf ihn ein, trifft ihn auf die Brust und verwundet ihn durch den Panzer hindurch. 10) Die Platäer, die beabsichtigten, die Belagerungsmauer der Peloponnesier zu übersteigen, ermaßen ihre Höhe aus den Schichten der Backsteine. Da nun viele zugleich zählten, mußten (μέλλω) zwar manche die richtige Rechnung verfehlen, die Mehrzahl aber sie doch treffen. 11) Odysseus soll eine Masse Geld im Zelt des Palamedes vergraben und ihn dann wegen Verrats angeklagt haben, als hätte er das Geld von den Trojanern zur Bestechung empfangen und dort verborgen. 12) Als Sokrates sah, wie Alkibiades auf seinen Reichtum eingebildet war und sich auf seinen Überfluß und seine Ländereien etwas einbildete, führte er ihn an einen Ort der Stadt, wo sich gerade eine Karte befand, die ein Bild (περίοδος) der Erde enthielt, und forderte ihn auf, Attika dort aufzusuchen. Als er es gefunden hatte, forderte er ihn auf, seine eigenen Ländereien zu zeigen. Als der nun sagte: „Sie sind nirgends gezeichnet", erwiderte er: „Du bildest dir also auf diejenigen etwas ein, die doch gar kein Teil der Erde sind". 13) Man sagt, der Pegasos habe die Hippokrene auf dem Helikon geöffnet, als er mit dem Hufe den Felsen schlug. 14) Die Aigineten wurden Myrmidonen genannt, nicht, wie die Sage geht, weil in einer schrecklichen Pest die Ameisen infolge eines Gebets des Aiakos zu Menschen geworden waren, sondern weil sie nach Art von Ameisen Erde auf die Felsen des Ackerbaues wegen zu tragen pflegten. 15) Da die Athener erwarteten, daß ein Krieg mit den Lakedaimoniern über die Vorherrschaft zur See ausbrechen würde, so fingen sie an, viele Fahrzeuge auszurüsten, beschafften Geld und benahmen sich gegen ihre Bundesgenossen rücksichtsvoll. 16) Kimon starb bei der Belagerung von Kition, wie die meisten berichten, nachdem er erkrankt war; einige aber behaupten, infolge einer Wunde, die er im Kampfe gegen die Barbaren erhalten hatte. 17) Nicht einmal die persischen Könige vermochten, obwohl sie sehr mächtig geworden waren, das arabische Volk sich zu unterwerfen. 18) Als ein Soldat zu Pelopidas gesagt hatte: „Wir sind unter die Feinde geraten", erwiderte er: „Warum sind nicht vielmehr jene unter uns geraten?" 19) Als Plato noch als kleines Kind auf dem Hymettos schlief, setzten sich Bienen auf seine Lippen und sangen leise, indem sie seine Sprachgewandtheit prophezeiten. 20) In Delphi stand am Tempel der Spruch: Lerne dich selbst kennen! 21) Gegen diejenigen zu fehlen, von denen wir den Anfang des Lebens empfangen und das meiste Gute erfahren haben, ist die größte Pietätlosigkeit. 22) Als Peisistratos im Besitz der Alleinherrschaft gestorben war, bekamen Hippias und Hipparchos, seine Söhne, die Regierung. 23) Apollo und Neptun nahmen Menschengestalt an und versprachen dem Laomedon, für Lohn Pergamon zu befestigen; der aber wollte ihnen, als sie es befestigt hatten, den Lohn nicht geben. 24) Befiehl, und was du willst, wird sofort getan sein! 25) Asklepios erweckte die Gestorbenen und heilte die Kranken; dadurch hat er unsterblichen Ruhm bei den Menschen gefunden. 26) Der gleiche Mensch ist nicht zu allen Tugenden gleich geschickt, sondern die eine wird er sich schon als Besitz angeeignet haben, die andere aber noch nicht besitzen. 27) Wer stehlen will, muß nachts wachen und bei Tag auflauern, wenn er etwas bekommen will. 28) Der Skythe Toxaris lag in Athen begraben, und auf seinem Grabstein war ein skythischer Mann dargestellt, der in der Linken einen gespannten Bogen, in der Rechten ein Buch hielt.

VII. MODI VERBI

A. MODI IN HAUPTSÄTZEN

135. Was ist über den Gebrauch des Indikativs im Griechischen zu merken?

136. Übersetze: 1) Die Athener hätten beinahe Alexander, den von Xerxes geschickten Gesandten, gesteinigt, weil er Erde und Wasser gefordert hatte. 2) Das Pferd stürzte in die Knie und hätte beinahe auch den König abgeworfen. 3) Es wäre billig gewesen, den Siegespreis demjenigen zu geben, der den bestehenden Gesetzen am gehorsamsten zu sein schien. 4) Es wäre in der Ordnung, Athener, daß alle Redner weder aus Haß noch aus Gunst ihre Reden hielten, sondern das vortrügen, was ein jeder für das Beste hielte. 5) Sooft (ὁπότε *c. opt.*) der Fremde etwas Mitleid Erregendes vortrug, so füllten sich dann und wann meine Augen mit Tränen, sooft etwas Furchtbares oder Schreckliches, so sträubten sich gelegentlich meine Haare vor Furcht empor, und mein Herz klopfte. 6) Wer sollte nicht gehört haben, daß die Sophisten sich mit der Redekunst brüsteten, indem sie ihre Kunst lobten und die übrigen Künste verachteten? 7) Als Xerxes den Athos durchgraben und den Hellespont überbrückt hatte und mit seinem unzählbaren Heere gegen Griechenland zog, wer hätte da wohl geglaubt, daß es für die Griechen zu Lande oder zu Wasser noch eine Rettung gäbe? 8) Schlimm ist es, sollte ich meinen, auch von Feinden Böses zu leiden; noch viel schlimmer aber, dergleichen zu erdulden von denjenigen, von denen es am wenigsten der Fall sein müßte; denn ich möchte zehnmal lieber unter der Erde liegen, als meine Angehörigen mich vernachlässigen und über mich spotten sehen. 9) Als Deukalion über die Landschaft Phthia herrschte, wurde das Land durch Regengüsse überschwemmt, und beinahe wären alle Menschen zugrunde gegangen. 10) Als Apollodor zu Sokrates sagte: „Es liegt mir sehr schwer auf der Seele, daß ich dich ungerechterweise sterben sehe", erwiderte jener: „Wolltest du mich lieber gerechterweise als ungerechterweise sterben sehen?" 11) Es wäre für uns besser gewesen, in der Fremde zu fallen, als nach Hause zurückgekehrt (Akk.) das Vaterland so gedemütigt zu sehen. 12) Alle waren mit der Herstellung von Kriegsgeräten beschäftigt, so daß man in der Tat die Stadt für eine Kriegswerkstätte hätte halten können. 13) Mir wird von meinen Mitbürgern Vertrauen geschenkt, denn (sonst) würden sie mich nicht wieder zu euch gesandt haben. 14) Als die Athener bei Marathon sich im Lauf auf die Perser stürzten, da hätte man sehen können, wie tapfer diejenigen waren, die es mit der Macht von ganz Asien aufnahmen.

137. In welcher Weise gebraucht die griechische Sprache den Konjunktiv in Hauptsätzen?

138. In welcher Weise gebraucht die griechische Sprache 1) den Optativ in Hauptsätzen, 2) den Imperativ?

139. Übersetze: 1) Sokrates sagte im Sterben zuletzt: „Kriton, wir sind dem Äskulap einen Hahn schuldig; gebt (*aor.*) ihn und versäumt es nicht!" 2) Wir wollen denen, die uns zu schmähen gewohnt sind, keine Veranlassung dazu geben, sondern versuchen, ihre Reden durch die Tat zu widerlegen. 3) Kyros sagte zu seinen Söhnen: „Legt meinen Leib, wenn ich tot sein werde, weder in Gold noch in Silber noch in sonst etwas, sondern gebt ihn der Erde möglichst schnell zurück!" 4) Da wir wissen, daß die Hochmütigen sowohl den Göttern als den Menschen verhaßt sind, so laßt uns nichts Übermenschliches betreiben! 5) Als zu Timotheos, dem Feldherrn der Athener, einer seiner Mitfeldherren sagte: „Wird wohl, Timotheos, das Vaterland uns Dank erstatten?" sprach er: „Möchte es vielmehr uns gelingen, ihm würdigen zu erstatten!" 6) Schwerlich legen die von Natur Schlechten, auch wenn sie noch so sehr gezüchtigt werden, ihre Art ab. 7) Wenn man in einem Staate die Lasterhaften mächtig macht und ihnen den Staat übergibt, so stürzt man gewiß die Anständigeren ins Verderben. 8) Laßt uns die Tugend nicht bloß mit Worten üben, sondern sie auch durch Werke an den Tag legen! 9) Wer wollte wohl nicht die loben, die für das gemeinsame Heil des Staates ihr Leben geopfert haben? 10) Von den Richtern verurteilt, sagte Sokrates zu seinen Freunden: „Wohlan denn, ich will versuchen, mich vor euch überzeugender zu verteidigen als vor den Richtern!" 11) Was du auch hierauf sagen magst, du wirst mich schwerlich umstimmen. 12) Wenn doch alle verstünden, das Glück in der rechten Weise zu ertragen, und niemals durch Wohlstand zum Übermute erhoben würden! 13) Ich will keine Freude an meinen eigenen Kindern erleben, wenn ich mich gegen die vergangen habe, von denen ich den Anfang des Lebens empfangen und das meiste Gute erfahren habe. 14) Ich möchte gern genauer von euch erfahren, ob man mit Recht sagt, daß diejenigen, die nichts bedürfen, am glücklichsten sind. 15) Haltet euch fern von dem Geize! Denn indem der Geizige weder selbst seine Schätze genießt noch andern daran Anteil gibt, ist er der größte Tor. 16) Diejenigen, die sich damit brüsten, die Obrigkeiten und bestehenden Gesetze zu verachten, dürften kaum geeignet sein, an der Spitze des Staates zu stehen und die Staatsgeschäfte gehörig zu verwalten. 17) Nicht das fürchte ich, sagte Kyros, daß ich nicht weiß, was ich jedem von meinen Freunden geben soll, sondern daß ich nicht genug Freunde habe, denen ich es geben soll. 18) Bei Zeus, Sokrates, ich hätte nie geglaubt, von dir zu hören, daß gute Haushalter (auch) gute Feldherren sind. Wohlan denn, laß uns die Werke beider prüfen, damit wir wissen, ob sie die gleichen sind oder sich irgendwie unterscheiden! 19) Ohne Befehlshaber möchte wohl, um es kurz zu sagen, nirgends weder etwas Schönes noch Gutes geschehen, in Kriegen aber schon gar (nicht). 20) Weder Betten, die aus Gold und Elfenbein verfertigt sind, noch weiche Decken können den Schlaf bringen, sondern Arbeiten und Anstrengungen. 21) Kind, möchtest du nie den Reichtum höher schätzen als die Tugend! 22) Daß du doch, blinder Plutos, dich weder auf dem Lande noch auf dem Meere noch im Himmel gezeigt hättest! 23) Laßt uns nie den Ruhm verlieren, den die Vorfahren uns unter vielen großen Gefahren errungen haben! 24) Alkibiades sagte: „Die Kinder der Thebaner sollen die Flöte blasen, denn sie verstehen nicht, eine Unterhaltung zu führen." 25) Jeder von euch bedenke bei sich, daß der Kampf nicht um die Herrschaft, sondern um die Existenz sein wird. 26) Als Alexander dem Phokion hundert Talente als Geschenk übersendet hatte, schickte dieser sie zurück mit den Worten: Alexander, lasse mich tugendhaft sein!

B. MODI IN NEBENSÄTZEN

140. 1) Gib die Haupt- und Nebentempora der griechischen Sprache an! 2) Welcher Modus wird für oblique Beziehung verwandt? 3) Was versteht man unter *Attractio modi?*

141. Bringe in folgenden Sätzen die sogenannte *Prolepsis* an: 1) Du weißt doch wohl, daß (ὅτι) die Kenntnis des Schwimmens die Menschen vor dem Tode rettet, wenn sie in eine solche Lage geraten, wo man diese Kenntnis nötig hat. 2) Daß (ὡς) die Tyrannen argwöhnisch sind, kann man leicht erkennen, wenn man bedenkt, daß (ὅτι) sie ihren Dienern befehlen, zuerst die Speisen und Getränke zu kosten, damit sie nicht in denselben etwas Schlimmes essen oder trinken. 3) Wir würden nicht sagen, daß die Götter eine monarchische Verfassung haben, wenn wir nicht glaubten, daß diese die übrigen (Verfassungen) bei weitem übertrifft. 4) Otanes argwöhnte zuerst, daß der Magier, der nach des Kambyses Tod König geworden war, nicht Smerdis, der Sohn des Kyros, sei. 5) Es ist die Aufgabe eines Herrschers, nicht nur sich als einen guten Mann zu zeigen, sondern auch dafür zu sorgen, daß seine Untertanen so gut wie möglich seien. 6) Als Xerxes durch Thessalien und Böotien nach Attika marschierte, gestatteten die Athener den Verbannten zurückzukehren, weil sie besonders fürchteten, daß Aristeides zu den Feinden überginge und viele Bürger zu den Persern mithinüberzöge. 7) Wenn wir nicht wüßten, was die Tugend ist, auf welche Weise könnten wir jemandem Rat darüber erteilen, wie er sie am besten sich erwerben dürfte? 8) Hast du nicht gehört, daß Daidalos von Minos gefangen genommen und wegen seiner Klugheit gezwungen wurde, jenem zu dienen? 9) Ihr dürft nicht nach den Reden des Anklägers beurteilen, ob die Gesetze schön gegeben sind oder nicht. 10) Wenn alle gehörig prüften, wie das Leben ist, so würden sie den Tod nicht als ein Übel verabscheuen.

1. Abhängige Aussagesätze

142. Welche Regeln gelten über die abhängigen Aussagesätze?

143. Übersetze: 1) Kyros berief die griechischen Feldherren und sagte ihnen, daß der Marsch gegen den Großkönig nach Babylon gehen würde. 2) Kephisodoros sagte, niemand verzehre das Vermögen, das er sich selbst erworben, wohl aber dasjenige, welches er von einem andern erhalten habe. 3) Als Themistokles ein Grundstück verkaufen wollte, befahl er bekannt zu machen, daß es auch einen guten Nachbar habe. 4) Die Spartaner wären offensichtlich in Thermopylai von den Persern nicht besiegt worden, wenn sie nicht umzingelt worden wären. 5) Als die Soldaten schon auf die Mauern gestiegen waren, meldete jemand dem Xenophon, daß er, wenn er hineinginge, gefangen genommen und dem Pharnabazos ausgeliefert werden würde. 6) Wisset wohl, daß ich nicht gewagt hätte zu reden, wenn ich nicht die Überzeugung gewonnen hätte, daß (*acc. c. inf.*) meine Worte dem Gemeinwesen nützlich sein werden. 7) Als Perikles bereits nach Euböa, das von den Athenern abgefallen war, übergesetzt war, wurde ihm gemeldet, daß auch Megara abgefallen sei, und die Peloponnesier sich anschickten, in Attika einzufallen, und daß die athenischen Besatzungen von den Megarern vernichtet seien. 8) Als Demades gefragt wurde, wer sein Lehrer gewesen sei, antwortete er: „Die Rednerbühne in Athen", und deutete damit an, daß die praktische Kenntnis besser sei als jede theoretische Lehre. 9) Daß (ὡς) es dem Achilles möglich gewesen wäre, am Leben zu bleiben, wenn er nicht den Tod des Patroklos gerächt hätte, ist aus den Worten seiner Mutter Thetis ersichtlich.

2. Abhängige Fragesätze

144. Welche Regeln gelten über die abhängigen Fragesätze?

145. Übersetze: 1) Als Alexander den Diogenes aus Sinope gefragt hatte, ob er vielleicht etwas bedürfe, antwortete er: „Tritt ein wenig aus der Sonne!" 2) Als Philipp gefragt wurde, welche (Leute) er am meisten liebe und welche er am meisten hasse, sagte er: „Ich liebe diejenigen am meisten, die Verrat zu üben beabsichtigen; aber diejenigen, die bereits Verräter sind, hasse ich am meisten." 3) Kroisos schickte Gesandte nach Delphi und ließ das Orakel fragen, ob er gegen die Perser zu Felde ziehen und ob er sich irgendwelche Männer zu Bundesgenossen gewinnen solle. 4) Die Feldherren hielten Rat, ob sie es wagen sollten, auf der rechten Seite in den Hafen zu fahren, oder ob sie auf der linken Seite zu Lande vor die Stadt rücken sollten. 5) Von der Zukunft ist den Menschen nichts offenbar; denn weder ist es dem, der einen Acker schön bepflanzt hat, offenbar, wer die Früchte ernten werde, noch dem, der sich ein Haus schön erbaut hat, wer es bewohnen werde. 6) Als Solon bei einem Trinkgelage, weil er sich gerade schweigsam verhielt, von Periandros gefragt wurde, ob er aus Wortkargheit oder aus Dummheit schweige, antwortete er: „Kein Dummer kann wohl beim Trinkgelage den Mund halten." 7) Xenophon befragte den Apollo, welchem Gotte er Opfer und Gelübde bringen solle, um zusammen mit Proxenos aufs schönste und beste zu reisen. 8) Als Lykurg in den delphischen Tempel eintrat, soll der Gott ihn angeredet haben: „Ich mache mir Gedanken, ob ich dich einen Gott oder einen Menschen nennen soll." 9) Richter, ihr müßt von allem Vorgefallenen hören, damit ihr erfahrt, auf welche Weise und von wem eure demokratische Verfassung beseitigt wurde. 10) Durch unsere frühere Unbesonnenheit sind wir in solche Not geraten, daß wir jetzt nicht wissen, wohin wir uns, Hilfe suchend, wenden sollen. 11) Mach niemanden zu deinem Freunde, bis du erforscht hast, wie er mit seinen früheren Freunden umgegangen ist!

3. Kausalsätze

146. Welche Regeln gelten über die Kausalsätze im Griechischen?

147. Übersetze: 1) Alexander verbrannte den Königspalast in Persepolis, weil auch die Perser die Heiligtümer und Städte der Griechen mit

Feuer und Schwert verwüstet hatten. 2) Als Leonidas hörte, die Sonne würde durch die Pfeile der Perser verdunkelt, sagte er: „Das ist prächtig, weil wir sogar im Schatten kämpfen werden." 3) Man darf sich nicht wundern, daß die Hegemonie, obgleich sie der Grund von so vielem Unglück war, sowohl den Athenern als den Spartanern überaus schön erschien; denn oft verstehen die Menschen ihre eigene Lage am wenigsten zu beurteilen. 4) Das ist ein kleinlicher Mensch, der sich darüber ärgert, daß andere glücklicher sind als er selbst. 5) Demonax verteidigte sich gegen diejenigen, die ihm Vorwürfe machten, daß er niemals den Göttern opferte, mit den Worten: „Es ist nicht zu verwundern, daß ich den Göttern nicht opferte; denn ich glaubte nicht einmal, daß sie nach den Opfern von seiten der Menschen verlangten." 6) Den Dichter Pindar bewunderten die Athener wegen eines einzigen Ausspruches, weil er nämlich ihre Stadt die Grundfeste von Hellas genannt hatte. 7) Als Alexander den Dareios besiegt hatte, trug er den Griechen auf, ihn für einen Gott zu erklären. Die einen beschlossen nun dieses, die andern jenes; die Lakedaimonier aber folgendes: Weil denn Alexander einmal ein Gott sein will, so mag er ein Gott sein!

4. Finalsätze

148. Welche Regeln gelten über die Modi in Finalsätzen?

149. Übersetze: 1) Oft brachte Aristeides seine Vorschläge nicht selbst, sondern durch andere Personen an das Volk, damit nicht Themistokles infolge der Rivalität mit ihm das dem Staat Nützliche hindere. 2) Etwas Großes ist die Ehre; denn die Menschen, die nach ihr streben, tragen kein Bedenken, jeder Mühe sich zu unterziehen und jede Gefahr zu bestehen. 3) Die Athener beschlossen, jedem Ägineten den Daumen der rechten Hand abzuhauen, damit sie keinen Speer führen, wohl aber ein Ruder handhaben könnten. 4) Pittakos pflegte zu sagen, es sei die Aufgabe verständiger Männer, ehe das Mißgeschick einträte, vorzusehen, daß es nicht einträte. 5) Timotheos aus Athen strebte danach, daß kein Grieche sich vor ihm fürchtete, sondern daß alle, mit Ausnahme der Bösen, Vertrauen (zu ihm) hatten. 6) Lysander nahm, als der Tyrann Dionysios seinen Töchtern kostbare Kleider schickte, sie nicht an und sagte, er fürchte, daß seine Töchter durch diese vielmehr häßlich aussähen. 7) Es erschien mir gut, mit dir zu einer Unterredung zusammenzukommen,

damit wir, wo möglich, das gegenseitige Mißtrauen beseitigten.
8) Als Kyros seinen Freunden die vielen schönen Schätze, die er
besaß, gezeigt hatte, sprach er folgendermaßen: „Ich häufe dieses
alles nicht auf, um es selbst zu verzehren, denn ich könnte es nicht;
sondern um demjenigen von euch, der etwas Rühmliches tut, geben zu können, und damit derjenige von euch, der etwas zu bedürfen glaubt, zu mir komme und nehme, was er gerade nötig hat."
9) Die Älteren müssen sich in acht nehmen, daß keiner von den
jungen Leuten sie jemals etwas Häßliches tun oder sagen sieht oder
hört. 10) Ich glaube, daß irgendein Gott, der die Tüchtigkeit der
Griechen bewunderte, den Perserkrieg hervorgerufen hat, damit
Leute von solcher Beschaffenheit nicht verborgen blieben noch
ruhmlos ihr Leben beendeten, sondern derselben Ehren gewürdigt
würden wie diejenigen, die von den Göttern abstammen und Halb-
götter heißen. 11) Wem sollte wohl mehr daran gelegen sein als den
Eltern, daß es ihren Kindern gutgehe? 12) Der Geschichtschrei-
bung ist die Aufgabe gestellt zu bewirken, daß die von den Menschen vollführten (Taten) nicht ruhmlos bleiben.

5. Abhängige Folgesätze

150. Welche Regeln gelten über die Modi in abhängigen Folge-
sätzen?

151. Übersetze: 1) Das Atlasgebirge ist so hoch, daß man von ihm sagte,
es berühre mit seinen Gipfeln den Himmel. 2) Kyros war so ehr-
geizig, daß er jede Anstrengung ertrug und jede Gefahr bestand,
um gelobt zu werden. 3) Die Griechen trafen auf Gräben, die mit
Wasser angefüllt waren, so daß sie nicht hinüberkommen konnten.
4) Da Zeus vom Himmel regnen ließ, überschwemmte er die meisten Teile von Griechenland; daher kamen alle Menschen um, mit
Ausnahme von nur wenigen, die auf die benachbarten hohen Gebirge geflohen waren. 5) Die Sophisten gingen in ihrer Anmaßung
so weit, daß sie den jungen Leuten einzureden versuchten, sie würden, wenn sie sich an sie anschlössen, lernen, was sie zu tun hätten,
und vermittelst dieser Erkenntnis glücklich werden. 6) Perikles
teilte mit Kimon die Macht so, daß er selbst in der Stadt herrschen,
jener aber die Kriegsschiffe bemannen und mit den Barbaren kämpfen sollte. 7) Ich halte die Gottheit für zu erhaben, als daß sie meines
Dienstes bedürfte. 8) Brasidas nahm auf einer Anhöhe Stellung, von

wo alles überblickt werden konnte, so daß Kleon ihm nicht hätte
verborgen bleiben können, wenn er mit seinem Heere von dort auf-
brach. 9) Den meisten Menschen scheint körperliche Gesundheit
das erste Gut zu sein, das zweite aber, genügenden Lebensunterhalt
zu besitzen, auf daß sie weder zu hungern, noch zu dürsten, noch
zu frieren, noch ein anderes Übel infolge von Mangel zu ertragen
brauchen. 10) Pausanias ging in seinem Wahn so weit, daß er den
Entschluß faßte, Griechenland den von ihm selbst besiegten Feinden zu verraten. 11) Die Götter haben der Seele einen Leib gegeben
mit der Bestimmung, daß der Leib der Seele dienen solle. 12) Ich
bin derart, daß ich keinem anderen folge als demjenigen, der mir
das Beste zu raten scheint. 13) Alle stellten Kriegsgeräte her, so daß
man in der Tat die Stadt für eine Werkstätte des Krieges hätte halten können.

6. Hypothetische Sätze

152. Gib die fünf Gruppen der hypothetischen Sätze im Griechischen
an mit Zugrundelegung des Satzes: „Wenn es regnet, ist es naß."

153. Welche Regeln kommen bei der Übersetzung folgender Sätze in
Anwendung, in denen die Konjunktion „wenn" die Bedeutung
„jedesmal wenn, sooft" hat? 1) Wenn ich deinen Brief lese,
füllen sich meine Augen mit Tränen. 2) Wenn Agesilaos seine Krieger tapfer kämpfen sah, lobte er wohl ihren Mut; wenn sie sich
aber irgendwie vergingen, tadelte er sie.

154. Welche Regeln kommen bei Übersetzung folgender Sätze in Anwendung? 1) Die meisten Menschen leben (derart), als ob sie (nur)
zum Genuß des Vergnügens auf die Welt gekommen wären. Du
bittest mich um Hilfe, als ob ich mich um deine Angelegenheiten
zu kümmern hätte. 2) Wenn wir auch an Geld Überfluß haben, sind
wir doch nicht glücklich. Auch wenn die Feinde unsere Flotte besiegen, werden wir doch die Oberhand über sie behaupten.

155. Übersetze: 1) Es gibt keinen Genuß der körperlichen Güter, wenn
nicht auch die geistigen vorhanden sind. 2) Wenn jemand uns fragen
sollte, was die Philosophie sei (Indik.), was würden wir ihm wohl
antworten? 3) Wenn bei einem Spartaner Gold oder Silber gefunden
wird, so bestraft man ihn mit dem Tode. 4) Wie würde wohl die
Ordnung eines Hauses sein, wenn die Jüngeren auf die Älteren
nichts gäben, und wie (würde die Ordnung) der Schulen (sein),

wenn die Schüler nicht auf die Lehrer achteten? 5) Agesilaos befahl auf dem Totenbette seinen Freunden, keine Bildsäule von ihm machen zu lassen; „denn wenn ich", sagte er, „wirklich ein rühmliches Werk vollbracht habe, so ist das ein Denkmal, im anderen Falle selbst die Bildsäulen nicht". 6) Wenn eine Fliege oder Mücke in ein Spinngewebe gerät, so wird sie festgehalten; wenn aber eine Wespe oder Biene (hineingerät), so zerreißt sie es und fliegt weg. 7) Wir sind bereit, wenn jemand uns gut behandelt, ihn wieder gut zu behandeln, im andern Falle uns zur Wehr zu setzen. 8) Wie könnten wohl die Soldaten marschieren, wenn sie ungeordnet sich gegenseitig hinderten, nämlich der Gehende einen Laufenden, der Laufende einen Stehenden, der Wagen einen Reiter, der Esel einen Wagen, der Troßknecht einen Hopliten? Und wenn man gar kämpfen müßte, wie könnten solche Leute kämpfen? 9) Sprich nicht schlecht von deinem Nächsten, sonst wirst du (Worte) zu hören bekommen, über die du dich betrüben wirst! 10) Obgleich Diogenes aus Sinope sehr arm war, führte er doch das Leben, welches er für das glücklichste hielt, und hätte nicht den Reichtum der Perser und Meder gegen seine Armut eingetauscht. 11) Gelon hätte den Griechen gegen die Perser beigestanden, wenn nicht Terillos, Tyrann von Himera, gerade um dieselbe Zeit dreihunderttausend Mann Phöniker, Libyer und andere Völker gegen Sizilien zusammengebracht hätte. 12) Um Geldes willen schwöre bei keinem Gotte, selbst nicht, wenn du wahr schwören willst! 13) Das Wohlwollen der Götter wird mit denen sein, die Gerechtigkeit üben, falls man wirklich nach der Vergangenheit einen Schluß in bezug auf die Zukunft ziehen darf. 14) Am besten wirst du zu deinen Freunden in dem Falle stehen, wenn du nicht erst ihre Bitten abwartest, sondern ihnen freiwillig bei passenden Gelegenheiten hilfst. 15) Wenn es ein Zeichen der Klugheit wäre, fortwährend und viel und schnell zu sprechen, so würden die Schwalben klüger als wir genannt werden. 16) Wenn jemand auch nur mit wenig Worten die Kämpfe aufzählen wollte, welche die Athener für Freiheit und Recht unternommen haben, anfangend mit dem Kriege unter Kodros bis auf jene Zeiten, wo sie in Verbindung mit den übrigen Griechen die Heere der Perser schlugen, so würde er viel Zeit und Anstrengung nötig haben. 17) Ein junger Adliger muß tapfer sein, im Fall er gut kämpfen soll. 18) Wenn man die Ruhmliebe aus dem Leben verbannte, was bliebe den Tätigen Gutes noch übrig?

7. Temporalsätze

156. Welche Temporalkonjunktionen hat die griechische Sprache, und wie werden die Temporalsätze konstruiert?

157. Übersetze: 1) Dann herrscht ein Herrscher in Wahrheit der Gerechtigkeit gemäß, wenn er sich selbst von den Gesetzen beherrschen läßt. 2) Sooft der Thraker Teres müßig war und keinen Feldzug unternahm, sagte er, daß er sich von seinen Pferdeknechten gar nicht zu unterscheiden glaube. 3) Als Dareios im Begriff war, gegen Ägypten und Griechenland zu ziehen, entstand unter seinen Söhnen ein großer Streit um die Regierung; denn nach dem persischen Gesetze mußte ein König, bevor er zu Felde zog, einen König ernennen. 4) Nachdem Archidamos, der Sohn des Agesilaos, der die Arkader in der sogenannten tränenlosen Schlacht besiegt hatte, nach Beendigung des Kampfes ein Siegeszeichen errichtet hatte, schickte er sofort seinen Herold Demoteles in die Heimat, um zu verkünden, daß von den Lakedaimoniern keiner tot sei (*opt.*), von den Feinden aber eine große Zahl. 5) Solange das Schiff noch erhalten ist, müssen Schiffer und Steuermann unverzagt sein. 6) Tiribazos, der Statthalter von Armenien, war mit dem Perserkönige befreundet, und sooft er anwesend war, hob kein anderer den König aufs Pferd. 7) Auch die angenehmsten Speisen scheinen unangenehm, wenn man sie genießt, bevor man Verlangen danach hat; dem Gesättigten erzeugen sie sogar Ekel. 8) Niemand soll jemanden für glücklich halten, bis er ihn glücklich sterben sieht. 9) Lykurg übergab seine Gesetze dem Volke nicht eher, als bis er mit den angesehensten Männern nach Delphi gegangen war und den Gott befragt hatte, ob es für die Spartaner nützlich sei, den Gesetzen zu gehorchen, die er gegeben habe (Ind.). 10) Möchte ich mich doch zehntausend Klafter unter der Erde befinden, ehe ich mein Vaterland vernichtet sehe! 11) Wenn die Schwäne merken, daß sie sterben müssen, singen sie, erfreut, daß sie zu dem Gotte weggehen sollen, dessen Diener sie sind. 12) Bei den Gelagen wollte Sokrates nicht trinken; sooft er aber genötigt wurde, übertraf er alle, und, was das allerbewundernswürdigste ist, kein Mensch hat ihn jemals betrunken gesehen. 13) Mache niemanden zu deinem Freunde, bis du erforscht hast, wie er mit seinen früheren Freunden umgegangen ist! 14) Nach der Schlacht bei Issos verfolgte Alexander die fliehenden Feinde, solange es Tag war; als es aber bereits dunkelte, wandte er sich gegen ihr Lager. 15) Als ein Jahr vergangen war, seitdem Agesilaos die Fahrt nach Asien angetreten hatte, segelte Lysander nach Sparta zurück. 16) Solange wir den Körper haben und die Seele mit einem solchen Übel behaftet ist, werden wir schwerlich jemals die Wahrheit gewinnen. 17) Viele, die sehr wohlberaten zu sein scheinen wollen, halten es nicht für recht, von ihren einmal gefaßten Beschlüssen abzugehen, sondern halten an ihrer Ansicht fest, bis sie in ein Unglück geraten. 18) Sooft die Athener den Festzug nach Delos begonnen hatten, bestand ein Gesetz, keinen von Staatswegen zu töten, bevor das Fahrzeug nach Delos gekommen und wieder nach Athen zurückgekehrt war.

8. Relativsätze

158. Welche Regeln gelten über die Modi in Relativsätzen?

159. Übersetze: 1) Iphikrates brannte, wo er auch Nachtruhe halten mochte, im Lager nachts kein Feuer; aber vor dem Lager machte er es hell, damit niemandes Annäherung verborgen bliebe. 2) Die Skythen legten ihren Königen die Gegenstände, die ihnen im Leben die liebsten und angenehmsten gewesen waren, mit ins Grab. 3) Herkules soll in Olympia den Ölbaum gepflanzt haben, von dem den Wettkämpfern die Kränze gegeben zu werden pflegten. 4) Als Sokrates den Schierlingsbecher trinken sollte und die Begleiter des Kriton ihn fragten, auf welche Weise er begraben werden wollte, antwortete er: „Wie es für euch am leichtesten ist." 5) In den gut verwalteten Staaten wählen die Bürger Gesetzeswächter, welche die gesetzmäßig lebenden Leute loben und diejenigen bestrafen sollen, die sich gegen die gesetzlichen Bestimmungen vergehen. 6) Je mehr ein Tyrann den Bürgern verhaßt wird, um so zahlreicherer und treuerer Trabanten wird er bedürfen. 7) Es gibt niemand, der nicht zugäbe, daß die Seele mehr zum Herrschen geeignet und mehr wert sei als der Leib. 8) Wir wollen dankbar sein gegen die Güte Gottes, da er auf mancherlei Weise den Menschen nicht nur Nahrung gewährt, sondern auch Freude. 9) Bei jeder Gelegenheit sind die Menschen geneigt, denjenigen am liebsten zu gehorchen, die sie für die Tüchtigsten halten; z.B. in einer Krankheit gehorchen sie dem am liebsten, den sie für den tüchtigsten Arzt halten. 10) Die Herden beweiden Plätze, zu denen nur immer die Hirten sie hintreiben, und meiden diejenigen, von denen sie sie fernhalten. 11) Wo die Gesetze nicht gelten, da ist alles aufgelöst und in Unordnung, und der Staat kommt in die Hände der Schlechtesten und Unverschämtesten. 12) Epaminondas sagte zu seinem Schildträger, von dem er erfahren hatte, daß er von einem Kriegsgefangenen viel Geld angenommen habe (Akk. des Partiz.): „Gib mir meinen Schild zurück und kauf dir eine Krämerbude, um darin dein Leben zu verbringen; denn du hast keine Lust mehr, Gefahren zu bestehen, da du einer von den reichen Menschen geworden bist." 13) Es müssen im Staate Lehrer der Tugend sein, die das Gerechte zeigen und lehren und die jungen Leute gewöhnen sollen, es zu tun. 14) Die Herrscher, die wirklich Herrscher sind, sinnen Tag und Nacht auf nichts anderes als darauf, wie ihre Untertanen gefördert werden können. 15) Der Senat der Römer schickte an Hannibal, der Sagunt belagerte, Gesandte, die ihn zuerst an die bestehenden Verträge erinnern und, wenn er nicht Folge leiste, nach Karthago segeln sollten.

160. Übersetze zur Wiederholung: 1) Wir fürchten uns nicht, selbst wenn du alle unsere Gegner gegen uns vereinigst. 2) Der Philosoph Empedokles schlug die Königswürde, die ihm angetragen wurde, aus, weil er offenbar die Einfachheit mehr liebte. 3) Als Gelon den Griechen versprach, ihnen mit einem großen Heere gegen die Perser zu helfen, wenn sie ihm den Oberbefehl zu Lande oder zu Wasser überließen, forderten jene ihn auf, mit seinem Heere als Helfer zu kommen; den Oberbefehl jedoch würden die Tapfersten erhalten. 4) Am besten würdest du die Nachstellungen deiner Feinde zu Schanden machen, wenn du sie dir aus Feinden zu Freunden machtest. 5) Semiramis ließ sich ein Grab herstellen und setzte die Inschrift darauf: Ein König, der Schätze nötig habe, möge das Denkmal öffnen und nehmen, soviel er wolle. Als nun Dareios (das Grab) geöffnet hatte, fand er keine Schätze, traf aber auf eine andere Inschrift, die folgendes besagte: Wenn du nicht ein schlechter Mensch wärest, so würdest du nicht die Grüfte von Toten stören. 6) Wenn jemand glaubt, in bezug auf Gelderwerb sei der Krieg gewinnbringender als der Frieden, so weiß ich nicht, wie dies besser beurteilt werden könnte als dadurch, daß (εἰ) man erwägt, wie die Vergangenheit für den athenischen Staat ausgelaufen ist; man wird nämlich finden, daß vor alters im Frieden sehr viele Gelder in den Staat flossen (Partiz.), daß diese aber im Kriege alle daraufgingen. 7) Als Xenophon einige Soldaten antraf, die zusammengebrochen waren, wußte er nicht, was für ein Leiden es sei; als aber ein sachkundiger Mann ihm sagte, sie hätten offenbar Heißhunger und würden wieder aufstehen, wenn sie etwas äßen, ging er unter dem Troß herum, (um zuzusehen,) ob er irgendwo etwas Eßbares sähe, und verteilte es unter die Heißhungrigen; und jedesmal, wenn sie schnell etwas hinuntergegessen hatten, standen sie wieder auf und marschierten weiter. 8) In den Dingen, worin (Akk.) wir einsichtsvoll geworden sind, werden wir tun, was wir wollen, und alle werden uns schalten lassen. 9) Euagoras zeichnete sich durch geistige und körperliche Vorzüge so sehr aus, daß, wenn die damaligen Regenten ihn sahen, sie für ihre Herrschaft fürchteten und bangten; wenn sie aber auf seinen Charakter hinblickten, hatten sie so großes Zutrauen zu ihm, daß sie glaubten, Euagoras werde ihnen ein Helfer sein, wenn irgendein anderer es wagen sollte, sich gegen sie zu vergehen. 10) Teleutias schickte an Amyntas Gesandte, die ihn auffordern sollten, ihn selbst und Söldner zu dingen und den benachbarten Königen Geld zu geben unter der Bedingung, daß sie Bundesgenossen sein wollten, wenn er die Herrschaft wiedergewinnen wollte. 11) Lysander schickte die athenischen Besatzungen und jeden andern Athener, wo er nur einen fand, nach Athen, in der Überzeugung, daß, je mehr Leute in der Stadt und im Piräus zusammenkämen, desto schneller Mangel an Lebensmitteln eintreten werde. 12) Die Schlemmer essen alles mögliche und trinken, bis sie überfüllt sind. 13) Wenn wir nicht so gegeneinander gesinnt sind, daß wir uns gegenseitig Hilfe leisten wollen, soweit es uns nur immer möglich ist, so können wir unmöglich ein angenehmes Leben führen. 14) Als die Athener einen Vertrag mit den Lakedaimoniern geschlossen hatten unter der Bedingung, daß sie die langen Mauern niederrissen und die Demokratie abschafften, riet ihnen Lysander, dreißig Bürger zu wählen, die an der Spitze des Staates stehen und alle Geschäfte leiten sollten. 15) Wenn nicht die heute sogenannten Könige und Herrscher tüchtig und genügend philosophieren, so gibt es für die Staaten kein Aufhören der Mißstände. 16) Wir werden einen solchen Frieden haben, wie die Beilegung des Krieges [ist, die] wir zustande bringen werden. 17) Wer von euch wäre so kurzsichtig, daß er nicht einsähe, daß der dortige Krieg hierher kommen wird, wenn wir nicht achtgeben? 18) Mit Recht hältst du das für dein Eigentum, worüber du die Herrschaft hast und was du nach Belieben verwenden kannst. 19) Mir wird von meinen Mitbürgern Vertrauen geschenkt, denn sonst hätten sie mich nicht wieder zu euch gesandt. 20) Themistokles befahl den Athenern, die Gesandten der Lakedaimonier nicht eher loszulassen, bevor die Gesandten der Athener aus Lakedaimon zurückgekehrt seien. 21) Die Habsüchtigen sehen auf nichts anderes, als daß sie so viel als möglich von fremdem Gut bekommen. 22) Je mehr Speisen man sich vorsetzen läßt, desto schneller wird Ekel vor dem Essen eintreten.

VIII. DER INFINITIV

161. Was ist über die Bedeutung und das Wesen des Infinitivs im Griechischen im allgemeinen zu bemerken?

162. Welche Regeln gelten über das bei einem Infinitiv stehende Subjekts- und Prädikatsnomen?

163. Kann beim Infinitiv auch die Negation οὐ stehen?

164. In welcher Weise gebraucht der Grieche den Infinitiv mit dem Artikel?

165. Bringe in folgenden Sätzen die über den Infinitiv mit dem Artikel gegebenen Regeln an: 1) Sokrates glaubte, nichts zu bedürfen sei göttlich, und möglichst wenig zu bedürfen, komme der Gottheit am nächsten. 2) Ein König wird gewählt nicht zu dem Zweck, daß er für sich gut sorge, sondern damit er diejenigen, die ihn gewählt haben, gut beherrsche. 3) Wenn sogar diejenigen, welche die Tugend üben, über den Vorrang im Staate hadern und infolge gegenseitigen Neides einander hassen, welche Freunde wird es da noch geben? 4) Die Leute in den Oligarchien und Demokratien untergraben das Gemeinwesen dadurch, daß sie miteinander rivalisieren. 5) Ein der vorzüglichen Leistung entsprechender Lohn ist der Umstand, daß nach dem Tode der Name nicht vergeht, sondern ein Denkmal der Tüchtigkeit zurückbleibt. 6) Als die Griechen den Schlachtgesang gesungen hatten, stürmten sie im Laufe gegen die Feinde; diese hielten nicht stand, denn sie waren nicht genügend bewaffnet, um es zu einem Handgemenge kommen zu lassen. 7) Weil der persische König glaubte, Tissaphernes sei schuld an dem schlechten Fortgang seiner Unternehmungen, entsandte er den Tithraustes und ließ jenem den Kopf abschlagen. 8) Menon aus Thessalien glaubte, um sich das zu verschaffen, wonach sein Sinn stünde, wäre der kürzeste Weg, wenn er Meineide beginge und lügen und betrügen würde. 9) Weil Agesilaos arbeitsam war, trank er alles gern, was gerade da war, und aß alles, was sich ihm gerade bot; um angenehm zu schlafen, war ihm jeder Platz recht. 10) Was sollte wohl gerechter sein, als sich gegen die zu verteidigen, die schlecht handeln, und schöner, als den Freunden bereitwillig und gern zu helfen? 11) Nachdem die Thebaner bei Leuktra den schönsten Sieg errungen und sich durch ihn den größten Ruhm erworben hatten, waren sie doch um nichts besser daran als ihre besiegten Gegner, deshalb, weil sie ihre glückliche Lage nicht auszunützen verstanden. 12) Dareios ließ, um so rasch wie möglich den Weg zurückzulegen, die kranken Soldaten zurück, was er nicht getan hätte, wenn er nicht befürchtete, die Skythen möchten die Brücke, die er über die Donau geschlagen hatte, abbrechen. 13) Wenn man sich immer um die Tugend bemüht und sein Leben besonnen einrichtet, so gewährt das immer die sichersten Freuden. 14) Sehr tüchtige Ärzte würde es geben, wenn sie von Kindheit an den Anfang machten und außer (πρός) dem Erlernen der Theorie mit möglichst vielen und elenden Personen zusammenkämen und selbst allerlei Krankheiten durchmachten. 15) Wer die wilden Tiere jagt, müht sich gern ab in der Hoffnung, einen Fang zu machen. 16) Bevor Perikles öffentlich redete, betete er immer zu den Göttern, daß (*Acc. c. inf.*) ihm kein den Verhältnissen (Gen.) fremdes Wort einfalle. 17) Agesilaos begab sich in die Heimat, weil er es vorzog, statt in Asien der größte zu sein, in der Heimat nach den Gesetzen zu herrschen und sich beherrschen zu lassen. 18) Sooft Kyros als Knabe von anderen gefragt wurde, pflegte er schnell zu antworten, weil er geistig geweckt war. 19) Philipp von Makedonien wurde dadurch mächtig, daß er den Unverstand all derer, die mit ihm zu tun hatten und ihn nicht kannten, täuschte und ausbeutete.

166. In welcher Weise steht im Griechischen der Infinitiv ohne Artikel?

167. Bei welchen Verben und unpersönlichen Redensarten wird im Griechischen gewöhnlich mit persönlicher Konstruktion der *Nom. c. Inf.* gebraucht?

168. Übersetze: 1) Es fehlte nicht viel daran, daß die Thebaner auch die Stadt der Lakedaimonier eingenommen hätten, wenn nicht Epameinondas gefürchtet hätte, daß alle Peloponnesier sich vereinigen und für Sparta kämpfen würden. 2) Es ist zu erwarten, daß die

Feinde tun werden, was wir verlangen, denn sonst würden sie sich nicht zu einer Unterredung erbieten. 3) Perikles war ein so gewaltiger Redner, daß man von ihm sagte, er donnere und blitze, wenn er in der Volksversammlung rede. 4) Oft werden wir in unsern Hoffnungen getäuscht, und gar leicht ereignet es sich, daß jemand, der gegen viele hilfreich gewesen ist, selbst der Hilfe anderer bedarf. 5) Es ist gerecht, daß derjenige, der einen Mord verübt hat, gleichfalls getötet wird. 6) Es wird von Ixion erzählt, er sei wegen der Größe seiner Vergehungen von Zeus an ein Rad gebunden und leide so im Hades ewige Strafe. 7) Es wird allgemein zugegeben, daß die Griechen, die mit Kyros gegen Artaxerxes zu Felde zogen, in der Schlacht bei Kunaxa die Macht des Perserkönigs besiegt haben. 8) Solange man von den Feinden meldete, daß sie noch im Anrücken begriffen seien, sie aber noch nicht da waren, trainierte Kyros die Körper seiner Soldaten auf Stärke und feuerte ihren Mut zum Kriege an. 9) Nachdem die Vierhundert die Demokratie beseitigt hatten, warfen sie die einen ins Gefängnis, vertrieben die anderen und töteten einige wenige, von denen es zweckmäßig erschien, daß sie aus dem Wege geräumt wurden. 10) Zur Zeit der großen Pest träumte (schien) es einst der Gattin des Areopagiten Architeles, daß der Skythe Toxaris, von dem man glaubte, er sei in Athen gestorben und begraben, zu ihr träte und ihr auftrüge, den Athenern zu sagen, sie würden von der Pest befreit werden, wenn sie die engen Gassen tüchtig mit Wein besprengten. 11) Von allen wird anerkannt, daß Alkaios und Sappho durch ihre Liederdichtung der Insel Lesbos den größten Ruhm verschafft haben. 12) Es wird erzählt, Alkibiades habe sich, ehe er zwanzig Jahre alt war, mit Perikles, seinem Vormund und Leiter des Staates, über Gesetzgebung unterhalten.

169. Übersetze: 1) Einige berichten, Themistokles habe sich freiwillig vergiftet, weil er es für unmöglich gehalten habe, dem Perserkönige die gemachten Versprechungen zu verwirklichen. 2) Tissaphernes schwur dem Agesilaos, wenn er einen Waffenstillstand schlösse, zu erwirken, daß die griechischen Städte in Kleinasien für unabhängig erklärt würden. 3) Als vom Perserkönig ein Schreiben an Agesilaos angekommen war, nahm er dieses zwar nicht an, sagte aber dem Überbringer, er solle dem König melden, daß er an ihn privatim gar keine Briefe zu schicken brauche; wenn jener sich als Freund Spartas und gegen Griechenland wohlgesinnt zeige, so werde er ihm gleichfalls ein Freund sein. 4) Epaminondas hat den Thebanern viel

Gutes getan; denn er hat bewirkt, daß sie, statt machtlos und andern untertänig zu sein, unter den Griechen die erste Stelle einnahmen und sich der Hegemonie bemächtigten. 5) Als einst Chairephon in Delphi eine Frage bezüglich des Sokrates stellte, erklärte Apollo in Gegenwart vieler Anwesenden, kein Mensch sei gerechter und besonnener als jener. 6) Die Griechen versprachen dem Ariaios, sie wollten ihn auf den Königsthron setzen. 7) Der römische Senat beschloß, daß die Kriegsgefangenen, die Pyrrhos ohne Lösegeld entlassen hatte, alle ehrlos sein sollten, weil sie sich bewaffnet hätten gefangennehmen lassen, und sie sollten nicht eher wieder ehrbar werden, als bis ein jeder von ihnen zwei Feinde getötet und der Rüstung beraubt habe. 8) Glaubst du etwa, die vereinigten Kräfte aller Menschen wären imstande, ein entstehendes Gewitter zurückzuhalten oder zu verhindern, daß durch Erdbeben Städte zerstört und Länder in Wüsten verwandelt werden? 9) Sokrates sagte, er selbst esse, um zu leben, aber die übrigen Menschen lebten, um zu essen. 10) Regulus riet dem Senat, keinen Frieden mit den Karthagern zu schließen; denn sie seien durch so viele Unglücksfälle geschwächt und verzweifelten schon an sich; er selbst aber, (sagte er,) sei für den Staat nicht so viel wert, daß die Römer seinetwegen allein das gemeinsame Wohl vernachlässigten. 11) Ein Grieche gab auf die Frage, ob er lieber Kroisos oder Sokrates sein möchte, die Antwort, im Leben möchte er lieber ein Kroisos, im Sterben lieber ein Sokrates sein. 12) Es war ein Gesetz der Athener, daß ehrlos sein solle, wer seine Eltern schlägt oder nicht ernährt oder ihnen nicht Wohnung und Unterhalt gewährt. 13) Der Skythe Ateas hatte Ismenias, der im Rufe stand, der trefflichste Flötenbläser der damaligen Zeit zu sein, gefangengenommen und befahl ihm, auf der Flöte zu spielen; als nun die andern ihn bewunderten, schwur Ateas, daß er selbst lieber sein Pferd wiehern höre. 14) Die Platäer behaupteten, sie allein von den Böotiern hätten es nicht mit den Persern gehalten, und brüsteten sich gar sehr damit. 15) Ariston, der König von Sparta, der vor vielen Zeugen erklärt hatte, daß Demaratos nicht sein Sohn sei, erkannte bald selbst, daß er jenes Wort im Unverstand ausgestoßen habe (Partiz.). 16) Zögere nicht, einen weiten Weg zurückzulegen zu den Männern, die etwas Tüchtiges zu lehren versprechen; denn es ist schimpflich, daß, während die Kaufleute weite Meere durchfahren, um ihr vorhandenes Vermögen zu mehren, die jungen Leute nicht einmal Reisen zu Land machen, um

ihren Geist zu vervollkommnen. 17) Wenn jemand im Theater aus-
riefe, es sollten die Verständigen und Gerechten sich erheben, würden da nicht alle aufstehen? 18) Als Theseus von Athen absegelte,
um die zweimal sieben Jünglinge nach Kreta zu führen, gelobten
die Athener dem Apollo, wenn sie gerettet würden, in jedem Jahr
ein Festopfer nach Delos zu bringen.

170. Wann hat der Infinitiv die Partikel ἄν bei sich? – Übersetze: 1) Se-
leukos pflegte zu sagen, wenn die meisten wüßten, wie viele Sorgen,
Mühen und Unruhen das Königtum habe und wie lästig nur das
Schreiben und Lesen so vieler Briefe sei, so würden sie ein wegge-
worfenes Diadem nicht an sich nehmen. 2) Mit Recht darf man behaupten, daß, wenn Paris die Helena nicht geraubt hätte, der Krieg
zwischen Griechenland und Troja nicht entstanden wäre. 3) Die
Korinther und Argiver zogen nach Tegea in der Meinung, daß,
wenn sie diese Stadt eroberten, sie den ganzen Peloponnes (in ihrer
Macht) haben würden. 4) Die Perser glaubten, daß die Undankbaren
sich wohl auch gegen die Götter am nachlässigsten verhalten. 5) Ich
glaube, ein guter Arzt würde nicht gestatten, daß ein Kranker sich
mit dem anfüllt, wonach er begehrt. 6) Eteokles aus Lakedaimon
sagte, Sparta würde nicht imstande sein, zwei (Männer wie) Lysander zu ertragen. 7) Ich habe mich bei den Unglücksfällen des Staates
so benommen, daß, wenn alle dieselbe Gesinnung wie ich gehabt
hätten, keiner von euch irgendein Mißgeschick zu erdulden hätte.
8) Als die Athener den verbündeten Staaten die Abgaben bestimmen
wollten, stellten sie den Aristeides, einen sehr armen Mann, auf,
da sie meinten, daß sie wohl keiner gerechter bestimmen würde.

171. In welchen Ausdrücken steht der **absolute Infinitiv**?

172. Übersetze: 1) Wenn die Perser irgendein Anliegen an ihren König
hatten, so gaben sie ihren Kindern die Weisung, sie möchten den
Kyros bitten, es ihnen zu erwirken. 2) Bei den gemeinsamen Mahl-
zeiten der Spartaner waren auch die Knaben zugegen und gewöhn-
ten sich daran, ohne Geschwätz zu scherzen und zu spotten und,
wenn sie verspottet wurden, nicht ärgerlich zu werden. 3) Als die
Spartaner das Antlitz des amykläischen Apollo zu vergolden wünschten, befragten sie den Gott, wo sie Gold kaufen sollten; jener gab
ihnen die Weisung, sie sollten zu Kroisos von Lydien gehen und es
von ihm kaufen. 4) Nicht bloß der ist, wie mir scheint, schlecht, der
einem andern ein Unrecht zufügt, sondern auch der, welcher es

beabsichtigt. 5) Alexander hatte im Sinn, sozusagen den ganzen Erdkreis sich zu unterwerfen. 6) Wie lieblich sind die Bäume anzuschauen, wenn sie mit Obst beladen sind, und die Weinstöcke, an denen reife Trauben von verschiedener Farbe und von angenehmstem Geschmack hängen! 7) Als die Meldung kam, Cäsar rücke heran, schickte Ariovist Gesandte an ihn und ließ sagen, er sei unter den jetzigen Verhältnissen, da Cäsar zu ihm gekommen, einer Unterredung nicht abgeneigt; denn wie zu vermuten, sei es gefahrlos, eine Zusammenkunft zu veranstalten. 8) Eine Anhöhe, die sich beinahe in der Mitte zwischen beiden Lagern befand, schien für die Zusammenkunft am geeignetsten. 9) Plato sagt, es sei das schlimmste Unrecht, gerecht zu scheinen, ohne es zu sein. 10) Was, glaubst du, würde wohl geschehen, wenn unsere beiden Hände, die Gott zu gegenseitiger Unterstützung geschaffen hat, dies unterließen und sich daran machten, sich gegenseitig zu hemmen, oder wenn unsere beiden Füße, die nach göttlicher Bestimmung dazu geschaffen sind, um miteinander tätig zu sein, dies unterließen und einander hinderten? 11) Kyros erkundigte sich bei seinen Begleitern eifrig, welchen wilden Tieren man sich nicht nähern und welche man mutig verfolgen solle. 12) Vielen hat es nicht genügt, im Besitze eines mäßigen Vermögens angenehm zu leben; aber da sie danach verlangten, Herren eines sehr großen (Vermögens) zu sein, haben sie auch das verloren, was sie besaßen. 13) Am besten wirst du deine Freunde prüfen, wenn du, ohne ihrer zu bedürfen, dich stellst, als ob du (ihrer) bedürftest. 14) Die Spartaner erklärten, es würde, wenn die Athener den auf die Megarer bezüglichen Volksbeschluß aufhöben, kein Krieg entstehen. 15) Den Menschen kommt es zu, wenn sie beleidigt sind, zu verzeihen; dagegen ist es die Eigenart wilder Tiere, Biß mit Biß und Böses mit Bösem zu vergelten. 16) Kyros überließ Lykaonien als Feindesland den Griechen zur Plünderung. 17) Wir flehen zu den Göttern, daß uns zuteil werde, gerecht und verläßlich zu sein und zu scheinen. 18) Perikles wurde erwählt, um für (ἐπί c. dat) diejenigen, die im ersten Jahre des peloponnesischen Krieges öffentlich bestattet wurden, die Grabrede zu halten. 19) Es ist betrüblicher, aus einem König ein Privatmann zu werden, als überhaupt nicht König geworden zu sein. 20) Allen, soweit sie gegen den Großkönig zu kämpfen unternahmen, wurde (das Glück) zuteil, aus ruhmlosen Leuten berühmt, und aus armen reich zu werden. 21) Bei genauer Erwägung wirst du finden, daß viele Tyrannen ihren Tod gefunden haben (Partiz.) durch Anhänger, die ihre besten Freunde zu sein schienen. 22) Schon viele haben nach dem Tode ihrer Frauen, Kinder und Lieblinge aus freien Stücken gewünscht, in die Unterwelt zu kommen, in der Hoffnung, dort die wiederzusehen, nach denen sie sich sehnten. 23) Die Ärzte geben den Kranken die bittern Arzneien zu trinken, indem sie den Becher rings mit Honig bestreichen. 24) Mit großen Buchstaben aufgezeichnet, waren die Gesetze in Athen für alle zum Lesen aufgestellt, als Ermahnung, was man tun und wessen man sich enthalten solle. 25) Angenehm ist es, sich an die Leiden zu erinnern, wenn man gerettet ist. 26) Aristeides, der Lokrer, der von einem Wiesel gebissen, starb, sagte, als er schon dem Tode nahe war: „Viel lieber wäre es mir gewesen, von einem Löwen oder Panther gebissen zu sterben."

IX. DAS PARTIZIP

173. Was ist über die Bedeutung und das Wesen des Partizips im Griechischen im allgemeinen zu bemerken?

174. Was ist über die Negation beim Partizip zu bemerken?

175. Welche drei verschiedenen Gebrauchsweisen hat das Partizip im Griechischen?

176. In welcher Weise gebraucht der Grieche das Partizip attributiv?

177. In welcher Weise gebraucht der Grieche das Partizip adverbial?

178. Welche Partikeln treten oft zur nähern und schärfern Bestimmung zu dem Partizip?

179. Übersetze: 1) Demosthenes behauptete, die Seele eines Staates seien die Gesetze; denn wie der Leib, wenn er der Seele beraubt ist, dahinfällt, so löst sich auch ein Staat auf, wenn keine Gesetze vorhanden sind. 2) Als Alkibiades in Olympia mit einem Gespann gesiegt hatte, opferte er dem olympischen Zeus und bewirtete alle in Olympia anwesenden Griechen. 3) Als Aristides einen Feind vor Gericht belangte, sprang er, als die Richter nach der Anklage den Angeklagten nicht anhören wollten, sondern sogleich zur Abstimmung aufforderten, von seinem Sitz auf und legte für den Angeklagten Fürbitte ein, damit sie ihn anhörten. 4) Nach der Schlacht bei Issos ging Alexander, sobald er seine Rüstung abgelegt hatte, zum Bad, mit den Worten: „Wir wollen hingehen, um uns den Schweiß von der Schlacht abzuwaschen." 5) Die Menschen verhalten sich gegen ihre Wohltäter nicht genauso wie gegen ihre Beleidiger; sondern an eine Beleidigung erinnern sie sich selbst gegen ihren Willen, und den Dank vergessen sie sogar freiwillig. 6) Viele von den jungen Leuten ziehen mit ihren Kinderkleidern zugleich auch die Zurückhaltung und Scheu aus. 7) Wer nicht weiß, was der Boden tragen kann, weiß auch wohl nicht, was er säen muß. 8) Wenn Knaben auch von guter Gemütsart sind, muß ihnen doch bisweilen der Kopf zurechtgesetzt werden, da es gar leicht der Fall ist, daß sie ihre Pflichten vernachlässigen. 9) Alexander ließ, sobald er König geworden war, Stageira, die Vaterstadt des Aristoteles, wieder aufbauen, die von Philipp in seinen Kriegen mit den Thrakern zerstört war. 10) Als einst Priene, eine Stadt in Kleinasien, von den Feinden erobert war, flohen die übrigen Einwohner mit ihrem Gold und Silber und den Kostbarkeiten, die sie sonst noch hatten; der Philosoph Bias aber ging hinaus, ohne etwas mitzunehmen. 11) Ariovist ließ, weil er fürchtete, von den Römern überfallen zu werden, melden, Cäsar solle kein Fußvolk mitbringen. 12) Wir Platäer sind zu euch gekommen, um euch nach Kräften zu helfen und denen, die euch zu unterwerfen gedenken, den größten Schaden zuzufügen. 13) Miltiades war weit davon entfernt, nach Gewaltherrschaft zu streben; denn obgleich es ihm möglich war, mit Hilfe des Dareios die Herrschaft im Chersones zu behalten, zog er doch seiner eigenen Herrschaft die Freiheit Griechenlands vor. 14) Als Alexander die Schlacht am Granikos liefern wollte, forderte er seine Makedonen auf, reichlich zu speisen und alles für die Allgemeinheit zu stiften, da sie morgen auf Kosten der Feinde speisen würden. 15) Cicero wurde im Alter von dreiundsechzig Jahren auf Befehl des Antonius ermordet. 16) Als die Meldung eingelaufen war, daß in der Schlacht bei Korinth zehntausend Feinde gefallen seien, freute sich Agesilaos nicht darüber, sondern sagte: Weh über Griechenland! denn die jetzt Gefallenen wären, wenn sie lebten, genügend, um alle Barbaren im Kampfe zu besiegen. 17) Zu Therapnai in Lakonien brachte man der Helena und dem Menelaos feierliche Opfer, nicht als Heroen, sondern als Göttern. 18) Es gibt Leute, die, wenn sie auch nur unbedeutend beleidigt sind, dennoch sofort in einen so schrecklichen Zorn geraten, daß sie sich an dem Beleidiger auf jede Art zu rächen suchen. 19) Die Richter im Hades sandten die Lasterhaften an den Ort der Gottlosen, damit sie dort entsprechend ihrem Vergehen bestraft würden. 20) Als Agesilaos aufgefordert wurde, er möge einem Menschen zuhören, der den Gesang der Nachtigall schön nachahmen (könne), antwortete er: „Ich habe sie selbst schon oft gehört." 21) Wir müssen gegen die Schlechtigkeit in einen Wettkampf treten, zumal da es sich für uns gehört, von allen Menschen die besten zu sein. 22) Wenn uns etwas lästig ist, so brauchen wir jemanden, der es beseitigt. 23) Die Athener segelten unverrichteter Dinge zu dem übrigen Heere zurück. 24) Die Syrakusaner ermunterten sich untereinander mit lautem Geschrei, da es in der Nacht unmöglich war, auf eine andere Weise ein Zeichen zu geben. 25) Die Furcht vor dem Tode beunruhigt ganz besonders die Greise, gleichsam als hätten sie vergessen, daß einem jeden Sterblichen der Tod bestimmt ist.

180. In welcher Weise gebraucht der Grieche das Partizip prädikativ?

181. Wann tritt zu dem Partizip die Partikel ἄν?

182. Übersetze: 1) Als die Babylonier merkten (μανθάνω), daß sie verraten waren, gaben sie den Widerstand in der Meinung auf, sie würden der Perser nicht mehr Herr werden, auch nicht, wenn sie aufs tapferste kämpften. So geschah es, daß Babylon zum zweitenmal eingenommen wurde. 2) Die Skythen, die vor Dareios an den Istros gelangt waren, forderten die Jonier auf, die Brücke abzubrechen. 3) Alexander liebte und ehrte den Aristoteles sein ganzes Leben hindurch. 4) Es ist offenbar, daß wir nicht für uns allein geboren sind, sondern auch für unsere Nebenmenschen, damit ihnen Hilfe und Unterstützung von unserer Seite zuteil werde. 5) Die Menschen müssen sich die Wohltaten Gottes zum Vorbild nehmen und ihre Freude daran haben, den Dürftigen von ihrem Überfluß mitzuteilen. 6) Als Plato sah, daß die Agrigentiner mit großem Aufwand Häuser bauten und üppig speisten, sagte er, die Agrigentiner bauten Häuser, wie wenn sie ewig leben würden, und schmausten, wie wenn sie morgen sterben würden. 7) Als die Epidamnier nach Korinth gekommen waren, übergaben sie dem Orakelspruch gemäß ihre Kolonie, indem sie sowohl nachwiesen, daß der Gründer ihrer Stadt aus Korinth stamme, als auch das Orakel anführten; und sie baten, nicht zuzulassen, daß man sie zugrunde richte, sondern ihnen zu helfen. 8) Dein ganzes Leben hindurch zeige, daß du die Wahrheit so hoch ehrst, daß deine Worte zuverlässiger sind als die Eide der anderen. 9) Wir sehen, daß die Bienen sich zwar auf alle Blumen setzen, aus jeder aber (nur) das Beste nehmen. 10) Es gibt niemanden unter euch, der nicht wüßte, daß die Macht der Perser deshalb so groß geworden ist, weil sie ihre Könige allezeit mehr ehren als andere Völker. 11) Als die Athener hörten, daß der Athos durchgraben und der Hellespont überbrückt werde, glaubten sie, daß es weder zu Lande noch zu Wasser eine Rettung für sie gäbe. 12) Wenn wir auch vor Menschen verborgen sündigen, werden wir doch vor Gott nicht verborgen bleiben. 13) Du tust recht daran, das Alter zu ehren, das wir alle erreichen werden, wenn wir noch weiterhin leben. 14) Man sah Phokion weder lachen, noch weinen, noch in einem öffentlichen Bad baden, noch die Hand außerhalb des Mantels halten, wenn er gerade (einen Mantel) umgeworfen hatte. 15) Als Sulla in der Schlacht bei Orchomenos bemerkte, daß die Römer unterlagen und auf der Flucht waren, sprang er vom Pferd, ergriff die Fahne und drängte sich durch die Fliehenden zu den Feinden hin, indem er schrie: „Für mich, Römer, ist es ehrenvoll, hier zu fallen; ihr aber denket daran, denen, die euch fragen, wo ihr den Sulla verraten habt, zu antworten: bei Orchomenos." 16) Wer seine Kinder so erzogen hat, daß sie sich nicht schämen, in seiner Gegenwart zu sündigen, der hat sich wahrscheinlich vor seinem Vater auch nicht geschämt; denn wenn er gelernt hätte, jenen zu ehren und zu fürchten, so würde er auch verlangen, daß seine Kinder ihn ehrten und fürchteten. 17) Als Phokion einst bei der Darlegung seiner Meinung in der Volksversammlung Beifall fand und sah, daß alle in gleicher Weise seine Rede billigten, wandte er sich zu seinen Freunden und sagte: „Ich habe doch nicht, ohne es zu merken, etwas Schlechtes gesagt?" 18) Die Lakedaimonier ertappten ihren König Pausanias dabei, wie er Griechenland an die Perser verriet, und da er ihnen zuvorkam und sich in das Heiligtum der Chalkioikos flüchtete, so vermauerten sie die Tür, deckten das Dach ab, lagerten sich ringsherum und zogen nicht eher ab, als bis sie ihn durch Hunger getötet hatten. 19) Kimon stellte in seinen Gärten keinen Wächter für die Früchte auf, so daß von den Bürgern, wer wollte, sich nehmen konnte, was er gerade brauchte. 20) Simonides sagte, er habe noch niemals bereut, geschwiegen zu haben, aber oft schon, geredet zu haben. 21) Kaum hatte Herkules das Kleid angezogen, das Jole heimlich mit Gift bestrichen hatte, so geriet er in den schrecklichsten Zustand, wobei er fühlte, daß das Gift sogleich in das Fleisch eindrang. 22) Die Einwohner von Rhegion sahen ungern, wie die

Macht des Dionysios, des Tyrannen von Syrakus, wuchs, und da sie in Erinnerung hatten, wie die Naxier und Katanäer, ihre Stammesverwandten, von ihm zu Sklaven gemacht wurden, so fürchteten sie, es möchte sie dasselbe Schicksal treffen. 23) Leicht werden wir finden, daß die meisten, wie sie an den wohlschmeckendsten Speisen mehr Wohlgefallen finden als an den gesündesten, so auch solchen Freunden sich anschließen, die mit ihnen sündigen, nicht aber solchen, die (sie) warnen. 24) Obgleich Hannibal besiegt und verbannt war, vergaß er doch den Eid nicht, den er als Knabe geschworen hatte, daß er nämlich sein ganzes Leben hindurch nicht aufhören wolle, ein Feind der Römer zu sein. 25) Möchten wir, am Ende unseres Lebens angekommen, uns doch nicht bewußt sein, vergeblich gelebt zu haben! 26) Da offenbar die Barbaren nicht aufhören wollten, sich frech und kriegslustig zu zeigen, wenn sie nicht in einer entscheidenden Schlacht besiegt würden, rückte Hiero ins Feld und zeichnete sich im Kampfe so aus, daß er bei seiner Rückkehr nach Syrakus von allen als König begrüßt wurde. 27) Als Diogenes einen schönen jungen Mann unanständig sprechen hörte, sagte er: „Schämst du dich nicht, aus einer elfenbeinernen Scheide ein bleiernes Schwert zu ziehen?" 28) Pythagoras aus Samos wagte als erster unter den Griechen zu behaupten, daß der Leib sterben, der Geist aber in die Höhe wegfliegen würde, da er unsterblich sei und nicht altere. 29) Es wird angenommen, daß zustimmt, wer keine Antwort gibt. 30) Proklos, ein vornehmer Mann, beschwor, er habe gesehen, wie Romulus mit seiner Rüstung zum Himmel emporfuhr, und habe seine Stimme gehört, wie er gesagt habe, er führe jetzt den Namen Quirinus. 31) Die Meeresflut drang herein und verschlang die Leute, soweit sie nicht zuvor auf die Anhöhen entfliehen konnten. 32) Wo es klar ist, daß der Tüchtigste den größten Vorteil erlangt, da zeigt sich, daß alle zu wetteifernden Bemühungen am meisten geneigt sind. 33) Die Leidenschaften hören nicht auf, den Leib und die Seele des Menschen zu quälen, solange sie die Herrschaft über dieselben haben. 34) Als die Spartaner merkten, daß die Argiver Befestigungen anlegten, zogen sie gegen Argos. 35) Es kommt den Herrschern zu, den Bedrängnissen des Staates abzuhelfen. 36) Wenn der Tod über den Menschen kommt, so entweicht sein unsterblicher Teil eilends unverletzt und unzerstört. 37) Kyros der Jüngere verstand, wie nur irgendeiner, Dank zu wissen und abzustatten. 38) Die Griechen hatten sieben volle Tage, die sie zum Marsch durch das Land der Karduchen brauchten, beständig kämpfen müssen. 39) Als die Perser bei Marathon besiegt waren, fuhren sie um das Vorgebirge Sunion in der Absicht, vor den Athenern nach der Hauptstadt zu kommen.

X. VERBALADJEKTIVE

183. Gib die Regeln über die Bedeutung und den Gebrauch der Verbaladjektiva an:

184. Übersetze: 1) Auf den Feldzügen ging Phokion immer ohne Mantel, wenn nicht eine übermäßige und unerträgliche (Verbaladj. von καρτερεῖν) Kälte war, so daß die Soldaten im Scherze den bemäntelten Phokion als das Anzeichen eines harten Winters betrachten konnten. 2) Die Menschen müssen zwar, wie es mir scheint, alles Schöne und Gute üben, am meisten aber die Besonnenheit. 3) Als Kleanthes einmal schwieg und einer fragte: „Warum schweigst du? es ist doch süß, sich mit seinen Freunden zu unterhalten", antwortete er: „Jawohl, aber je süßer es ist, desto mehr muß man es seinen Freunden überlassen". 4) Du mußt selbst erst die Tugend dir erwerben, wenn du sie einem andern mitteilen willst. 5) Man darf die Philosophie nicht deshalb abschaffen, weil einige, die vorgeben in ihr erfahren zu sein, sich schlecht zeigen. 6) Man muß den mehr loben und bewundern, der bei Armut, als den, welcher bei Reichtum ruhig das Alter erträgt. 7) Man darf weder einen Altar aus einem Heiligtum, noch das Mitleid aus der menschlichen Natur wegschaffen. 8) In den Widerwärtigkeiten müssen wir zeigen, daß wir besser als die andern erzogen und zur Tüchtigkeit angeleitet sind. 9) Alles ist durch Fleiß und Anstrengung erreichbar. 10) Sokrates lernte sein ganzes Leben hindurch das Lernbare, suchte das Findbare und erbat von den Göttern das Wünschenswerte.

XI. ORATIO OBLIQUA

185. Welche Regeln gelten über die *Oratio obliqua* im Griechischen?

186. Übersetze: 1) Die Thebaner schickten sogleich nach der bei Leuktra im Gebiet von Thespiai gelieferten Schlacht einen bekränzten Boten nach Athen und forderten zur Hilfeleistung auf mit den Worten, daß es jetzt möglich sei, an den Lakedaimoniern für alles, was sie ihnen zugefügt hätten, Rache zu nehmen. 2) Eine Thrakerin soll den Thales verspottet haben, daß er die Himmelserscheinungen kennenzulernen wünschte, aber die vor seinen Füßen befindlichen Dinge unbeachtet ließe. 3) Die Leute des Xenophon setzten fest, daß einer, wenn er zurückbliebe oder das Heer verließe, bevor alle in Sicherheit wären, als Frevler zur Verantwortung gezogen werden solle. Als aber jemand zu behaupten wagte, es sei gerecht, daß jeder, der wolle, weggehen könne, gaben ihm die Soldaten nicht recht, sondern drohten ihm, daß, wenn sie ihn beim Weglaufen ertappten, sie ihm die gebührende Strafe auferlegen würden. 4) Mit Sonnenaufgang kamen Boten von Ariaios mit der Meldung, daß Kyros tot sei und Ariaios diesen Tag auf die griechischen Söldner warten würde; am andern Tage jedoch würde er nach Ionien marschieren, woher er gekommen sei. 5) Als Herakles gegen den nemëischen Löwen auszog, kam er zu einem Gastfreund und trug ihm auf, bis zum dreißigsten Tage zu warten, und, wenn er von der Jagd heil zurückkäme, solle er dem rettenden Zeus opfern, wenn er aber gestorben wäre, ihm als einem Heros Totenopfer bringen. 6) Theramenes erklärte, daß er sich um das Lärmen der Bürger gar nicht kümmere, da er viele Athener kenne, die sich in gleicher Lage mit ihm befänden. 7) Als den Sokrates seine Freunde fragten, wie sie ihn begraben sollten, sagte er: wie sie wollten, wenn sie ihn nur gefaßt hätten und er ihnen nicht entflohen sei. 8) Kroisos fragte den Solon, wer ihm unter allen, die er kennen gelernt hätte, der glücklichste zu sein scheine, offenbar in dem Glauben, daß wohl keiner vor ihm den Vorzug verdiene. Allein Solon sagte, es sei nicht möglich, jemanden glücklich zu preisen, ehe man sein Lebensende gesehen. Denn solange er lebe, sei zu befürchten, daß er noch in Unglück gerate. Er selbst habe viele Menschen kennengelernt, die, obgleich sie in ihrem ganzen früheren Leben glücklich geschienen, gerade am Schluß ihres Lebens das traurigste Schicksal erlitten hätten. Darauf fragte ihn der König, ob er ihn auch nicht für den Reichsten halte. Solon aber erwiderte, auch das möchte er nicht zugeben, vorausgesetzt, daß jener nicht auch die Weisheit sehr hoch schätze, und bewies dann, daß man nicht diejenigen, die das meiste besäßen, sondern die, welche die Weisheit am höchsten achteten, für die Reichsten ansehen dürfe.

XII. PARTIKELN

187. Welche Modi und welche Partikeln können in direkten Fragen gebraucht werden?

188. Wie drückt der Grieche die Antworten „ja, nein" aus?

189. Übersetze: 1) Könnte wohl ein Mensch sogar von dem größten Reichtum Vorteil haben, wenn er keinen Verstand besitzt? 2) Als Themistokles gefragt wurde, ob er lieber Achilles oder Homer sein möchte, sagte er: „Möchtest du selbst lieber einer sein, der in Olympia siegt, oder ein solcher, der nur die Namen der Sieger ausruft?" 3) Wenn jemand dich fragte, ob du meintest, daß für jeden Menschen das Geld nützlich sei, würdest du ja sagen? 4) Werden wir lieber gegen den Schmerz ankämpfen und (ihm) widerstehen, wenn wir von vielen gesehen werden oder wenn wir allein in der Einsamkeit sind? 5) Würde nicht ein Heer schlecht kämpfen, wenn die Soldaten den Anführern nicht geordnet folgten? 6) Bist du wirklich so (wenig) verständig, daß es dir entgangen ist, daß das Vaterland etwas Kostbareres und Heiligeres ist als Vater, Mutter und alle Vorfahren? 7) Du wirst dich doch nicht erfrechen, gegen die Erzieher und Philosophen zu lästern? 8) Sokrates sprach zu Ischomachos: „Ich halte dich doch nicht etwa auf, da du weggehen willst?" „Keineswegs", antwortete dieser; „denn ich werde schwerlich eher weggehen, als bis ich alles von dir gehört habe." 9) Als Kroisos von Pittakos verlangte, ihm die beste Regierung, die er gesehen habe, zu nennen, antwortete dieser: „Sollen wir glauben, daß irgendeine andere besser sei als die der Gesetze?" 10) Sooft Plato bei Menschen, die sich unanständig benahmen, gewesen war, pflegte er im Weggehen zu sich zu sagen: „Ich (bin) doch nicht ebenso?" 11) Aus welchem Grund, glaubst du, nennt Homer den Agamemnon einen Völkerhirten? Doch wohl (deshalb), weil auch ein Feldherr dafür zu sorgen hat, daß seine Soldaten wohlbehalten sind und die nötigen Lebensmittel haben? 12) Scheint es nicht, daß Hannibal im Krieg gegen Rom gesiegt haben würde, wenn er nicht durch den Neid seiner Gegner zu Hause gehemmt worden wäre?

190. In welcher Weise gebraucht die griechische Sprache die beiden Negationen οὐ und μή?

191. Heben sich im Griechischen zwei Negationen auf? Was ist über die Häufung der Negationen im Griechischen zu bemerken?

192. Welche Regeln ergeben sich aus folgenden Sätzen? 1) Οἱ Κερκυραῖοι κήρυκα προὔπεμψαν ἀπεροῦντα μὴ πλεῖν. Ἆρα καταρνεῖ μὴ δεδρακέναι τάδε; Οἱ ἰατροὶ ἀπαγορεύουσι τοῖς ἀσθενοῦσι μὴ χρῆσθαι ἐλαίῳ. Κωλύομαι μὴ μαθεῖν ἃ βούλομαι. Ἀπέσχοντο μὴ ἐπὶ τὴν ἑκατέρων γῆν στρατεῦσαι. 2) Οὐδὲν ἡμῖν ἐμποδὼν ἂν εἴη μὴ οὐκ ἀνδρειότατα μαχέσασθαι. Οὐκ ἀπαρνοῦμαι μὴ οὐκ ἐπίστασθαι τὰ δίκαια. 3) Ἀδύνατον ἦν μὴ οὐ μεγάλα βλάπτειν. Αἰσχρόν ἐστι τοῖς ἀδικουμένοις μὴ οὐ βοηθεῖν. Πᾶσιν αἰσχύνη ἦν μὴ οὐ συσπουδάζειν. Ξέρξης ἀδύνατος ἦν κρατῆσαι τῶν Ἑλλήνων.

193. In welcher Weise gebraucht der Grieche οὐ μή?

194. Wird das deutsche „keiner" im Griechischen immer durch οὐδείς, μηδείς übersetzt?

195. Welche Bedeutung haben folgende elliptische Ausdrücke? 1) μόνον οὐ und ὅσον οὐ. 2) οὐχ ὅτι–ἀλλὰ καί, μὴ ὅτι–ἀλλὰ καί. 3) οὐχ ὅπως–ἀλλὰ καί. 4) οὐδέ–μὴ ὅτι. 5) οὐ μὴν (μέντοι) ἀλλά.

196. Übersetze: 1) Solon verbot denen, die ein lasterhaftes Leben führten, vor dem Volke zu reden. 2) Alexander soll auf die Frage, wie er Herr von Griechenland und Asien geworden sei, geantwortet haben: „Dadurch, daß ich niemals etwas aufschob." 3) Wie der Rauch, der in die Augen beißt, das Nächstliegende zu sehen hindert, so steht der Zorn, wenn er sich erhebt, der (ruhigen) Überlegung im Wege. 4) Die Sophisten sagten zwar, sie brauchten kein Geld, und nannten den Reichtum erbärmliches Gold und Silber, versprachen aber doch einem kleinen Gewinn zuliebe, ihre Schüler fast unsterblich zu machen. 5) Praxithea, die Gemahlin des Erechtheus, weigerte sich nicht, ihre Tochter für die Rettung des Staates hinzugeben, wobei sie sagte, daß sie um den Preis eines Lebens jedenfalls den Staat retten werde. 6) Nach der sizilianischen Niederlage bestritten auch die Athener selbst nicht, daß es mit ihnen schlecht stehe. 7) Lichas aus Tegea, der sich auf seinem Hofe einen Brunnen machen wollte, stieß beim Graben auf einen sieben Ellen langen Sarg; weil er nun nicht glauben wollte, daß es jemals größere Menschen als die damaligen gegeben habe, öffnete er den Sarg und sah, daß der Leichnam dem Sarg an Länge gleich war. 8) Niemand hat jemals bestritten, daß alle diese Gesetze, die, wie jedermann weiß, schon lange Zeit bestehen, gut und nützlich für uns sind. 9) Als vor der Schlacht bei Salamis beschlossen war, man wolle nicht dort bleiben, sondern nach dem Isthmos segeln, sagte Mnesiphilos zu Themistokles: „Wenn die Griechen von hier absegeln, so ist Griechenland verloren; denn kein Mensch wird das Heer davon zurückhalten können, sich zu zerstreuen." 10) Als die Athener und Spartaner im peloponnesischen Krieg einen Vertrag geschlossen und geschworen hatten, fünfzig Jahre lang nicht gegen einander Krieg zu führen, enthielten sie sich nur sechs Jahre und zehn Monate, gegen das beiderseitige Land zu ziehen. 11) Als die Griechen, die mit Kyros zogen, sich weigerten, weiterzuziehen, wollte Klearchos seine Soldaten zum Marsch zwingen; die aber warfen nach ihm mit Steinen, als er anfing vorwärtszumarschieren, und er entging kaum einer Steinigung. 12) Es gibt keinen unter den Sterblichen, der weiß, ob er den morgigen Tag noch erleben wird. 13) Bei den Ägyptern bestand für die Söhne kein Zwang, ihre Eltern zu ernähren, wenn sie nicht wollten; die Töchter aber mußten es durchaus, wenn sie es auch nicht wollten. 14) Wer nicht viel hat, kann nicht viel geben. 15) Das Gesetz sagt: Was du nicht hingelegt hast, das nimm nicht weg! 16) Gott ist nirgends in irgendeiner Beziehung gegen jemanden ungerecht, sondern so gerecht wie nur möglich, und nichts ist ihm ähnlicher, als wer ebenfalls möglichst gerecht ist. 17) Wer wagt in Abrede zu stellen, daß derjenige, der sich am meisten anstrengt und dem Gemeinwesen am meisten nützt, auch die höchsten Belohnungen verdient? 18) Xenophon sagte: „Freunde, wir können den Göttern durchaus nicht vorwerfen, daß sie nicht bis jetzt alles, was wir wünschten, vollführt haben." 19) Was könnte uns noch fehlen, ganz glücklich zu sein, vorausgesetzt, daß wir uns nicht davon abbringen lassen, Mäßigung und Selbstbeherrschung zu beobachten? 20) Unter den Prytanen trat Sokrates allein den Athenern entgegen, daß man etwas gegen die Gesetze unternehme. 21) Astyages konnte, sooft Kyros eine Bitte an ihn richtete, sich nicht erwehren, sie ihm zu gewähren. 22) Aischines zog es vor, alles mögliche zu leiden, als etwas zu tun, (was) dem Philipp nicht nach Wunsch (war). 23) Weil die Soldaten über den rückständigen Sold ärgerlich waren, erklärten sie, sie würden nicht marschieren, wenn man ihnen das betreffende Geld nicht zahle. 24) Kritias, der wildeste unter den dreißig Tyrannen, entgegnete dem Theramenes: Für diejenigen, die Vorteile gewinnen wollten, sei es nicht passend, diejenigen nicht aus dem Wege zu schaffen, die am meisten imstande wären, sie daran zu hindern.

197. Wie wird im Griechischen 1) „und nicht", 2) „nicht einmal",
3) „einerseits nicht – andererseits aber" ausgedrückt?

198. Übersetze: 1) Du tatest gut daran, schon jetzt zu kommen, und nicht
die Zeit abzuwarten, wo es geschienen hätte, als ob deine Ankunft
mit Gewalt erfolgt wäre. 2) Einige Soldaten, die zurückgeblieben
waren und das übrige Heer nicht finden konnten, kamen umher-
irrend um. 3) Das Lachen soll nicht laut und nicht unbeherrscht
sein! 4) Obgleich Diogenes sehr arm war, führte er doch ein Leben,
das er für das glücklichste hielt, und würde nicht den Reichtum des
Perserkönigs für seine eigene Armut eingetauscht haben. 5) Timo-
theus erwarb für die Athener viele Städte, nicht durch großen Aufwand und ohne die schon vorhandenen Bundesgenossen zu beein-
trächtigen. 6) Ich glaube nicht, daß Alexander sich bei irgendeinem
bereits erworbenen Besitze beruhigt hätte, selbst nicht, wenn er
Europa zu Asien und wenn er die britischen Inseln zu Europa hinzugefügt hätte. 7) Die athenische Bürgerschaft bereute oft ihre Ver-
urteilungen, die mit Leidenschaft und nicht mit wirklicher Unter-
suchung durchgeführt wurden, so sehr, daß sie nach kurzer Zeit
die Verführer zu bestrafen wünschte. 8) Die Lenker des Staates
sollen die Bürger ermahnen, einig zu sein und sich nicht um gering-
fügiger Dinge willen zu entzweien! 9) Die alten Hellenen glaubten,
daß die Götter, weil sie alles vorauswüßten, den Menschen anzeig-
ten, was man tun müsse und was nicht, indem sie Stimmen, Träume
und Vögel als Boten schickten. 10) Wenn alle, die (andere) zu er-
ziehen versuchen, die Wahrheit sagten und nicht größere Versprechungen machten, als sie erfüllen können, so würde nicht von den
Laien schlecht über sie geredet werden.

ANTWORTEN

I. DER ARTIKEL

1. Der Artikel ὁ ἡ τό ist ursprünglich wie der deutsche Artikel der, die, das ein **demonstratives Pronomen;** (bei Homer hat er noch fast ausschließlich hinweisende Bedeutung). In attischer Prosa erscheint die demonstrative Kraft des Artikels noch in folgenden Verbindungen:

1. ὁ μέν – ὁ δέ „der eine – der andere", „der erstere – der letztere" (oder umgekehrt, falls an Genus od. Numerus kenntlich); τὸ μέν – τὸ δέ oder τὰ μέν – τὰ δέ „teils – teils" (= τοῦτο μέν – τοῦτο δέ); τῇ μέν – τῇ δέ „hier – dort, einerseits – andrerseits".

2. ὁ δέ „der aber (ἡ δέ „die aber", οἱ δέ usw.) als Subjektsnominativ: Λύκος ἀμνὸν ἐδίωκεν, ὁ δὲ κατέφυγεν εἰς ναόν.

3. καὶ τόν „und der" (καὶ τήν „und die", καὶ τούς usw.) und τὸν δέ „der aber" (τὴν δέ „die aber" τοὺς δέ usw.) als Subjektsakkusativ in der Konstruktion des *Acc. c. inf.:* Καὶ τὸν εἰπεῖν „und der habe gesagt"; τὴν δὲ κελεῦσαι „die aber habe befohlen".

4. τὸν καὶ τόν „den und den", „diesen und jenen"; τὸ καὶ τό (τὰ καὶ τά) „das und das".

5. πρὸ τοῦ (προτοῦ) „vordem, ehemals".

Anm. Das scheinbare Relativum ὅς ἥ ὅ hat demonstrative Bedeutung in den Verbindungen καὶ ὅς „und er" ἦ δ' ὅς „er aber sprach", ἦ δ' ἥ „sie aber sagte": Οὐδεὶς ἀντέλεγε· καὶ ὃς ἡγεῖτο. Ἡγεῖσθαι ἐκέλευσε τοὺς Ὑρκανίους· καὶ οἳ ἐπείσθησαν.

2. 1) Οἱ μὲν λέγουσι τὸν οἶνον δεδόσθαι ἐπὶ τῇ τῶν ἀνθρώπων τιμωρίᾳ, ἵνα μανῶσιν, οἱ δὲ τῆς τοῦ σώματος ὑγιείας καὶ ῥώμης ἕνεκα. 2) Περὶ πλείονος ποιοῦ δόξαν καλὴν ἢ πλοῦτον μέγαν τοῖς παισὶ καταλιπεῖν· ὁ μὲν γὰρ θνητός ἐστιν, ἡ δ' ἀθάνατος. 3) Κῦρος Κλεάρχῳ μυρίους δαρεικοὺς ἔδωκεν· ὁ δὲ λαβὼν τὸ χρυσίον συνέλεξε στράτευμα ἀπὸ τούτων τῶν χρημάτων. 4) Φεύγετε τὰς τῶν κακῶν ὁμιλίας· τὰ μὲν γὰρ ἀρετῆς ὑμᾶς ἀλλοτριοῦσι, τὰ δὲ τὰς ψυχὰς αἰσχρῶν ἐπιθυμιῶν καὶ ἡδονῶν ἐμπιμπλᾶσιν. 5) Πολλαὶ πόλεις, αἱ πρὸ τοῦ τῶν ἄλλων ὑπερεῖχον τὸ μὲν μεγέθει τῆς πεζῆς καὶ ναυτικῆς δυνάμεως, τὸ δὲ πλούτῳ καὶ προσόδοις, τὸ δὲ εὐνομίᾳ καὶ καλοκἀγαθίᾳ τῶν πολιτῶν, νῦν μικραὶ φαίνονται ἢ παντάπασιν ἀπολώλασιν. 6) Πολλοὶ τῶν νοσούντων οὐκ ἰατρόν, ἀλλὰ τὸν καὶ τὸν ἐπικαλοῦνται καὶ οὐ τοῖς ἐπιτηδείοις φαρμάκοις χρῶνται, ἀλλὰ τὸ καὶ τὸ ποιοῦσιν. 7) Κλέαρχος ἀνηρώτησε τοὺς ἀγγέλους, τί βούλοιντο· οἱ δ᾽ἔλεγον, ὅτι περὶ σπονδῶν ἥκοιεν· ὁ δ᾽ἀπεκρίνατο· Ἀπαγγέλλετε τοίνυν Ἀρταξέρξῃ, ὅτι πρῶτον μάχης δεῖ. 8) Κύνας τρέφομεν τοὺς μὲν ἐπὶ τῇ τῶν οἰκιῶν φυλακῇ, τοὺς δ᾽ ἐπὶ τῇ τῶν ἀγρίων θηρῶν θήρᾳ, τοὺς δ᾽ἐπὶ τέρψει.

3. Der Artikel ist seiner Bedeutung nach entweder

1. **individualisierend,** indem er einzelne Gegenstände als bestimmte oder bekannte bezeichnet, z. B. „Das Haus des Nachbars ist von Stein". Ἀναγιγνώσκω τὸ βιβλίον. Ἡρακλῆς τὰ δώδεκα ἆθλα ἐτέλεσεν „die (bekannten) zwölf Arbeiten". *Cf.* auch 4.

2. oder **generell,** indem er eine ganze Gattung von Gegenständen bezeichnet, z. B. „Der Mensch ist sterblich". Τὸν βασιλέα δεῖ δίκαιον εἶναι.

Anm. Der Deutsche gebraucht zur Bezeichnung der Gattung oft im Sing. den unbestimmten, im Plur. gar keinen Artikel, z. B. „Ein Feldherr darf nicht tollkühn sein", „Hasen sind feige Tiere". Der Grieche hat diesen Gebrauch selten (niemals bei substantivierten Partizipien und Adjektiven).

4. Der (individualisierende) Artikel bezeichnet im Griechischen einen Gegenstand nicht nur als bekannt, sondern auch als zukommend, erforderlich, notwendig, gebührend, schuldig u. ä. – 1) Der Verräter hat die gebührende Strafe erlitten. 2) Die Soldaten forderten den ihnen zukommenden Sold. 3) Die Reichen kaufen sich mit den erforderlichen Summen von den Gefahren los. 4) Möchte es mir doch gelingen, dem Vaterland den schuldigen Dank abzustatten! 5) Der Feldherr teilte jedem Soldaten den auf ihn fallenden Teil der Beute zu. 6) Der Ankläger erhielt nicht die erforderliche Anzahl von Stimmen und mußte deshalb die gesetzlich bestimmten fünfhundert Drachmen zahlen. 7) Die Feinde litten Mangel an den notwendigen Lebensmitteln.

5. 1) Κῦρος ἀπὸ τοῦ ἅρματος καταπηδήσας τὸν θώρακα ἐνέδυ. Das deutsche Possessivpronomen wird im Griechischen durch den einfachen Artikel übersetzt, wenn es unbetont und eine Unbestimmtheit der Beziehung undenkbar ist. 2) Οἱ Ῥωμαῖοι Φαβρίκιον πρὸς Πύρρον ἀπέστειλαν. Die Personennamen stehen ohne Artikel. Nur wenn von ihnen schon die Rede gewesen ist oder wenn

sie als allbekannt vorausgesetzt werden, nehmen sie den Artikel zu sich; ὁ Σωκράτης heißt demnach entweder „der bekannte" oder „der ebengenannte" Sokrates (*ille*). *Cf.* Κῦρος ἐπέδειξε Λυσάνδρῳ τὸν ἐν Σάρδεσι παράδεισον· ἐπεὶ δὲ ἐθαύμαζεν ὁ Λύσανδρος, λέγεται ἡσθῆναι τὸν Κῦρον. 3) Ἡ Αἴγυπτος εὐδαιμονεστάτη ἦν. Die Namen der Länder und Inseln nehmen gewöhnlich den Artikel zu sich (da sie oft Adjektive sind): ἡ Ἀττική, ἡ Ἑλλάς, ἡ Λυδία, ἡ Φωκίς (*sc.* χώρα), ἡ Λέσβος. 4) Ἡ βασιλέως στρατιὰ ἐν Σαλαμῖνι ἡττήθη. Βασιλεύς in der Bedeutung „Perserkönig" steht in der Regel ohne Artikel; ebenso μέγας βασιλεύς „der Großkönig". Dagegen als Apposition beim Eigennamen heißt es ὁ (τῶν) Περσῶν βασιλεύς. 5) Πυθαγόρας ὁ φιλόσοφος, Σιλανὸς ὁ μάντις, Φίλιππος ὁ τῶν Μακεδόνων βασιλεύς – Ῥώμη ἡ πόλις (= ἡ τῶν Ῥωμαίων πόλις), Σάμος ἡ νῆσος (= ἡ τῶν Σαμίων νῆσος) – ὁ Εὐφράτης ποταμός, ὁ Εὐρώτας ποταμός, ἡ Στὺξ ὁ ποταμός, ἡ Μοῖρις λίμνη – τὸ Πήλιον ὄρος, τὸ Σούνιον ἄκρον oder τὸ Σούνιον ἡ ἄκρα, ἡ Λευκοπέτρα τὸ ἀκρωτήριον oder ἡ Λευκοπέτρα ἄκρα, ὁ Κιθαιρὼν τὸ ὄρος, ὁ Ὄλυμπος τὸ ὄρος, ἡ Αἴτνη τὸ ὄρος, αἱ Ἄλπεις τὸ ὄρος (oder τὰ Ἄλπεια ὄρη). Die Namen der Personen, Städte und Inseln stehen vor der Apposition und zwar regelmäßig ohne Artikel. Die Namen von Flüssen, Seen und Bergen stehen, wenn sie mit ihrem Gattungsnamen (ὁ ποταμός, ἡ λίμνη, τὸ ὄρος, τὸ ἀκρωτήριον, ἡ ἄκρα, τὸ ἄκρον) gleiches Geschlecht haben, wie attributive Adjektive zwischen dem Artikel und dem Gattungsnamen: ὁ Εὐφράτης ποταμός, dagegen wird bei ungleichem Geschlecht der Artikel doppelt gesetzt und der Name nachgestellt: τὸ ὄρος ἡ Ῥοδόπη, seltener umgekehrt: ἡ Ἴδη τὸ ὄρος. Jedoch sagt man natürlich αἱ Κυκλάδες νῆσοι, αἱ Σποράδες νῆσοι, αἱ Λιπάραι νῆσοι u. ä. (Adjektive!) 6) Οἱ φρονιμώτατοι ἄνθρωποι εὐδαιμονέστατοί εἰσιν. Ὅμηρος Ἀγαμέμνονα ποιμένα λαῶν προσαγορεύει. Οἱ Ἕλληνες Ξενοφῶντα στρατηγὸν ἀπέδειξαν. Ἀεὶ κράτιστόν ἐστι τἀληθῆ λέγειν. Ἄνδρα ἀχάριστον εὐεργετεῖν ταὐτό ἐστι καὶ ὄφιν τρέφειν. Das Prädikatsnomen steht ohne Artikel.
Mit Artikel aber stehen
a. ὁ αὐτός, τὸ αὐτό (idem)
  τοὐναντίον das Gegenteil
  τὸ ἕτερον das eine von beiden
b. substantivierte Partizipien und Infinitive
z.B. Ἐγώ εἰμι ὁ ὑμᾶς σῴζων. Ἀθηναῖοι ἦσαν οἱ ἐλευθερώσαντες τὴν

Ἑλλάδα. 7) Οἱ ψιλοὶ ἀμφὶ (oder περί, εἰς) τοὺς δισχιλίους ἐγένοντο. Τῶν νεῶν ὑπὲρ τὰς διακοσίας ἐρράγησαν. Ἀπῆσαν τῶν στατηγῶν δέκα ὄντων οἱ τρεῖς. Τῶν ἱππέων τὰ δύο μέρη ἐζωγρήθη. Bei Kardinalzahlen steht der Artikel, wenn entweder nur eine annähernde Angabe mit den Präpositionen ἀμφί, περί, εἰς, ὑπέρ c. acc. gemacht wird, oder wenn von einem bekannten oder vorher genannten Ganzen ein bestimmter Teil angegeben wird.

6. 1) Bei abstrakten Begriffen, besonders den Namen von Tugenden und Lastern, Fähigkeiten, Wissenschaften und Künsten, fehlt sehr oft der Artikel, vgl. „Not lehrt Beten". 2) Völkernamen stehen bei allgemeiner Bezeichnung sowohl mit als ohne Artikel; auch bei ἄνθρωποι und θεοί fehlt der Artikel oftmals. 3) Ungemein häufig ist die Weglassung des Artikels bei Orts- und Zeitbestimmungen, namentlich in Verbindung mit Präpositionen und in formelhaften Ausdrücken, z. B. ἡμέρας, νυκτός, ἅμ' ἡμέρᾳ, ἅμ' ἕῳ, ἅμ' ἡλίῳ ἀνίσχοντι, μέχρι δείλης, ἀφ' ἑσπέρας, διὰ νυκτός, ἐν δεξιᾷ, ἐν ἀριστερᾷ, κατὰ μέσον, ἐπὶ δόρυ und ἐπ' ἀσπίδα („rechts um" und „links um" in der Soldatensprache), κατὰ γῆν καὶ κατὰ θάλασσαν, κατ' ἀγρούς, ἐπὶ θύραις εἶναι „vor der Tür stehen", παρὰ θάλατταν πορεύεσθαι u. a. Ferner fehlt der Artikel stets bei μέσαι νύκτες „die Mitternacht". 4) Der Artikel darf weggelassen werden bei den persönlichen Namen der Verwandtschaft (πατήρ, μήτηρ, πάππος, γονεῖς, υἱός, ἀδελφός, παῖς, ἀνήρ, γυνή u. a.), bei denen die bestimmte Beziehung von selbst klar ist. 5) Der Artikel fehlt, wenn zwei oder mehrere beigeordnete Substantive zu einer Gesamtheit verbunden werden, wie im Deutschen: Weib und Kind, Haus und Hof, Roß und Reiter u. a.

Anm. Der Artikel kann auch bei denjenigen Gattungsnamen fehlen, die ursprünglich göttliche Wesen bezeichneten (ἥλιος, σελήνη, οὐρανός, χρόνος, ἄστρα, γῆ, θάλασσα, ὧραι, ἄνεμοι u. a.) oder welche nach griechischer Auffassung die Bedeutung von Eigennamen gewonnen hatten (ἀγορά, ἀκρόπολις, ἄστυ „Athen", μεσόγεια, πεδίον, ἀγρός u. a.).

7. 1) Wenn ein Adjektiv einfach die nähere Bestimmung eines Substantivs ausdrückt, so erhält es die **attributive Stellung** zwischen Artikel und Substantiv, z. B. ὁ ἀγαθὸς ἀνήρ „der gute Mann". Soll es noch stärker hervorgehoben werden, so tritt es mit wiederholtem Artikel hinter das Substantiv, z. B. ὁ ἀνὴρ ὁ ἀγαθός „der Mann, und zwar der gute" (unterschieden von ἀνὴρ ὁ ἀγαθός „ein Mann, und zwar der gute"). – Gibt aber ein Adjektiv nicht eine nähere

Bestimmung des Substantivs an, sondern sagt es von demselben etwas aus, so erhält es die **prädikative Stellung** entweder vor dem Artikel oder hinter dem Substantiv, z. B. ἀγαθὸς ὁ ἀνήρ oder ὁ ἀνὴρ ἀγαθός „der Mann, der (oder wenn er, weil er) gut ist, der Mann als ein guter" (*cf.* 13). *Cf.* Οἱ ἀγαθοὶ ἄνδρες σύνεισιν ἀνδράσι τοῖς ἀγαθοῖς. Τὰς ἡδονὰς θήρευε τὰς καλάς. Φιλῶ τὸν μαθητὴν σπουδαῖον. Οἱ στρατιῶται δειλοὶ ἔφυγον. Οἱ Κερκυραῖοι ἐνέπρησαν τὰς σκηνὰς ἐρήμους („weil sie verlassen waren"). Τί διαφέρει ἄνθρωπος ἀκρατὴς θηρίου τοῦ ἀμαθεστάτου; Ἀθάνατον τὴν μνήμην κατέλιπεν. 2) Der **attributive Genitiv** steht in der Regel zwischen dem Artikel und dem Substantiv, z. B. ἡ τοῦ γείτονος οἰκία, oder er wird bei stärkerer Hervorhebung mit Wiederholung des Artikels hinter das Substantiv gesetzt, z. B. ἡ οἰκία ἡ τοῦ γείτονος. Ausnahmen von dieser Regel haben gewöhnlich einen besonderen Grund. So heißt ὁ τῶν Ἀθηναίων δῆμος „das athenische Volk" (im Gegensatz zu andern Völkern), aber ὁ δῆμος τῶν Ἀθηναίων „das athenische Volk" (im Gegensatz zu dem athenischen Senat oder den Adligen oder den Sklaven in Athen). Auch ist es nicht gestattet, den Genitiv zwischen den Artikel und das Substantiv zu stellen, wenn dadurch zwei ganz gleiche Formen des Artikels zusammentreffen würden, man sagt also τοῦ τῆς πόλεως ἄρχοντος, aber nicht τῆς τῆς πόλεως ἀρχῆς.

Anm. 1. Wenn zu einem Substantiv ein Partizipium tritt, so ist zu untersuchen, ob es attributive oder prädikative Kraft habe, im ersten Falle wird es wie ein attributives Adjektiv behandelt, im andern Falle ohne Artikel dem Substantiv nachgesetzt; also heißt „der verwundete Soldat" ὁ τετρωμένος στρατιώτης, aber „der Soldat, wenn (weil, obgleich) er verwundet ist" oder „als er verwundet war" ὁ στρατιώτης τετρωμένος. Vgl. οἱ Πέρσαι ἐν Σαλαμῖνι ἡττηθέντες ἀπέφυγον „die Perser flohen, als sie bei Salamis besiegt waren".

Anm. 2. Wenn zwei oder mehrere Substantive durch καί oder τε-καί miteinander verbunden werden, so wird der Artikel entweder bei jedem wiederholt: alsdann werden die einzelnen Begriffe als für sich bestehend betrachtet, oder sie stehen in einem Gegensatz zueinander; – oder er wird nicht wiederholt: alsdann werden die einzelnen Begriffe als zu einer Gesamtvorstellung verbunden betrachtet. *Cf.* Σωκράτης πάντα ἡγεῖτο θεοὺς εἰδέναι τά τε λεγόμενα καὶ τὰ πραττόμενα καὶ τὰ σιγῇ βουλευόμενα. Πάντα τὰ τῶν Ἀθηναίων πλοῖα καὶ τὰ δημόσια καὶ τὰ ἴδια. Τὸ μεγαλοπρεπές τε καὶ ἐλεύθερον καὶ τὸ ταπεινόν τε καὶ ἀνελεύθερον. Haben die verbundenen Nomina verschiedenes Genus oder verschiedenen Numerus, so wird der Artikel (wie im Deutschen) gewöhnlich wiederholt. – Τε hat seine Stellung nach dem Artikel, wenn auch beim zweiten Nomen der Artikel gesetzt ist; fehlt aber bei diesem der Artikel, so steht τε nach dem ersten Nomen, also: τά τε λεγόμενα καὶ τὰ πραττόμενα; aber τὸ ταπεινόν τε καὶ ἀνελεύθερον.

8. Der partitive Genitiv steht nicht in attributiver, sondern in prädikativer Stellung entweder vor dem Artikel oder hinter dem regierenden Substantive, z. B. Τῶν Ἀθηναίων οἱ γεραίτατοι· τοὺς βελτίστους τῶν πολιτῶν ἀπέκτειναν.

9. 1) Πολλοί „viele", οἱ πολλοί „die breite Masse, Menge" (*plebs*) od. „die meisten" (im Gegensatz zu einzelnen), τὸ πολύ „der größte Teil"; πλείονες „zahlreichere, mehrere", οἱ πλείονες „die Mehrzahl, Majorität", πλεῖστοι, „sehr viele", οἱ πλεῖστοι die meisten; ἄλλοι „andere" (*alii*), οἱ ἄλλοι „die anderen, übrigen" (*ceteri*); ἄλλος *alius*, ὁ ἄλλος *reliquus* (z. B. ἡ ἄλλη Ἑλλάς *reliqua Graecia*); ὀλίγοι „wenige", οἱ ὀλίγοι „die wenigen, die Oligarchen" Gegensatz: οἱ πολλοί.
2) Die Adjektiva ἄκρος, μέσος, ἔσχατος, μόνος haben verschiedene Bedeutung, je nachdem sie attributiv oder prädikativ gestellt sind:

a. τὸ ἄκρον ὄρος „der hohe (spitze) Berg";	τὸ ὄρος ἄκρον ⎫ ἄκρον τὸ ὄρος ⎭	„die Spitze des Berges"
b. ἡ μέση νῆσος „die mittlere, d. h. in der Mitte zwischen andern liegende Insel";	ἡ νῆσος μέση ⎫ μέση ἡ νῆσος ⎭	„die Mitte der Insel".
c. ἡ ἐσχάτη ὕλη „der äußerste (d. h. entlegenste) Wald";	ἡ ὕλη ἐσχάτη ⎫ ἐσχάτη ἡ ὕλη ⎭	„das Ende, der Hintergrund, Saum des Waldes".
d. ὁ μόνος παῖς „der einzige Sohn";	ὁ παῖς μόνος ⎫ μόνος ὁ παῖς ⎭	„der Sohn allein, nur der Sohn".

3) ὁ βασιλεὺς αὐτός „der König selbst", *rex ipse*; ὁ αὐτὸς βασιλεύς „derselbe König", *idem rex*. 4) ἑκάστη πόλις „jede Stadt"; ἑκάστη ἡ πόλις „jede einzelne Stadt". 5) πᾶσαι αἱ πόλεις oder αἱ πόλεις πᾶσαι „alle Städte", *toutes les villes;* αἱ πᾶσαι πόλεις „die gesamten Städte, die Städte zusammengenommen"; πᾶσαι πόλεις „ganze Städte", *des villes entières.* Πᾶς (ἅπας) und ὅλος haben folgende Stellungen und Bedeutungen:
πᾶσα πόλις „eine ganze Stadt" (= ὅλη πόλις) oder „jede (beliebige) Stadt"; ἐν πάσῃ ἀναρχίᾳ ζῆν „in jeder (= völliger, lauter) Zügellosigkeit leben";
πᾶσα ἡ πόλις oder ἡ πόλις πᾶσα „die ganze Stadt" (= ὅλη ἡ πόλις oder ἡ πόλις ὅλη);

94

ἡ πᾶσα πόλις (= ἡ ὅλη πόλις) „die gesamte Stadt, die Stadt im ganzen" (im Gegensatz zu den einzelnen Teilen der Stadt); ὁ πᾶς ἀριθμός „die Gesamtzahl"; ὁ πᾶς αἰών „die gesamte Ewigkeit";

πᾶσαι πόλεις „ganze Städte" (= ὅλαι πόλεις) oder „alle (denkbaren) Städte";

πᾶσαι αἱ πόλεις „alle (genannten oder in Rede stehenden) Städte"; αἱ πᾶσαι πόλεις „die gesamten Städte, der Städtebund"; οἱ πάντες ἄνθρωποι „die gesamte Menschheit".

Anm. Bei Zahlenangaben heißt οἱ πάντες „im ganzen"; ἑξακόσιοι οἱ πάντες ἱππεῖς.

10. 1) Διὰ τούτου (τοῦδε) τοῦ ἄλσους, περὶ ἐκεῖνο τὸ στρατόπεδον. Bei den Demonstrativpronominen (οὗτος, ὅδε, ἐκεῖνος) steht das Nomen mit dem Artikel (prädikative Stellung!). 2) Ἀμφότεραι αἱ χεῖρες oder ἄμφω τὼ χεῖρε· ἐν ἑκατέρᾳ τῇ κώμῃ. Bei ἀμφότεροι, ἄμφω und ἑκάτερος steht das Nomen stets mit dem Artikel (prädikative Stellung!), und zwar darf bei ἄμφω nur der Dual gebraucht werden. 3) Entweder τοιοῦτος στρατηγός, τοσοῦτος ἀριθμός oder ὁ τοιοῦτος στρατηγός, ὁ τοσοῦτος ἀριθμός. Bei τοιοῦτος (τοιόσδε), τοσοῦτος (τοσόσδε), τηλικοῦτος (τηλικόσδε) steht der Artikel (und zwar in attributiver Stellung) nur dann bei dem Nomen, wenn sie auf ein bestimmtes (im vorhergehenden beschriebenes oder im folgenden näher zu beschreibendes) Nomen hinweisen oder das Nomen als Repräsentant der ganzen Gattung bezeichnet werden soll. Also heißt τοιοῦτος στρατηγός „(irgend)ein Feldherr dieser Art"; aber ὁ τοιοῦτος στρατηγός entweder „der so beschaffene Feldherr" (der bereits erwähnt worden ist oder im folgenden näher bezeichnet werden wird) oder „jeder so beschaffene Feldherr". 4) Ἐγὼ ὁ τλήμων, ἡμεῖς οἱ μαθηταί, ὑμεῖς οἱ ξένοι. Bei der zu einem Personalpronomen hinzugefügten Apposition steht der Artikel, z. B. Χαίρω ἀκούων ὑμῶν τῶν σοφῶν. 5) Πάντες οἱ λέοντες· πᾶς (oder ἕκαστος) ἰατρός· ὁ πᾶς ἀριθμός· οἱ πάντες ἄνθρωποι*)· πᾶν χρυσίον· ἐν πάσῃ ἀνομίᾳ ζῆν. 6) Ὁ ἐμὸς πάππος oder ὁ πάππος μου· αἱ ὑμέτεραι ἀδελφαί oder αἱ ἀδελφαὶ ὑμῶν· οἱ ξυγγενεῖς αὐτοῦ. Die deutschen Possessivpronomina erfordern im Griechischen, mögen sie durch die entsprechenden Possessivpronomina (attributive Stellung) oder durch den Genitiv der Personalprono-

---

*) aber πάντες ἄνθρωποι „alle Leute, alle Welt".

mina (prädikative Stellung) übersetzt werden, die Hinzufügung des Artikels zu dem Nomen. Auch die possessiven Genitive der *Pronomina reflexiva* und *demonstrativa* sowie das reziproke Pronomen ἀλλήλων verlangen den Artikel (attributive Stellung):

τὸν ἐμαυτοῦ πάππον, τὸν πάππον τὸν ἐμαυτοῦ,
ὁ ἐκείνου ἀδελφός.
ἐν τῇ ἀλλήλων χώρᾳ εἶναι.

11. Durch den Artikel erhalten **Adverbien**, wenn sie (attributiv) zwischen dem Artikel und einem Substantiv stehen, die Bedeutung **attributiver Adjektive**, z. B. οἱ νῦν ἄνθρωποι „die jetzigen Menschen", τὰ ἐνθάδε πράγματα „die hiesigen Verhältnisse". Vergl. Οὐδὲν δίκαιόν ἐστιν ἐν τῷ νῦν γένει. Ῥᾳθυμία τὴν παραυτίκα ἡδονὴν λαβοῦσα λύπας τῷ χρόνῳ τίκτειν φιλεῖ. – 1) Ἡ ἄγαν ἐλευθερία. 2) ἡ παραυτίκα ἡδονή. 3) οἱ ἐνθάδε νόμοι. 4) αἱ πρὶν (oder πρὸ τοῦ, πάλαι) ἐκκλησίαι. 5) τὰ πλησίον ἔθνη. 6) τὰ ἔξω πράγματα. 7) οἱ πάλαι Ῥωμαῖοι. 8) Ὁ εἰσαεὶ χρόνος. 9) Ὁ μεταξὺ χρόνος. 10) Αἱ ἀεὶ ἀρχαί. 11) ἡ ἄνω καὶ ἡ κάτω πόλις. 12) ὁ ἀληθῶς (oder ὄντως) φιλόσοφος *vere philosophus;* ὁ γνησίως Ῥωμαῖος· ὁ πάνυ κυβερνήτης.

12. Ein **präpositionaler Ausdruck** erhält, wenn er zwischen dem Artikel und einem Substantive steht, die Kraft eines **attributiven Genitivs oder Adjektivs**, z. B. αἱ ἄνευ λυπῶν ἡδοναί „die schmerzlose Lust", ἡ καθ' ἡμέραν τροφή „die tägliche Nahrung". Ferner steht oft der Artikel (οἱ, τό, τά) allein teils mit einem attributiven Genitive, teils mit einem Präpositionalausdrucke, teils mit einem Adverb; dabei sind im Deutschen Substantiva „Leute, Begleiter, Anhänger, Umgebung", „Angelegenheiten, Verhältnisse, Ereignisse, Begebenheiten, Geschichte, Zustand, Lage, Eigentümlichkeit" u. a. zu ergänzen z. B. οἱ πέλας oder οἱ πλησίον „die Nebenmenschen, Nächsten", οἱ νῦν, οἱ τότε, οἱ πάλαι; τὰ οἴκοι „die heimischen Verhältnisse", τὰ ἐνθάδε, „die hiesigen Zustände", τὰ πρότερον „die früheren Ereignisse" u. a. 1) Τὰ τῶν Θεσσαλῶν, τὰ τῶν Κορινθίων oder τὰ ἐν Κορίνθῳ. 2) Τὰ τῆς πόλεως, τὰ τῆς φύσεως oder τὰ κατὰ φύσιν, τὰ τῆς τύχης. 3) Τὰ ἐπὶ τῇ θαλάττῃ oder τὰ παρὰ τὴν θάλατταν, τὰ παρὰ τὸν Εὐφράτην ποταμόν. 4) Τὰ τῶν ζῴων, τὰ τῶν μελιττῶν, τὰ τῆς ἐλευθερίας. 5) Τὰ ἐν Ἅιδου oder τὰ ὑπὸ γῆς, τὰ νῦν, τὰ πρότερον, τὰ μετὰ ταῦτα. 6) Οἱ περὶ (oder ἀμφὶ) Κῦρον oder οἱ μετὰ Κύρου, οἱ σὺν Ξέρξῃ oder οἱ περὶ Ξέρξην. 7) Οἱ ἀπὸ Πλάτωνος, οἱ ἀπὸ Ζήνωνος oder οἱ ἀμφὶ Ζήνωνα. 8) Οἱ μετὰ Λεωνίδου τριακόσιοι. 9) Οἱ κατὰ Περικλέα, οἱ ἀπὸ (oder ἐκ) Περσέως. 10) Αἱ ἐν ἀκροπόλει ἐλαῖαι, τὰ ὑπὸ γῆς ζῷα. 11) Αἱ ἐπὶ τῇ θαλάττῃ πόλεις, τὸ ἐξ οὐρανοῦ ὕδωρ. 12) Οἱ ἀπ' ἄρκτου ἄνεμοι, αἱ παρὰ τῶν Καρχηδονίων ἐπιστολαί. 13) Αἱ παρὰ Σκύθαις θυσίαι, οἱ ἐν Ἅιδου ποταμοί.

13. 1) Οἱ ὑπὸ τοῦ ἡλίου καταλαμπόμενοι τὰ χρώματα μελάντερα ἔχουσιν. 2) Τὸν βίον ἡδὺν ἕξεις, ἐὰν χρηστοὺς φίλους κεκτῇ. 3) Ὦ δικασταί, ἐὰν νῦν τὴν ψῆφον δικαίαν θῆσθε, οὐ μόνον παρὰ τῶν νῦν ἀνθρώπων ἐπαίνου καὶ τιμῆς τεύξεσθε, ἀλλὰ καὶ τοῖς ἔπειτα τὴν δόξαν ἀθάνατον καταλείψεσθε. 4) Κροῖσος, ὁ τῶν Λυδῶν βασιλεύς, τὴν δύναμιν ἀνίκητον καὶ τὰ χρήματα ἀναρίθμητα κεκτῆσθαι ἐνόμιζεν. 5) Ἐπεὶ ἡ φύσις ἡμῖν τὸ σῶμα θνητὸν ἔδωκε, τῆς ψυχῆς ἀθάνατον τὴν μνήμην καταλείπειν χρὴ πειρᾶσθαι. 6) Τῷ τὰς χεῖρας καθαρὰς καὶ τὸν νοῦν μέτριον ἔχοντι τοῖς τῶν θεῶν βωμοῖς προσιέναι ἔξεστι, κἂν τὴν θυσίαν προσφέρῃ μικράν. 7) Οὗτος ὁ μάρτυς ψευδεῖς τοὺς λόγους ποιησάμενος φαίνεται. 8) Ἡ τῶν ἐναντίων δειλία τὴν νίκην ἄπονον ἡμῖν τοῖς Ἕλλησι παρέσχετο. 9) Ὁ τῶν Περσῶν πρὸς τοὺς Ἕλληνας πόλεμος δυοῖν ναυμαχίαιν καὶ πεζομαχίαιν ταχεῖαν τὴν κρίσιν ἔσχεν. 10) Ὁ δίκαιος, κἂν πένης ᾖ κτημάτων, ὅμως τὸν βίον εὐθυμότερον διάγει τοῦ ἀδίκου, ὃς πάντων τῶν ἀγαθῶν πλούσιός ἐστιν. 11) Ἀρταξέρξης ὁ Ξέρξου ἐπεκαλεῖτο Μακρόχειρ τὴν ἑτέραν χεῖρα ἔχων μακροτέραν. 12) Διογένης ἐλθὼν εἰς Μύνδον, ἐπεὶ τὰς μὲν πύλας ἐθεάσατο μεγάλας, τὴν δὲ πόλιν μικράν, εἶπεν· ὦ ἄνδρες Μύνδιοι, κλείσατε τὰς θύρας, ἵνα μὴ ἡ πόλις ὑμῶν ἐξέλθῃ. 13) Βεβαίαν τὴν πίστιν ἔχω ἐκ τοῦ πολέμου τὴν εἰρήνην καλὴν καὶ μενετὴν ἔσεσθαι.

14. 1) Adjektive und Partizipien können durch den Artikel zu Substantiven erhoben werden. 2) Durch den sächlichen Artikel τό erhalten die Infinitive, sowie jedes beliebige einzelne Wort, z. B. Adverbia, ja sogar ganze Sätze die Geltung von Substantiven. 3) Vor einem einzelnen Worte stehend hat τό oft die Bedeutung „das Wort, der Begriff, der Ausdruck", vor einem Satze stehend die Bedeutung „der Ausspruch, die Äußerung, das Sprichwort" u. a. (lat. *illud*). Auch vor einzelnen Buchstaben kommt τό gelegentlich vor.

15. Τὸ ἀληθές, τὸ συμφέρον, τὸ αἰσχρόν sind abstrakte (moralische oder philosophische) Begriffe. Dagegen hat der Plural τὰ ἀληθῆ, τὰ συμφέροντα, τὰ αἰσχρά konkrete Bedeutung; er bezeichnet mehrere Einzelheiten, verschiedene Arten oder Erscheinungen des Wahren, Nützlichen und Schädlichen, auch solche Handlungen. Demnach heißt τὸ καλόν „das Schöne als Idee, der Begriff des Schönen, die Schönheit", aber τὰ καλά „die Dinge, welche schön sind"; τὸ ἐν ἀνθρώποις κακόν „die Bosheit unter den Menschen", aber τὰ ἐν ἀνθρώποις κακά „die Leiden der Welt"; τὸ θεῖον „die Gottheit", aber τὰ θεῖα „die überirdischen Dinge"; τὸ εὐτυχές „das Glück", τὸ κοινόν „das Gemeinwesen", τὸ βαρβαρικόν „das Barbarentum" u. a. Aber τὰ ἱερά „die Opfer"; τὰ δίκαια ἀεὶ πράττειν, τὰ ἔχθιστα μηχανᾶσθαι, τὰ ἀνόσια στυγεῖν usw. 1) Τὰ μὲν ἀγαθὰ καὶ καλά ἐστι, τὰ δὲ καλὰ οὐκ ἀεὶ ἀγαθά. 2) Οἱ ποιηταὶ περὶ τῶν ἐν Ἅιδου πολλὰ παράδοξα γεγράφασιν. 3) Οἱ ἀδολέσχαι τῷ συνεχῶς λαλεῖν τὸ ἡδὺ τῆς ὁμιλίας ἀποβάλλουσιν. 4) Ὁ τὰ δίκαια μὲν ἀεὶ πράττων, τὰ δ᾽ ἄδικα στυγῶν δικαίως ἂν καλὸς κἀγαθὸς νομίζοιτο.

16. 1) Οἱ Λακεδαιμόνιοι προεῖπον τὸν βουλόμενον (cf. 176, 2 b) εἰς Σφακτηρίαν τὴν νῆσον εἰσάγειν σῖτον καὶ οἶνον καὶ τυρὸν καὶ ἄλλα βρώματα. 2) Οἱ Ἀθηναῖοι ἀμφὶ τοὺς μυρίους οἰκήτορας ἐπὶ τὸν Στρυμόνα ποταμὸν πέμψαντες ἐκράτησαν τῶν τότε καλουμένων Ἐννέα ὁδῶν. (Cf. 176, Anm. 1.) 3) Ἄνθρωπός τις (cf. 116) ὑπὸ κυνὸς δηχθεὶς ἐζήτει τὸν ἀκεσόμενον· ἐντυχὼν δὲ συνήθης τις εἶπεν· ἐὰν τοὺς κύνας φυλάττεσθαι βούλῃ, ἄρτον αὐτοῖς δίδου. 4) Οἱ ἐκ τῶν αὐτῶν γονέων φύντες καὶ ἐν τῇ αὐτῇ οἰκίᾳ αὐξηθέντες καὶ ὑπὸ τῶν αὐτῶν γονέων ἀγαπώμενοι, οὗτοι δὴ πάντων οἰκειότατοί εἰσιν. 5) Οἱ ὄνυχες ἐν τοῖς δακτύλοις ἄκροις εἰσίν. 6) Μίλων, ὁ ἐκ Κρότωνος ἀθλητής, ταῦρον ἀράμενος διὰ μέσου τοῦ σταδίου ἔφερεν. 7) Οὐδεὶς τῶν ἀνθρώπων οἷός τέ ἐστι λογίζεσθαι, εἰ χαιρήσει εἰς τὸν ἔπειτα χρόνον· οἱ γὰρ θεοὶ μόνοι τὰ ἐπιόντα προορῶσιν. 8) Ἀμφότεροι οἱ ποταμοὶ τὰς πηγὰς ἔχουσιν ἐν τῷ Νυμφῶν καλουμένῳ ἄντρῳ καὶ ἐκ τοῦ λόφου ἄκρου παρ᾽ ἐσχάτην τὴν ὕλην καταρρέουσιν. 9) Οὐ μόνον Λεωνίδας, ἀλλὰ καὶ πάντες οἱ μετ᾽ αὐτοῦ ἐν Θερμοπύλαις ἀπέθανον τοῖς τῆς πατρίδος νόμοις πειθόμενοι. 10) Οἱ περὶ Λεωνίδαν τριακόσιοι τῷ ἀναριθμήτῳ βασιλέως στρατῷ διαμάχεσθαι ἐτόλμησαν· οἱ τοιοῦτοι δήπου ἄνδρες δικαιότατα ὑπὸ πάντων ἀνθρώπων θαυμάζονται. 11) Οἱ Ἕλληνες τῷ „Μηδὲν ἄγαν" ἐχρῶντο προτρέποντες μετρίων ἐπιθυμεῖν. 12) Ὁ θεὸς ἡμῖν τὰ ὀφειλήματα ἡμῶν ἀφίησιν, ὡς καὶ ἡμεῖς τοῖς ἡμετέροις ὀφειλέταις ἀφίεμεν. 13) Ὅτε Χῖοί ποτε χορὸν ἑκατὸν νεανιῶν εἰς Δελφοὺς ἔστειλαν, οἱ δύο μόνοι τούτων αὐτοῖς ἐπανῆλθον, τοὺς δ᾽ ἐνενήκοντα καὶ ὀκτὼ λοιμὸς καταλαβὼν διέφθειρεν. 14) Τοῖς πλείοσι τῶν βουλευτῶν ἔδοξε τοὺς τῶν πρέσβεων λόγους μὴ δέξασθαι, ἀλλὰ κελεῦσαι αὐτοὺς μέχρι δείλης (oder εἰς ἑσπέραν) ἔξω τῶν τῆς χώρας ὅρων γίγνεσθαι. 15) Κικέρων ἐπεὶ τὴν Κατιλίνα συνωμοσίαν

ἐξευρὼν τὴν πόλιν τοῦ μεγίστου κινδύνου ἠλευθέρωσεν, ὑπὸ τῆς συγκλήτου πατὴρ τῆς πατρίδος προσηγορεύθη. 16) Πέπεισο τοὺς αὐτοὺς ἀνθρώπους περὶ τῶν αὐτῶν μὴ ἀεὶ τὰ αὐτὰ κρίνειν. 17) Οἱ ἄνεμοι αὐτοὶ μὲν οὐχ ὁρῶνται, ἃ δὲ ποιοῦσι, πᾶσι φανερά ἐστιν. 18) Ἐν Δήλῳ, τῇ μέσῃ τῶν Κυκλάδων νήσων, ὁ Κύνθος τὸ ὄρος ἦν καὶ ἐκεῖνος ὁ φοῖνιξ, ὑφ' ᾧ Λητὼ ἡ θεὰ Ἀπόλλωνα καὶ Ἄρτεμιν τεκεῖν ἐλέγετο. 19) Θαλῆν οἱ τότε ἐθαύμασαν ἐπὶ τῷ ἡλίου ἔκλειψιν προειπεῖν. 20) Τοὺς Σῆρας ἱστοροῦσιν εἰς τὰ τριακόσια ἔτη ζῆν καὶ τοὺς Χαλδαίους ὑπὲρ τὰ ἑκατὸν ἔτη. 21) Οὐ τοσοῦτον ἡμῖν φροντιστέον ἐστίν, ἃ οἱ πολλοὶ ἡμᾶς ἐροῦσιν, ἀλλ' ἃ οἱ τὰ δίκαια καὶ τὰ ἄδικα ἐπιστάμενοι. 22) Καλόν ἐστι τόδε Πυθαγορείου τινὸς φιλοσόφου· σωφροσύνη ῥώμη ψυχῆς, φῶς γάρ ἐστι ψυχῆς ἀπαθοῦς. 23) Ποσειδῶν τῇ τριαίνῃ λέγεται πλῆξαι τὴν γῆν, ὥστε κατὰ μέσην τὴν ἀκρόπολιν κρήνην γενέσθαι, ἣν οἱ Ἀθηναῖοι Ἐρεχθηίδα θάλατταν ἐκάλουν. 24) Κάτων γέροντι πονηρῷ ἔλεξε· Τί, ἄνθρωπε, τῷ γήρᾳ πολλὰ κακὰ ἔχοντι τὴν ἐκ πονηρίας αἰσχύνην προστίθης; 25) Ἄλκηστις ἡ Πελίου μόνη ὑπὲρ τοῦ ἀνδρὸς ἀποθανεῖν ἤθελε πατρὸς καὶ μητρὸς αὐτῷ ὄντων. 26) Οἱ Ἕλληνες μυθολογοῦσιν ἀπὸ Δευκαλίωνος, τοῦ Προμηθέως υἱοῦ, γεγονέναι τοὺς νῦν ἀνθρώπους. 27) Ἐν ἑκάστῳ σκάφει τρεῖς ἦσαν ἄνδρες, ὧν οἱ μὲν δύο (cf. 5, 7) ἐξέβησαν, ὁ δὲ εἷς ἐνέμενεν. 28) Σωκράτης ἔλεγεν· εἰ τὰ παρὰ τῶν πονηρῶν τοῖς θεοῖς μᾶλλον κεχαρισμένα ἦν ἢ τὰ παρὰ τῶν χρηστῶν, οὐκ ἂν ἄξιον ἦν ἀνθρώποις τὸ ζῆν. 29) Κῦρος, ὁ Περσῶν βασιλεύς, τὴν Κροίσου ἀρχὴν καθελὼν τὰς ἐντὸς τοῦ Ἅλυος ποταμοῦ χώρας κατεστρέψατο. 30) Τῶν ἑκατὸν νεῶν, ἃς οἱ Ἀθηναῖοι ἔστειλαν, αἱ μὲν ἑξήκοντα (cf. 5, 7) ταχεῖαι, αἱ δὲ τεσσαράκοντα στρατιώτιδες ἦσαν. Οἱ Λακεδαιμόνιοι Πελοποννήσου τῶν πέντε μερῶν τὰ δύο ἐνέμοντο. 31) Οἱ ἐν πάσῃ ἀνομίᾳ βιοτεύοντες ῥᾳδίως εἰς πᾶσαν τόλμαν προτρέπονται. 32) Τῶν περὶ Ἀσδρούβαν οἱ μὲν ἐν ἐκείνῃ μάχῃ ἔπεσον, οἱ δὲ τῇ αὐτῇ ἡμέρᾳ ἑσπέρας ἐζωγρήθησαν. 33) Τὸ πρῶτον οἱ πλείονες τῶν ὀλίγων τῇ μετριότητι οὐ μόνον τοῖς ἐν ἄστει, ἀλλὰ καὶ τοῖς κατ' ἀγροὺς ἤρεσκον. 34) Ὀδυσσεὺς εἰς Ἅιδου κατέβη ὡς τὴν Τειρεσίου τοῦ μάντεως ψυχὴν ἐπὶ τῇ οἴκαδε ἐπανόδῳ ἐπερωτήσων. 35) Σόλων τὴν ἐν Ἀρείῳ πάγῳ βουλὴν ἐκ τῶν κατ' ἐνιαυτὸν ἀρχόντων συνέστησεν. 36) Βασιλεὺς τῶν πάντων ἀνθρώπων κύριος εἶναι ἔφασκεν ἀφ' ἡλίου ἀνίσχοντος εἰς ἥλιον δυόμενον. 37) Ὑμεῖς οἱ βάρβαροι οὔτε τὰ τῆς ἐλευθερίας ἴστε οὔτε τοῖς νῦν τὰ ὕστερον τεκμήρασθαι ἱκανοί ἐστε. 38) Οὐχ οἱ πολλοί, ἀλλὰ μόνος ὁ βασιλεὺς τὰ τῆς πόλεως καὶ τὰ τοῦ πολέμου (oder τὰ κατὰ πόλεμον oder τὰ πολεμικὰ) διοικείτω.

II. SYNTAXIS CONGRUENTIAE SIVE CONVENIENTIAE

Fast durchwegs Übereinstimmung mit dem Lateinischen.

17. 1) Das *Verbum finitum* stimmt mit dem Subjekt in Person und Numerus überein. (Über das Verbum im Plural bei einem Subjekt im Dual *cf.* § 22.) 2) Das prädikative Adjektiv stimmt mit dem Subjekt in Genus, Numerus und Kasus überein, ebenso wie das attributive Adjektiv mit seinem Substantiv. 3) Ist ein Subjekt ein Neutrum Pluralis, so steht das Verbum (nicht aber ein prädikatives Adjektiv) im Singular. *Cf.* jedoch § 25,6. 4) Ist das Prädikatsnomen ein Substantiv, so stimmt dieses, falls es nur einer einzigen Grundform fähig ist, nur im Kasus mit dem Subjekt überein; ist es jedoch ein *Substantivum mobile*, so stimmt es auch im Genus und Numerus mit dem Subjekt überein. 5) Wenn zwei oder mehrere Subjekte vorhanden sind, so steht das Prädikat im Plural. 6) Sind die Subjekte lebende Wesen von gleichem Geschlecht, so steht das prädikative Adjektiv in demselben Geschlecht und zwar im Plural; sind sie von verschiedenem Geschlecht, so geht das männliche Geschlecht dem weiblichen und sächlichen, sowie das weibliche dem sächlichen vor. 7) Sind die Subjekte Sachnamen, so steht, falls sie gleiches Geschlecht haben, das Prädikatsadjektiv entweder in demselben Geschlechte oder noch häufiger im Neutrum Plur.; haben sie aber verschiedenes Geschlecht, so steht das Adjektiv im Neutrum Plur. 8) Bei der seltenen Verbindung lebender und lebloser Wesen wird, wenn beide Subjekte handelnd gedacht werden, das Prädikat in den Plural gesetzt und zwar mit dem Geschlechte des lebenden Wesens; sonst wird das Neutrum Plur. gesetzt, indem beide als Dinge oder Gegenstände gedacht werden. 9) Gehören die Subjekte verschiedenen Personen an, so steht das Prädikat im Plural, wobei die 1. Person den Vorrang vor der 2. und 3., und die 2. vor der 3. hat. 10) Wenn im Deutschen das Neutrum eines demonstrativen, interrogativen oder relativen Pronomens auf ein folgendes Prädikatsnomen hinweist, so stimmt es mit diesem regelmäßig in allen Stücken überein. *Cf.* im Lateinischen: *Haec est nobilis ad Trasumennum pugna. Quae est tristitiae tuae causa? Cf.* jedoch § 24,7. 11) Die Apposition steht mit dem Substantiv, zu welchem sie gehört, in demselben Kasus und, falls sie ein *Substantivum mobile* ist, auch in demselben Numerus und Genus. 12) Wenn zu einem Possessivpronomen eine Apposition tritt, so steht diese im Genitiv, weil das Possessivpronomen selbst den Genitiv des Personalpronomens vertritt. *Cf.* auch: Θαυμάζω τὴν σὴν ἀνδρείαν ἀναβαίνοντος ἐπὶ τὸ βῆμα. Ἄπιτε ἐπὶ τὰ ὑμέτερα αὐτῶν.

18. Das Subjekt wird in der Regel durch ein Substantiv ausgedrückt; es kann aber auch ein Pronomen, Adjektiv, Partizip, Infinitiv oder ein mittels des vorgesetzten Artikels zum Substantiv erhobenes Indeklinabile, ja selbst ein ganzer Satz Subjekt sein, z. B. Ὁ ὄρνις ᾄδει. Ἡ μέθη μικρὰ μανία ἐστίν. Ἡμεῖς ἀναίτιοί ἐσμεν. Ὁ σοφὸς εὐδαίμων ἐστίν. Οἱ ψευδόμενοι μισοῦνται. Τὸ ἄλλοις μέμφεσθαι ῥᾴδιόν ἐστιν. Τὸ σὺν πρόθεσίς ἐστιν. Οἱ τότε ἀνδρεῖοι ἦσαν. Τὸ γνῶθι σαυτὸν περιβόητόν ἐστιν. Ὃν οἱ θεοὶ φιλοῦσιν, ἀποθνήσκει νέος. – Das Subjekt wird im Griechischen nicht besonders ausgedrückt: 1) wenn es ein unbetontes persönliches Pronomen ist, z. B. γράφω, γράφετε; 2) bei der 3. Person Plur. in Ausdrücken, wie φασί, λέγουσι, νομίζουσι, οἴονται u. a., bei welchen οἱ ἄνθρωποι zu ergänzen ist (*cf. dicunt, ferunt* „man sagt"); 3) wenn der Verbalbegriff des Prädikats von der Art ist, daß er einer bestimmten Person ausschließlich zukommt und demnach das Subjekt gewissermaßen schon in sich schließt, z. B. ἀστράπτει, βροντᾷ, νίφει, σείει, ὕει, χειμάζει (*sc.* Ζεύς), ἐσάλπιγξε (*sc.* ὁ σαλπιγκτής) „es wurde ein Trompetensignal gegeben", ἐκήρυξε (*sc.* ὁ κῆρυξ) „es wurde bekannt gemacht, man ließ öffentlich ausrufen", ἐσήμηνε τῷ κέρατι „es wurde ein Hornsignal gegeben", ἀναγνώσεται τὰς μαρτυρίας (*sc.* ὁ γραμματεύς) u. a.; 4) bei Zeitangaben, wie ἤδη ἦν ἀμφὶ ἡλίου δυσμάς, ἦν ἀμφὶ ἀγορὰν πλήθουσαν (*sc.* ἡ ἡμέρα).

Anm. Das Subjekt steht in der Regel im Nominativ; aber bei ungefähren Zahlenbestimmungen wird dasselbe durch die Präpositionen εἰς, περί, ἀμφί, ὑπέρ mit dem Acc. (*cf.* 5, 7) und bei distributiven Zahlbestimmungen durch κατά *c. acc.* ausgedrückt, also: Εἰς διακοσίους ζῷοι ἐλήφθησαν. Περὶ τοὺς δισχιλίους ἀνθρώπους ἐξέρχονται. Καθ᾽ ἕνα *singuli*, κατὰ δύο *bini*, κατὰ ἔθνη *singulae gentes*.

19. Die Kopula ἐστίν und εἰσίν fällt weg besonders in Sprichwörtern, Sentenzen, kurzen, scharf markierten Gegensätzen, rhetorischen Fragen, affektvollen Ausrufen und in Sätzen, deren Prädikat ein Adiectivum verbale auf τέος oder ein Begriff der Notwendigkeit, Pflicht, Möglichkeit und Bereitwilligkeit ist (wie ἀνάγκη, θέμις,

χρεών, καιρός, ὥρα, εἰκός, ῥᾴδιον, οἷόν τε, χαλεπόν, ἄξιον, δίκαιον, δῆλον u. dergl.). *Cf.* Βραχεῖα τέρψις ἡδονῆς κακῆς. Ἡμῖν ὑπὲρ τῆς ἐλευθερίας ἀγωνιστέον. Ἀλλ᾽ ἤδη ὥρα ἀπιέναι. Ἀτιμίαν ἀνδρείως φέρειν ἀνάγκη. Χαλεπὸν τὸ ποιεῖν, τὸ δὲ κελεῦσαι ῥᾴδιον. Οὐδὲν εἰκὸς τοὺς χείρους τῶν βελτιόνων ἄρχειν. Κρεῖττον εἰς κόρακας ἢ εἰς κόλακας ἐμπεσεῖν.

20. Εἶναι heißt dann **Verbum substantivum,** wenn es nicht als einfache Kopula die Bedeutung „sein" hat, sondern ein selbständiges (konkretes) Verbum in der Bedeutung „dasein, vorhanden sein, leben, sich befinden, sich verhalten, liegen, verweilen" etc. ist, z.B. Ἔστι θεός „es gibt einen Gott". Τοῦτο τὸ βιβλίον περὶ τοῦ γήρως ἐστίν („handelt"). Ὅμηρος πολὺ πρότερον ἦν („lebte") ἢ Ῥώμη ἐκτίσθη. Ἐγὼ ἦν ποτε, ἀλλὰ νῦν οὐκ εἴμ᾽ ἔτι. – Außerdem kann εἶναι auch mit Adverbien verbunden werden, z.B. Τοῖς αἰχμαλώτοις κακῶς ἦν („erging es schlecht"), ἐὰν θεὸς θέλῃ, καλῶς ἔσται („es wird gut gehen"), ἐγγὺς ἦσαν οἱ πολέμιοι. – In ähnlicher Weise wird auch γίγνεσθαι mit Adverbien verbunden, z.B. καλῶς γίγνεται „es geht gut", κακῶς γεγονέναι „von niedriger Herkunft sein", καλῶς γεγενῆσθαι „von vornehmer Abkunft sein" ἐγγύτερον γίγνεσθαι „näher kommen".

21. Das unbestimmte Pronomen „**man**" wird griechisch ausgedrückt: 1) am häufigsten durch τις, z.B. Λέγοι τις ἄν *dicat quispiam* „man könnte sagen". Ἀρετή, καὶ ἐὰν ἀποθάνῃ τις, οὐκ ἀπόλλυται. Μισεῖ τις Φίλιππον καὶ δέδιε man (= gar mancher) haßt und fürchtet Philipp. 2) durch die 3. Pers. Plur. Akt., besonders bei den Verben des Sagens und Nennens (*cf.* 18,2); 3) durch Umwandlung in die passive Konstruktion, z.B. ἐπαινοῦμαι „man lobt mich"; οἱ κολακεύοντες μισοῦνται „man haßt die Schmeichler". 4) durch die 1. Pers. Plur., wenn der Sprechende sich selbst mit einschließt und den Gedanken auch als sein Urteil, sein Gefühl, seine Erfahrung hinstellt, z.B. Ῥᾳδίως μισοῦμεν, ὅντινα ἂν φοβώμεθα. Φυλακτέον ἐστίν, μὴ τὰ ὦτα παρέχωμεν τοῖς κολακεύουσιν. 5) durch die 2. Pers. Sing. des *Opt.* mit ἄν (Potentialis der Gegenwart, *cf.* 138, 1 b) oder des *Indic.* Imperf. oder Aorist mit ἄν (Potentialis der Vergangenheit, *cf.* 135, 2a), z.B. φαίης ἄν *dicas* „man kann sagen"; ἡγήσω ἂν *putares* „man hätte glauben können"; οὐδένα ἂν εὕροις παντελῶς εὐδαίμονα ὄντα. 6) durch den Infinitiv, wenn derselbe als Subjekt bei einem unpersönlichen Verbum oder Ausdrucke steht, z.B. Ἀεὶ

κράτιστόν ἐστι τἀληθῆ λέγειν „es ist immer das beste, wenn man die Wahrheit sagt"; οὐκ ἔξεστι ψεύδεσθαι „es ist nicht erlaubt, daß man lügt". In diesem Falle läßt der Grieche beim Infinitiv das allgemeine Subjekt τινα oder ἀνθρώπους weg (*cf.* 162,1, *d* und 2, *c*); 7) durch das **Partizipium mit dem Artikel**, z.B. Οἱ μηδὲν ἀδικοῦντες οὐδενὸς δέονται νόμου „wenn man kein Unrecht tut, bedarf man keines Gesetzes". 1) Οὔτε πλούτου οὔτε κάλλους ὄφελος (*sc.* ἐστίν), ὅταν τις μὴ φρένας ἔχῃ. 2) Ὅστις τὰ πάθη μὴ κολάζει, αὐτὸς ὑπ' αὐτῶν κολάζεται. 3) Οὐκ ἂν δύναιο μὴ καμὼν εὐδαιμονεῖν oder Ἀδύνατον μὴ καμόντα (*sc.* τινὰ) εὐδαιμονεῖν oder οἱ μὴ καμόντες οὐκ ἂν εὐδαιμονοῖεν oder εἴ τις μὴ κάμνοι, οὐκ ἂν εὐδαιμονοίη. 4) Δίκαιον (*sc.* ἐστί) τοὺς τὴν πατρίδα καταισχύνοντας καὶ προδιδόντας ταῖς ἐσχάταις τιμωρίαις κολάζειν. 5) Τὰ ἔθη, ἐν οἷς τις ἂν ἐκ παιδὸς μέχρι τῆς καθεστηκυίας (oder καθεστώσης) ἡλικίας διαβιῷ, μάλιστα φιλεῖ καὶ τὰ ἐναντία μισεῖ. 6) Εἴ τις τὰς πέτρας χρυσᾶς ποιεῖν ἐπίσταιτο, αὕτη ἡ ἐπιστήμη οὐδενὸς ἀξία ἂν εἴη, εἰ μὴ ἐπίσταιτο τῷ χρυσῷ χρῆσθαι. 7) Διὰ τοῦτο δύο μὲν ὦτα ἔχομεν, στόμα δὲ ἕν, ἵνα πλείω μὲν ἀκούωμεν, ἥττονα δὲ λέγωμεν. 8) Παρὰ τοῖς Ἀθηναίοις οἱ ἀνδριάντες οἱ ἀγαθῶν στρατηγῶν καὶ τῶν τοὺς τυράννους ἀποκτεινάντων ἐν τῇ ἀγορᾷ ἀνάκεινται. 9) Ἀγησίλαος ἐρωτηθείς, πῶς ἄν τις μάλιστα παρὰ τοῖς ἀνθρώποις εὐδοκιμοίη· εἰ λέγοι μέν, ἔφη, τὰ ἄριστα, πράττοι δὲ τὰ κάλλιστα. 10) Ἀναξαγόραν τὸν Κλαζομένιόν φασιν οὔποτε γελῶντα ὀφθῆναι οὐδὲ μειδιῶντα. 11) Ὅταν ὁ δάκτυλος πληγῇ, πᾶν τὸ σῶμα αἰσθάνεται καὶ συναλγεῖ. 12) Εἰ τὰ ἐν πολέμοις πλεονεκτήματα ἐνθυμοῖο, εὕροις ἂν τὰ πλεῖστα καὶ μέγιστα δι' ἀπατῶν γεγενημένα. 13) Ἀπὸ τῶν Τρωϊκῶν τίθεμεν ὀγδοήκοντα ἔτη πρὸς τὴν τῶν Ἡρακλειδῶν κάθοδον. 14) Ἔστι πάντα ἐξευρίσκειν, ἐάν τις μὴ φεύγῃ τὸν πόνον τὸν τοῖς ζητουμένοις προσόντα.

22. Der **Dual** steht nur von solchen Gegenständen, die ein **Paar** bilden, z.B. χεῖρε, ὀφθαλμώ, πόδε, ἵππω. Statt des Duals kann überall auch der **Plural** eintreten; nur bei ἄμφω (ἀμφοῖν) muß das zugehörige Substantiv im Dual stehen: ἄμφω τὼ ὦτε (*cf.* 10,2). Ist das Subjekt ein Dual, so kann das Prädikat sowohl im **Dual** als im **Plural** stehen: Τὼ ἄνδρε ἐγγὺς ἠλθέτην oder ἦλθον. - 1) Ἀδελφώ, ὡς ἔμοιγε δοκεῖ, ὁ θεὸς ἐπὶ μείζονι ὠφελείᾳ ἀλλήλοιν ἔφυσεν ἢ χεῖρε καὶ πόδε καὶ ὀφθαλμὼ καὶ τὰ λοιπά, ὅσα τοῖς ἀνθρώποις φύσει ἀδελφικά ἐστιν. 2) Ὁ τοῦ δεσπότου ὀφθαλμὸς πλέον πολλάκις ἐργάζεται ἀμφοῖν τοῖν χεροῖν (= ἢ ἀμφότεραι αἱ χεῖρες). 3) Ἐν γραφῇ τινι Μήδεια ὁρᾶται ξίφος ἔχουσα καὶ τὼ υἱὼ δεινῶς ἀναβλέπουσα·

τὼ δ' ἀθλίω γελῶντε (oder γελῶντες) καὶ οὐδὲν τῶν μελλόντων εἰδότε (oder εἰδότες) παίζετον (oder παίζουσιν).

23. Die sogen. *Constructiones ad sensum* (κατὰ σύνεσιν) entstehen, wenn sich das Prädikat oder Attribut in Numerus und Genus nicht nach der grammatischen Form des Subjekts richtet, sondern nach dem Sinne desselben. Der Gebrauch dieser Konstruktionen ist im Griechischen ungemein häufig und zwar:

a. bei Kollektiven, wie πλῆθος, ὄχλος, στρατός, πόλις, μέρος, ὅμιλος, ἡλικία („junge Mannschaft"), ἡ ἵππος („Reiterei") u. a., sowie auch bei Städte- und Ländernamen, wenn die Bewohner derselben verstanden werden, z. B. "Αμ' ἕῳ ὁ ἄλλος στρατὸς ἀπέβαινον. Τὸ πλῆθος ἐπεβοήθησαν. Ὁ ἄλλος ὅμιλος ἐσκεδάννυντο. Ἡ πόλις Ἀγησίλαον εἵλοντο βασιλέα. Λέσβος ἀπὸ τῶν Ἀθηναίων ἀπέστησαν. Τὸ στράτευμα ἐπορίζετο σῖτον κόπτοντες τοὺς βοῦς καὶ ὄνους.

b. bei neutralen Personenbezeichnungen, wie τὸ τέκνον, τὸ γυναίκιον, τὰ μειράκια, τὰ παιδικά „Liebling", τὰ τέλη „Behörden" u. a., z. B. Τὰ μειράκια τάδε πρὸς ἀλλήλους οἴκοι διαλεγόμενοι θαμὰ ἐπιμέμνηνται Σωκράτους. Ἔδοξεν αὐτοῖς τὰ τέλη καταβάντας ἐς τὸ στρατόπεδον βουλεύειν παρὰ χρῆμα ὁρῶντας ὅ τι ἂν δοκῇ.

c. bei indefiniten Ausdrücken, wie ἕκαστος, τις, πᾶς τις, οὐδείς, ὃς ἄν, ὅστις ἄν u. a., z. B. Ἐάν τις φανερὸς γένηται κλέπτων, τούτοις θάνατός ἐστιν ἡ ζημία. Προσῄει ἑνὶ ἑκάστῳ, οὕστινας ᾤετο ἔχειν τι δοῦναι.

24. 1) Μέρος ἀνθρώπων τὸ παράπαν οὐχ ἡγοῦνται θεοὺς εἶναι, οἱ δὲ οὐ φροντίζειν αὐτοὺς ἡμῶν διανοοῦνται. 2) Ὁ δῆμος ὁ τῶν Ἀργείων συστάντες ἐπέθεντο τοῖς ὀλίγοις. 3) Τὸ μὲν δεξιὸν τῶν Ἀθηναίων κέρας τοῖς πολεμίοις ἀνδρείως ἐπιθέμενοι εἰς φυγὴν ἔτρεψαν, τὸ δ' εὐώνυμον, οἷς τὸ ἱππικὸν ἐξόπισθεν ἐνέπεσον, ἡττήθησαν. 4) Ὁ τῶν Ἀθηναίων δῆμος ἐκ Σαλαμῖνος τὴν πόλιν καιομένην θεωροῦντες καὶ τὸ Ἀθηνᾶς ἱερὸν ὑπὸ τῶν Περσῶν κατεσκάφθαι ἀκούοντες δεινῶς ἠθύμησαν. 5) Ὅστις ἂν τοὺς νεανίας εἰς ἀρετὴν τρέψῃ καὶ τοὺς πολίτας πειθομένους τοῖς νόμοις ποιήσῃ, οὗτοι δικαίως εὐεργέται τῆς πατρίδος εἶναι νομίζονται. 6) Τὰ τῶν Λακεδαιμονίων τέλη στρατιὰν ἐξέπεμψαν φοβούμενοι, μὴ ὁ Ἀθηναίων δῆμος, εἰ ὑπὸ σφῶν μὴ βοηθοῖντο, βασιλεῖ συμμαχήσειαν. 7) Ἐπεὶ Θηραμένης καὶ οἱ σὺν αὐτῷ πρέσβεις εἰς Ἀθήνας ἀπὸ Σπάρτης ἐπανῆλθον, εἰσιόντας αὐτοὺς εἰς (τὸ) ἄστυ πολὺς περιεχεῖτο ὄχλος φοβούμενοι, μὴ ἄπρακτοι ἥκοιεν. 8) Ὅτε οἱ Λακεδαιμόνιοι εἰσβαλόντες εἰς τὴν Ἀττικὴν ἐδῄουν τὴν χώραν, ἡ πόλις σφόδρα ἤχθετο καὶ Περικλέα ἐν ὀργῇ εἶχον. 9) Πολὺ γένος ἀνθρώπων ἀπὸ βοσκημάτων ζῶσι τρεφόμενοι γάλακτι καὶ τυρῷ καὶ κρέασιν.

25. 1) Wenn der partitive Genitiv bei einem Superlativ ein anderes Geschlecht hat als das Subjekt, so richtet sich das Geschlecht des Superlativs, wie im Lateinischen, in der Regel zwar nach dem Subjekt, zuweilen jedoch auch, wie im Deutschen, nach dem Geschlechte des Genitivs. *Cf.* Ὁ φθόνος χαλεπώτατός ἐστι πασῶν τῶν νόσων. Τὸ νικᾶν αὐτὸν πασῶν νικῶν πρώτη τε καὶ ἀρίστη. Ἀρχὴ πάντων ἔργων μέγιστον. 2) Das Prädikatsadjektiv richtet sich zwar in allen Stücken nach dem Subjekt; wenn es jedoch als Substantiv einen allgemeinen Begriff bezeichnet, so steht es ohne Rücksicht auf Genus und Numerus des Subjekts im Neutrum Sing.: „Die Weisheit ist etwas sehr Schönes, die Torheit etwas überaus Häßliches". „Das Land ist etwas Sicheres, das Meer etwas Unsicheres". *Cf.* im Lateinischen: *Femina semper mutabile est* = ἡ γυνὴ ἀεὶ ἀστάθμητον „das Weib ist stets ein veränderliches Wesen". Δεινὸν οἱ πολλοί, ὅταν κακούργους ἔχωσι προστάτας. Πονηρὸν ὁ συκοφάντης ἀεί. 3) Wenn das Subjekt und das Prädikatssubstantiv verschiedenes Genus oder verschiedenen Numerus haben, so richtet sich das Verbum, gerade wie im Lateinischen, in der Regel nach dem Prädikatssubstantive, wenn es diesem näher steht. In Partizipialkonstruktionen ist dies stets der Fall, z. B. Τὴν ἡδονὴν διώκετε ὡς ἀγαθὸν ὄν (statt οὖσαν). Καταλαμβάνουσι Βρικιννίας ὃν ἔρυμα ἐν τῇ Λεοντίνῃ. 4) Bei zwei oder mehreren Subjekten steht das Verbum im Singular, wenn dieselben entweder dem Gedanken nach ein Ganzes, eine Einheit bilden (was namentlich bei der Verbindung synonymer Wörter und dem ἓν διὰ δυοῖν der Fall ist), oder wenn sich das Prädikat nur nach dem nächststehenden Subjekt richtet; das ist besonders dann der Fall, wenn das Prädikat am Anfange des Satzes oder bei demjenigen Subjekte steht, welches die übrigen an Bedeutsamkeit übertrifft und gleichsam in sich einschließt, oder wenn jedes der Subjekte einzeln für sich genommen werden soll. 5) Ist das Subjekt ein Infinitiv oder ein ganzer Satz, so steht das prädikative Adjektiv meist im Neutrum Sing., bisweilen aber auch im Neutrum Plur. 6) Das Subjekt im Neutrum Plur. verbindet sich (abgesehen von dem in § 23, b erwähnten Gebrauch) dann mit dem Prädikat im Plural, wenn der Begriff der Vereinzelung oder Mehrheit ausdrücklich hervorgehoben werden soll, besonders auch dann, wenn der neutrale Pluralbegriff durch Zahlen oder Bezeichnungen wie πολλά, πάντα, οὐκ ὀλίγα u. dergl. bestimmt wird. 7) Das demonstrative oder relative Pronomen steht im Griechischen, wie im Deutschen, abweichend von der in 17,10 angegebenen Regel, nicht selten im Neutrum, wenn auch das Prädikatsnomen ein anderes Geschlecht hat. In diesem Falle stellt das Neutrum des Pronomens den Begriff als etwas Allgemeines hin. 8) Das Relativpronomen richtet sich nicht selten nach dem Prädikatsnomen, besonders dann, wenn der Relativsatz eine bloße Nebenbemerkung, einen beiläufigen Zusatz enthält (cf. 106, 11).

25 b. Τί ἐστι φιλία heißt: „Was ist Freundschaft?" Man fragt mit dieser Ausdrucksweise nach der Definition des Begriffs φιλία. Aber τίς ἐστι φιλία heißt: „Was für eine (oder welche) Freundschaft ist es?" Vergl. im Lateinischen: *Quid est gloria nisi frequens de aliquo fama cum laude?* Aber *Quae gloria est miseriae pauperum atque inopum illudere?*

26. Der **kollektive Singular** findet sich in der griechischen Prosa: 1) bei den Namen von Bäumen, Garten- und Feldfrüchten, den Produkten des Ackerbaues und der Industrie, wenn dieselben als allgemeine Stoffnamen betrachtet werden, z.B. Οἱ πολέμιοι τὴν ἄμπελον τὴν περὶ τὸ ἱερὸν ἔκοψαν. Λίθους καὶ πλίνθον („Ziegelsteine") καθῆρουν. Ἰχθὺν ἠψήσαμεν. Ξύλα καὶ κέραμος ἀτάκτως ἐρριμμένα οὐδὲν χρήσιμά ἐστιν. 2) Bei Völkernamen, wenn das Volk als Einheit aufgefaßt wird, und bei Bezeichnung von Personen in militärischer Hinsicht, z.B. Ὁ Παίων καὶ ὁ Ἰλλυριὸς μᾶλλον ἐλεύθεροι ἢ δοῦλοι εἶναι βούλονται. Ὁ Πέρσης μένειν ἐν τῇ Εὐρώπῃ ἐπιθυμεῖ. 3) bei Nomen, die mit dem generellen Artikel (§ 3) versehen sind, z.B. Ὁ δειλὸς προδότης τῆς πατρίδος ἐστίν. Τὸν ἀγαθὸν στρατηγὸν δεῖ φυλακτικὸν εἶναι. 4) in den Ausdrücken ἡ ἵππος oder τὸ ἱππικόν für οἱ ἱππεῖς (z.B. χιλία ἵππος „tausend Mann Kavallerie"), ἡ ἀσπίς für „Schwerbewaffnete" (z.B. ἀσπὶς μυρία „zehntausend Schwerbewaffnete"), τὸ πολιτικόν = οἱ πολῖται, τὸ Ἑλληνικόν = οἱ Ἕλληνες, τὸ ὑπήκοον „die Untertanen", τὸ ἐναντίον „die Feinde" u.a.

27. Der **Plural** statt des deutschen **Singulars** steht im Griechischen gerade wie im Lateinischen:
a. bei **konkreten Substantiven**:
α. wenn derselbe Gegenstand mehreren Personen oder Sachen gleichmäßig zukommt: Ἅπαντες τὰ ξίφη ἐσπάσαντο *omnes gladios*

strinxerunt. Οἱ πολέμιοι τ ὰ ν ῶ τ α ἐπέστρεψαν *hostes terga verterunt.*

β. bei Stoffnamen, um verschiedene Arten oder Stücke zu bezeichnen: ξύλα ligna ἅλες *sales.*

γ. bei Wettererscheinungen, um die Stärke oder lange Dauer zu bezeichnen: χιόνες *nives,* ψύχη *frigora,* χάλαζαι Hagelwetter, θάλπη Hitzewelle.

b. bei **abstrakten Substantiven:**

α. wenn verschiedene Arten oder Äußerungen des Begriffs bezeichnet werden: θάνατοι *mortes,* φθόνοι *invidiae,* ὑποψίαι *suspiciones.* Τὸ σῶμα ἡμᾶς ἐμπίμπλησιν ἐρώτων καὶ φόβων καὶ πασῶν ἐπιθυμιῶν.

β. wenn die Begriffe in Beziehung auf mehrere Personen (Gegenstände) oder verschiedene Zeiten stehen: Ἐμπεσούμεθα εἰς τὰς τῶν πολιτῶν ἀπεχθείας *incurremus in odia civium.* Ἡμῖν μεγάλαι ὠφελίαι καὶ εὐτυχίαι γεγόνασιν.

1) Νύκτας τε καὶ ἡμέρας μανθάνειν· τοῖς κόλαξι τὰ ὦτα παρέχειν· τοὺς ὀφθαλμοὺς τοῖς τῶν ἀθλίων πόνοις ἑστιᾶν· τὰς χεῖρας ἐπιβάλλειν oder ἐφιέναι τινί. 2) Οἱ φίλοι ἀλλήλοις τὰς δεξιὰς ἔδοσαν. Οἱ πολῖται τὰ ὅπλα ἔλαβον. Τίθεσθε τὰ ξίφη εἰς τοὺς κολεούς. 3) Οἱ πολέμιοι τὰ νῶτα ἐνέτρεψαν. Οἱ αἰχμάλωτοι ἀπετμήθησαν τὰς κεφαλάς. Οἱ ἱππεῖς ἀπὸ τῶν ἵππων κατεπήδησαν. 4) Μικραί εἰσι πάντων τῶν πραγμάτων ἀρχαί. Ὁ ἀγαθὸς πολίτης τοῖς νόμοις προθύμως πείθεται. 5) Πάμπολλαι ὄρνεις εἰσίν, αἵτινες ὑπὸ χειμῶνα εἰς ἄλλα χωρία μετανίστανται. 6) Τὰς τῶν ἄστρων περιφορὰς σκοπεῖν. Ἐκ πτήσεων καὶ ᾠδῶν τῶν ὀρνίθων τὰ μέλλοντα μαντεύεσθαι. 7) Οἱ ὑποκριταὶ τὰ πρόσωπα ἐντρίβονται. Οἱ τῶν Ἑλλήνων ὑποκριταὶ κοθόρνους ὑποδησάμενοι ἐβάδιζον. 8) Μεγάλων ἀνθρώπων τοὺς βίους καὶ τρόπους γνῶναι, εἴτε ἐν πολέμοις εἴτε ἐν εἰρήναις διέφερον, οὐ μόνον ἡδύ ἐστιν, ἀλλὰ καὶ χρήσιμον καὶ ἀναγκαῖον. 9) Πολλάκις χαλεπὸν καταμανθάνειν τὰς τῶν ἀνθρώπων ψυχὰς καὶ φρονήματα. 10) Ὄμβροι, χάλαζαι, χιόνες, ψύχη, θάλπη, κρέα. 11) Ὀργαί, θάνατοι, ἔρωτες oder φιλότητες, ἡδοναὶ καὶ φθόνοι, ἔλεοι (oder οἴκτοι) καὶ πραότητες, ὑποψίαι, μεταμέλειαι καὶ αἰσχῦναι, ἡλικίαι. 12) Κλεάνθης ἔφασκε τὴν θεοῦ ἰδέαν ταῖς τῶν ἀνθρώπων ψυχαῖς ἐντετηκέναι. 13) Οὐκ ὀλίγοι νεανίαι τὰς ἡλικίας διατρίβουσιν ἐν ἀκολασίαις καὶ ῥᾳθυμίαις καὶ παιδιαῖς. 14) Τοὺς νοσοῦντας δεῖ ταῖς τῶν ἰατρῶν συμβουλίαις πείθεσθαι, ἵνα τῶν νόσων ἀπαλλαγῶσιν. 15) Σόλων ἠξίωσε τοὺς τῶν πενεστέρων (γονέων) υἱοὺς βαναύσους γοῦν τέχνας μανθάνειν. 16) Πολλοὶ τῶν εἰς Ἅιδου ἀφικνουμένων, Πλάτων φησί, κακοὶ μέν εἰσι τὰς ψυχάς, καλὰ δὲ σώματα καὶ εὐγενείας καὶ

πλούτους ἠμφιεσμένοι. 17) Ὅταν αἱ πόλεις πταίσωσιν, ἀρχὰς παλαιτέρων ἀνδρῶν ποθοῦσι καὶ πολλάκις γέροντας μὴ βουλομένους τὰ πράγματα εἰς τὸ ἀσφαλέστερον μεταστῆσαι ἠνάγκασαν.

28. Es gibt zwei Arten von **Appositionen**, nämlich 1) **relative** Appositionen, welche für einen Relativsatz stehen, z. B. Ῥωμύλος, ὁ Ἄρεως υἱός, ἔκτισε Ῥώμην, d. h. „Romulus, der der Sohn des Ares war"; 2) **adverbiale** Appositionen, die für einen Adverbialsatz stehen, wo im Deutschen „als" zu der Apposition gefügt wird, z. B. „Hannibal wurde als neunjähriger Knabe (d. h. als er ein Knabe von neun Jahren war) von seinem Vater nach Spanien mitgenommen". Dieses appositionelle **„als"** wird im Griechischen verschieden übersetzt je nach der Beziehung, in der es zum Subjekt oder Prädikat steht, bald durch ὤν, οὖσα, ὄν, wenn ein faktisches Verhältnis bezeichnet werden soll (z. B. Κῦρος βασιλεὺς ὢν τὸν νόμον ἔθηκεν), bald durch ὡς oder ἅτε (meist mit dem Partizipium ὤν), von denen jenes einen subjektiven, dieses einen objektiven Grund bezeichnet (z. B. Οἱ Πέρσαι προσεκύνουν τὸν Δαρεῖον ὡς βασιλέα „den sie als ihren König anerkannten"; πείθεσθαί σε χρὴ ἅτε δοῦλον ὄντα „als Sklave mußt du gehorchen"); zuweilen muß auch ein vollständiger Kausalsatz mit ὅτι oder ἐπεί (ἐπειδή) gebildet werden. Bei den Verben in §§ 34 und 43 fällt „als" im Griechischen weg. Ferner wird „als" im Sinne von „zum Beispiel" durch οἷον oder οἷον δή übersetzt. „Als" = „nach Art und Weise" heißt ὡς, ὥσπερ, καθάπερ, τρόπον, δίκην, = „anstatt, so gut wie" ἀντί. –

1) Ἀλέξανδρος νεανίας ἐτῶν ὀκτωκαίδεκα ὢν τῇ ἐν Χαιρωνείᾳ μάχῃ παρῆν καὶ τέτταρσιν ἔτεσιν ὕστερον στρατηγὸς αὐτοκράτωρ τῶν Ἑλλήνων γενόμενος εἰς τὴν Ἀσίαν ἐστρατεύσατο ὡς τὴν τῶν Περσῶν ἀρχὴν καταστρεψόμενος. 2) Ἰθάκη ἅτε νῆσος ὀρεινὴ οὖσα οὐχ ἱκανὴ ἦν ἵππους τρέφειν. 3) Ἀρχύτας Πυθαγόρειος ὢν (= ἐπεὶ τῶν ἀπὸ Πυθαγόρου ἦν) κυάμου ἀπείχετο. 4) Παῦλος ἅτε τῆς τῶν Ῥωμαίων πολιτείας μετέχων δικαιότατα ἠξίωσε μὴ δεθῆναι μηδὲ μαστιγωθῆναι ἄκριτος. 5) Πολλαὶ τῶν ὀρνίθων οἷον χῆνες καὶ νῆτται καὶ κύκνοι καὶ ἄλλαι νέουσιν. 6) Παρὰ τοῖς παλαιοῖς οἱ ποιηταὶ ὡς θεράποντες καὶ ἑρμηνεῖς τῶν θεῶν ὄντες εὐσεβῶς ἐτιμῶντο. 7) Ἄννων ἐπὶ παντὶ πράγματι ἐναντίον τοῖς Βαρκίνοις ἑαυτὸν παρέσχεν. 8) Σωκράτης γέρων ἑβδομήκοντα ἐτῶν ὢν ὑπὸ Μελήτου κατηγορήθη ὡς διαφθείρων τοὺς νέους. 9) Οὐδέν σε λήσει ἅτε ἄνδρα συνετὸν ὄντα. 10) Οἱ πολέμιοι τὴν ἀκρόπολιν ἐκπολιορκήσαντες τὴν χώραν ἡμῶν ἐκακοποίησαν δίκην λῃστῶν (oder καθάπερ λῃσταί). 11) Πατρός μοι καὶ μητρὸς ἀποθανόν-

των σὺ ἀντὶ πατρὸς (oder ὥσπερ πατήρ) ἐπεμελήθης μου. 12) Κίμων, ὃν Μιλτιάδου υἱὸν εἶναι ἔμπροσθεν εἴρηκα, στρατηγὸς τῶν Ἀθηναίων γενόμενος τῇ αὐτῇ ἡμέρᾳ τὸ τῶν Περσῶν ναυτικόν τε καὶ πεζὸν ἐνίκησεν ἐν τῷ Εὐρυμέδοντι ποταμῷ. 13) Αἱ γλαῦκες ἅτε δὴ ἁρπακτικαὶ ὄρνεις οὖσαι γαμψὰ τὰ στόματα ἔχουσιν. 14) Ἡ φύσις τὰ δάκρυα ἡμῖν ἔδωκε παραμυθίαν ἐν ταῖς ἀτυχίαις. 15) Ἡρακλῆς χειρωσάμενος τὸν Κιθαιρώνειον λέοντα τὴν μὲν δορὰν ἠμφιέσατο, τῷ δὲ χάσματι ἐχρήσατο κόρυθι. 16) Πᾶσα ἐπιστήμη χωριζομένη δικαιοσύνης καὶ ἀρετῆς πανουργία, οὐ σοφία φαίνεται.

29. Soll von verschiedenen Teilen eines Ganzen etwas ausgesagt werden, so kommt das Ganze (das in diesem Falle hervorgehoben wird) eigentlich in den partitiven Genitiv zu stehen; der Grieche kann aber die Aussage auch auf das Ganze beziehen und diesem die Teile als Apposition in gleichem Kasus anfügen. Eine solche Apposition heißt eine **partitive** oder **distributive**. So kann man z. B. den Satz: „Von den Häusern waren die meisten zusammengestürzt, nur wenige waren stehengeblieben" übersetzen: Αἱ οἰκίαι αἱ μὲν πολλαὶ κατεπεπτώκεσαν, ὀλίγαι δὲ περιῆσαν. *Cf.* Λῦπαι αἱ μὲν χρησταί εἰσιν, αἱ δὲ κακαί. Οὗτοι ἄλλος ἄλλα λέγει. 1) Ἀκαρνᾶνες οἱ μὲν πλεονεξίᾳ, οἱ δὲ πλείονες εὐνοίᾳ τῶν Ἀθηναίων ξύμμαχοι ὄντες ἐπὶ τὰς Συρακούσας ἐπεκούρησαν. 2) Πελοποννήσιοι καὶ οἱ ξύμμαχοι τὰ δύο μέρη εἰς τὴν Ἀττικὴν εἰσέβαλον. 3) Πέρσαι οἱ μετὰ Ξέρξου εἰς τὴν Ἑλλάδα διαβάντες οἱ μὲν πλεῖστοι ὑπὸ τοῦ πολέμου καὶ χειμῶνος διεφθάρησαν, οἱ δ' ἄλλοι πολλὰ ἐν τῇ Ἑλλάδι παθόντες οἴκαδε ἐπανῆλθον. 4) Σωκράτης ἔφη τοὺς ἀνθρώπους ἐνίους μὲν πειρᾶσθαι δένδρα καρπῶν ἕνεκα θεραπεύειν, τοὺς δὲ πλείστους φίλου, ὃ παμφορώτατον ἀγαθὸν εἶναι νομίζομεν, ἀργῶς καὶ ἀνειμένως ἐπιμέλεσθαι. 5) Φίλιππος Ἑλληνίδας πόλεις τὰς μὲν ἐμφρούρους ἐποίησε, τὰς δὲ κατέσκαψεν. 6) Οἱ ἐν Ἀθήναις δοῦλοι ὡς ἐπὶ τὸ πολὺ οἱ μὲν δυοῖν, οἱ δὲ πέντε, οἱ δὲ καὶ δέκα μνῶν ἦσαν.

30. Das bei der Apposition stehende „**nämlich**" wird in der Regel nicht mitübersetzt; nur wenn die Apposition nachdrücklich hervorgehoben und jedes Mißverständnis beseitigt werden soll, wird das Verbum λέγω (= „ich meine") gebraucht, und zwar gewöhnlich in Verbindung mit dem Akkusativ, seltener vermittelst einer Attraktion mit Wiederholung des vorangehenden Kasus. *Cf.* Ὁ θάνατος διάλυσις δυοῖν πραγμάτοιν ἐστίν, τῆς ψυχῆς καὶ τοῦ σώματος. Μνηστὴρ ἦν μοι ποταμός, Ἀχελῷον λέγω. Προσέκρουσα ἀνθρώπῳ πονηρῷ, Ἀνδροτίωνα λέγω. Χρήματα ἔλαβον παρὰ τῶν πλου-

σιωτάτων, τῶν Ἀσίαν οἰκούντων λέγω. 1) Δύο ἐστὶ τὰ παιδεύοντα τοὺς νέους, ἥ τε τῶν ἀδικούντων τιμωρία καὶ ἡ τοῖς ἀγαθοῖς ἀνδράσι διδομένη δωρεά. 2) Πᾶν μέλος ἐκ τριῶν ἐστι συγκείμενον, λόγου τε καὶ ἁρμονίας καὶ ῥυθμοῦ. 3) Ὁ τῆς συγγραφῆς πατήρ, Ἡρόδοτον λέγω, Ἁλικαρνασσεὺς (τὸ) γένος ἦν. 4) Καὶ ὁ χρηστότατος πάντων τῶν ἐν Ἕλλησι φιλοσόφων, Σωκράτη λέγω, τὸ κώνειον ἔπιεν. 5) Ἐνίοις πράγμασι λείπομαι ὑμῶν, εὐγενείᾳ τε καὶ εὐδοξίᾳ. 6) Χριστὸς τοῖς ἀνθρώποις ἕνα νόμον ἔθηκε, φιλεῖν ἀλλήλους. 7) Λιούιος ἐν τῷ προοιμίῳ τοῦ εἰκοστοῦ καὶ πρώτου βιβλίου φησὶ διηγήσεσθαι τὸν ἀξιολογώτατον πάντων τῶν πολέμων τῶν πώποτε γενομένων, τὸν ὑπὸ τῶν Ῥωμαίων πρὸς τοὺς Καρχηδονίους πολεμηθέντα. 8) Πυθαγόρας ἔλεγε δύο ὑπὸ τῶν θεῶν τοῖς ἀνθρώποις δεδόσθαι κάλλιστα, τό τε ἀληθεύειν καὶ τὸ εὐεργετεῖν.

31. Zuweilen werden Substantive als attributive Adjektive mit andern Substantiven verbunden. So treten besonders viele ein Geschäft oder einen Stand oder ein Alter bezeichnende Personennamen attributivisch zu ἀνήρ, γυνή, ἄνθρωπος u. a. Cf. ἀνὴρ τύραννος, ἀνὴρ ὁπλίτης, ἄνδρες στρατιῶται, ἄνδρες πολῖται, ἄνθρωπος γεωργός, γυνὴ δέσποινα, γυνὴ παρθένος, γραῦς γυνή; aber auch λοχαγοὶ πελτασταί, λόχοι φύλακες, λόγος ἔπαινος, βάρβαρος πόλεμος u. a.

32. Die Begriffe „heiter und freudig" werden nicht als Adverbien zu dem Verbum „trinken" gezogen, sondern drücken als Adjektive eine Eigenschaft des Sokrates aus: „Sokrates trank das Gift, indem er dabei heiter und freudig war." In diesem Fall setzt der Grieche oft ein **Adjektiv,** wo im Deutschen ein Adverb steht, namentlich:

a. bei Bezeichnung einer Gemütsstimmung (ἄσμενος „gern, mit Freuden", ἑκών und ἑκούσιος „freiwillig", ἄκων „ungern, unwissentlich" u. ä.): Ὁ σοφὸς οὐδὲν ἄκων ποιεῖ.

b. bei Bezeichnung einer Reihenfolge und Zahl (πρότερος, πρῶτος, ὕστερος, ὕστατος, μέσος, μόνος, ὀλίγος, πολύς u. ä.): Σωκράτης πρῶτος τοῦτο ἐδίδαξεν. Πολλὰ ἔχομεν τὰ ἐπιτήδεια.

c. bei Bezeichnung einer Zeit (ὄψιος „spät", πρώιος „früh", ὄρθριος „frühmorgens", ἑσπέριος „am Abend", σκοταῖος „in der Dunkelheit", παννύχιος „die ganze Nacht hindurch", δευτεραῖος „am zweiten Tage", τριταῖος „am dritten Tage" u. ä.): Οἱ στρατιῶται ἐς τὰς κώμας κατέβαινον σκοταῖοι. Ἑκταῖοι ἀφίκοντο οἱ στρατιῶται εἰς Κόρινθον „am sechsten Tage".

Anm. Der deutsche Satz: „Ich habe diesen Brief heute zuerst gelesen" muß je nach dem Zusammenhange in folgender Weise übersetzt werden:

a. Ἐγὼ πρῶτος ταύτην τὴν ἐπιστολὴν τήμερον ἀνέγνωκα „ich bin der erste, welcher ...";

b. Ταύτην τὴν ἐπιστολὴν πρώτην τήμερον ἀνέγνωκα „dieser Brief ist der erste, welchen ...";

c. Ταύτην τὴν ἐπιστολὴν τήμερον πρῶτον ἀνέγνωκα „ich habe diesen Brief heute zum ersten Male gelesen";

d. Ταύτην τὴν ἐπιστολὴν πρῶτον μὲν ἀνέγνωκα, εἶτα δὲ ἀπογέγραφα „ich habe diesen Brief zuerst gelesen, dann abgeschrieben".

1) Τὰ ἔργα, οἷς ἂν ἄκοντες ἐπιχειρήσωμεν, οὐ καλῶς προχωρεῖν φιλεῖ. 2) Ὡς καθαρὰ καὶ ἥσυχος αὕτη ἡ κρήνη ῥεῖ. 3) Ὁ γίγας λίθῳ μέσον τὸ μέτωπον βληθεὶς ὕπτιος κατέπεσεν. 4) Οὐχ ἑκούσιος ἀδικῆσαί σε ἠθέλησα, ἀλλὰ τοὺς λόγους, οἳ ἐλύπησάν σε, ἀκούσιος ἐξέβαλον. 5) Ἀδικεῖ ὁ πρότερος τὰς σπονδὰς παραβαίνων, οὐχ ὁ τὸν παραβάντα ἀμυνόμενος. 6) Τῶν νεῶν αἱ μὲν τριταῖαι, αἱ δ' ἐναταῖαι εἰς τὸν λιμένα εἰσέπλευσαν. 7) Ἄγγελός τις ἑσπέριος εἰς τὸ στρατόπεδον ἀφικόμενος τοῖς στρατιώταις ἀσμένοις ἀπήγγειλε τοὺς πολεμίους ἀπράκτους ἀποχωρήσαντας. 8) Ὁ σῖτος ἐν τῇ ἄκρᾳ πολὺς (oder ἄφθονος) ἐνῆν. 9) Τὸ πῦρ ὅλης τῆς πόλεως ἐπελάβετο, ἐπεὶ ὁ ἄνεμος ἔπνει μέγας. 10) Τὸν ἄκοντα ἁμαρτάνοντα οὐδεὶς καλεῖ κακόν. 11) Οἱ πρῶτοι εἰς ἄκρον τὸ ὄρος ἀναβάντες τὴν θάλατταν θεασάμενοι ὑπὸ χαρᾶς (oder ἄσμενοι) ἀνωλόλυξαν. 12) Πασῶν τῶν ἔξω τῆς Ἰταλίας χωρῶν οἱ Ῥωμαῖοι τὴν μὲν Σικελίαν πρώτην, τὴν δὲ Βρεταννίαν ὑστάτην κατεστρέψαντο. 13) Οἱ Λακεδαιμόνιοι καίπερ παννύχιοι πορευθέντες ὕστεροι παρῆσαν ἢ οἱ Ἀθηναῖοι. 14) Ἐν τῷ συνδείπνῳ ὁ ἐμὸς ἀδελφὸς καὶ ὁ πατήρ σου ἀντίοι ἐκάθηντο. 15) Αἱ νεφέλαι μετέωροι φέρονται. 16) Ὁ ἵππος βληθεὶς τοξεύματι τὰ πλευρὰ ἔστη τε ὀρθὸς καὶ ἀπεσείσατο τὸν ἱππέα. 17) Πολλοὶ τῶν ἡμετέρων πολιτῶν ὑπερπόντιοι μετοικοῦσιν οἱ μὲν ἀπορίᾳ τε καὶ πενίᾳ ἀναγκαζόμενοι, οἱ δὲ τὰ ἑαυτῶν δυσχεραίνοντες, οἱ δ' ὑπὸ προσηκόντων καὶ φίλων πεισθέντες. 18) Ἐν πολέμῳ τοὺς ἀρίστους μὲν πρώτους τε καὶ τελευταίους δεῖ τάττειν, τοὺς δὲ χειρίστους μέσους, ἵνα ὑπὸ μὲν τῶν ἄγωνται, ὑπὸ δὲ τῶν ὠθῶνται. 19) Λυκοῦργος ὁ νομοθέτης ἐκέλευσε τοὺς Λακεδαιμονίους μὴ πολλάκις τοῖς αὐτοῖς πολεμίοις πολεμεῖν, ἵνα μὴ αὐτοὶ ἐκείνους ἄκοντας πολεμεῖν διδάσκοιεν.

33. Zwei oder mehrere Adjektive sind in dem Fall **beigeordnet,** wenn sie in einer völlig gleichen Beziehung zu ihrem Substantiv stehen, so daß sie durch „und" miteinander verbunden werden können; dagegen findet **Einordnung** statt, wenn das zweite Adjektiv mit dem Substantiv einen Gesamtbegriff bildet, zu dem

III

das erste Adjektiv als Attribut gehört. Im Griechischen werden die beigeordneten Adjektive regelmäßig durch καί oder τε-καί verbunden, während bei der Einordnung diese Konjunktionen nie stehen können. 1) Δρῦς παλαιὰ καὶ ἱερά· πόλεμος μακρὸς καὶ ὀλέθριος· οἰκοδόμημα ὑψηλόν τε καὶ μεγαλοπρεπές. 2) Δειναὶ στάσεις πολιτικαί· ἀγαθὸς οἶνος ἐρυθρός· νεαρὰ σῦκα Συριακά. 3) Wenn auf πολύς noch ein anderes Adjektiv folgt, so steht zwischen beiden ein καί, wenn das Verhältnis der Beiordnung stattfindet. Ἦλθον παρὰ βασιλέως πρέσβεις πολλὰ καὶ λαμπρὰ δῶρα φέροντες. Οἱ Πεισιστρατίδαι τοῖς θεοῖς πολλὰς καὶ πολυτελεῖς θυσίας ἐποιήσαντο. Καῖσαρ κατέπεσε πολλαῖς καὶ καιρίαις πληγαῖς τετρωμένος. Ἐν τῇ στρατιᾷ ἦσαν πολλοὶ δειλοὶ σρτατιῶται („viele Feiglinge"). Es ist demnach nicht dasselbe, ob man sagt πολλοὶ ἀγαθοὶ ἄνδρες oder πολλοὶ καὶ ἀγαθοὶ ἄνδρες.

33. b. 1) Ἣν οἱ πολλοὶ τῶν ἀνθρώπων καλοῦσιν ἀρετήν, τοῦτο σὺ κενὸν ὄνομα εἶναι φάσκεις. 2) Πάντα τὰ μειράκια, ἃ πρὸ τοῦ Σωκράτει συνῆσαν (cf. 23, b), οἴκοι ἀλλήλοις διαλεγόμενοι πολλάκις αὐτοῦ τὰς ἀρετὰς καὶ τὴν καλοκἀγαθίαν ἐπῄνουν. 3) Σωκράτης οὐ τὰ οὐράνια ἐζήτει, ἀλλ' ἐσκόπει, τί ἀρετὴ καὶ τί δικαιοσύνη καὶ τί ἀδικία ἐστὶ καὶ τί πόλις καλεῖται καὶ τί πολιτικός. 4) Ταύτην κρατίστην θεῶν θεραπείαν εἶναι νόμιζε, εἰ ἀγαθόν καὶ δίκαιον ἀεὶ σαυτὸν παρέχεις. 5) Πάντων τῶν ἀγαθῶν τὸν πλοῦτον ὕστατον τίθει· ἐπισφαλέστατος (oder ἐπισφαλέστατον) γὰρ ὢν κεκτήμεθα. 6) Ἡ πατρὶς δήπου πᾶσι τοῖς εὖ φρονοῦσι σεμνότερον καὶ ἁγιώτερον πατρὸς καὶ μητρὸς καὶ πάντων τῶν οἰκείων. 7) Τὰ Βαβυλῶνος τῆς πόλεως τείχη οὐ λίθῳ, ἀλλὰ πλίνθῳ (cf. 26) ᾠκοδόμητο. 8) Οἱ πολλοὶ φίλου, ὃ (cf. 25, 8) παμφορώτατον ἀγαθὸν εἶναι οἰόμεθα, ἀργῶς καὶ ἀνειμένως ἐπιμελοῦνται.

III. GEBRAUCH DER KASUS

1. **Nominativ und Vokativ** (*Casus recti*, Gegens. *Casus obliqui*)

34. Folgende (kopulative) Verba haben ein **Prädikatsnomen im Nominativ** bei sich (**doppelter Nominativ**):

a. sein (εἶναι; πεφυκέναι „von Natur sein");

b. werden (γίγνεσθαι, καταστῆναι), – bleiben (μένειν), – scheinen, erscheinen (φαίνεσθαι, ἐοικέναι, δοκεῖν);

c. zu etwas **gemacht, gewählt, ernannt werden** (αἱρεῖσθαι, ἀποδείκνυσθαι, χειροτονεῖσθαι u. ä.); – für etwas **gehalten werden** (νομίζεσθαι, κρίνεσθαι, ὑπολαμβάνεσθαι); – als etwas **befunden werden** (γιγνώσκεσθαι, εὑρίσκεσθαι); – **genannt werden** (λέγεσθαι, καλεῖσθαι, ὀνομάζεσθαι, ἀκούειν) u. ä.

35. 1) Κῦρος ὑπὸ Δαρείου στρατηγὸς πάντων τῶν στρατιωτῶν ἀπεδείχθη, ὅσοι εἰς τὸ Καστωλοῦ πεδίον ἠθροίζοντο. 2) Μεγάλων ποτὲ αὐχμῶν ἐν τῇ Ἀττικῇ γενομένων καὶ τῶν καρπῶν καὶ πλήθους ἀνθρώπων διαφθαρέντων Ἐρεχθεὺς πολὺν σῖτον ἐξ Αἰγύπτου εἰς Ἀθήνας ἐκόμισεν, ἀνθ᾽ οὗ ὑπὸ τῶν ἐκεῖ βασιλεὺς ἡρέθη. 3) Ἕως οἱ Λυκούργου νόμοι ἀκίνητοι διέμενον, οἱ Σπαρτιᾶται δικαίως κράτιστοι τῶν Ἑλλήνων εἶναι ἐνομίζοντο. 4) Οἱ μὲν τῇ γυμναστικῇ ἀκράτῳ χρώμενοι ἄγριοι πολλάκις ἀποβαίνουσιν, οἱ δὲ τῇ μουσικῇ μαλακοί. 5) Ἐπεὶ Κικέρων ὑπὸ τῶν Ῥωμαίων ὕπατος αἱρεθεὶς τὴν Κατιλίνα συνωμοσίαν ἀνεῦρεν, ὑπὸ τῆς συγκλήτου πατὴρ τῆς πατρίδος ἀνηγορεύθη. 6) Ὦ υἱέ, ἀεὶ ἐνθυμοῦ πολλοὺς τῶν ἀνθρώπων μὴ τοιούτους εἶναι, οἷοι φαίνονται. 7) Ἀεὶ τοιοῦτος γίγνου περὶ τοὺς ἀνθρώπους, οἵους ἂν εὔχοιο τοὺς ἄλλους περὶ σαυτὸν γίγνεσθαι. 8) Διογένης ὁ Σινωπεύς, ὃς ὑπὸ Πλάτωνος ἐκαλεῖτο Σωκράτης μαινόμενος καὶ ὑπὸ τῶν τότε ἤκουε κύων, γέρων ὢν ἀπέθανεν ἐν Κορίνθῳ. Merke ἀκούω in der Bedeutung „ich werde genannt, ich muß mich nennen hören", z. B. Ἀντὶ φίλων καὶ ξένων νῦν κόλακες καὶ θεοῖς ἐχθροὶ ἀκούουσιν. 9) Κερσοβλέπτης, ὁ νεώτατος τῶν Κότυος τοῦ βασιλέως υἱῶν, ὑπὸ τοῦ πατρὸς βασιλεὺς τῶν Θρακῶν κατέστη.

36. 1) Bei den Redensarten ὄνομά (ἐπωνυμία) ἐστί μοι, ὄνομά μοι τίθεται u. ä. steht der betreffende Name nie wie im Lateinischen im Dativ, sondern nur im Nominativ; bei den aktiven Redensarten ὄνομα ἔχω, ὄνομα τίθημί τινι, ὄνομα κτῶμαι, ὄνομα λαμβάνω, ὄνομα καλῶ τινα u. a. steht der betreffende Name im Nom. oder Akk. und zwar bald mit, bald ohne Artikel. Ὄνομα αὐτῷ ἦν Ἀλέξανδρος. Οἱ Ἀθηναῖοι Ἀριστείδῃ ἐπωνυμίαν ἔθεντο δίκαιος oder τὸν δίκαιον. Ἀριστείδης ἐκτήσατο τὴν βασιλικωτάτην προσηγορίαν τὸν δίκαιον. Cf. Δημοσθένης προσείληφε τὴν τῶν πονηρῶν κοινὴν ἐπωνυμίαν συκοφάντης. Δημοσθένης ἐπωνυμίαν Ἀλεξάνδρῳ Μαργίτην ἐτίθετο. 2) Der Grieche hat bei εἶναι in der Bedeutung „**gereichen, dienen zu etwas**" keinen Dativ des Zweckes wie der Lateiner. Im Griechischen steht entweder der Nominativ oder ein entsprechendes Adjektiv oder ein Präpositionalausdruck, oder es werden andere Redensarten gebraucht, z. B. „Dies gereicht mir zum Nutzen" τοῦτο

113

ὄφελος oder ὠφέλιμόν ἐστί μοι = ὠφελοῦμαι ἐκ τούτου (oder ὠφέλειαν λαμβάνω ἐκ τούτου oder ἐπ' ἀγαθῷ τοῦτό μοί ἐστιν. Also: Σοφία πᾶσι κόσμος (oder καλόν) ἐστίν oder κόσμον φέρει. Τοῦτο ὠφελιμώτατον ὑμῖν ἔσται oder μεγάλα ὑμᾶς ὠφελήσει oder εἰς μεγάλην ὄνησιν ὑμῖν ἥξει. Selbstverständlich kann auch bei den Verben „kommen, schicken, geben, zurücklassen" u. a. nie ein Dativ des Zweckes stehen; also *illa regio ei ab rege dono data est* heißt ἐκείνη ἡ χώρα αὐτῷ ὑπὸ βασιλέως δῶρον ἐδόθη. *Cf.* ᾿Απέσταλκά σοι τόνδε τὸν λόγον δῶρον.

37. Der Grieche setzt abweichend vom Deutschen solche Appositionen, die ganzen Sätzen vorausgeschickt werden, in den Nominativ, während im Deutschen meist ein ganzer Relativsatz steht. Dergleichen Appositionen sind: τὸ δὲ μέγιστον „was aber das wichtigste ist", καὶ τὸ δεινότατον „und was das ärgste ist", τὸ δὲ πάντων θαυμαστότατον, τὸ δὲ ἔσχατον, τὸ κεφάλαιον „was die Hauptsache ist", τὸ λεγόμενον „wie man zu sagen pflegt" u.a., z.B. ῎Ενιοι, τὸ καινότατον („was das seltsamste ist"), οὐδὲ νοσεῖν σχολάζουσιν. Τὸ τῆς παροιμίας („wie man sprichwörtlich sagt"), ὁρῶντες οὐχ ὁρῶσι καὶ ἀκούοντες οὐκ ἀκούουσιν. 1) Εἰ τοῖς τὴν γῆν κάλλιστα ἐξεργαζομένοις ἆθλα προτεθείη, πολλὰ ἀγαθὰ περανθείη ἂν καί, τὸ μέγιστον, ἡ γεωργία αὐτὴ πολὺ ἐπιδοίη ἄν. 2) ᾿Αποθνήσκουσιν οὐ μόνον ἄνθρωποι καὶ οἶκοι, ἀλλὰ καὶ πᾶσαι πόλεις καί, τὸ παραδοξότερον, ἀποθνήσκουσι καὶ πάντες ποταμοί. 3) ᾿Εὰν οἱ πολῖται τοῖς νόμοις πείθεσθαι μὴ ἐθέλωσιν, ἥ τε πόλις ἀπόλλυται καί, τὸ λεγόμενον, γίγνεται ἄνω καὶ κάτω ἅπαντα. 4) Θαυμάζετε τὴν τῶν προγόνων ἀρετὴν καὶ ἐπαινεῖτε αὐτῶν τὰ ἐπιτηδεύματα, τὸ δὲ πάντων θαυμαστότατον, αὐτοὶ ἀγαθοὶ ἄνδρες εἶναι οὐκ ἐθέλετε. 5) Οἱ θεοὶ πάντα τὰ ἀγαθὰ ἡμῖν ἐπένειμαν καί, τὸ κάλλιστον, τὴν μὲν ἡμετέραν δύναμιν αὐξανομένην ὁρῶμεν, τὴν δὲ τῶν πολεμίων μειουμένην.

38. 1) Wenn zu einem Vokativ eine Apposition tritt, so steht sie im Nom. mit dem Artikel. 2) Wenn zu οὗτος oder ὦ οὗτος „du da" eine Apposition tritt, so steht sie im Nominativ. 3) Wenn der Nominativ mit dem Artikel statt des Vokativs zu stehen scheint, so ist er als Apposition zu dem ausgelassenen Vokativ σύ oder ὑμεῖς zu betrachten.

39. Der Grieche fügt bei Anreden in der Regel die Interjektion ὦ zu dem Vokativ und läßt sie meist nur dann weg, wenn er mit Affekt spricht, um Unwillen, Überraschung, Verachtung oder dergleichen zu bezeichnen. Die gewöhnliche Anrede in öffentlichen Reden ist demnach ὦ ἄνδρες δικασταί, ὦ ἄνδρες Λακεδαιμόνιοι usw. Auch im gewöhnlichen Gesprächstone steht meist ὦ. *Cf.* aber: ἄνθρωπε, τί ποιεῖς; Πόθεν, Εὔθηρε, φαίνη. Κῦρος τοῖς λοχαγοῖς εἶπεν · Ὦ ἄνδρες οἱ παρόντες, ἡμεῖς οἱ Πέρσαι παραυτίκα ὀλίγοι ἐσμὲν ἐπιθέσθαι τοῖς πολεμίοις. Σὺ οὖν ὁ πρεσβύτατος πρός τοὺς συμμάχους ἡμῶν ἴθι δεόμενος ὡς πλείστους στρατιώτας ἡμῖν προσπέμψαι.

2. Akkusativ

40. Das äußere Objekt bezeichnet einen solchen Gegenstand, der, an und für sich außerhalb des Verbalbegriffs liegend, von der Tätigkeit des Subjekts betroffen wird, z. B. τύπτω τὸν κύνα · οἱ Ἕλληνες τοὺς Πέρσας ἐνίκησαν. Unter innerem Objekt dagegen versteht man ein solches, das in dem Verbalbegriffe selbst schon enthalten ist, z. B. μάχην μάχεσθαι, νίκην νικᾶν.

41. Der Akkusativ des **inneren Objekts** steht bei transitiven und intransitiven Verben. Das innere Objekt ist:

1. ein dem Verbum **stammverwandtes** Substantiv mit Attribut (*Figura etymologica*): Λαμπροτάτην νίκην νικᾶν „den glänzendsten Sieg davontragen", τὸν ἔσχατον κίνδυνον κινδυνεύειν, αἰσχρὰν δουλείαν δουλεύειν, μέγα ἁμάρτημα ἁμαρτάνειν.

Anm. 1. Ohne Attribut steht das innere Objekt nur, wenn das Substantiv einen engeren Sinn hat als das Verbum (prägnanter Gebrauch): Ἀρχὴν ἄρχειν „ein Amt bekleiden", πομπὴν πέμπειν „einen Festzug abhalten", δρόμον θεῖν „einen Wettlauf laufen".

2. ein dem Verbum **sinnverwandtes** Substantiv mit Attribut: Μοχθηρὸν βίον ζῆν, μακρὸν ὕπνον καθεύδειν, πολλὰ μέρη διανέμειν „in viele Teile zerlegen", μεγάλας μάχας ἀγωνίζεσθαι, πάσας νόσους κάμνειν, ἐκδήμους στρατείας ἐξίεναι, πολλοὺς πολέμους στρατεύειν.

3. ein solches Substantiv, welches eigentlich als **Attribut** im Genitiv von dem innern Objekt abhängen sollte: Ναυμαχίαν νικᾶν „einen Seesieg davontragen" (eig. νίκην ναυμαχίας νικᾶν), Ὀλύμπια νικᾶν (= νίκην Ὀλυμπίων νικᾶν) „in den olympischen Spielen siegen", μάχην ἡττᾶσθαι „in einer Schlacht unterliegen", στάδιον ἀγωνίζεσθαι „in der Rennbahn wettkämpfen", δίκην φεύγειν „im Prozesse angeklagt sein", γάμους ἑστιᾶν „einen Hochzeitsschmaus geben", ἐπινίκια θύειν „ein Siegesopfer bringen", εἰρήνην πρεσβεύειν „Friedensgesandter sein".

4. das **Neutrum eines Adjektivs** oder **Pronomens:** Μέγα ἀγωνίζεσθαι (eig. μέγαν ἀγῶνα ἀγωνίζεσθαι) „gewaltig kämpfen", μέγα
βοᾶν (= μεγάλην βοὴν βοᾶν) „laut schreien", ἡδὺ γελᾶν „süß
lächeln", ὀξὺ ἀκούειν „scharf hören", ψευδῆ μαρτυρεῖν, μεγάλα
βλάπτειν, μέγα φρονεῖν, τὰ μέγιστα ὠφελεῖσθαι, – τοῦτο χαίρω *id
laetor*, τί κλαίεις *quid fles?* πάντα ἀπορεῖν, οὐδὲν πείθεσθαι, τί σοι
χρήσωμαι „was soll ich mit dir anfangen?"

Anm. 2. Der Akk. des innern Objekts ist oft mit einem Akk. des äußern
Objekts verbunden: Μέλητος Σωκράτην ταύτην τὴν γραφὴν ἐγράψατο. Ὄνομα
κάκιστον ὁ τύραννος αὐτοὺς ἐκάλεσεν. Ταῦτα ἡμᾶς οὐκ ἀναγκάσεις.
Anm. 3. Bei der Umwandlung ins Passiv bleibt der Akk. des innern
Objekts unverändert: Τύπτομαι πληγὴν βαρυτάτην. Ἡ πόλις τὴν μεγίστην
ἀδικίαν ἀδικεῖται ὑπὸ σοῦ.

42. 1) Οἱ Ἀθηναῖοι τοσαύτας ἑορτὰς ἑώρταζον, ὅσας οὐδεμία τῶν ἄλλων
Ἑλληνίδων πόλεων, καὶ τοσαύτας δίκας ἐδικάζοντο, ὅσας οὐδὲ πάντες
ἄνθρωποι. 2) Τῷ τὴν κρατίστην βουλὴν βουλεύοντι πείθεσθαι δεῖ.
3) Οὐδεμία ὄρνις ᾄδει, ὅταν πεινῇ ἢ ῥιγῷ ἢ ἄλλην λύπην λυπῆται.
4) Ἔμοιγε κρεῖττον εἶναι δοκεῖ ταχὺν θάνατον ἀποθανεῖν ἢ ἄδοξον
βίον βιῶναι. 5) Οἱ Θηβαῖοι τὴν ἐν Λεύκτροις μάχην νικήσαντες καὶ
μεγίστην ἐξ αὐτῆς δόξαν λαβόντες τῇ εὐτυχίᾳ κακῶς ἐχρῶντο. 6) Οἱ
Ὀλύμπια νικήσαντες τῶν μεγίστων τιμῶν ἠξιοῦντο. 7) Καλλίστην μὲν
νίκην νικῴη ἂν ὁ τὰς ἐπιθυμίας κολάζων, αἰσχίστην δὲ δουλείαν δου-
λεύοι ἂν ὁ ταῖς ἡδοναῖς δουλεύων. 8) Οἱ τὰ μέγιστα ἐξαμαρτόντες καὶ
ἀνήκεστοι ὄντες, ἅτε δὴ τὴν πόλιν μέγιστα βλάπτοντες, ἀπαλλάττονται.
9) Οἱ χρηστοὶ τῶν ἀρχόντων τοὺς ἐπαίνους ἐπαινοῦσι καὶ τοὺς ψόγους
ψέγουσιν οὐ πρὸς αὐτοὺς οὐδὲ πρὸς τὰ αὐτοῖς συμφέροντα. 10) Ὅταν
νικητήριά τις ἑστιᾷ, πάντων μάλιστα τοὺς τὴν μάχην συναγωνισαμένους
καλεῖ. 11) Τῶν Ἀθηναίων τὴν εἰς Σικελίαν στρατείαν ἐξιέναι μελλόντων ἐν μιᾷ νυκτὶ πάντες οἱ κατ' ἄστυ Ἑρμαῖ ἐκόπησαν. 12) Ἀφροδίτη
ὑπὸ τῶν γραφέων ἀπεικάζεται ἡδὺ γελῶσα καὶ ἱμερόεν βλέπουσα.
13) Ταῖς ἐλάφοις καὶ δορκάσιν ἡ φύσις ἔδωκε κοῦφα καὶ μακρὰ ἅλλεσθαι. 14) Οὐδὲν ὄφελος μέγα βοῆσαι καὶ πολλὴν φλυαρίαν φλυαρῆσαι,
ἀλλὰ πᾶσαν ἐπιμέλειαν ἐπιμεληθῆναι, ὅπως πολλὰ καὶ κακὰ παθόντες
τοὺς πολεμίους ἀμυνούμεθα. 15) Ἀγαθοὶ ἄνδρες οὐ πᾶν κέρδος κερ-
δανοῦσιν, ἀλλὰ μόνον ἀγαθόν, πονηρὸν δ'οὔ. 16) Καράνου ἐν Μακεδονίᾳ
γάμους ἑστιῶντος τοῖς συγκεκλημένοις φιάλαι ἀργυραῖ δωρεὰ ἐδόθησαν,
ἑκάστῳ μία.

43. Ein **doppelter Akkusativ,** der des Objekts und des Prädikatsnomens, steht bei den Verben:
   1. **nennen** (λέγειν, καλεῖν, ὀνομάζειν); – zu etwas **machen, ernen-**

nen, wählen (ποιεῖν, καθιστάναι, τιθέναι, ἀποδεικνύναι, ἀποφαίνειν, αἱρεῖσθαι, χειροτονεῖν);

2. für etwas **halten** (νομίζειν, ἡγεῖσθαι, κρίνειν);

3. als etwas **haben, geben, nehmen** (ἔχειν, διδόναι, λαμβάνειν);

4. als etwas sich **zeigen** (παρέχειν ἑαυτόν) u. ä.

Anm. Bei Umwandlung in die passive Konstruktion tritt der **doppelte Nominativ** (des Subjekts und Prädikatsnomens) ein. Cf. § 34.

1) Οἱ Ἀθηναῖοι πολλάκις ἀπέδειξαν (oder εἵλοντο) στρατηγοὺς τοὺς τῶν πολεμικῶν ἀπείρους ὄντας. 2) Ὁ χρυσὸς ἐνίοτε ἀφανεῖς καὶ ἀδόξους ἀνθρώπους ἐν βραχεῖ χρόνῳ περιβλέπτους καὶ ἀοιδίμους ποιεῖ (oder ἀποφαίνει) τιμήν τε καὶ δόξαν περιάπτων. 3) Πειρώμεθα τὴν πατρίδα τοῖς ἀπογόνοις μείζω καὶ ἐρρωμενεστέραν παραδοῦναι ἢ παρὰ τῶν πατέρων παρειλήφαμεν. 4) Ὁ ῥήτωρ δικαίως αἰτεῖ τοὺς ἀκροατὰς κοσμίους ἑαυτοὺς παρέχειν καὶ προσέχοντας τὸν νοῦν τοῖς λεγομένοις. 5) Τὸν ἄωρον Ἀλεξάνδρου θάνατον οὐ μόνον οἱ Μακεδόνες ἐπένθησαν, ἀλλὰ καὶ οἱ Πέρσαι· καὶ γὰρ καὶ τούτοις Ἀλέξανδρος πρᾷον καὶ φιλάνθρωπον ἑαυτὸν ἀπέδειξεν (oder παρέσχεν). 6) Κοριολανὸν οἱ Ῥωμαῖοι ἔχθιστον τῇ πατρίδι ὄντα ἔγνωσαν. 7) Παραδίδωμι ὑμῖν, ὦ υἱεῖς, ἔφη Μικίψας, τὴν βασιλείαν ἰσχυρὰν μέν, εἰ ὁμονοήσετε, ἀσθενῆ δέ, εἰ στασιάσετε ἀλλήλοις. 8) Οἱ πρόγονοι ἡμῶν δίκην καὶ δικαιοσύνην ἤσκησαν· τοῦτον (oder τοῦτο nach 25, 7) γὰρ πλοῦτον καὶ εὔκλειαν καὶ εὐγένειαν ἐνόμιζον. 9) Θεμιστοκλῆς ναύαρχος ὢν τὸ ληστικὸν νικήσας τὴν θάλατταν ἀσφαλῆ ἐποίησεν. 10) Οἱ Ῥωμαῖοι τὴν Σικελίαν τὸ παλαιὸν ἐκάλουν ταμιεῖον τῆς Ῥώμης. 11) Οἱ Ἀθηναῖοι τὸν Πειραιᾶ ἐμπόριον ἐν μέσῃ τῇ Ἑλλάδι κατεστήσαντο. 12) Ἐναντίους ποιῆσαι φίλους, ταύτην καλῶ φρόνησιν.

44. Folgende Verba regieren im Griechischen als Transitiva den **Akkusativ:**

a. **nützen** oder **schaden** (durch Handlungen oder Worte):

ὀνινάναι ὠφελεῖν	} nützen	βλάπτειν schaden ἀδικεῖν unrecht tun	
εὐεργετεῖν εὖ ποιεῖν	} wohltun	κακουργεῖν κακοποιεῖν κακῶς ποιεῖν	} Böses tun
εὖ λέγειν εὐλογεῖν	} Gutes reden von jem.	κακῶς λέγειν κακολογεῖν	} Böses reden von jem.
κολακεύειν θωπεύειν	} schmeicheln	θεραπεύειν dienen, *colere* τιμωρεῖσθαι sich rächen an jem.	

117

Anm. 1. Im Passiv werden diese Verben persönlich konstruiert: ὀνίναμαι „mir wird genützt", βλάπτομαι „mir wird geschadet", ἀδικούμεθα „uns wird Unrecht getan". – Als Passiv zu εὖ (κακῶς) ποιεῖν dient εὖ (κακῶς) πάσχειν, zu εὖ (κακῶς) λέγειν – εὖ (κακῶς) ἀκούειν (§ 120, c).

Anm. 2. Den Dativ regieren: λυσιτελεῖν, „nützen" und συμφέρει „es ist nützlich", – βοηθεῖν und ἐπικουρεῖν „helfen", – ὑπηρετεῖν „dienen" (§ 54).

Anm. 3. Merke: ἀμύνειν τινά „jemanden abwehren", τινί „jemandem helfen", ἀμύνεσθαί τινα „sich verteidigen gegen jem."; – τιμωρεῖν τινι „jemandem beistehen", τιμωρεῖσθαί τινα „sich an jem. rächen"; – τίνειν τι „etwas büßen", τίνεσθαί τινα „jemanden büßen lassen" = „bestrafen".

b. nachjagen, nacheifern, verfolgen und fliehen:

θηρᾶν, θηρεύειν nachjagen   ἐνεδρεύειν nachstellen, auflauern

διώκειν nachsetzen   φεύγειν fliehen vor (mit Komposita)

μιμεῖσθαι nachahmen   ἀποφεύγειν entfliehen

ζηλοῦν nacheifern   ἀποδιδράσκειν entlaufen.

c. die Verba:

φθάνειν zuvorkommen   ὀμνύναι θεούς bei den Göttern

λανθάνειν verborgen sein   schwören

μένειν ⎱ erwarten,
περιμένειν ⎰ bevorstehen   ἐπιορκεῖν θεούς bei den Göttern falsch schwören

ἐπιλείπειν ausgehen *deficere*   κελεύειν befehlen (mit *Acc. c. inf. cf.* 54, 15).

Anm. 4. Νὴ Δία „bei Zeus", οὐ μὰ Δία „nein bei Zeus", ναὶ μὰ Δία „wahrhaftig bei Zeus" (cf. § 199).

d. Manche intransitive Verba können auch transitiv gebraucht werden, besonders solche, welche eine Gemütsstimmung bezeichnen:

αἰδεῖσθαι Scheu, Ehrfurcht haben vor   ἐκπλήττεσθαι ⎱ sich entsetzen,
καταπλήττεσθαι ⎰ erschrecken vor

αἰσχύνεσθαι sich schämen vor   ποθεῖν sich sehnen nach

φοβεῖσθαι ⎱ sich fürchten
δεδιέναι ⎰ vor   δακρύειν ⎱ weinen über, beweinen
κλάειν ⎰

φυλάττεσθαι ⎱ sich hüten
εὐλαβεῖσθαι ⎰ vor   πενθεῖν trauern um, betrauern

οἰμώζειν ⎱ wehklagen
θρηνεῖν ⎰ um, über   ἀλγεῖν Schmerz empfinden über.

Anm. So auch οἰκεῖν τι „etwas bewohnen"; σπεύδειν τι „etwas beschleunigen"; σιγᾶν und σιωπᾶν τι „etwas verschweigen. – Θαρρεῖν τι „unbesorgt sein vor", τινι „sich verlassen auf". – Ἐκπλήττεσθαι und καταπλήττεσθαι können auch den Dativ regieren (§ 62).

45. 1) Τῷ δικαίῳ πολλὰ μὲν καὶ ζῶντι ἀγαθὰ γίγνεται παρὰ θεῶν καὶ ἀνθρώπων, μείζω δ' αὐτὸν περιμένει τελευτήσαντα. 2) Τὸν πένητα τὴν πενίαν ὑπ' αἰδοῦς τοὺς ἄλλους ἀποκρυπτόμενον καὶ αὐτεπάγγελτος εὖ ποίει. 3) Οὔτε τὸν ἀρρωστοῦντα χρυσῆ κλίνη ὀνίνησιν οὔτε τ ὸ ν ἀνόητον ἐπίσημος εὐτυχία. 4) Ἀντίγονος ὁ βασιλεὺς Διόνυσον πάντα ἐμιμεῖτο κισσὸν περιτιθεὶς τῇ κεφαλῇ ἀντὶ διαδήματος καὶ θύρσον ἀντὶ σκήπτρου φέρων. 5) Ἡρακλῆς τ ὸ ν Ἐρυμάνθιον κάπρον διώκων μετὰ πολλῆς κραυγῆς εἰς χιόνα πολλὴν ἐλάσας ἐθήρευσεν. 6) Ἡρακλῆς ἔτι βρέφος ὢν τοὺς δύο δράκοντας, οὓς ἀπέστειλεν Ἥρα, οὐ κατεπλάγη, ἀλλ' ἀμφοτέραις ταῖς χερσὶν ἀπέπνιξεν. 7) Οἱ ὕπατοι εἰς τὴν πόλιν ἐπανελ- θόντες τὴν τοῦ πλήθους θέαν ἔφυγον αἰσχρὰν εἰρήνην πρὸς τοὺς πολεμίους ποιησάμενοι. 8) Οἱ οἰκέται τοὺς δεσπότας ἀποδράντες τὴν δίκην οὐκ ἀποφευξοῦνται. 9) Ὁ τοὺς θεοὺς ἐπιορκήσας τοὺς θεοὺς οὐ λήσει. 10) Ὅστις ἑαυτὸν μὴ αἰσχύνεται τοὺς εὐεργετήσαντας βλάπτων καὶ τοὺς φίλους κακῶς λέγων, τοῦτον πάντες οἱ ἀγαθοὶ ἄνδρες εὐλα- βοῦνται. 11) Ἐπεὶ τοὺς στρατιώτας ὁ σῖτος ἐπέλιπε καὶ τοὺς πολεμίους ἐπιόντας ὑπομένειν οὐκέτι οἷοί τε ἦσαν, τ ὸ ν ἡγεμόνα πείθειν ἐπειρῶντο εἰς λόγους συμβῆναι τοῖς πολεμίοις περὶ σπονδῶν. 12) Δαρεῖος μὲν τοὺς Ἀθηναίους τίνεσθαι ἤμελλεν ὑπὲρ τῶν κακῶν, ἃ ἐποίησαν αὐτόν· οἱ δ' Ἀθηναῖοι τὴν ἀναρίθμητον στρατιάν, ἣν ἀπέστειλεν εἰς τὴν Ἑλλάδα, ἀνδρειότατα ἠμύναντο οὐδὲν μᾶλλον δεδιότες ἢ δουλείαν καὶ τῶν Λακε- δαιμονίων οὐ βοηθησάντων (αὐτοῖς) τὴν ἐν Μαραθῶνι μάχην ἐνίκησαν. 13) Τὰς τῶν θεῶν εὐεργεσίας οὐδεὶς ἂν τῶν ἀνθρώπων ἀξίαις χάρισιν ἀμείβοιτο. 14) Τί ἂν εἴη ἀφρονέστερον ἢ ἀφέντα τὰ φανερὰ διώκειν τἀφανῆ; 15) Τὴν τῶν προγόνων ἀρετὴν ζηλοῦντες τοὺς πολεμίους ἀπὸ τῶν τῆς χώρας ὅρων ἀμυνοῦμεν καὶ οὐ περιοψόμεθα αὐτοὺς τὴν πατρίδα ἡμῶν κακῶς ποιεῖν. 16) Ὁ ξένος ὤμοσε μὲν πάντας θεοὺς καὶ θεὰς μηδένα ἀδικῆσαι μηδέν, ἐξελεγχθεὶς δὲ δίκην ἔτισε θάνατον. 17) Ὀδυσ- σεὺς Τηλέμαχον ἐκέλευσε τὴν μεγίστην σιωπὴν σιωπῆσαι καὶ τὴν ὀργὴν τοὺς μνηστῆρας ἀποκρύψασθαι, καὶ ἐὰν τὸν πατέρα τὰ δεινότατα λοιδορήσωσι καὶ ὑβρίσωσιν. 18) Ζεὺς μὲν ἔλαχε τὴν ἐν οὐρανῷ δυνασ- τείαν, Ποσειδῶν δὲ τὴν ἐν θαλάττῃ, Πλούτων δὲ τὴν ἐν Ἅιδου. 19) Οἱ πολλοί, ἐπειδὰν αὐτοὺς ἐπιλίπωσιν αἱ φανεραὶ ἐλπίδες, ἐπὶ τὰς ἀφανεῖς καθίστανται. 20) Τίς κίνδυνος τοῖς ἀνθρώποις μείζων ἢ χειμῶνος ὥρᾳ πλεῖν τὴν θάλασσαν;

46. a. Bei den Verben des Gehens, Reisens und Führens steht der Raum oder Weg, über den sich die Bewegung erstreckt, als direktes Objekt im Akk., z. B. ἄλλην ὁδὸν ἰέναι, οἱ Πλαταιεῖς τὴν πρὸς τὸ ὄρος φέρουσαν ὁδὸν ᾖεσαν, τὴν στρατιὰν στενὰς ὁδοὺς ἄγειν, μακρὰν ὁδὸν τρέχειν, περᾶν (oder περαιοῦσθαι) ποταμόν (λίμνην, θάλασσαν, γέφυραν) usw. Nach Analogie von ὁδὸν ἰέναι sagt man auch ὁδὸν τρέπεσθαι „einen Weg einschlagen".

b. Sehr viele intransitive Verba werden wie im Lateinischen und Deutschen durch die Zusammensetzung von Präpositionen (διά, μετά, παρά, περί, ὑπέρ, ὑπό u. a.) zu transitiven und nehmen ihr Objekt im Akk. zu sich, z. B. διαβαίνω ποταμόν, ὑπερβαίνω τάφρον, παραβαίνω τὰς σπονδάς „übertrete", ἔλεος αὐτοὺς εἰσῄει, περίειμι τὰς φυλακάς, παραπλέω νῆσον, τὴν χώραν διέρχεσθαι, κίνδυνον ὑποστῆναι, κίνδυνον ἐκστῆναι usw.

1) Οἱ πολέμιοι τὴν νῆσον παραπλεύσαντες εἰς τὴν γῆν ἀπέβησαν καὶ τὸν Ἀσωπὸν ποταμὸν διαβάντες τὸ φρούριον περιεκάθηντο. 2) Οἱ ὁπλῖται τῇ πρώτῃ ἡμέρᾳ ὁδὸν ἑκατὸν σταδίων ἐπορεύθησαν. 3) Οἱ ἡγεμόνες ἡμῖν οὐ τὴν ῥᾴστην, ἀλλὰ τὴν χαλεπωτάτην ὁδὸν ἡγεῖσθαι φαίνονται. 4) Κλέπτης κἂν εἰδῇ, ὅτι τὴν ἐπὶ θανάτῳ (ὁδὸν) ἀπαχθήσεται, ὅμως κλέπτει. 5) Οἱ Θηβαῖοι μετ' Ἐπαμεινώνδου τὴν Πελοπόννησον ἐπελθόντες (= εἰς τὴν Πελ. εἰσβαλόντες) καὶ τὸν Εὐρώταν διέβησαν. 6) Οἱ ὄρνεις τὴν θάλασσαν διαβαίνουσιν εἰς θερμοτέρας χώρας καὶ μακρὰς ὁδοὺς διαπέτονται καὶ τὰ πτερὰ αὐτοῖς οὐ κάμνει. 7) Οὗτοι, οὓς δακρύομεν, οὐδαμῶς τεθνᾶσιν, ἀλλὰ τὴν αὐτὴν ὁδὸν προεληλύθασιν, ᾗ αὐτοῖς ἡμῖν ἰτέα ἔσται. 8) Σύλλας πρῶτος πάντων τῶν Ῥωμαίων ὅπλα ἔχων τὸ ἄστυ εἰσῆλθεν. 9) Κινδύνους ὑφίστασθαι oder ὑποδύεσθαι· τοὺς νόμους παραβαίνειν· ἀρχὴν εἰσιέναι· τὰς τῆς Ἀργολίδος πόλεις περιιέναι· φόβος με εἰσέρχεται· τὸν πόλεμον ἐξίστασθαι· τὴν ἄκραν περιπλεῖν. 10) Καυσιανοὶ τοὺς μὲν γεννωμένους θρηνοῦσι, τοὺς δὲ τελευτήσαντας μακαρίζουσιν. 11) Διογένει ἀριστῶντι ἐν ἀγορᾷ οἱ περιεστῶτες συνεχὲς ἔλεγον· κύον, κύον· ὁ δὲ εἶπεν· ὑμεῖς ἐστε κύνες, οἱ ἀριστῶντά με περιεστήκατε. 12) Τηλέμαχος τὴν αὐτὴν ὁδόν, ἣν ἐληλύθει, οἴκαδε ἐπορεύθη τοὺς ἐνεδρεύοντας μνηστῆρας λαθών.

47. Ein doppelter Akkusativ, der Person und der Sache, steht bei:

1. lehren: διδάσκειν, παιδεύειν (letzteres auch τινά τινι, ἔν τινι, εἴς τι);
   bitten, fordern: αἰτεῖν (αἰτεῖσθαι meist τι παρά τινος);
   einfordern, eintreiben: πράττειν und εἰσπράττειν (auch im
   Medium);
   fragen: ἐρωτᾶν und ἐρέσθαι (meist τινὰ περί τινος);

erinnern an: ἀναμιμνήσκειν und ὑπομιμνήσκειν (meist τινά τινος, § 74, 4, Anm. 2);

verhehlen, verbergen: κρύπτειν, ἀποκρύπτεσθαι.

2. anziehen: ἐνδύειν, ἀμφιεννύναι – ausziehen: ἐκδύειν,
wegnehmen: ἀφαιρεῖσθαι (auch τινός τι);
berauben: ἀποστερεῖν und συλᾶν (meist τινά τινος).

Anm. Bei der Umwandlung ins Passiv bleibt der Akk. der Sache unverändert, der Akk. der Person wird Subjekt: Διδάσκομαι τὴν μουσικήν. Ὁ σατράπης ἀφήρηται τὴν ἀρχήν.

48. 1) Ἀστυάγης Κῦρον, τὸν τῆς θυγατρὸς υἱόν, διατρίβοντα παρ᾽ ἑαυτῷ καλὸν ἱμάτιον ἐνέδυσε καὶ στρεπτοῖς καὶ ψελίοις ἐκόσμησεν. 2) Οἱ γονεῖς τὰ τέκνα τέχνην τινὰ διδασκόντων, ἵνα τῆς ἄλλης οὐσίας ἀπεστερημένοι ἀσφαλῆ καταφυγὴν ἔχωσιν. 3) Σωκράτης πολλοὺς τὴν σοφίαν διδάσκων ὅμως οὐδένα οὔποτε οὔτε μισθὸν ἔπραττεν οὔτε χρήματα ἀπῄτει. 4) Ἐάν τις τὸ θεῖον ὑγίειαν μόνον καὶ πλοῦτον αἰτήσῃ, θνητὰ ἀγαθὰ αἰτεῖ. 5) Ἀναμνήσω ὑμᾶς τοὺς ἀγῶνας, οὓς οἱ πρόγονοι ὑμῶν ἠγωνίσαντο, ἵνα εἰδῆτε, ὅτι οἱ ἀνδρεῖοι σὺν θεοῖς καὶ ἐκ τῶν δεινοτάτων σῴζονται. 6) Οἱ Ἀθηναῖοι τοὺς νησιώτας κατ᾽ ἐνιαυτὸν πολλὰ τάλαντα φόρον ἐπράττοντο. 7) Πλῆθος μνηστήρων τοὺς θεοὺς οὐκ αἰδουμένων οὐδ᾽ αἰσχυνομένων τοὺς ἀνθρώπους κατήσθιον τὰ χρήματα Ὀδυσσέως, ὃς ἓν καὶ εἰκοστὸν ἔτος τῆς Ἰθάκης ἀπῆν, καὶ Πενελόπην τὴν Ἰκαρίου γάμον ᾔτουν. 8) Ἀθηνᾶ Ὀδυσσέα τοὺς μνηστῆρας τίνεσθαι ἐπιθυμοῦντα μετεμόρφωσεν εἰς γεραιὸν πτωχὸν αἰσχρὸν τὸ πρόσωπον καὶ αἰσχρὰ ῥάκη ἠμφίεσεν. 9) Πύρρος ὁ τῶν Ἠπειρωτῶν βασιλεὺς οὐκ ἐπαύετο μὲν τοῖς θεοῖς εὐχόμενος καὶ θύων καὶ ἀναθήματα ἀνατιθείς, οὐδέποτε δ᾽ αὐτοὺς οὔτε νίκην οὔτε μείζονα δύναμιν οὔτε δόξαν ᾔτει, ἀλλ᾽ ἀεὶ ἓν μόνον ηὔχετο, ὑγιαίνειν. 10) Παρὰ τοῖς Ἀθηναίοις οἱ τὰς ἀρχὰς ἄρξαντες εὐθύνας ἠτοῦντο.

49. Der Akkusativ der Beziehung (*Accusativus Graecus*) steht hauptsächlich bei Adjektiven und intransitiven Verben auf die Frage „in welcher Beziehung?": Νοσῶ τὸ σῶμα „ich bin krank am Körper", κάμνω τοὺς ὀφθαλμούς „ich leide an den Augen", γυνὴ εἶδος ἐκπρεπεστάτη, ἀνὴρ θαυμάσιος τὸ κάλλος.

Anm. 1. Adjektiva mit dem *Acc. Graecus* entsprechen dem latein. *Gen.* oder *Abl. qualitatis:* Ἀνὴρ ἐκπρεπὴς τὸ κάλλος *vir singulari pulchritudine* (§ 65, 7). Ὄρη τοσαῦτα τὸ ὕψος *montes tanta altitudine.*

Anm. 2. Besonders häufig sind die Akkusative ὄνομα, γένος, ἀριθμόν, μέγεθος, ὕψος, βάθος, εὖρος, μῆκος, bei denen der Artikel meist fehlt: Ποταμὸς Κύδνος ὄνομα. Ἀνὴρ Θρᾷξ (τὸ) γένος.

50. 1) Κῦρος, ὁ πρῶτος τῶν Περσῶν βασιλεύς, καλὸς ἦν τὸ εἶδος καὶ φιλάνθρωπος τὴν ψυχὴν καὶ ἔτι παῖς ὢν ἄριστος τὰ πολεμικὰ εἶναι ἐνομίζετο. 2) Ὁ Ἑλλήσποντος (τὸ) εὖρος μὲν ἑπτὰ σταδίων, (τὸ) μῆκος δὲ τετρακοσίων σταδίων ἐστίν. 3) Ἐπὶ τῷ Τίγρητι ποταμῷ μεγάλη πόλις ἦν Λάρισσα ὄνομα, ἧς τὸ τεῖχος εὖρος μὲν εἴκοσι καὶ πέντε ποδῶν, ὕψος δὲ ἑκατὸν ποδῶν ἦν· παρὰ ταύτῃ τῇ πόλει ἦν πυραμὶς λιθίνη τὸ μὲν εὖρος ἑνὸς πλέθρου, τὸ δ᾽ ὕψος δυοῖν πλέθρων. 4) Τοιούτους τοὺς διδασκάλους τοῖς τέκνοις ζητεῖν δεῖ, οἷοι τοὺς μὲν τρόπους ἀνεπίληπτοι, τὰ δὲ μαθήματα ἄριστοί εἰσιν. 5) Οἱ Φάβιοι μόνοι τὸν ἐπὶ τοὺς Οὐηίους πόλεμον ὑπέστησαν· οὐδέποτε δὲ στρατιὰ μικροτέρα μὲν πλῆθος, μείζων δ᾽ ἀρετὴν ἐπὶ τὸν πόλεμον ὥρμησεν. 6) Ὡς τῷ ἀσθενεῖ τὴν ὄψιν ὄντι οὐκ ἔστι τὸ ἡλίου φῶς θεᾶσθαι, οὕτω τῷ ἀσθενεῖ τὸν νοῦν καὶ ἔτι μᾶλλον οὐκ ἔστι τὴν ἀλήθειαν θεᾶσθαι. 7) Οἱ τὰ σώματα πεπηρωμένοι μεῖον ἐλεεινοί εἰσι τῶν τὰς ψυχὰς διεφθαρμένων· οἱ μὲν γὰρ θνητά, οἱ δ᾽ ἀθάνατα ἀγαθὰ ἀπεστέρηνται. 8), Ὁποῖος ὁ θεός ἐστι τήν τε φύσιν καὶ οὐσίαν, οὐδεὶς οὔποτε εὕρηκεν· ταύτην γὰρ τὴν ἐπιστήμην καὶ τοὺς σοφωτάτους κέκρυφεν. 9) Ἀπελλῆς μὲν δεινὸς ἦν τὴν ζωγραφίαν, Πραξιτέλης δὲ τὴν ἀνδριαντοποιίαν. 10) Πάρις Τρὼς (τὸ) γένος ἥρπασεν Ἑλένην, γυναῖκα ἐκπρεπεστάτην τὸ εἶδος. 11) Πτολεμαῖος ὁ Λάγου δυοῖν ἔτεσι πρὸ τοῦ θανάτου τῷ υἱῷ Πτολεμαίῳ Φιλαδέλφῳ ἐπίκλησιν τὴν ἀρχὴν παρέδωκεν. 12) Πλάτων Ξενοκράτει βαρυτέρῳ μὲν ὄντι τὸ ἦθος, τὰ δ᾽ ἄλλα χρηστῷ ἀνδρὶ παρεκελεύσατο θῦσαι ταῖς Χάρισιν.

51. 1) Auf die Fragen: wie lang? wie weit? wie hoch? wie breit? wie tief? wie lange Zeit? u.ä. steht im Griechischen wie im Lateinischen der Akkusativ der räumlichen und zeitlichen Ausdehnung. 2) Bei γεγονώς „alt" (lat. *natus*) wird das Lebensalter durch den Akk. ausgedrückt. 3) In Verbindung mit einer Ordinalzahl bezeichnen die Akkusative ἔτος, ἡμέραν, μῆνα, besonders mit dem Zusatze von οὗτος (dem laufenden Jahre usw.), das deutsche vor und seit: „Der König ist seit acht Tagen (eig. jetzt den neunten Tag) in der Stadt." *Cf.* Πρωταγόρας ἐπιδημεῖ τρίτην ἤδη ἡμέραν „ist schon seit zwei Tagen (oder seit vorgestern) in der Stadt".

52. Merke folgende adverbiale Akkusative:

τέλος endlich, schließlich	πάντα τρόπον auf jede Weise
τίνα τρόπον auf welche Weise?	τρόπον τινά gewissermaßen
τοῦτον τὸν τρόπον auf diese Weise	τὸ σύμπαν überhaupt
	πολλά vielfach, oft

τὰ πολλά größtenteils | τοὐνατίον im Gegenteil
(τὰ) πάντα in allen Stücken | τὸ λοιπόν übrigens
τὸ πρῶτον zum erstenmal | τὸ δεύτερον zum zweitenmal
τὸ πρότερον das vorigemal | τὸ νῦν jetzt, τὸ πρίν früher
πρόφασιν vorgeblich | τὸ κατ' ἐμέ was mich betrifft
χάριν zuliebe, wegen (*gratia*) | τὸ ἀπὸ τοῦδε seitdem
δωρεάν, προῖκα umsonst | οὐδέν in keiner Weise
δίκην (*c. gen.*) nach Art von | τί in welcher Beziehung? warum?
μακράν (*sc.* ὁδόν) weit | τι irgendwie
τὴν ταχίστην schleunigst | ἀμφότερα auf beiderlei Art
τὴν πρώτην = τὸ πρῶτον | τἄλλα im übrigen
anfangs | μέρος τι teilweise.

3. Dativ

53. Der griechische Dativ umfaßt mehrere getrennte Gebiete: 1) entspricht er dem lateinischen Dativ (Frage „wem?", „für wen?", „zu wessen Vorteil oder Nachteil?"); 2) dem lateinischen Ablativ, insofern er den indogerm. Instrumental und Lokativ vertritt.

A. **Eigentlicher Dativ,** der in den meisten Beziehungen dem lateinischen und deutschen Dativ entspricht.

    1. Dativ des (entfernteren) Objekts auf die Frage „wem?" bei Verben a) neben einem andern *casus obliquus*, b) als einziger Kasus; c) bei Adjektiven, d) bei Adverbien, e) zuweilen auch bei Verbalsubstantiven.

    2. Dativ des Interesses auf die Frage „für wen?" „in wessen Interesse?". Derselbe ist a) Dativ des Vorteils oder Nachteils (*D. commodi* und *incommodi*); b) Dativ des Besitzers (*D. possessoris*) bei εἶναι und γίγνεσθαι; c) ethischer Dativ (*D. ethicus*); d) Dativ der tätigen Person beim Passiv statt ὑπό *c. gen.*; e) Dativ des Standpunktes bei Partizipien.

    3. Dativ der Gemeinschaft*), welcher a) bei Verben, b) bei Adjektiven, c) bei Adverbien ein freundliches oder feindliches Zusammentreffen, Zusammensein, Übereinstimmen u. dergl. bezeichnet.

---

*) Als *Comitativus* (*Sociativus*) dem *Instrumentalis* näherstehend: Schwyzer-Debrunner, Griech. Gramm. II (1950) 159.

B. **Uneigentlicher Dativ** zur Bezeichnung folgender Verhältnisse:
  1. Dativ des Mittels (*D. instrumentalis*);
  2. Dativ der wirkenden Kraft oder Ursache (*D. causae*);
  3. Dativ der Art und Weise, des begleitenden Umstandes (*D. modi*);
  4. Dativ des Ortes (*D. localis*), in Prosa fast nur mit der Präposition ἐν vorkommend; jedoch κύκλῳ „ringsum", vereinzelt Δωδῶνι, ᾿Ελευσῖνι, Πλαταιαῖς u. ä., öfter Μαραθῶνι „bei Marathon" statt ἐν Μαραθῶνι, wie auch sonst bei bekannten historischen Stätten
  5. Dativ des Zeitpunktes (*D. temporis*), der in Prosa regelmäßig ein Attribut bei sich haben muß.
  6. Dativ des Maßes (*D. mensurae*) auf die Frage „um wie viel?"

54. Von den Verben, welche den Dativ regieren, ist besonders φθονεῖν τινι „jemanden beneiden" (*invidere alicui*) zu merken. Außerdem regieren den Dativ:

βοηθεῖν helfen	⎫	ἐοικέναι	gleichen
λυσιτελεῖν nützen	⎬ (§ 44,	ὁμοιοῦν ⎱	
συμφέρει es ist	⎪ Anm. 2)	εἰκάζειν ⎰	vergleichen (τινί τι)
nützlich	⎭		
παραινεῖν ⎱		εἴκειν ⎱	
συμβουλεύειν ⎰	raten	ὑποχωρεῖν ⎰	vor jem. weichen
ἐπιτάττειν ⎫		ἐπιτιμᾶν ⎱	schmähen,
προστάττειν ⎬	befehlen	ἐγκαλεῖν ⎰	Vorwürfe machen
παρακελεύεσθαι ⎭			
πιστεύειν ⎱	ver-	πρέπει ⎱	es geziemt sich
πεποιθέναι ⎰	trauen	προσήκει ⎰	
ἔπεσθαι ⎱		ἀπειλεῖν	drohen
ἀκολουθεῖν ⎰	folgen	πλησιάζειν	sich nähern.

Anm. Πείθειν τινά „jem. überreden", πείθεσθαί τινι „jem. gehorchen"; – μέμφεσθαί τινα „jem. tadeln", τινί τι „jem. etwas vorwerfen"; – λοιδορεῖν τινα oder λοιδορεῖσθαί τινι „jem. schmähen"; – γαμεῖν τινα „heiraten" (vom Manne), aber γαμεῖσθαί τινι *nubere* (von der Frau); – εὔχεσθαι τοῖς θεοῖς „zu den Göttern beten", τοῖς θεοῖς τι „die Götter um etwas bitten", τινί τι „jem. etwas anwünschen".

1) ῎Ομηρος τὸν τῶν ἀνθρώπων βίον τοῖς τῶν δένδρων φύλλοις ὁμοιοῖ.

2) Ἐγχειρίδια καὶ ξίφη τοῖς νομεῦσι διενεμήθη. Νέμειν, διανέμειν, διαδιδόναι τί τινι „etwas verteilen unter". 3) Οἱ Οὐόλσκοι ταῖς τῶν Ῥωμαίων διαφοραῖς πιστεύοντες (oder πεποιθότες) νυκτὸς τῷ στρατοπέδῳ ἐπέθεντο. 4) Ἔριφός τις ἐπὶ στέγης ἑστηκὼς λύκῳ παριόντι ἐλοιδορήσατο oder λύκον ἐλοιδόρησεν. 5) Τὸ αὐτό ἐστι θεῷ ἕπεσθαι καὶ τῇ φρονήσει πείθεσθαι. 6) Ἀλώπηξ τις, ἧς ἡ οὐρὰ ἐν παγίδι ἀπεκόπη, καὶ τὰς ἄλλας ἀλώπεκας πείθειν ἐπειράθη τὰς οὐρὰς ἀποκόψασθαι. 7) Οἱ πολλοὶ φθονεῖν εἰώθασι τοῖς ξυνέσει ἢ ἄλλῳ τινὶ διαφέρουσιν. „Jemanden um etwas beneiden" φθονεῖν τινί τινος. 8) Μὴ ποίει, ἃ ἄλλοις, ἐὰν ποιήσωσιν, ἐπιτιμῴης ἄν. 9) Μὴ ἡγοῦ πιστοὺς τοὺς πάντα ἐπαινοῦντας, ἀλλὰ τοὺς τοῖς ἁμαρτάνουσιν ἐπιτιμῶντας. 10) Τῷ μέλλοντι δρᾶν ἱκανῶς τι τέχνης δεῖ. „Ich bedarf einer Sache" δεῖ μοί τινος oder δέομαί τινος. 11) Βίας ποτὲ ἀσεβέσιν ἀνθρώποις συνέπλει. Χειμαζομένης οὖν τῆς νεὼς καὶ ἐκείνων τοῖς θεοῖς εὐχομένων, ἔφη· Σιγᾶτε, ἵνα μὴ αἰσθάνωνται ὑμῶν ἐνθάδε πλεόντων. 12) Τῶν δυοῖν Σερουίου Τυλλίου θυγατέρων ἡ μὲν πρεσβυτέρα Λουκίῳ Ταρκυνίῳ, ἡ δὲ νεωτέρα Ἄρρωντι ἐγήματο. 13) Εἰκότως ἐπιτιμῶμεν τούτῳ, ᾧ τῆς ἰδίας σωτηρίας μᾶλλον μέλει ἢ τῆς κοινῆς. „Mir liegt etwas am Herzen" μέλει μοί τινος. 14) Πᾶσι τοῖς ἀνθρώποις πρέπει (oder προσήκει) τοῖς τε δυστυχέσι βοηθεῖν καὶ τοῖς ταλαιπώροις ἐπικουρεῖν καὶ τοῖς ἀθύμοις παραμυθεῖσθαι. „Jemanden ermuntern, ermutigen" παραμυθεῖσθαι, παραινεῖν τινι. 15) Χριστὸς ἡμῖν παρακεκέλευσται τοῖς τε ἐχθροῖς συγγνῶναι καὶ μὴ ὀργισθῆναι τοῖς (ἡμᾶς) λοιδορήσασιν. „Jemandem etwas befehlen, auftragen" παρακελεύεσθαι, ἐντέλλεσθαι, παραγγέλλειν, προστάσσειν τινί τι, aber κελεύειν regelmäßig mit Akkus. (c. Inf.) wie das lat. *iubere.* 16) Μέρος τι τῶν Σκυθῶν τῇ ἀνδρείᾳ πεποιθότες (cf. 23 u. 24) ἐπλησίαζον μὲν τῷ τῶν Μακεδόνων στρατοπέδῳ καὶ ταῖς φυλακαῖς λοιδορεῖσθαι καὶ γυναιξὶν αὐτὰς ὁμοιοῦν ἤρχοντο· ταχὺ δὲ τοῖς ἱππεῦσιν ὑποχωρήσαντες εἴποντο τοῖς ἄλλοις Σκύθαις. 17) Οὐκ ἔστιν οὔθ' ἵππῳ ἄνευ χαλινοῦ ἀσφαλῶς χρῆσθαι οὔτε πλούτῳ ἄνευ λογισμοῦ: „Etwas gebrauchen" χρῆσθαί τινι, „etwas mißbrauchen" ἀποχρῆσθαι oder καταχρῆσθαί τινι. Χρῆσθαι steht auch mit doppeltem Dativ = „gebrauchen als, haben zu", z. B. Οἱ Πέρσαι Ἀλεξάνδρῳ πρεσβευτῇ ἐχρήσαντο. 18) Ἀριστογείτων Ἱππίαν ἀδεῶς ἀπεκρύψατο τὰ ὀνόματα πάντων, ὅσοις ἐχρήσατο συνωμόταις.

55. Bei den Adjektiven und Adverbien der Gleichheit und Ähnlichkeit (ἴσος, ὅμοιος, παραπλήσιος, ὁ αὐτός) wird das deutsche „wie, als" durch καί (lat. *ac, atque*) übersetzt. Statt καί c. *Nom.* steht in diesem Falle gewöhnlich der einfache Dativ. – 1) Ἐν τοῖς

Δράκοντος νόμοις σχεδὸν πᾶσι τοῖς ἁμαρτήμασι ζημία ὥριστο θάνατος, ὥστε τοὺς λάχανα ἢ ὀπώραν κλέψαντας ὁμοίως τοῖς ἱεροσύλοις ἢ ἀνδροφόνοις ζημιωθῆναι. 2) Οἱ Ἀθηναῖοι ὑπὸ τῶν Ῥωμαίων ἡττηθέντες τὰ αὐτὰ τοῖς ἄλλοις ἔθνεσιν ἔπαθον. 3) Παρὰ τοῖς Ῥωμαίοις πολλαὶ τῶν γυναικῶν τὰ αὐτὰ τοῖς ἀνδράσιν ὑποδήματα ἐφόρουν. 4) Πέπεισθε τῆς αὐτῆς ζημίας ἀξίους εἶναι τοὺς συγκρύψαντας τοῖς κλέψασιν. 5) Σόλων ἐρωτηθείς, πῶς ἂν ἀδίκημα ἐν πόλει οὐ γίγνοιτο, ἀπεκρίνατο· εἰ οἱ μὴ ἀδικούμενοι ὁμοίως ἀγανακτοῖεν τοῖς ἀδικουμένοις. 6) Δεῖ τοὺς πρώτους ἐν τῇ πόλει κατὰ ταὐτὰ τοῖς ἐσχάτοις πείθεσθαι τοῖς νόμοις. 7) Θουκυδίδης τῇ ἀληθείᾳ χαίρων οὐ τὸ αὐτὸ ἐπετήδευε τοῖς ἄλλοις συγγραφεῦσιν, οἵπερ ταῖς ἱστορίαις μύθους ἐγκατεμείγνυσαν μᾶλλον θηρεύοντες τὸ τερπνὸν ἢ τὸ ἀληθές.

56. Der Dativ der Personalpronomina (der 1. u. 2. Pers.) wird häufig zu Ausdrücken der Verwunderung, zu Aufforderungen oder Fragen hinzugesetzt, um auf eine vertrauliche und gemütliche Weise die Teilnahme des Redenden oder Angeredeten zu bezeichnen (daher **Dativus ethicus**), z.B. Κῦρος ἔλεγεν· ὦ μῆτερ, ὡς καλός μοι ὁ πάππος. Οὕτως ἔχει σοι ταῦτα. Πόθεν μοι σύ, ὦ Σώκρατες, οἶσθα, ὁποῖα καλὰ καὶ αἰσχρά;

57. Der **Dativ der tätigen Person** beim Passiv statt ὑπό c. gen. findet sich vorzugsweise beim Perfektum und Plusquamperfektum und stets beim Verbaladjektiv auf τέος (*cf.* 183,2,*a*). – 1) Φωκίων ὁ Ἀθηναῖος οὐδενὶ οὔτε γελῶν οὔτε δακρύων ἑώραται. 2) Οἱ πάλαι Κορίνθιοι χρήμασι δυνατοὶ ἦσαν ὡς καὶ τοῖς παλαιοῖς ποιηταῖς δεδήλωται. 3) Πυθαγόρας ἐρωτηθείς, πῶς ἂν οἰνόφλυξ τοῦ μεθύειν παύσαιτο, ἀπεκρίνατο· εἰ συνεχῶς τὰ αὐτῷ πεπραγμένα θεωροίη. 4) Πολλοῖς καὶ σοφοῖς ἀνδράσι τὰ ἀνθρώπινα κέκλαυται νομίζουσι τὸν βίον ζημίαν εἶναι. 5) Πολλαὶ καὶ παντοδαπαὶ θεραπεῖαι τῶν περὶ τὸ σῶμα νοσημάτων τοῖς ἰατροῖς εὕρηνται. 6) Πολὺ ἂν εἴη ἔργον, ὦ ἄνδρες δικασταί, λέγειν, ὁπόσα κακὰ καὶ αἰσχρὰ καὶ Ἀγοράτῳ τουτῳὶ καὶ τοῖς ἀδελφοῖς αὐτοῦ ἐπιτετήδευται.

58. a. Zubehör („**samt, mitsamt**") wird durch den Dativ mit αὐτός ausgedrückt, gewöhnlich ohne Artikel, z.B. Οἱ Ἕλληνες τέτταρας ναῦς ἔλαβον αὐτοῖς ἀνδράσιν „mitsamt der Mannschaft". Διέσχισε τὴν κεφαλὴν αὐτῇ κόρυθι „samt dem Helm". b. Der sogen. **Dativ des Standpunktes** steht besonders bei Partizipien von Verben des Gehens und Kommens, Schätzens und Urteilens zur Bezeichnung der Person, von deren Standpunkt aus eine Aussage gilt; er ist zu über-

setzen durch „wenn man", z. B. 'Επίδαμνός ἐστι πόλις ἐν δεξιᾷ ἐσπλέοντι τὸν 'Ιόνιον κόλπον. Οὕτω σκοπουμένῳ καλόν ἐστι τὸ πρᾶγμα. Hierher gehört auch die Formel (ὡς) συνελόντι εἰπεῖν „um es kurz [eig. vom Standpunkt eines Zusammenfassenden] zu sagen." c. Bei **militärischen Ausdrücken** steht die Truppenzahl und Schiffsmenge selten mit μετά oder σύν, gewöhnlich im einfachen Dativ in Ausdrücken, wie πολλῷ στόλῳ πορεύεσθαι (ἀφικνεῖσθαι), ὀλίγῳ στρατῷ εἰσβάλλειν, πολλοῖς στρατιώταις ἐλθεῖν, εἴκοσι ναυσὶν ἐπιπλεῖν u. a. Jedoch kann man auch die Partizipien ἔχων und λαβών verwenden (*cf.* 88), z. B. στρατηγὸς ἦλθε χιλίοις ὁπλίταις = χιλίους ὁπλίτας ἔχων.
1) Αἱ διακόσιαι νῆες, ἅς οἱ 'Αθηναῖοι ἀπέστειλαν εἰς τὴν Αἴγυπτον, αὐτοῖς ἀνδράσι διεφθάρησαν. 2) 'Αρίων αὐτῇ λύρᾳ τε καὶ ἐσθῆτι μεγαλοπρεπεῖ εἰς θάλασσαν ἑαυτὸν ἔρριψεν. 3) 'Εκ πόντου Εὐξείνου τὸν Βόσπορον διαπλέοντι ἐν δεξιᾷ μὲν Θράκη, ἐν ἀριστερᾷ δὲ Βιθυνία ἐστίν. 4) 'Ως συνελόντι εἰπεῖν κρεῖττόν ἐστιν ὀλίγοις καλῶς χρῆσθαι ἢ πολλοῖς κακῶς. 5) Ξέρξης χιλίαις μάλιστα καὶ διακοσίαις ναυσὶ καὶ ἀναριθμήτῳ στρατῷ πεζῷ ἐπὶ τὴν Ἑλλάδα ὥρμησε πρόφασιν μὲν ὡς τοὺς 'Αθηναίους τιμωρησόμενος, ἔργῳ δὲ ὡς πάσῃ τῇ Ἑλλάδι ἐπιχειρήσων. 6) Καῖσαρ τοὺς πολεμίους παμπληθεῖ στόλῳ ἐδίωξεν. 7) Πάντες οἱ ποταμοὶ διαβατοὶ γίγνονται προϊόντι πρὸς τὰς πηγάς. 8) Σκοποῦντι, ὡς ὀλίγα ὑμῖν ὑπάρχει χρήματα, πολλὰ φαίνεσθε διαπεπραγμένοι. 9) Οἱ 'Αθηναῖοι πλεύσαντες ναυσὶν ἑξήκοντα ἐπὶ Σάμου ταῖς μὲν (*cf.* 5, 7) ἑκκαίδεκα αὐτῶν οὐκ ἐχρήσαντο, ταῖς δὲ τεσσαράκοντα καὶ τέσσαρσιν ἐναυμάχησαν πρὸς Τραγίᾳ τῇ νήσῳ Σαμίων ναυσὶν ἑβδομήκοντα. 10) Οἱ Διόσκουροι τὰς ναῦς ἐκ τῶν βυθῶν ἕλκουσιν αὐτοῖς ναύταις, οἳ ἀποθανεῖσθαι νομίζουσιν. 11) Κροῖσος ἀπέπεμψεν εἰς Δελφοὺς κρατῆρας δύο μεγέθει διαφέροντας, χρυσοῦν καὶ ἀργυροῦν, ὧν ὁ μὲν χρυσοῦς ἔκειτο ἐπὶ δεξιᾷ εἰσιόντι εἰς τὸν νεών, ὁ δ' ἀργυροῦς ἐπ' ἀριστερᾷ.

59. a. Bei εἶναι und γίγνεσθαι (ὑπάρχειν) steht die Person, zu deren Verfügung etwas da ist oder gestellt wird, im **possessiven Dativ:** ἔστι μοί τι „ich habe etwas", γίγνεταί μοί τι „mir wird etwas zuteil", ὑπάρχει μοί τι „mir steht etwas zu Gebote" (zur Verfügung). Dagegen findet sich ein doppelter Dativ, der Person und des Zwekkes, wie im Lat. bei *esse*, bei εἶναι nicht (*cf.* 36, 2). b. Die Person oder Sache, zu deren Nutzen oder Schaden etwas geschieht, steht im **Dativus commodi** oder **incommodi**, z. B. Οὐ τῷ πατρὶ καὶ τῇ μητρὶ μόνον γεγενήμεθα, ἀλλὰ καὶ τῇ πατρίδι. Πᾶς ἀνὴρ αὐτῷ πονεῖ. So auch ὀρχεῖσθαι θεῷ „einem Gotte zu Ehren einen Tanz auf-

führen", στεφανοῦσθαι θεῷ, ᾿Αρτέμιδι ἑορτὴν ἄγειν, κείρεσθαι ἀπο-
θανόντι „einem Toten zu Ehren sich scheren" u. ä. c. Der Dativ
steht bei denjenigen Adjektiven und Adverbien, die nützlich,
passend, angenehm, ähnlich, gleich, verwandt, geneigt,
leicht, nahe oder das Gegenteil bedeuten, um die Person oder
Sache zu bezeichnen, in Beziehung auf welche die Eigenschaft
Geltung hat, z. B. χρήσιμος τοῖς πολίταις, ὠφέλιμος τῷ βασιλεῖ, βλα-
βερὸς τῷ σώματι, σύμφορος τοῖς φίλοις, οἱ ὅμοιοι τοῖς ὁμοίοις εὐνοί
εἰσιν.

Anm. 1. Bei den Adjektiven nützlich, schädlich, passend, notwendig
steht zur Bezeichnung der Sache auf die Fragen wozu? wofür? gewöhnlich
nicht der Dativ, sondern die Präpositionen εἰς, περί oder πρός c. acc., z. B.
χρήσιμος εἰς πόλεμον, ἐπιτήδειος πρὸς τὴν νίκην, ἱκανὸς πρὸς τοὺς πόνους.
Anm. 2. Zu merken sind die Ausdrücke: a. ἐμοὶ βουλομένῳ oder ἐθέλοντί
ἐστιν „es ist mir erwünscht", ἡμῖν ἡδομένοις oder ἀσμένοις (ἀχθομένοις) ἐστίν
„es gereicht uns zur Freude (zum Schmerz)"; – b. ἄξιός τινί τινός εἰμι „ich
habe um jemanden etwas verdient", z. B. Σωκράτης τιμῆς ἄξιος εἶναι τῇ
πόλει μᾶλλον ἢ θανάτου ἐδόκει. – c. πολλῶν ἀγαθῶν αἴτιος γίγνομαί τινι „ich
mache mich um jem. wohl verdient" (*bene mereor de aliquo*).

1) Τοῖς ᾿Αθηναίοις ἐν Μαραθῶνι ἐπὶ τοὺς πολεμίους φερομένοις οὔθ᾽
ἵππος οὔτε τοξεύματα ὑπῆρχεν (oder ἦν). 2) Νουμᾶς τρεῖς ἱερέας
εἵλετο τὸν μὲν Διί, τὸν δ᾽ Ἄρει, τὸν δὲ τρίτον Κουιρίνῳ. 3) Τὸ πάλαι ὁ
Θύμβρις ποταμὸς Τυρρηνοῖς καὶ Λατίνοις ὅρος ἦν. 4) Μὴ ἡμῖν πλουτῶ-
μεν, ἀλλὰ τοῖς συγγενέσι καὶ φίλοις καὶ μάλιστα τῇ πόλει. 5) ᾿Αντιόχῳ,
τῷ τῆς Συρίας βασιλεῖ, δύο ἐλέφαντες ἦσαν τοῖς ὀνόμασιν εὐδοκιμοῦν-
τες· τῷ μὲν γὰρ ὄνομα ἦν Αἴας, τῷ δὲ Πάτροκλος. 6) Τῷ Ἄρει οἱ
καλούμενοι Σάλιοι ὄρχησιν σεμνοτάτην τε καὶ ἱερωτάτην ὠρχοῦντο.
7) Μηχανωμένῳ σοι ἀγαθόν τι καλὰ σημεῖα γενήσεται παρὰ θεῶν.
8) ᾿Εμοὶ ἡδομένῳ ἂν εἴη διὰ τοσούτου τὴν πατρίδα ἰδεῖν καὶ ἀξίας
χάριτας ἀποδοῦναι τοῖς μεγίστων ἀγαθῶν αἰτίοις μοι γεγενημένοις.
9) ᾿Αδείμαντος Θεμιστοκλεῖ ἔλεξεν αὐτὸν σιωπῆσαι χρῆναι, πατρίδα
γὰρ αὐτῷ οὐκέτι ὑπάρχειν· ὁ δ᾽ ἀπεκρίνατο· μείζων χώρα τε καὶ πόλις
ἐμοὶ ὑπάρχει ἢ ὑμῖν· διακόσιαι γὰρ νῆες τοῖς ᾿Αθηναίοις εἰσίν. 10) Τοῖς
Πλαταιεῦσι βουλομένοις οὐκ ἦν τῶν ᾿Αθηναίων ἀποστῆναι. 11) Μήποτε
ἐπιλανθανώμεθα, ὅτι σπουδή τε καὶ πόνος βεβαιότατος θησαυρός ἐστι
τοῖς ἀνθρώποις. 12) Οἱ πολλοὶ τῶν ᾿Αθηναίων τοῖς τεθνεῶσιν ὀβολὸν
εἰς τὸ στόμα κατετίθεσαν μισθὸν τῆς ναυτιλίας Χάρωνι τῷ πορθμεῖ.
13) Μελέαγρος τὰ τοῦ Καλυδωνίου κάπρου κρέα τοῖς ἐκ τῆς ᾿Ελλάδος
ἥρωσι διανείμας τὴν τοῦ θηρίου κεφαλὴν καὶ τὸ δέρμα ἑαυτῷ ἐξῄρει
γέρας.

60. Der **Dativ der Gemeinschaft** (*Dativus sociativus*) steht gewöhnlich mit den Präpositionen σύν (μετά *c. gen.*), ἅμα „zugleich mit", ὁμοῦ „zusammen mit"; aber ohne Präposition bei den Verben der (freundlichen und feindlichen) Gemeinschaft:

κεραννύναι ⎫
μειγνύναι ⎭ mischen mit

ὁμιλεῖν ⎫ verkehren mit,
χρῆσθαι ⎭ umgehen mit

κοινωνεῖν ⎫ τινί τινος mit
μετέχειν ⎭ jem. teilnehmen an etwas

ἀνακοινοῦν τινί τι jemandem etwas mitteilen

διαλέγεσθαι sich unterreden mit

εἰς λόγους ἰέναι in Unterhandlungen treten mit

ὁμολογεῖν ⎫
ὁμονοεῖν ⎬ übereinstimmen mit
συμφωνεῖν ⎭

συμβαίνειν übereinkommen mit

ἁμιλλᾶσθαι wetteifern mit

ἀγωνίζεσθαι wettkämpfen mit

μάχεσθαι ⎫ kämpfen mit
διὰ μάχης ἰέναι ⎭

πολεμεῖν Krieg führen mit

εἰς χεῖρας ἰέναι handgemein werden mit

σπένδεσθαι ⎫ einen Vertrag
σπονδὰς ποιεῖσθαι ⎭ schließen mit

συναλλάττεσθαι ⎫ sich ver-
διαλλάττεσθαι ⎭ söhnen mit

συναλλάττειν ⎫ τινά τινι jem.
διαλλάττειν ⎬ aussöhnen mit
⎭ jem. u. ä.

Anm. 1. Statt des Dativs kann bei vielen dieser Verben (namentlich bei kämpfen, streiten, einen Vertrag schließen) auch πρός *c. acc.* stehen.
Anm. 2. Unterscheide μάχεσθαί (πολεμεῖν) τινι „mit (=gegen) jem. kämpfen" von σύν τινι od. μετά τινος „in Verbindung mit jem. kämpfen."

61. 1) Τῶν τριάκοντα ἀπαγορευσάντων Σωκράτει νεανίαις μὴ διαλέγεσθαι, οὐκ ἐπείσθη, ἐπεὶ ταῦτα παρὰ τοὺς νόμους προσετέτακτο. 2) Τοῖς περὶ τῶν αὐτῶν ἀεὶ ταὐτὰ λέγουσι μᾶλλον ἂν ὁμιλοίην ἢ ὑμῖν, οἵγε (*cf.* 105, Anm.) ὑμῖν αὐτοῖς οὐχ ὁμονοεῖτε. 3) Μαρσύας ἐπεὶ Ἀπόλλωνι περὶ μουσικῆς ἁμιλλᾶσθαι τολμήσας ἐνικήθη, ὑπ᾽ ἐκείνου ἐδάρη. 4) Ἡρακλῆς ἀθανασίας τυχὼν καὶ Ἥρᾳ διαλλαχθεὶς Ἥβην, τὴν ἐκείνης θυγατέρα, ἔγημεν. 5) Ἐν Τήνῳ τῇ νήσῳ κρήνη ἦν, ἧς τὸ ὕδωρ οἴνῳ οὐκ ἐμείγνυτο. 6) Ἐπεὶ τοῖς Λακεδαιμονίοις ἀδύνατον εἶναι ἐφάνη τοῖς Ἀθηναίοις ὁμοῦ καὶ Ἀργείοις πολεμῆσαι, μετὰ τὴν ἐν Ἀμφιπόλει μάχην ἔδοξεν αὐτοῖς συμβῆναι (oder σύμβασιν ποιήσασθαι) τοῖς Ἀθηναίοις. 7) Οἱ Ἕλληνες τοῖς Τρωσὶ συνέθεντο Μενέλεων καὶ Πάριν μόνους ἀλλήλοιν περὶ Ἑλένης ἀγωνίσασθαι. 8) Κριτίας καὶ Ἀλκιβιάδης, ἕως μὲν ὡμίλουν Σωκράτει, τῶν αἰσχρῶν ἐπιθυμιῶν ἐκράτουν καὶ τῶν καθ᾽ ἑαυτοὺς πολλῷ διέφερον· ἐπεὶ δ᾽ ἀπηλλάγησαν αὐτοῦ, ἠμέλουν μελέτης τῆς ἀρετῆς καὶ τῇ πόλει αἴτιοι ἐγίγνοντο πολλῶν κακῶν. 9) Ὁμόνοια ταῖς πόλεσι μέγιστον ἀγαθὸν δοκεῖ εἶναι, διὸ καὶ οἱ βέλτιστοι τῶν ἀνδρῶν τοῖς πολίταις παρακελεύονται ὁμονοεῖν ἀλλήλοις. 10) Οἱ Ἀργεῖοι τοῖς Λακεδαιμονίοις περὶ τῆς Κυνουρίας, οὔσης μεθορίας, διηνέχθησαν. 11) Οἱ Λακεδαιμόνιοι ἐπεὶ πολεμοῦντες τοῖς Θηβαίοις ἡττήθησαν ἐν Λεύκτροις τῆς Βοιωτίας, ἅτε δὴ κακῶς πράττοντες καὶ χρημάτων δεόμενοι Ἀνταλκίδαν ἔπεμψαν πρὸς Ἀρταξέρξην παρακαλοῦντα σπονδὰς ποιήσασθαι τοῖς Λακεδαιμονίοις (oder πρὸς Λακεδαιμονίους). 12) Τοῖς Ἕλλησι δόξα ἦν τὰς τῶν ἀθάπτων ψυχὰς ταῖς ἄλλαις οὐκ ἀναμείγνυσθαι. 13) Παυσανίας Λακεδαιμόνιος δι᾽ ἀπορρήτων φιλίαν συνέθετο βασιλεῖ, ἵνα τοὺς Ἕλληνας προδοίη. 14) Κλέαρχος ἐπολέμει μὲν τοῖς Θραξί, μέχρι οὗ Κῦρος τῆς στρατιᾶς αὐτοῦ ἐδεῖτο· τότε δ᾽ ἀπῆλθεν ὡς μετ᾽ αὐτοῦ πολεμήσων. 15) Ἀλέξανδρος Διογένει εἰς λόγους ἐλθὼν οὕτω κατεπλάγη τὸν βίον καὶ τὸ ἀξίωμα τοῦ ἀνδρός, ὥστε πολλάκις αὐτοῦ μνημονεύων λέγειν· εἰ μὴ Ἀλέξανδρος ἦν, Διογένης ἂν εἶναι ἐβουλόμην (oder einfach ἦν).

62. 1) Οἱ ταῷ καλλίστοις πτεροῖς κοσμοῦνται. Καὶ ὁ θυμοειδέστατος ἵππος τῷ χαλινῷ καὶ τῇ μάστιγι δαμάζεται. Das Mittel oder Werkzeug wird auf die Frage „womit? wodurch?" durch den *Dativus instrumentalis* ausgedrückt. 2) Θεμιστοκλῆς ἐν νυκτὶ ἐπιστολὴν δι᾽ οἰκέτου Ξέρξῃ ἔπεμψεν. Die **Mittelsperson,** deren sich jemand bedient, wird durch διά c. gen. (lat. *per*) bezeichnet, z.B. διελέγοντο δι᾽ ἑρμηνέως (*per interpretem*). 3) Ὁ ἀνδρεῖος ἀνὴρ ὀδύναις οὐ κλᾶται οὐδ᾽ ἀπειλαῖς ἀθυμεῖ. Ξέρξης τὴν θάλασσαν ὀργῇ (oder ὑπ᾽ ὀργῆς) ἐμαστίγωσεν. Ἀγνοίᾳ (oder ὑπ᾽ ἀγνοίας) μόνον πολέμου τις ἐπιθυμοίη ἄν. Der Dativ bezeichnet die Ursache oder den Beweggrund, aus dem eine Tätigkeit hervorgeht **(D. causae).** Sehr oft steht in diesem Falle zur Bezeichnung der inneren Ursache auch ὑπό c. gen. (gewöhnlich ohne Artikel), also φόβῳ und ὑπὸ φόβου, πόθῳ und ὑπὸ πόθου, εὐνοίᾳ und ὑπ᾽ εὐνοίας usw. Der hindernde Grund wird stets durch ὑπό c. gen. bezeichnet: οὐ δύναται σιγᾶν ὑπὸ τῆς ἡδονῆς (= vor lauter Freude). 4) Τὸ θεῖον δικαίοις μὲν ἔργοις ἥδεται, ἀδίκοις δὲ λυπεῖται. Bei den **Verben der Affekte,** wie:

χαίρειν ἥδεσθαι	} sich freuen über	ἀγανακτεῖν ἄχθεσθαι	} unwillig sein über
ἀγάλλεσθαι sich brüsten mit		στέργειν	} zufrieden sein mit
λυπεῖσθαι sich betrüben über		ἀγαπᾶν	

ἀνιᾶσθαι ⎱ unzufrieden sein   αἰσχύνεσθαι sich schämen über
βαρύνεσθαι ⎰ mit   ἐκπλήττεσθαι erschrecken über

wird der Grund oder Anlaß der Gemütserregung durch den Dativ (oder häufig auch durch ἐπί *c. dat.*) bezeichnet, z. B. Οἱ μὲν νέοι τοῖς τῶν πρεσβυτέρων ἐπαίνοις χαίρουσιν, οἱ δὲ γεραίτεροι ταῖς τῶν νέων τιμαῖς ἀγάλλονται. Δεῖ στέργειν τοῖς παροῦσιν. Αἰσχύνομαι ταῖς πρότερον ἁμαρτίαις. – Ἀγαπᾶν und στέργειν in der Bedeutung „lieben" regieren den Akk. – Βαρέως (χαλεπῶς) φέρειν τινί „über etwas ärgerlich sein", aber τι „mit Mühe ertragen". 5) Οἱ φθονεροὶ ταῖς μὲν εὐπραγίαις τῶν ἄλλων ἄχθονται, ταῖς δὲ δυστυχίαις χαίρουσιν. 6) Τῶν πολεμίων κραυγῇ πολλῇ ἐπερχομένων οἱ Ἕλληνες σιγῇ ἀντιταχθέντες παντὶ τρόπῳ κρατῆσαι αὐτῶν ἐπειρῶντο. Der **Dativus modi** bezeichnet die Art und Weise, wie etwas geschieht, jedoch nur in bestimmten Ausdrücken. Merke:

a. Substantiva: τούτῳ τῷ τρόπῳ „auf diese Weise", παντὶ τρόπῳ, οὐδενὶ τρόπῳ, σιωπῇ, σιγῇ *silentio*, κραυγῇ (πολλῇ) „mit Geschrei", σπουδῇ (πολλῇ), δρόμῳ „im Lauf", φυγῇ „in voller Flucht", ἀνάγκη „notwendigerweise", βίᾳ „mit Gewalt", δίκῃ „mit Recht"; ἔργῳ „in der Tat, in Wirklichkeit" (= τῷ ὄντι), λόγῳ „dem Worte nach", κομιδῇ „gänzlich, völlig", προφάσει „angeblich" u. ä.

b. weibliche Adjektiva und Pronomina: κοινῇ „gemeinsam", δημοσίᾳ *publice*, ἰδίᾳ *privatim*, πεζῇ „zu Fuß, zu Lande", ταύτῃ und τῇδε „auf diese Weise", ᾗ „wie" u. a.

7) Οἱ χῆνες, οἳ τὸ Καπετώλιον ἔσωσαν, δημοσίᾳ ἐτρέφοντο. 8) Τὸ Ἀλεξανδρινὸν τάλαντον σχεδὸν πεντήκοντα καὶ μιᾷ λίτραις μεῖζον ἦν τοῦ Ἀττικοῦ. Der **Dativus mensurae** steht zur Bezeichnung des Maßes bei Komparativen, Superlativen und komparativischen Begriffen auf die Frage „um wie viel?", z. B. δυοῖν ποδοῖν βραχύτερος, βραχεῖ χρόνῳ ὕστερον, πολλῷ ἀμείνων *multo melior*, πολλῷ κάκιστος *multo pessimus*, ὀλίγῳ ἡδίων, τοσούτῳ ἀδικώτερος, πόσῳ μείζων. Für πολλῷ und ὀλίγῳ finden sich auch die Akk. πολύ und ὀλίγον; von τί, τι, οὐδὲν und μηδέν ist nur der Akk. gestattet. οὐδὲν ἧττον „nichtsdestoweniger". Besonders zu merken ist ὅσῳ–τοσούτῳ „je–desto". 9) Ὅσῳ μείζω ἀγαθά τις ἔπαθε, τοσούτῳ ἀδικώτερος ἂν εἴη χάριν μὴ ἀποδούς. 10) Μόμμιος Κόρινθον, τὴν πολλῷ πλουσιωτάτην τῆς Ἑλλάδος πόλιν, κατασκάψας οὐδὲν πλουσιώτερος ἢ πρότερον ἦν. 11) Μὴ μέτρει τὴν εὐδαιμονίαν μήτε τῇ πλούτου ἀφθονίᾳ μήτε τῇ τιμῆς λαμπρότητι, ἀλλὰ τοῖς τῆς ψυχῆς ἀγαθοῖς. Der Dativ (seltener ἐκ oder

ἀπό *c. gen.*) steht bei den Verben „erkennen an, schließen aus, messen, beurteilen nach" (γιγνώσκειν, τεκμαίρεσθαι, κρίνειν, μετρεῖν u. ä), z. B. Οὐ τῷ ἀριθμῷ κρίνονται αἱ στρατιαί, ἀλλὰ τῇ ἀνδρείᾳ. Οἱ νομάδες τῶν Λιβύων οὐ ταῖς ἡμέραις, ἀλλὰ ταῖς νυξὶν ἀριθμοῦσι τὸν χρόνον. 12) Ὀρφεὺς ὁ Οἰάγρου, Θρᾷξ γένος, παιδείᾳ τε καὶ ᾄσματι καὶ ποιήσει τῶν ἐφ' ἑαυτοῦ πολλῷ (oder πολὺ) προεῖχεν. 13) Πάντων τῷ Φιλίππου θανάτῳ χαιρόντων Φωκίων· Ἐκείνη ἡ δύναμις, ἔφη, ἣ ἐν Χαιρωνείᾳ τέτταρσιν ἔτεσι πρότερον ἡμῖν ἐμαχέσατο, ἑνὶ μόνον ἀνθρώπῳ ἐλάττων γέγονεν.

63. Den Dativ regieren viele mit Präpositionen zusammengesetzte Verben, namentlich die Komposita mit

σύν: συνεῖναι „zusammensein mit"; συγγίγνεσθαι „zusammenkommen mit"; συντίθεσθαι „verabreden mit"; συμπονεῖν; συγκινδυνεύειν; συμφωνεῖν „übereinstimmen mit" etc.

ἐν: φόβος μοι ἐμπίπτει „befällt mich"; ἐντυγχάνειν „stoßen auf"; ἐμμένειν τοῖς νόμοις „die Gesetze halten"; κινδύνῳ ἐμπίπτειν.

ἐπί: ἐπιτίθεσθαι und ἐπιχειρεῖν „angreifen"; ἐπικεῖσθαι „feindlich zusetzen"; ἐφιστάναι „an die Spitze stellen" (*praeficere*); ἐφεστηκέναι, ἐπιστατεῖν, ἐπεῖναι „an der Spitze stehen"; ἐπιβουλεύειν „nachstellen"; πόλεμον ἐπιφέρειν *bellum inferre*

πρός: προσεῖναι „bei jem. sein", jem. helfen"; προσέρχεσθαι und προσιέναι „sich an jem. wenden"; προσέχειν τὸν νοῦν τινι „achthaben auf"; προσβάλλειν „angreifen".

παρά: παρεῖναι und παρίστασθαι „jem. beistehen"; παρακαθῆσθαι „bei jem. sitzen".

περί: κινδύνῳ περιπίπτειν, διάδημα τῇ κεφαλῇ περιτιθέναι. 1) Τοῖς φίλοις συνάχθεσθαι oder συλλυπεῖσθαι. Φιλίᾳ συνηρμόσθαι τινί. Τῷ ἀνδρὶ συναποθνήσκειν. 2) Κρονίοις οἱ ἐν Ῥώμῃ δοῦλοι τοῖς δεσπόταις συνειστιῶντο. 3) Τοῖς νόμοις ἐμμένειν. 4) Οἱ κινδύνοις περιπεσόντες τοῖς σωτῆρσι θεοῖς ηὔχοντο. 5) Πλυντηρίοις καὶ ἄλλαις ἑορταῖς οὐδεὶς τῶν Ἀθηναίων σπουδαίῳ ἔργῳ ἐπεχείρει. 6) Τοῖς μὲν χαίρουσι σύγχαιρε, τοῖς δὲ κλάουσι σύγκλαε. 7) Προσιέναι τῷ δήμῳ. 8) Αἰδῶ τῇ ψυχῇ ἐμφυτεύειν oder ἐμποιεῖν. 9) Φόβος ἐνέπεσε τοῖς ὁδοιπόροις. 10) Τὸ φιλόπατρι πᾶσιν ἔνεστιν. 11) Τοῖς νεανίαις σωφροσύνην ἐμβάλλειν oder ἐντιθέναι. 12) Στρατηγὸν τῷ στρατῷ ἐφιστάναι. 13) Τὰ Κύθηρα τῇ Λακωνικῇ ἐπίκειται. 14) Νὺξ ἐπεγένετο τῇ μάχῃ. 15) Τῇ δυνάμει πρόσεισιν ἔχθραι. 16) Τοῖς τῶν λεγόντων λόγοις (τὸν νοῦν) προσέχειν. 17) Παρίστασθαί τινι. Παρακαθέζεσθαί τινι. Παρακαθῆσθαί τινι. 18) Νεὼς τῷ ὄρει ὑπόκειται. 19) Συμμαχοῦμεν τοῖς Βοιωτοῖς. 20) Οἱ θεοὶ ἡμῖν συνεργοῦσιν oder συμπράττουσιν. 21) Ἡ ἀχαριστία τῇ ἀναισχυντίᾳ συνῆπται oder πρόσεστιν. 22) Τὰ ἔργα ὑμῶν οὐ συμφωνεῖ τοῖς λόγοις. 23) Τοῖς πολεμίοις συμβάλλειν (συντυγχάνειν, ἐντυγχάνειν). 24) Οἱ Ἕλληνες τοῖς Πέρσαις συνεπλέκοντο. 25) Πόλεμον (δίκην) ἐπιφέρειν τινί. Πρᾴως (δυσμενῶς) προσφέρεσθαί τινι oder πρός τινα. 26) Διάδημα τῇ κεφαλῇ περιτιθέναι. 27) Ζεὺς ἐπέρριψε τῷ Τυφῶνι τὴν Αἴτνην τὸ ὄρος. 28) Ἐπισκοπῶμεν ἀεὶ τοὺς ἡμετέρους αὐτῶν λόγους τε καὶ πράξεις, ἵνα ὡς ἐλαχίστοις ἁμαρτήμασι περιπίπτωμεν. 29) Λυκοῦργος τὸ πείθεσθαι τοῖς νόμοις μάλιστα ἐνειργάσατο τῇ Σπάρτῃ. 30) Ξενοφῶν ὁ συγγραφεὺς ἔφυγεν ὑπὸ τῶν Ἀθηναίων, ἐπεὶ Κύρῳ ἐπὶ Ἀρταξέρξην, τὸν τῶν Περσῶν βασιλέα, συνεστρατεύσατο. 31) Κερκίδας, ὁ τῶν Ἀρκάδων νομοθέτης, ἐκέλευσε τὸ πρῶτον καὶ δεύτερον ἔπος τῆς Ἰλιάδος αὐτῷ συνταφῆναι. 32) Πέλοψ Ἀτρέα καὶ Θυέστην τὼ υἱὼ ἐφυγάδευσεν ἐπαρασάμενος αὐτοῖς ἀναιρεθῆναι δι᾽ ἑαυτῶν. 33) Ὅτε ὁ Καπανέως νεκρὸς κατεκαίετο, Εὐάδνη, ἡ γυνὴ αὐτοῦ, ἐμβαλοῦσα ἑαυτὴν τῇ πυρᾷ τῷ τοῦ ἀνδρὸς νεκρῷ συνεκαύθη. 34) Κατὰ τὴν Θεμιστοκλέους γνώμην οἱ Ἕλληνες ἐν Ἀρτεμισίῳ σύμπαντι τῷ στόλῳ τοῖς πολεμίοις ἐπέπλευσαν. 35) Οἱ Λακεδαιμόνιοι πρὸς Τισσαφέρνην πρέσβεις ἔπεμψαν ἐροῦντας τὰ ὅπλα μὴ ἐπενεγκεῖν ταῖς Ἑλληνίσιν ἐν τῇ Ἀσίᾳ πόλεσιν.

4. Genitiv

64. Ein Genitiv kann im Griechischen abhängen: 1. von einem Substantiv, z. B. ἡ τῶν Ἀθηναίων πόλις. 2. von einem Adjektiv z. B. οἰκία μεστὴ χρημάτων. 3. von einem Verbum z. B. Κῦρος ἐβασίλευε τῶν Περσῶν. 4. von einem Adverbium z. B. πέλας τοῦ ποταμοῦ. 5. von einer Präposition, z. B. ἥκω παρὰ βασιλέως.

65. Der **attributive Genitiv** (d. h. der Genitiv bei Substantiven) kann bezeichnen:

1. den Urheber: die Gesetze des Solon, eine Rede des Demosthenes; **G. auctoris;**

2. den Besitzer: das Haus des Königs, die Schätze des Kroisos; **G. possessivus;**

3. den Stoff oder Inhalt: eine Mauer von Stein, ein Kranz von Hyazinthen, eine Quelle süßen Wassers; **G. materiae** oder **generis;**

4. das geteilte Ganze: keiner der Soldaten, der Pöbel der Athener: **G. partitivus;**

5. entweder das **Subjekt**, welchem die in dem regierenden Substantiv ausgedrückte Tätigkeit zukommt: die Furcht der Feinde (d. h. welche die Feinde hegen), die Sorge der Kinder; **G. subiectivus;** oder das **Objekt**, auf welches die in dem regierenden Substantiv ausgedrückte Tätigkeit gerichtet ist: die Furcht vor den Feinden, die Sorge um die Kinder; **G. obiectivus;**

6. den **Wert**: ein Haus von (oder für) zwanzig Minen; **G. pretii;**

7. die **Beschaffenheit**: ein Weg von drei Tagen, ein Knabe von zehn Jahren; **G. qualitatis;** er kommt im Griechischen nur dann vor, wenn durch (eigentliche oder uneigentliche) Zahlwörter die Menge, die Größe oder das Alter bezeichnet wird. (*cf.* 49, Anm. 1);

8. die **Ursache**: eine Klage wegen Diebstahls, der Zorn infolge schwerer Beleidigungen; **G. causae.**

Anm. Statt von einem Substantiv können die angeführten Genitive auch prädikativ von εἶναι, γίγνεσθαι und anderen kopulativen Verben (*cf.* 34) abhängig sein: Οὗτοι οἱ νόμοι εἰσὶ Σόλωνος. Αἱ θύραι χαλκοῦ ἦσαν. Ἡ οἰκία πέντε μνῶν ἐστιν. Besonders zu merken ist 1. εἶναι *c. gen.* „jemandem gehören, zu etwas gehören" und γίγνεσθαι *c. gen.* „zuteil werden": Ἥδε ἡ οἰκία τοῦ πατρός ἐστιν. Ἅπαντα τὰ καλὰ τῶν νικώντων γίγνεται. Σόλων τῶν ἑπτὰ σοφῶν ἦν. 2. ἐστί *c. gen.* „es ist die Eigentümlichkeit, Sache, Aufgabe, Pflicht, das Zeichen usw. jemandes": Ἀνδρὸς ἀγαθοῦ ἐστιν εὖ ποιεῖν τοὺς φίλους. (Doch sagt man, wie im Lat., ἐμόν ἐστιν *meum est* „es ist meine Pflicht", ἡμέτερόν ἐστιν *nostrum est* „es ist unsere Pflicht" usw.)

66. 1) Wenn bei einer Örtlichkeit oder einem Volke das Land angegeben wird, zu dem sie gehören, so steht das Land im Genitiv **(Genitivus chorographicus,** der zum *Gen. partitivus* zu rechnen ist). Οἱ Ἕλληνες ἐν Πλαταιαῖς τῆς Βοιωτίας ἐτάσσοντο. Ἐν Θεράπναις τῆς Λακωνικῆς Μενελέῳ καὶ Ἑλένῃ ἅγιαι θυσίαι ἐπετελοῦντο. Ὁ στρατὸς τριταῖος τῆς Ἀττικῆς εἰς Οἰνόην ἀφίκετο. Τοῦλλος Ὁστίλιος, ὁ τρίτος τῶν ἐν Ῥώμῃ βασιλέων, ἄλλας τε πολλὰς ἐξόδους ἐξῆλθε (*cf.* 41) καὶ ἐπὶ Οὐηΐους τῆς Τυρρηνίας ἐστράτευσεν. 2) Das Verhältnis des Sohnes und der Tochter zu den Eltern, wie des Sklaven zum Herrn und der Frau zum Manne wird oft als ein bloßes Besitzverhältnis angegeben, so daß die Apellativa υἱός, θυγάτηρ, δοῦλος, γυνή ausgelassen werden. Ebenso fällt das Substantiv οἶκος weg in den Redensarten ἐν Ἅιδου (*sc.* οἴκῳ) „in der Unterwelt", εἰς Ἅιδου „in die Unterwelt", ἐξ Ἅιδου, εἰς διδασκάλου φοιτᾶν „in das Haus des Lehrers (d.h. in die Schule) gehen", τὸν παῖδα εἰς διδασκάλων πέμπειν.

Ἑρμῆς, ὁ Διὸς καὶ Μαίας, ἔτι ἐν σπαργάνοις ὢν τὰς Ἀπόλλωνος βοῦς ἔκλεψεν. Κλεοπάτρα, ἡ Πτολεμαίου Αὐλητοῦ, ἐκπρεπεστάτη τὸ εἶδος ἦν. Ὀρφεὺς εἰς Ἅιδου κατέβη.

67. Der **partitive Genitiv** hat im Griechischen eine bei weitem größere Ausdehnung als im Lateinischen. Er steht, wo nur irgend der Gegensatz eines Ganzen zu seinen Teilen gedacht wird, nicht nur bei den Numeralien πολλοί, ὀλίγοι, οἱ ἄλλοι, οἱ πολλοί „die Mehrzahl", οἱ πλεῖστοι „die meisten", οἱ μέν, οὐδείς usw., sondern auch bei anderen Adjektiven z. B. οἱ χρηστοὶ τῶν ἀνθρώπων. Über die Stellung des partitiven Genitivs *cf.* 8.

Anm. 1. Dient ein Adjektiv ohne μέρος zur Bezeichnung eines Teils, so richtet es sich im Genus häufig nach dem hinzugefügten *Gen. partivus :* ὁ λοιπὸς τοῦ χρόνου, ὁ ἥμισυς τοῦ στρατοῦ, αἱ ἡμίσειαι τῶν νεῶν, τὰ ἡμίσεα τῶν χρημάτων, ἡ πολλὴ (πλείστη) τῆς Ἑλλάδος, ὁ πλείων τοῦ στρατοῦ, so auch beim Superlativ: ἡ ἀρίστη τῆς γῆς „der beste Teil des Landes", ὁ πλεῖστος τοῦ χρόνου „der größte Teil der Zeit". Jedoch sagt man auch τὸ ἥμισυ τοῦ στρατοῦ, τὸ πλέον τοῦ χρόνου, τὸ πλεῖστον τοῦ χρόνου, τὰ πολλὰ τῆς γῆς, τὸ πολὺ τῶν πολεμίων „die Hauptmasse der Feinde".
Anm. 2. Merke die Phrasen εἰς τοῦτο (τοσοῦτο) μανίας ἦλθε (oder ἀφίκετο, προέβη) „er verstieg sich bis zu einem solchen Grade von Raserei", *eo furoris progressus est ;* συνέπεσεν εἰς τοῦτο ἀνάγκης, εἰς τοσοῦτο ἀμαθίας ἥκω.
Anm. 3. Die Neutra τί, τι, οὐδέν (μηδέν) nehmen das Neutrum eines Adjektivs im gleichen Kasus, nicht im Gen. zu sich; „etwas Neues" (*aliquid novi*) heißt nur καινόν τι, „nichts Gutes" (*nihil boni*) οὐδὲν ἀγαθόν.
Anm. 4. Beachte den partitiven Genitiv in Sätzen, wie Οἱ πολέμιοι ἔτεμον τῆς γῆς „einen Teil des Landes". Δώσω ὑμῖν τῶν ἐμαυτοῦ χρημάτων. Ἔπεμψέ μοι τῶν ἑταίρων „mehrere von den Gefährten".

1) Οἱ σώφρονες τῶν πατέρων τοὺς υἱοὺς εἰς διδασκάλων πέμπουσιν, ἵνα τὰς ψυχὰς διδάσκωνται. 2) Οὐδεὶς τῶν ἀνθρώπων φύσει πονηρός ἐστιν, ἀλλ' οἱ πλεῖστοι τῶν πονηρῶν ταῖς τῶν πονηρῶν ὁμιλίαις διαφθείρονται. 3) Τοῖς μὲν σοφοῖς τῶν ἀνθρώπων ὁμιλῶν καὶ αὐτὸς ἀποβήσῃ σοφός, τοῖς δὲ πονηροῖς τῶν ἀνθρώπων ὁμιλῶν καὶ αὐτὸς πονηρὸς ἀποβήσῃ. 4) Τὰ μικρὰ μὲν τῶν πραγμάτων λόγοις αὐξῆσαι ῥάδιον, τοῖς δὲ μεγέθει ὑπερβάλλουσι τῶν ἔργων τοὺς ἐπαίνους ἐξισῶσαι χαλεπόν. 5) Οἱ Λακεδαιμόνιοι τοὺς Μεσσηνίους τὴν ἀρίστην τῆς γῆς ἀφείλοντο. 6) Οἱ μὲν Ἀθηναῖοι μετὰ τὰ Μηδικὰ ἐπὶ μέγα δυνάμεως ἐχώρησαν, οἱ δὲ Λακεδαιμόνιοι τὸ πλέον (oder τὸν πλείονα) τοῦ χρόνου ἡσύχαζον. 7) Ὀρφεὺς ἐπὶ τοσοῦτο δόξης προῦβη, ὥστε ᾄδων καὶ δένδρα θέλγειν φανῆναι. 8) Τοῖς ἐλευθέροις τῶν Λακεδαιμονίων οὐκ ἐξῆν χρηματίζεσθαι, ἵνα παντελῶς ἐλεύθεροι γίγνοιντο. 9) Οἱ φιλότιμοι τῶν ἀνθρώπων πάντα ποιοῦσιν, ὅπως ἀθάνατον τὴν περὶ

αὐτῶν μνήμην καταλείψουσιν (*cf.* 13). 10) Τὰς μὲν τῶν τεχνῶν ἐξ
ἀρχῆς χρεία προσηγάγετο, τὰς δὲ ἡδονή τις κατέστησεν.

68. Bei der Übersetzung dieser Sätze würde es durchaus fehlerhaft sein,
den partitiven Genitiv „unser, euer, deren" etc., dessen sich
die deutsche Sprache oft in auffälliger Weise bedient, auch aufs Griechische zu übertragen; denn es handelt sich in diesen Sätzen gar
nicht um einen Teil, sondern um die ganze Anzahl. Also:
1) Ὀλίγοι ἐσμέν (*cf. nos pauci sumus*). 2) Οὐ πλείονές ἐστε ἢ ἑκατόν.
3) Αἱ τῶν Ῥωμαίων φυλαὶ τριάκοντα καὶ πέντε οὖσαι διενέμοντο εἰς
ἀστικὰς καὶ ἀγροίκους. 4) Νιόβη πάντα τὰ τέκνα ἀπώλεσεν, ἃ εἶχε
δώδεκα. 5) Αἱ κέδροι, αἲ τὸ πάλαι πάμπολλαι ἦσαν ἐν τῷ Λιβάνῳ, νῦν
σχεδὸν οὐδεμίαι περίεισιν. 6) Ἡδείας ἡμέρας ἑοράκαμεν πλείους ἢ
στυγνάς. 7) Τὰ ἄστρα τοσαῦτα ὑπάρχει, ὥστε ἀριθμεῖσθαι μὴ
δύνασθαι. 8) Δέομαί σου βιβλία ἔνια, εἴπερ τινὰ ἔχεις, πέμψαι μοι.

69. Der **Gen. obiectivus** in Abhängigkeit von einem Substantiv hat
im Griechischen ein außerordentlich weites Gebiet und vertritt
präpositionale Verbindungen aller Art. – 1) Ὁ Ἀννίβα φόβος, ἡ
τῶν γερόντων αἰδώς, τὸ τοῦ θανάτου δέος, ἐπικούρημα (oder σκέπη)
τῆς χιόνος. 2) Ὁ τῶν πλησίον ἔρως, ἡ τῆς στάσεως αἰτία, ἡ τῶν
πρέσβεων πίστις. 3) Ὁ τῆς πατρίδος πόθος, ἡ χρημάτων ἐπιθυμία.
4) Τὸ τοῦ τυράννου μῖσος, ἡ τῶν πενήτων εὔνοια, ἡ τῶν αἰχμαλώτων
πραότης, ἡ οἴνου ἀηδία. 5) Ἡ τῶν ἀγελῶν ἐπιμέλεια, ἡ τῆς τεθ-
νεώσης γυναικὸς λύπη, ἡ τῆς ἥττης μνήμη, ἡ τῶν πολεμικῶν ἐμπειρία, ἡ τῆς ἱππικῆς ἀπειρία, παραμυθία κακῶν. 6) Ἡ τῶν σατραπῶν
νίκη, ἡ τοῦ ἁμαρτήματος συγγνώμη, τὸ Καίσαρος ἐγκώμιον, ἡ τοῦ ποταμοῦ διάβασις, ἡ τῆς θρασύτητος μεταμέλεια, τὸ Μεγαρέων ψήφισμα.
7) Φάρμακον τοῦ λοιμοῦ, ἡ τῆς δουλείας ἀπόλυσις (oder ἀπαλλαγή),
οἱ θεῶν ὅρκοι, ἡ ἐπικουρίας δέησις, ἡ ὑποκριτῶν συνουσία, ἀπορία
σίτου, ἀπόστασις τῶν Ἀθηναίων.

Anm. Zuweilen werden von einem Substantiv zwei Genitive, ein subjektiver und ein objektiver, abhängig gemacht, z. B. ἡ Νικίου ἡγεμονία τῶν λοχα-
γῶν „der Oberbefehl des Nikias über die Lochagen", ἡ τῶν Φαιάκων προενοί-
κησις τῆς Κερκύρας. Gewöhnlich werden in diesem Falle die beiden Genitive
durch das regierende Substantiv getrennt.

70. Den Genitiv regieren folgende **Adjektiva:**
a. die Adjektiva der Angehörigkeit: ἴδιος und οἰκεῖος „eigentümlich" (*proprius*), κοινός „gemeinsam" (*communis*), ἱερός „heilig" (*sacer*).

b. die Adjektiva mächtig, teilhaftig, bedürftig, eingedenk, kundig:

ἐγκρατής } mächtig,
κύριος } *potens*

ἀκρατής *impotens*

μέτοχος teilhaftig, *particeps*

ἄμοιρος } unteilhaftig
ἄκληρος } *expers*

ἔμπειρος } kundig
ἐπιστήμων } *peritus*

ἐνδεής } bedürftig,
ἐπιδεής } *inops*

ἐπιμελής sorgsam in

ἀμελής nachlässig in

μνήμων eingedenk, *memor*

ἀμνήμων *immemor*

ἄπειρος *imperitus*

ὑπήκοος gehorsam, untertan

c. die Adjektiva würdig und schuldig: ἄξιος „würdig", ἀνάξιος „unwürdig", αἴτιος und ἔνοχος „schuldig", ἀναίτιος „unschuldig".

d. die Aktiva der Fülle und des Mangels: πλούσιος, εὐδαίμων „reich an", πένης „arm an", πλήρης, ἔμπλεως, μεστός „voll von", ἔρημος „leer, verlassen von"; – der Trennung und Verschiedenheit: διάφορος und ἀλλοῖος „verschieden von", κενός und γυμνός „leer, entblößt von", ἐλεύθερος „frei von".

e. die Adjektiva von komparativischer Bedeutung: ὕστερος und δεύτερος „nachstehend", διπλάσιος „doppelt so groß als", πολλαπλάσιος „vielmal größer als" u. ä.

f. μέσος „mitten zwischen" (ἐναντίος mit *Gen.* od. *Dat.*); – die Verbaladjektiva auf – ικός, die eine Fähigkeit oder Geschicklichkeit zu etwas bezeichnen, z. B. πρακτικὸς τῶν δικαίων, ποριστικὸς τῶν ἐπιτηδείων „befähigt die erforderlichen Lebensmittel zu liefern".

1) Οἱ μὲν γεωργοὶ τῶν τῆς πόλεως ἀγαθῶν ἄπειροί εἰσιν, οἱ δ' ἀστοὶ τῶν τοῦ ἐν ἀγροῖς βίου. 2) Ξενοφῶν οὐ μόνον τὴν φιλοσοφίαν δεινὸς ἦν, ἀλλὰ καὶ τῶν περὶ τὰς τάξεις ἐπιστήμων. 3) Τροιζὴν τῆς Ἀργείας ἱερὰ ἦν Ποσειδῶνος, ὅθεν καὶ Ποσειδωνία ποτὲ ἐκέκλητο. 4) Ἀχαΐα, μέση οὖσα Ἤλιδος καὶ Σικυῶνος, τὸ πάλαι Αἰγιάλεια ὄνομα ἐκαλεῖτο. 5) Ἡ Αἴγυπτος τοῦ ἐξ οὐρανοῦ ὕδατος μὲν ἄμοιρος, εὐδαίμων δὲ σίτου καὶ πλήρης ἀνθρώπων τε καὶ ἄλλων ζώων. 6) Τὸ τὴν ἀλήθειαν ἐρευνῆσαι καὶ ἀνευρεῖν ἴδιόν ἐστι τοῦ ἀνθρώπου, ἐπειδὴ ὁ ἄνθρωπος μόνος πάντων τῶν ζώων λόγου μέτοχός ἐστιν. 7) Ἐν Λακεδαιμονίοις οἱ μὴ γήμαντες ἄμοιροι ἦσαν τιμῆς καὶ αἰδοῦς, ἣν οἱ νέοι τοῖς πρεσβυτέροις ἀπένεμον. 8) Τὸν στρατηγὸν παρασκευαστικὸν τῶν εἰς τὸν πόλεμον εἶναι χρὴ καὶ ποριστικὸν τῶν ἐπιτηδείων τοῖς στρατιώταις καὶ ἐξαπατητικὸν τῶν

πολεμίων. 9) Οἱ Ἀθηναῖοι πολλοὺς τῶν πολιτῶν ἐξέβαλον, οἱ τῇ πόλει αἴτιοι μεγίστων ἀγαθῶν ἐγεγένηντο καὶ πασῶν χαρίτων ἄξιοι ἦσαν. 10) Ὁ ἀὴρ γοῦν πάντων τῶν ἀνθρώπων κοινός ἐστι, κἂν τὰ ἄλλα ἴδια ᾖ τῶν τυράννων. 11) Οἱ τῶν εὐσεβείας καὶ ἀρετῆς ἔργων ἄπειροι ὄντες τοῦ τῶν μακάρων βίου ἄμοιροι ἔσονται. 12) Ἀγαθοὶ ἀθληταὶ διπλασίοις καὶ τριπλασίοις ἑαυτῶν μάχονται. 13) Ἡ Καρχηδὼν ἀνδριάντων Ἑλληνικῶν καὶ ἀναθημάτων ἀπὸ τῆς Σικελίας μεστὴ ἦν. 14) Τὸν τῇ πόλει ἐπιστατοῦντα τὰ ἑαυτοῦ τῆς κοινῆς σωτηρίας ὕστερα ποιεῖσθαι (oder δεύτερα τίθεσθαι) δεῖ.

71. Die **Adverbien** des Ortes, der Zeit, der Art und Weise nehmen ihre nähere Bestimmung im Genitiv zu sich. Also ποῦ τῆς γῆς, ποῖ τῆς πόλεως, πόθεν τῆς ὕλης, ἐνταῦθα τῆς χώρας, οὐδαμοῦ (πανταχοῦ, ἄλλοθι etc.). τῆς χώρας, πότε τῆς νυκτός, ὀψὲ (πρῴ) τῆς ἡμέρας, δὶς τοῦ ἔτους, πῶς ἔχεις τῆς γνώμης, καλῶς (εὖ, κακῶς) ἔχω φύσεως, ἔφυγον ὡς τάχους ἕκαστος εἶχεν u.a. – Sodann steht der Genitiv in **Ausrufen** des Unwillens, des Schmerzes, der Verwunderung, um die Ursache zu bezeichnen, durch welche das Gefühl veranlaßt wird, teils mit Interjektionen (οἴμοι, ὤμοι, αἰαῖ, φεῦ, ὦ u.a.) teils ohne eine solche, z.B. φεῦ τῆς ἀφροσύνης, οἴμοι τῶν ἐμῶν κακῶν, ὦ Ζεῦ βασιλεῦ τῆς λεπτότητος τῶν φρενῶν. – 1) Οὐδαμοῦ τῆς γῆς πάντας ἀγαθοὺς ἀνθρώπους εὑρίσκεις. 2) Πανταχοῦ τῆς γῆς οἱ ἄνθρωποι τῶν θεοῦ εὐεργεσιῶν τυγχάνουσιν. 3) Ὀψὲ τῆς ἑσπέρας φήμη ἡ περὶ τῆς ἐν Χαιρωνείᾳ μάχης εἰς Ἀθήνας ἦλθεν. 4) Ὦ τῆς μωρίας τῶν πολλῶν, οἳ τὸν χρυσὸν τῆς ἀρετῆς προαιροῦνται. 5) Φεῦ πονηροῦ ἀνδρός, ὃς τὴν πατρίδα τοῖς πολεμίοις προδέδωκεν. 6) Νικόδωρος ὁ πύκτης ὀψὲ τῆς ἡλικίας ὢν τοῖς Μαντινεῦσι νόμους ἔθηκεν. 7) Ὁ ἀγαθὸς στρατηγὸς ἀεὶ ἐνθυμεῖται, ὁπόθεν τοῦ χωρίου τοῖς πολεμίοις ἐπιθήσεται. 8) Ἐνταῦθα τῆς ἡλικίας καὶ οὕτω τῶν φρενῶν ἔχομεν, ὥστε αὐτοὶ αἰσθάνεσθαι, ἵνα („wo") τῶν κακῶν καὶ ὡς ἐγγὺς τῆς φθορᾶς ἐσμεν. 9) Αἱ ἔλαφοι ἅπαξ τοῦ ἔτους τὰ κέρα ἀποβάλλονται. 10) Καὶ ἐν τοῖς παρ' ἡμῖν χωρίοις τὰ δένδρα ἐνίοτε δὶς τοῦ ἔτους θάλλει.

72. 1) Der **Genitivus temporis** bezeichnet den Zeitraum innerhalb oder während dessen etwas geschieht (= ἐντός c. gen. oder c. dat.). Er steht sowohl ohne attributive Bestimmung bei allgemeinen Zeitbestimmungen (νυκτὸς καὶ ἡμέρας, ἔαρος, θέρους, ἑσπέρας etc.), als auch mit Attributen (τοῦ αὐτοῦ χειμῶνος, τῆς ἐπιούσης νυκτός, δέκα ἐτῶν σε οὐκ εἶδον). Merke auch δὶς τῆς ἡμέρας *bis in die*, τρὶς τοῦ ἐνιαυτοῦ *ter in anno* usw.

2) Der **Dativus temporis** bezeichnet auf die Frage „wann" die Zeit als eine bestimmt begrenzte:

a. **ohne** die Präposition ἐν:

α. bei Festnamen: Παναθηναίοις, Διονυσίοις τοῖς μεγάλοις.

β. bei Substantiven, welche durch ein **Attribut** genau bestimmt sind: τῆδε τῇ νυκτί, τῷ πέμπτῳ ἔτει, τῇ ὑστεραίᾳ (*sc.* ἡμέρᾳ).

b. **mit** der Präposition ἐν:

α. bei Substantiven ohne **Attribut:** ἐν νυκτί, ἐν θέρει, ἐν πολέμῳ, ἐν εἰρήνη.

β. im Sinne von „während, innerhalb": ἐν ἐκείνῳ τῷ χρόνῳ, ἐν τούτῳ τῷ ἐνιαυτῷ.

3) Der **Accusativus temporis** bezeichnet die zeitliche **Ausdehnung** auf die Frage „wie lange?", z. B. Ἐνταῦθα μενοῦμεν τρεῖς ἡμέρας. Ὀργὴ φιλούντων ὀλίγον ἰσχύει χρόνον.

Anm. 1. Die Genitive ἡμέρας, νυκτός, θέρους u. a. heißen einfach „am Tage, bei Nacht, im Sommer", während τῆς ἡμέρας, τῆς νυκτός, τοῦ θέρους bedeuten „innerhalb des eben erwähnten Tages, im Verlaufe der erwähnten Nacht, des angegebenen Sommers" oder auch „an jedem Tage, in jeder Nacht, in jedem Sommer".

Anm. 2. Ausdrücke wie „alle vier Jahre" werden durch διά *c. gen.* und die Ordinalzahl gegeben, wobei im Griechischen der Ausgangs- und Endpunkt mitgezählt wird, also διὰ πέμπτου ἔτους „alle vier Jahre", δι᾽ ἐνάτου ἔτους „alle acht Jahre".

73. 1) Οἱ Ἀθηναῖοι Κίμωνα ἐξωστράκισαν, ἵνα αὐτοῦ, ὥς φησι Πλάτων, δέκα ἐτῶν μὴ ἀκούσειαν τῆς φωνῆς. 2) Πομπήϊος μὲν τριάκοντα ἡμερῶν τοὺς λῃστάς, Ἀλέξανδρος δὲ τριῶν ἐτῶν σχεδὸν πᾶσαν τὴν γῆν ἐνίκησεν. 3) Διογένει ἓν ἱμάτιον θέρους τε καὶ χειμῶνος ἐξήρκει. 4) Φιλίππου ποτὲ ἐν τῇ σκηνῇ ἡμέρας καθεύδοντος οἱ στρατιῶται ἀγανακτοῦντες ἐπὶ ταῖς θύραις ἀθροισθέντες ἐνεκάλουν· Παρμενίων δὲ εἶπε· μὴ θαυμάζετε, εἰ Φίλιππος καθεύδει ἡμέρας, νυκτὸς γάρ, ὅταν ὑμεῖς καθεύδητε, ὑπὲρ ὑμῶν ἐγρήγορεν. 5) Κατὰ τὸν Πελοποννησιακὸν πόλεμον οἱ Λακεδαιμόνιοι ὀλίγων ἐτῶν τὴν τῶν Ἀθηναίων δύναμιν καθαιρήσειν ἐνόμιζον, εἰ τὴν γῆν αὐτῶν τέμοιεν. 6) Οἱ Ἀθηναῖοι ἐπὶ τῷ Εὐρυμέδοντι ποταμῷ τῆς Παμφυλίας τῇ αὐτῇ ἡμέρᾳ κατὰ γῆν τε καὶ θάλασσαν τοὺς Πέρσας ἐκράτησαν. 7) Οἱ Βοιωτοὶ τῷ ἑξηκοστῷ μετ᾽ Ἰλίου ἅλωσιν ἔτει τὴν Βοιωτίαν κατέσχον, ἣ πρὸ τοῦ ἐκαλεῖτο γῆ Καδμηίς. 8) Τρίτῃ ἢ τετάρτῃ ἡμέρᾳ, ἐπεὶ Σόλων εἰς Σάρδεις ἦλθεν, οἱ Κροίσου θεράποντες περιάγοντες αὐτὸν κατὰ τοὺς θησαυροὺς ἐπέδειξαν πάντα τὰ τίμια ὄντα. 9) Πλάτων ἐγεννήθη μὲν τῷ τρίτῳ ἔτει τῆς ὀγδοηκοστῆς καὶ ἑβδόμης ὀλυμπιάδος, τῇ ἑβδόμῃ τοῦ Θαργηλιῶνος ἡμέρα, ἐτελεύτησε δὲ τῷ πρώτῳ ἔτει τῆς ἑκατοστῆς καὶ ὀγδόης ὀλυμπιάδος βιοὺς ὀγδοήκοντα καὶ ἓν ἔτη. 10) Οἱ Ἀθηναῖοι νόμον ἔθεντο τὰ Ὁμήρου ἔπη Παναθηναίοις μόνον ῥαψῳδεῖσθαι.

74. Der **Genitiv** steht im Griechischen:

1. bei εἶναι „gehören" und γίγνεσθαι „zuteil werden" (*cf. 65*, Anm.); ebenso bei τιθέναι (νομίζειν, λέγειν, καλεῖν) „rechnen zu, zählen unter": Σόλων τῶν ἑπτὰ σοφῶν ἦν (ἐκλήθη). Τίθημί σε τῶν ἀπαιδεύτων.

2. bei Verben von possessiver Bedeutung:

a. **herrschen, Herr sein:**

ἄρχειν
βασιλεύειν
δεσπόζειν
τυραννεῖν ⎱ herrschen über, beherrschen

κρατεῖν Herr sein, sich bemächtigen

ἡγεμονεύειν
στρατηγεῖν
ἡγεῖσθαι ⎱ anführen

Anm. 1. Κρατεῖν τινα „besiegen"; ἡγεῖσθαί τινι (ὁδόν) „jemandem vorangehen, als Führer dienen".

b. **erlangen, teilhaftig sein, teilhaftig machen:**

τυγχάνειν erlangen

λαγχάνειν (durchs Los) erhalten (öfter *c. acc.*)

μετέχειν
μέτεστί μοι ⎱ teilhaftig sein, Anteil haben an

ἀντιποιεῖσθαι Anspruch machen auf etwas

μεταλαμβάνειν Anteil erhalten an

μεταδιδόναι (τινί τινος) Anteil geben an

κοινωνεῖν (τινί τινος) mit jemand gemein haben

ἀντιποιεῖσθαί (τινί τινος) jem. etwas streitig machen.

c. **verlangen, begehren:**

ἐπιθυμεῖν
ἐρᾶν
ἐφίεσθαι ⎱ verlangen nach, begehren

d. **genießen** (=teilhaftig werden):

ἀπολαύειν genießen

(γεύεσθαι kosten *cf.* § 74,3,*a*)

ὀνίνασθαι Vorteil haben von

e. **bedürfen, nötig haben:**

δεῖ μοί τινος
δεῖσθαι
χρῄζειν ⎱ bedürfen, nötig haben

NB. δεῖσθαί τινος heißt auch „jem. bitten".

f. **sorgen für, bedacht sein auf:**

ἐπιμελεῖσθαι
μέλει μοί τινος
κήδεσθαι
φροντίζειν ⎱ sorgen für

μεταμέλει μοί τινος
μεταμέλεσθαι ⎱ bereuen

ὀλιγωρεῖν
ἀμελεῖν ⎱ vernachlässigen

3. Bei Verben von partitiver Bedeutung:

a. **essen, trinken:**

ἐσθίειν essen (von etwas) γεύειν τινά τινος jem. (von etwas)
πίνειν trinken (von etwas) kosten lassen
γεύεσθαι kosten (von etwas)

Anm. Ἐσθίειν und πίνειν τι „etwas aufessen, austrinken", Σωκράτης τὸ κώνειον ἔπιεν. Cf. 74, 4, Anm. 2.

b. **berühren, anfassen:**

θιγγάνειν ⎤ λαμβάνεσθαι ⎤
ψαύειν ⎬ berühren, ἐπιλαμβάνεσθαι ⎬ ergreifen,
ἅπτεσθαι ⎦ anfassen ἀντιλαμβάνεσθαι ⎦ anfassen

ἔχεσθαι sich halten an λαμβάνειν τινά χειρὸς jem. bei der
etwas, grenzen an Hand fassen

c. nach etwas **zielen, streben,** etwas **treffen, erreichen:**

στοχάζεσθαι zielen nach ἀποτυγχάνειν ⎤ verfehlen
ὀρέγεσθαι ⎤ ἁμαρτάνειν ⎦
γλίχεσθαι ⎬ streben nach
τυγχάνειν treffen, erreichen σφάλλεσθαι ⎤ sich täuschen in
  ψεύδεσθαι ⎦ (z. B. τῶν ἐλπίδων)
ἐφικνεῖσθαι ⎤ erreichen
ἐξικνεῖσθαι ⎦ πεινῆν hungern nach
  διψῆν dürsten nach etwas

4. Bei den Verben des Erinnerns und Vergessens und bei einigen Verben des Wahrnehmens:

μιμνήσκεσθαι ⎤ sich erinnern μεμνῆσθαι eingedenk sein
μνημονεύειν ⎦ an ἐπιλανθάνεσθαι vergessen

συνιέναι vernehmen, verstehen ἀκούειν ⎤ hören
αἰσθάνεσθαι wahrnehmen ἀκροᾶσθαι ⎦

πυνθάνεσθαι erfahren, fragen πειρᾶσθαι versuchen

Anm. 1. Αἰσθάνεσθαι, πυνθάνεσθαι, ἀκούειν, συνιέναι haben die Sache im Akk., die Person im Gen. bei sich. Merke ἀκούειν τινός: 1. jem. anhören; 2. auf jem. hören, jem. gehorchen (= ὑπακούειν τινός oder τινί); 3. von jem. hören (= ἔκ τινος, παρά τινος). Ἀκούειν τί τινος „etwas von jem. hören". – Πυνθάνεσθαί τί τινος „etwas von jem. erfahren".

Anm. 2. „Jem. an etwas erinnern" μιμνήσκειν, ἀνα- und ὑπομιμνήσκειν τινά τινος (cf. § 47, 1). – Πειρᾶν τινα „jem. prüfen, auf die Probe stellen".

5. als **Gen. criminis** zur Bezeichnung der Schuld oder des Verbrechens bei den Ausdrücken:

αἰτιᾶσθαι beschuldigen

εἰσάγειν ⎫
ὑπάγειν ⎪
γράφεσθαι ⎬ anklagen
διώκειν ⎭

φεύγειν angeklagt sein

δικάζειν ⎫
κρίνειν ⎭ verurteilen

αἱρεῖν überführen
ἁλίσκεσθαι überführt werden
ὀφλισκάνειν schuldig gesprochen
werden

ἀφιέναι ⎫
ἀπολύειν ⎭ freisprechen

z. B. Γράφεσθαί τινα κλοπῆς (ἀσεβείας, φόνου). Ὑπάγειν τινὰ θανάτου *capitis accusare*, θανάτου κρίνειν *capitis damnare*.

Anm. Die mit κατά zusammengesetzten gerichtlichen Verba (κατηγορεῖν anklagen, κατακρίνειν, καταγιγνώσκειν, καταψηφίζεσθαι verurteilen u.a.) haben die Person im Gen., die Sache im Akk. bei sich: κατακρίνειν τινὸς θάνατον. Im Passiv wird bei diesen Verben der *Acc. criminis* zum Subjekt: Θάνατος κατεγνώσθη Σωκράτους.

6. als **Gen. pretii** zur Bezeichnung des Preises oder Wertes bei den Ausdrücken:

ὠνεῖσθαι ⎫
πρίασθαι ⎭ kaufen

πωλεῖν ⎫
πιπράσκειν ⎬ verkaufen
ἀποδίδοσθαι ⎭

μισθοῦν verdingen, vermieten

μισθοῦσθαι dingen, mieten

ἀξιοῦν ⎫
τιμᾶσθαι ⎬ schätzen
ποιεῖσθαι ⎭

κτᾶσθαι erwerben u. ä

z. B. Τριῶν μνῶν πωλεῖν, πολλοῦ ἀργυρίου (ταλάντου) πρίασθαι, μισθοῦ ἐργάζεσθαι „für Sold arbeiten".

Anm. Merke die allgemeinen Wertbestimmungen πολλοῦ, πλείονος, πλείστου, μικροῦ, ὀλίγου u. ä. – Bei ποιεῖσθαι „schätzen" wird der allgemeine Wert durch περί *c. gen.* ausgedrückt: περὶ πολλοῦ (ὀλίγου) ποιεῖσθαι „hoch (gering) schätzen", περὶ πλείστου, περὶ παντός, περὶ οὐδενὸς ποιεῖσθαι u. ä.

7. als **Gen. copiae et inopiae** bei den Verben und Adjektiven der Fülle und des Mangels:

εὐπορεῖν Überfluß haben an

γέμειν ⎫
πλήθειν ⎭ voll sein von

ἀπορεῖν ⎫
σπανίζειν ⎭ Mangel haben an

πληροῦν, ἐμπι- ⎫ anfüllen
πλάναι, μεστοῦν ⎭ mit

πλουτεῖν reich sein an
κορεννύναι sättigen
κορέννυσθαι sich sättigen

κενοῦν ⎫
ἐρημοῦν ⎭ entleeren von

ἀποστερεῖν berauben (47,2)
στέρεσθαι beraubt sein

8. als **Gen. causae** zur Bezeichnung des Grundes oder der Veranlassung bei den Verben der Gemütsstimmung und Gefühlsäußerung:

a. Verba mit **Akk. der Person** und **Gen. der Sache:**

θαυμάζειν ⎫
ἄγασθαι ⎬ bewundern
ζηλοῦν ⎭
ἐπαινεῖν loben
μισεῖν hassen

εὐδαιμονίζειν ⎫ glücklich
μακαρίζειν ⎭ preisen
οἰκτείρειν bedauern
ἐλεεῖν bemitleiden

b. Verba mit **Dat. der Person** und **Gen. der Sache:**

φθονεῖν beneiden
μέμφεσθαι tadeln
ὀνειδίζειν schmähen

ὀργίζεσθαι zürnen
συγγιγνώσκειν verzeihen

Anm. Statt des Gen. der Sache kann auch ἐπί *c. dat.* stehen: Θαυμάζομεν Σωκράτη τῆς σοφίας oder ἐπὶ τῇ σοφίᾳ (= θαυμάζομεν τὴν Σωκράτους σοφίαν).

9. als **ablativischer Genitiv,** der entweder den Ausgangspunkt auf die Frage „woher?" oder die Entfernung oder Trennung auf die Frage „wovon?" bezeichnet. Er steht:

a. **mit oder ohne** die Präposition ἀπό und ἐκ bei:

γίγνεσθαι geboren werden von; γεγονέναι oder πεφυκέναι abstammen von;

ἄρχεσθαι ⎫ *c. gen.* etwas anfangen, beginnen; — mit ἀπό, ἐκ
ἄρχειν ⎭ anfangen mit oder bei etwas

b. **ohne** Präposition:

α) bei den **Verben der Trennung** (Entfernung, Verschiedenheit):

χωρίζειν trennen von
ἀποκρίνειν absondern von

ἀπέχειν ⎫
διέχειν ⎬ entfernt
ἀπεῖναι ⎭ sein von
ἀπέχεσθαι sich fernhalten
    von
εἴργειν ⎫ abhalten
ἀπείργειν ⎭ von

εἴκειν ⎫ weichen
παραχωρεῖν⎭ von
φείδεσθαι schonen, sparen
ἀφειδεῖν nicht schonen
λύειν ⎫
ἐλευθεροῦν ⎬ befreien von
ἀπαλλάττειν⎭
διαφέρειν sich unterscheiden von,
    sich auszeichnen vor

143

παύειν zum Aufhören mit   παύεσθαι ⎫ aufhören mit,
etwas bringen   λήγειν   ⎭ ablassen von

β) als **Gen. comparativus** beim Komparativ (statt ἤ m. Nom. oder Akk., selten statt ἤ m. Dat.): Οὐδὲν κτῆμά ἐστι σεμνότερον τῆς ἀρετῆς. Ἀλέξανδρος Ἀριστοτέλην οὐχ ἧττον ἠγάπα τοῦ πατρός.

γ) bei Verben von **komparativischer** und **superlativischer Bedeutung:**

ἡττᾶθαι ἥττω εἶναι	⎫ unterliegen	περιγίγνεσθαι περιεῖναι κρείττω εἶναι	⎫ überlegen sein
λείπεσθαι ἀπολεί- πεσθαι	nachstehen, zurückblei- ben hinter	πρωτεύειν ἀριστεύειν κρατιστεύειν	der erste, beste sein
ὑστερεῖν später kommen als, etwas versäumen		πλεονεκτεῖν im Vorteil, voraus sein u. ä.	
προέχειν ὑπερέχειν	⎫ übertreffen		

Anm. 1. Ὑπερβάλλειν „übertreffen" regiert den Akk.

Anm. 2. Unterscheide ἄρχεσθαί τινος „etwas anfangen" von ἄρχεσθαι ἀπό (oder ἐκ) τινος „den Anfang machen mit etwas" (*cf.* 74, 9, a); κρατεῖν τινος „jemandes Herr sein, sich zum Herrn jemandes machen" von κρατεῖν τινα „jem. besiegen, bezwingen"; – ἡγεῖσθαί τινος Anführer sein, den Oberbefehl haben" von ἡγεῖσθαί τινι „jem. den Weg zeigen"; – ἐσθίειν τι, πίνειν τι „etwas aus-essen, austrinken" von ἐσθίειν τινός, πίνειν τινός „von einer Sache etwas essen, trinken"; – ἀπογιγνώσκειν τινός „an etwas verzweifeln" von ἀπογιγνώσκειν τι „etwas aufgeben".

10. Den Genitiv regieren viele Verba, welche zusammengesetzt sind mit den **Präpositionen:**

ἀπό: ἀφιστάναι τινά τινος „zum Abfall bringen von jem."; ἀφίστασθαί τινος „abfallen von"; ἀποκλείειν „abschließen von"; ἀποτρέπειν „abwenden von"; ἀπογιγνώσκειν τινός „verzweifeln an".

ἐκ: ἐκβάλλειν τινὰ τῆς ἀρχῆς, ἐξίστασθαι ὁδοῦ.

πρό: προεστηκέναι und προστατεῖν τινος „an der Spitze stehen"; προαιρεῖσθαι, προτιμᾶν, προκρίνειν τί τινος „etwas einer Sache vorziehen"; προκινδυνεύειν τῶν πολιτῶν „Gefahren für die Bürger bestehen".

ὑπέρ: ὑπεραλγεῖν τῆς πατρίδος „Schmerz empfinden für d. V.".

κατά: (eine feindliche Gesinnung bezeichnend), § 74,5 Anm.: καταγελᾶν τινος „jem. verlachen"; καταφρονεῖν τινος „verachten".

75. 1) Οἱ κακοὶ τῆς φυγῆς ἄρχονται, ἀλλ' ἐνίοτε καὶ τοὺς ἀγαθοὺς ἐπάγουσιν. 2) Οὐ χρυσοῦ οὐδ' ἀργύρου, ἀλλὰ πόνων καὶ ἱδρῶτος οἱ θεοὶ τὴν ἀρετὴν ἡμῖν πωλοῦσιν. 3) Κριτίας τε καὶ Ἀλκιβιάδης ἐπιθυμήσαντες τῆς σωφροσύνης, ἣν Σωκράτης εἶχεν, ὠρέξαντο τῆς ὁμιλίας αὐτοῦ. 4) Οἱ Χαλδαῖοι πενέστατοί τε καὶ πολεμικώτατοι ὄντες μισθοῦ ἐστρατεύοντο, ὁπότε τις αὐτῶν δέοιτο. 5) Οἱ Ἀθηναῖοι πᾶσι τοῖς πολίταις ἐξ ἴσου μετεδίδοσαν πολιτείας τε καὶ ἀρχῶν. 6) Θεμιστοκλῆς Ἱέρωνα, ὃς ἵππους ἄγων εἰς Ὀλυμπίαν ἦλθε, τῶν ἀγώνων εἶρξε λέγων τὸν τοῦ μεγίστου τῆς Ἑλλάδος κινδύνου οὐ μεταλαβόντα οὐδὲ τῶν πανηγύρεων μετέχειν χρῆναι. 7) Οἱ ἀνόητοι τὸν θάνατον δεδίασιν οἰόμενοι αὐτὸν τῶν μεγίστων κακῶν εἶναι. 8) Τίτορμος ὁ βουκόλος μέγαν ταῦρον λαβὼν τοῦ ποδὸς οὕτω κατεῖχεν, ὥστε ἀποτρέχειν μὴ δύνασθαι. 9) Ὀλυμπίας τῆς πόλεως ἔχεται ἄλσος, ἐν ᾧ νεὼς Διὸς ἱερός ἐστιν. 10) Ὁ τῶν συὸς κρεῶν φαγὼν τοῦ Ἀφροδίτης ἱεροῦ ἀπείργετο. 11) Αἱ τῶν τεθνεώτων σκιαὶ εἰς Ἅιδου ἐλθοῦσαι τοῦ Λήθης ὕδατος πίνουσι καὶ οὕτω λήθης τῶν πρότερον τυγχάνουσιν. 12) Ἀλεξάνδρου ὑπὸ μυιῶν δηχθέντος καὶ προθύμως ἀποσοβήσαντος Νικησίας κολακεύων εἶπεν· ἦπου αὗται αἱ μυῖαι τῶν ἄλλων κρατήσουσι τοῦ σοῦ αἵματος γευσάμεναι. 13) Ἐπειδὴ τάχιστα οἱ ἵπποι τῶν καμήλων ὤσφροντο καὶ ᾔσθοντο, παραυτίκα ἔφυγον· ὁ γὰρ ἵππος οὔτε τὴν ἰδέαν οὔτε τὴν ὀσμὴν τῆς καμήλου ἀνέχεται. 14) Ἥρα καὶ Ἀφροδίτη καὶ Ἀθηνᾶ ἀλλήλαις ἤρισαν φάσκουσαι ἑκάστη τὸ Ἔριδος μῆλον ἑαυτῆς εἶναι. 15) Οἱ πολλοὶ τῶν οἰκετῶν, ἐὰν καὶ τῆς δουλείας ἀφεθῶσι, τῶν δουλικῶν οὐκ ἀπαλλάττονται. 16) Πονηρῶν ἀνδρῶν ἐστι τῶν ἀγαθῶν, ἃ ὑπ' ἄλλων ἔπαθον, ῥᾳδίως ἐπιλανθάνεσθαι. 17) Ἀλκιβιάδης κύνα θαυμάσιον τὸ μέγεθος καὶ κάλλος ἑβδομήκοντα μνῶν ἐώνητο. 18) Οὐδεὶς μὲν τῶν φίλων τοῦ Φωκίωνος σώματος ἅψασθαι ἐτόλμησε, μόνος δὲ Κωνωπίων τις, ὃς τοιαῦτα μισθοῦ ὑπουργεῖν εἰθισμένος ἦν, τὸ σῶμα ἔκαυσεν. 19) Γλαῦκος τὰ ἑαυτοῦ ὅπλα τῶν Διομήδους ἠλλάξατο, χρυσᾶ χαλκῶν. 20) Πρῶτοι πάντων ὧν ἴσμεν ἀνθρώπων οἱ Λυδοὶ νόμισμα ἀργύρου καὶ χρυσοῦ κόψαι λέγονται. 21) Πυθέας πολλάκις κατεγέλα Δημοσθένους, ᾧ τῆς δόξης (oder οὗ τῇ δόξῃ) ἐφθόνει, λέγων τοὺς λόγους αὐτοῦ ἐλλυχνίων ὄζειν. 22) Ἔαρος οἱ κῆποι ὄζουσιν ἴων καὶ ναρκίσσων καὶ ὑακίνθων καὶ ῥόδων καὶ ἄλλων ἀνθῶν. 23) Καταφρόνει τῶν πλοῦτον μὲν καὶ δόξαν περὶ πλείστου, ἀρετὴν δὲ περὶ μηδενὸς ποιουμένων. 24) Φείδου τοῦ χρόνου καὶ ἄκουε τῶν ἀπὸ πρεσβυτέρων ἀνθρώπων λόγων. 25) Σόλων οὐκ ἔφη χρῆναι εὐδαιμονίζειν οὐδένα τῶν ἀνθρώπων τῆς τύχης (= ἐπὶ τῇ τύχῃ) πρὸ τοῦ θανάτου. 26) Οἱ Ἀθηναῖοι Ἀλκιβιάδην ἀσεβείας διώκοντες θανάτου ἔκριναν (oder θάνατον αὐτοῦ κατέκριναν). 27) Τῶν δικαστῶν ἐστιν ἀμφοῖν ὁμοίως ἀκροᾶσθαι καὶ δικαιοσύνης ἔχεσθαι. 28) Τῶν Ταραντίνων εἰς τοῦτο τόλμης ἀφικομένων, ὥστε τῶν Ῥωμαίων πρέσβεων κατεγέλασαν, Ποστούμιος εἶπε· Νῦν μὲν γελᾶτε, μετ᾽ ὀλίγον δ᾽ ὑμῖν ὧν τήμερον ἐποιήσατε μεταμελήσει. 29) Πονηροὶ ἄνδρες τιμῶν τυχόντες πίμπλανται ἀφροσύνης τε καὶ τόλμης καὶ ἐπιλανθάνονται σωφροσύνης. 30) Καὶ τοῖς ἔργοις καὶ τοῖς φρονήμασι τῶν προγόνων πολὺ ἀπολελείμμεθα. 31) Τοσοῦτον ἡ σοφία τῶν ἄλλων ἀνθρωπίνων πραγμάτων διαφέρει, ὅσον ἥλιος τῶν ἄλλων ἄστρων. 32) Τῆς παρ᾽ Ἀντιόχου βοηθείας ἐστερημένοι οἱ Αἰτωλοὶ τῶν Ῥωμαίων ἡττῶντο. 33) Οἱ Ἀθηναῖοι τῶν ὑπαρχόντων ἥκιστα ἀπέλαυον ἀεὶ ἐπιθυμοῦντες τοῦ κτήσασθαι. 34) Σωκράτης πολλοὺς τῶν περὶ ἑαυτὸν αἰσχρῶν ἐπιθυμιῶν ἠλευθέρωσε ποιήσας αὐτοὺς ἀρετῆς ἐφίεσθαι. 35) Καὶ Πύρρος Φαβρίκιον τῆς χρηστότητος (= ἐπὶ τῇ χρηστότητι) ἐθαύμασεν. 36) Πολλάκις Χριστὸς τοὺς Φαρισαίους τῆς ὑποκρίσεως ἔψεγεν (= τοῖς Φαρισαίοις τὴν ὑπόκρισιν ἐμέμφετο). 37) Δέομαι ὑμῶν, ὦ πολῖται, πᾶσιν ἀποδεῖξαι, ὡς χρημάτων οὐκ ἐφίεσθε, ἀλλὰ τῆς πόλεως ἐπιμελεῖσθε καὶ τῶν αἰσχρὰ συμβουλευόντων οὐκ ἀκούετε. 38) Οἱ τῆς μὲν ἀρετῆς ἀμελοῦντες, δόξης δὲ καὶ τιμῆς φροντίζοντες τὰ πλείστου μὲν ἄξια περὶ ὀλιγίστου ποιοῦνται, τὰ δὲ χείρω περὶ πλείονος. 39) Ῥίον καὶ Ἀντίρριον τὼ ἀκρωτηρίω, ἑκατέρωθεν τοῦ Κορινθιακοῦ κόλπου κειμένω, σταδίους μάλιστα ἑπτὰ (ἀπ᾽) ἀλλήλων διέχετον. 40) Πιττακὸς ἀδικηθεὶς ὑπό τινος καὶ ἔχων ἐξουσίαν κολάσαι ἀφῆκεν εἰπών· ξυγγνώμη τιμωρίας ἀμείνων· ἡ μὲν γὰρ ἡμέρου φύσεώς ἐστιν, ἡ δὲ θηριώδους. 41) Νομίζω, ἔφη Σωκράτης, τὸν ἄδικον πάντως μὲν ἄθλιον εἶναι, ἀθλιώτερον δὲ ἐὰν μὴ τιμωρίας τυγχάνῃ. 42) Οἱ Λακεδαιμόνιοι τοσοῦτον ἀπολελειμμένοι εἰσὶ τῆς κοινῆς παιδείας, ὥστε οὐδὲ γράμματα μανθάνουσιν. 43) Οὐχ ἡμέτερόν ἐστι τὸν τῶν ὅρκων ἀμελοῦντα τοῦ πλούτου ἢ τῶν τιμῶν μακαρίζειν. 44) Τοῖς καλουμένοις θησὶ Σόλων οὐκ ἔδωκεν οὐδεμίαν ἀρχὴν ἄρχειν, ἀλλὰ τῷ συνεκκλησιάζειν μόνον μετεῖχον τῆς πολιτείας. 45) Ὁρᾷς, ὅσον τοῦ ἀληθοῦς ἡμαρτήκαμεν. 46) Ἀσδρούβας μαθὼν ἐπιείκειαν πρακτικωτέραν οὖσαν βίας τὴν εἰρήνην προῃρεῖτο τοῦ πολέμου. 47) Πολλοὶ τῶν Συρακοσίων μετὰ τὴν τῶν Συρακουσῶν ἅλωσιν διὰ πενίαν ἀποροῦντες τροφῆς αὐτοὶ δοῦλοι εἶναι ὡμολόγησαν, ὅπως πεπραμένοι τροφῆς παρὰ τῶν πριαμένων μεταλάβοιεν. 48) Ὁ δίκαιος ἄρχων τοῖς τῶν πολιτῶν πλούτοις (= τοῖς πολίταις τῶν πλούτων) οὐ φθονεῖ· αὐτοῦ γάρ ἐστι τὰ χρήματα πάντων τῶν μετεχόντων τῆς πόλεως. 49) Οἱ μὲν πλούσιοι τὸν πλοῦτον ἑαυτοῖς καταλειπόντων, σὺ δὲ τὴν ἀρετὴν τῶν χρημάτων προαιροῦ.

5. Präpositionen

76. Fast alle Präpositionen waren ursprünglich Adverbia des Ortes; viele von ihnen kommen als Adverbia noch bei Homer und den Dichtern (auch bei Herodot) vor, wie πρό, περί, μετά, ἐπί, πρός u.a., z.B. Γέλασσε πᾶσα περὶ χθών („ringsum"). Ἀμφὶ („ringsum") δ᾽ ἑταῖροι εὗδον. Τῷ δὲ θεὸς περὶ („vorzugsweise") δῶκεν ἀοιδήν. In der attischen Prosa aber findet sich nur πρός in den Ausdrücken πρὸς δέ, πρὸς δὲ καί „außerdem aber, dazu auch noch" adverbial gebraucht.

77. Die Präpositionen stehen, wie schon der Name besagt, in der Regel vor dem Nomen, zu dem sie gehören. In der Prosa steht nur ἕνεκα häufig, περί zuweilen nach dem Genitiv (*cf.* 78).

78. Steht eine Präposition hinter ihrem Nomen oder Verbum, so zieht sie, falls sie zweisilbig ist, den Ton auf die erste Silbe zurück, z.B. Ἰθάκην κάτα κοιρανέουσιν, τοῦ θεοῦ πάρα, ὀφρύων ὕπερ; diese Veränderung des Tones nennt man **Anastrophe;** (die Präpositionen ἀμφί, ἀντί, ἀνά, διά lassen diese Zurückziehung nicht zu). Die Anastrophe ist bei den Dichtern ungemein häufig, kommt aber in Prosa nur bei περί vor, z.B. σοφίας πέρι, τούτων πέρι.

79. 1) Πρός wird in Beschwörungen und Bitten häufig durch den Akk. der persönlichen Pronomina von seinem Kasus getrennt. *Cf.* im Lat. *per te deos oro.* 2) Nur ausnahmsweise tritt die Präposition zwischen das attributive Adjektiv und das von ihr abhängige Substantiv oder zwischen ihr Nomen und den attributiven Genitiv. Man sagt regelmäßig μετὰ μεγάλου κινδύνου, ἐπὶ πλεῖστον χρόνον usw. 3) Nicht selten stehen μέν, δέ, γάρ, οὖν, αὖ und ähnliche (postpositive) Wörtchen hinter der Präposition; aber gewöhnlich sagt man ἐν εἰρήνῃ μέν – ἐν πολέμῳ δέ usw.

80. Wenn zwei Präpositionen zu einem einzigen Substantiv gehören, so wird dieses im Griechischen entweder bei beiden Präpositionen gesetzt oder bei der zweiten durch das Pronomen αὐτός vertreten, oder, was noch gewöhnlicher ist, statt der zweiten Präposition tritt ein entsprechendes Adverb ein. 1) Πρὸ τοῦ στρατοπέδου καὶ ἐν τῷ στρατοπέδῳ (oder ἐν αὐτῷ) oder πρὸ τοῦ στρατοπέδου καὶ ἔνδον. 2) Πρὸ τῆς μάχης καὶ μετὰ αὐτήν oder πρὸ τῆς μάχης καὶ μετέπειτα. 3) Ὑπὲρ τῆς γῆς καὶ ὑπ᾽ αὐτῆς oder καὶ κάτω. 4) Ζῷά τινα ζῇ καὶ ἐντὸς τοῦ ὕδατος καὶ ἔξω. 5) Αἱ βόες ἐνέμοντο αἱ μὲν ἐν τῇ ὕλῃ, αἱ δ᾽ ἐν τῷ ἔμπροσθεν.

81. Die Präpositionen werden wie im Deutschen bei mehreren beigeordneten Substantiven jedesmal wiederholt, wenn jeder einzelne Begriff besonders gefaßt und nachdrücklich hervorgehoben werden soll. Dieses ist besonders der Fall, wenn die Begriffe durch καί–καί, ἤ–ἤ, οὔτε–οὔτε, οὐ μόνον–ἀλλὰ καί usw. auseinandergehalten werden. Dagegen unterbleibt die Wiederholung, wenn die Begriffe zu einer Einheit zusammengefaßt und einem Ganzen verbunden werden sollen.

Anm. 1. Doch läßt der Grieche in Gegensätzen die Präposition bei dem zweiten Nomen oft weg, z. B. καὶ ἐν δημοκρατίᾳ καὶ ὀλιγαρχίᾳ, ἔκ τε γῆς καὶ θαλάσσης, οὐ μόνον ἐν τοῖς νόμοις, ἀλλὰ καὶ τοῖς ἡμετέροις ἤθεσιν.

Anm. 2. Bei der Apposition wird die Präposition bald wiederholt, bald nicht, z. B. Ἦλθον εἰς Κολοσσάς, πόλιν οἰκουμένην. Περὶ χρημάτων λαλεῖς, εὐτελοῦς πράγματος. Ἀπέθανεν ἐν τῷ Ἀρείῳ πάγῳ, ἐν τῷ σεμνοτάτῳ δικαστηρίῳ. Κολάζονται ὑπὸ τῶν αἰσχίστων δεσποινῶν, ὑπό τε τῶν ἐπιθυμιῶν καὶ ἡδονῶν.

Anm. 3. Wenn auf das mit einer Präposition verbundene Substantiv ein in gleicher Beziehung stehendes Relativ folgt, so wird bei demselben die Präposition gewöhnlich weggelassen, z. B. Ἐπορεύετο διὰ τῶν αὐτῶν ἐθνῶν, ὧν ὁ Πέρσης. Ἔρχονται εἰς πόλεις, ἃς ἂν βούλωνται.

82. Im allgemeinen regieren die Präpositionen dann den **Genitiv,** wenn sie das Ausgehen von etwas oder ein partitives Verhältnis bezeichnen; den **Dativ,** wenn das Verweilen bei einer Sache oder ein Beisammensein, den **Akkusativ,** wenn das Sich-Erstrecken über eine Sache hin oder die Richtung nach einer Sache, das Ziel der Handlung bezeichnet werden soll: Ἥκω παρὰ τοῦ πατρός, εἰμὶ παρὰ τῷ πατρί, ἥκω παρὰ τὸν πατέρα.

83. Die **eigentlichen Präpositionen,** welche mit Verben zusammengesetzt werden können, haben folgende Konstruktion:

Den zweiten Fall will πρό, ἀπό, ἐκ und ἀντί;
den vierten εἰς und ὡς, ἀνά sowie ἀμφί;
den Dativ ἐν und σύν; zwei Kasus hat διά,
κατά, μετά, ὑπέρ, περί; doch für παρά,
ἐπί, πρός und ὑπό sind gar drei Kasus da.

Anm. Uneigentliche Präpositionen, welche nicht mit Verben zusammengesetzt werden können: a. mit dem Dativ: ἅμα „zugleich mit" und ὁμοῦ „zusammen mit"; b. mit dem Genitiv: ἐγγύς und πλησίον „nahe bei"; πόρρω „fern von"; ἐντός und εἴσω „innerhalb"; ἐκτός und ἔξω „außerhalb"; ἔμπροσθεν „(vorn) vor"; ὄπισθεν „hinter"; μεταξύ „zwischen" ἐναντίον „gegenüber"; πέραν „jenseits"; μέχρι und ἄχρι „bis"; πλήν „außer"; ἄνευ „ohne"; ἕνεκα (meist nachgestellt) „wegen" (*causa*); χάριν (meist nachgestellt) „um willen" (*gratia*).

84. a. Präpositionen mit dem Genitiv:

1. πρό „vor": α. räumlich: τεθάφθαι πρὸ τῆς πόλεως. β. zeitlich: πρὸ τῆς μάχης. γ. vom Vorzuge = „lieber als": πρὸ πάντων αἱρεῖσ-θαί τι.

2. ἀπό „von–weg, von–her": α. räumlich: ἀπὸ τῆς πόλεως πο-ρεύεσθαι. β. zeitlich „von–an, seit": ἀπὸ τούτου τοῦ χρόνου. γ. vom Ursprung oder Anlaß: ἀφ' Ἡρακλέους γεγενῆσθαι, οἱ ἀπὸ Πλάτωνος „die Schüler des Plato", καλεῖσθαι ἀπό τινος „nach jem. genannt werden", τὸν βίον ἔχειν ἀπὸ θήρας.

3. ἐκ (ἐξ) „aus": α. räumlich: ἐκ τῆς πατρίδος ἀπιέναι. β. zeitlich: „seit, unmittelbar nach": ἐκ παιδός (ἐκ παίδων) von der Kindheit an", ἐκ πατρὸς εὐγενοῦς εἶναι, τὰ ἐξ ἀδικίας κέρδη. γ. von der Folge „infolge, gemäß": ἐξ ὑποψίας φοβοῦνται ἀλλήλους, ἐκ τραύματος τελευτᾶν, ἐκ τῶν παρόντων βουλεύεσθαι „nach der Lage der Dinge", ἐκ τούτων „infolgedessen", ἡ ἐκ τῶν νόμων ζημία.

4. ἀντί „anstatt, für": ἀνθ' ἡμέρας νὺξ ἐγένετο, τί μοι ἀντὶ τούτων δώσεις; ἀνθ' οὗ (ἀνθ' ὧν) „für das, was" = „dafür, daß".

b. Präpositionen mit dem Dativ:

1. ἐν „in" (auf die Frage „wo?"): α. räumlich: ἐν τῇ πόλει, ἐν („auf") τῇ νήσῳ, ἡ ἐν („bei") Λεύκτροις μάχη, ἐν πᾶσιν ἀνθρώποις („unter, bei"), ἐν θαλάττῃ „in, auf, an dem Meere". β. zeitlich: ἐν τούτῳ τῷ χρόνῳ (cf. 72, 2), ἐν ταῖς σπονδαῖς „während des Waffenstill-standes".

2. σύν (ξύν) „mit" ist fast nur in der Redensart σὺν (τοῖς) θεοῖς, σὺν θεῷ „mit Gottes Hilfe" gewöhnlich; sonst dafür μετά c. gen., außer bei Xenophon.

c. Präpositionen mit dem Akkusativ:

1. εἰς (ἐς) „in – hinein, – nach – hin": α. räumlich (Ziel): εἰς τὴν πόλιν ἰέναι, εἰς τὴν Αἴγυπτον πέμπειν, εἰς τοὺς Κίλικας ἐμβάλλειν, εἰς τὸν δῆμον λέγειν „zum Volke reden". β. zeitlich „bis, bis zu, auf": εἰς τὴν ὑστεραίαν ἀναβάλλειν τι, εἰς ἐνιαυτόν „auf ein Jahr", εἰς ἀεί in perpetuum. γ. vom Zweck „auf": χρή-ματα ἀναλίσκειν εἰς τὴν στρατείαν, παρασκευάζεσθαι εἰς τὸν πόλε-μον, εἰς τόδε ἥκομεν „zu dem Zwecke". δ. bei Zahlangaben „un-gefähr" (cf. 5, 7): εἰς τοὺς δισχιλίους.

2. ὡς „zu" ad nur bei Personen: ἥκω ὡς ὑμᾶς. Gewöhnlich steht dafür πρός oder παρά c. acc.

3. ἀνά „hinauf, über – hin": α. räumlich = „hinauf" fast nur

in dem Ausdruck ἀνά (τὸν) ποταμόν „stromaufwärts"; häufiger =
„über – hin, durch – hin": ἀνὰ τὰ ὄρη πλανᾶσθαι, ἀνὰ πᾶσαν
τὴν γῆν οἰκεῖν. β. zeitlich „während": ἀνὰ πᾶσαν τὴν ἡμέραν.
γ. bei Zahlen distributiv „je": ἀνὰ τέτταρας πορεύεσθαι „vier
Mann hoch".

4. ἀμφί „um" hat dieselben Bedeutungen wie περί *c. acc.*, ist aber viel
seltener. Mit dem Gen. und Dat. ist es poetisch.

   d. Präpositionen mit dem Genitiv und Akkusativ:

1. διά m. Gen. „durch" (*per*): α. räumlich: ὁ ποταμὸς διὰ μέσης τῆς
πόλεως ῥεῖ β. zeitlich „hindurch, während": διὰ παντὸς τοῦ
βίου, oder „nach" (= in einem Zwischenraume von): διὰ πολλοῦ
χρόνου, διὰ τρίτου ἔτους „alle zwei Jahre" (vergl. 72, Anm. 2).
γ. instrumental „vermittels" von Sachen und Personen (*cf.*
62, 2): δι᾽ ὀφθαλμῶν ὁρῶμεν, διαλέγεσθαι δι᾽ ἑρμηνέως.

   m. Akk.: „wegen" (*propter*): πολλοὶ τιμῶνται διὰ τὴν τῶν
προγόνων δόξαν, oder „durch das Verdienst, durch die
Schuld": δι᾽ ἡμᾶς ἔχετε τήνδε τὴν χώραν, δι᾽ ἐμὲ σέσωσθε.

2. κατά **m. Gen.**: α. räumlich „von – herab": κατὰ τοῦ τείχους
ἅλλεσθαι, κατὰ τῆς κλίμακος καταβαίνειν, oder „unter": τὰ κατὰ
γῆς ὄντα, κατὰ γῆς δύεσθαι „unter die Erde hinabsteigen".
β. feindlich „gegen, wider" (bes. bei „reden" und „denken"):
Δημοσθένους κατὰ Φιλίππου λόγοι.

   m. Akk.: α. räumlich entweder „abwärts": κατὰ τὸν ποταμόν
„stromabwärts", oder „gegenüber": οἱ κατὰ τοὺς Ἕλληνας
τεταγμένοι, oder „entlang, über – hin, durch – hin": κατὰ
τὴν ὁδόν „längs des Weges", κατὰ πᾶσαν τὴν χώραν, κατὰ γῆν καὶ
κατὰ θάλατταν. β. zeitlich „zur Zeit, während": κατ᾽ ἐκεῖνον
τὸν χρόνον, κατὰ τοὺς Μηδικοὺς πολέμους, οἱ καθ᾽ ἡμᾶς „unsere
Zeitgenossen". γ. „gemäß, nach" *secundum :* κατὰ νόμους ζῆν,
κατὰ τὸν σὸν λόγον, μεῖζον ἢ κατ᾽ ἄνθρωπον φρονεῖν. δ. distributiv
„je": κατὰ τρεῖς „je drei, zu dreien", καθ᾽ ἕνα „je einer, einzeln",
κατ᾽ ἐνιαυτόν „jährlich", καθ᾽ ἡμέραν „täglich", κατὰ φῦλα
„stammweise".

3. μετά **m. Gen.**: „mit": οἱ μετὰ Λεωνίδου τριακόσιοι, μετ᾽ ὀργῆς
βουλεύεσθαι, μετὰ κινδύνων φυγεῖν.

   m. Akk.: „nach" (von Zeit und Reihenfolge): μετὰ τὴν ναυμαχίαν, μετὰ ταῦτα „hierauf"; πόλις ἡ μεγίστη μετὰ Βαβυλῶνα.

Anm. Μετά m. **Dat.** „inmitten, unter" *inter* ist nur poetisch.

4. ὑπέρ **m. Gen.** „über“: α. räumlich: „über, oberhalb“ (auf die Frage „wo?“): ὑπὲρ τῆς γῆς. β. übertragen „für“ = „zum Schutze zugunsten“: ὑπὲρ τῆς πατρίδος μάχεσθαι, Δημοσθένους ὑπὲρ Κτησιφῶντος λόγος.

m. Akk. „über – hinaus“ (von Raum, Zeit, Maß): ὑπὲρ Μαλέαν πλεῖν, ὑπὲρ τριάκοντα ἡμέρας νοσεῖν, ὑπὲρ δύναμιν, ὑπὲρ ἄνθρωπον φρονεῖν.

5. περί **m. Gen.** „über, in betreff“ *de*: περὶ τῆς εἰρήνης λέγειν (φοβεῖσθαι), μάχεσθαι περὶ τῶν μεγίστων. *Cf.* auch 74, 6, Anm.

m. Akk.: „um“: α. räumlich: τάφρος περὶ τὴν πόλιν ἦν, οἱ περὶ Κῦρον, περὶ τὴν Σικελίαν „rings in S., in S. herum“. β. zeitlich „um, gegen“: περὶ μέσας νύκτας. γ. „in Beziehung auf“, wenn es sich um ein (moralisches) Verhalten oder um eine Beschäftigung handelt: ἀσεβεῖν περὶ τοὺς θεούς, ἁμαρτάνειν περὶ τοὺς νόμους, σπουδάζειν περὶ φιλοσοφίαν.

Anm. Περί m. **Dat.** ist poetisch, in Prosa nur bei den Verben des Fürchtens: δεδιέναι περὶ τοῖς φιλτάτοις (= περὶ τῶν φιλτάτων).

e. Präpositionen mit dem Genitiv, Dativ und Akkusativ.

1. παρά **m. Gen.** „von – her, von seiten“ (fast nur bei Personen und besonders bei den Verben „kommen, empfangen, fordern, erfahren“): ἧκον πρέσβεις παρὰ βασιλέως, ἀργύριον λαβεῖν παρὰ τοῦ σατράπου.

m. Dat. „bei“ *apud* (fast nur bei Personen): παρὰ τῷ βασιλεῖ εἶναι, παρὰ τοῖς Ἀθηναίοις νόμος ἦν.

m. Akk.: α. räumlich entweder „zu, zu – hin“ (bei den Verben, „gehen, kommen, schicken, führen“): ἰέναι παρὰ τὸν στρατηγόν, oder „neben – hin, längs“: πλεῖν παρὰ γῆν. β. zeitlich „während“: παρ’ ὅλον τὸν βίον. γ. „neben – vorbei“ = „gegen, wider“ *praeter*: παρὰ τοὺς νόμους ποιεῖν, παρὰ τὸ δίκαιον, παρὰ γνώμην „wider Erwarten“. δ. „im Vergleich mit“: τοῦ θανάτου καταφρονεῖν παρὰ τὴν δόξαν.

2. ἐπί **m. Gen.**: α. räumlich entweder „auf, (bei, an)“ auf die Frage „wo?“: ἐπὶ τῆς κεφαλῆς φέρειν, ἐπὶ τοῦ ὄρους, ἐπὶ τοῦ ποταμοῦ, oder „nach – hin, auf – zu“: ἐπὶ Σάμου πλεῖν, ἐπὶ Φρυγίας πορεύεσθαι. β. zeitlich „zur Zeit“: ἐπὶ Κύρου βασιλεύοντος, οἱ ἐφ’ ἡμῶν „unsere Zeitgenossen“, ἐπ’ εἰρήνης *in pace*. γ. übertragen: οἱ ἐπὶ τῶν πραγμάτων „Staatsmänner“, ὁ ἐπὶ τῶν δεσμῶν „Kerkermeister“; distributiv „je“: ἐπὶ τριῶν πορεύεσθαι „drei Mann hoch“.

m. Dat.: α. räumlich „auf, (bei, an)" auf die Frage „wo?":
πόλις ἐπὶ θαλάττῃ οἰκουμένη, ἐπὶ τῷ ἰσθμῷ οἰκεῖν. β. zeitlich
„gleich nach": ἐπὶ τῷ τρίτῳ σημείῳ ἕπεσθέ μοι. γ. übertragen
„über, wegen" bes. bei den Verben der Affekte (*cf.* 62, 4):
χαίρειν ἐπὶ τῇ νίκῃ, δόξαν ἔχειν ἐπ' ἀνδρείᾳ, oder „zum Zweck":
εἰς διδασκάλου φοιτᾶν ἐπὶ παιδείᾳ, oder „unter der Bedingung": ἐπὶ τούτοις ἡ εἰρήνη ἐγένετο, oder „in der Gewalt"
penes: ἐπὶ σοί ἐστι „es steht bei dir", ἐπὶ τοῖς πολεμίοις εἶναι „in
der Gewalt der Feinde sein", τὸ ἐπ' ἐμοί „soviel an mir liegt".

m. Akk.: α. räumlich „auf, nach, gegen" auf die Frage
„wohin?" freundlich und feindlich: ἀναβαίνειν ἐφ' ἵππον, ἀφικέσθαι ἐπὶ τὸν ποταμόν, καταφεύγειν ἐπὶ λόφον (ἐπὶ τὰ ὄρη, ἐπὶ τὴν
λίμνην), ἰέναι ἐπὶ τοὺς πολεμίους, auch „über – hin": πλεῖν ἐπὶ
τὴν θάλατταν, ἐπὶ πολλὰ στάδια. β. zeitlich „über – hin, während, auf": ἐδῄουν τὴν γῆν ἐπὶ δύο ἡμέρας, ἐπὶ δέκα ἔτη μισθοῦν.
γ. final „zu": ἐπὶ θήραν ἐξιέναι, ἐφ' ὕδωρ πέμπειν, ἐπὶ θάνατον
ἄγειν.

3. **πρός m. Gen.:** „von, von – her", bei Personen „von seiten":
ὄλβιος πρὸς θεῶν, πρὸς μητρός „mütterlicherseits", πρὸς μεσημβρίας „von Süden her" (oft = „nach Süden zu"), πρὸς τοῦ
ποταμοῦ ἑστάναι „nach dem Flusse hin", Ζεὺς πρὸς ἡμῶν ἐστιν
„steht auf unserer Seite"; bei Schwüren „bei" *per:* πρὸς τῶν
θεῶν ἱκετεύειν, ἐλεήσατε πρὸς παίδων.

m. Dat.: α. räumlich „bei, in der Nähe": λίμνη πρὸς τῇ
οἰκίᾳ ἐστίν. β. „außer, hinzu": πρὸς τοῖς τοξόταις χιλίους
ἱππέας ἔχομεν, πρὸς τούτοις „außerdem".

m. Akk.: α. räumlich „nach – hin, zu, gegen": πρέσβεις
ἦλθον πρὸς Μιλτιάδην, αἱ οἰκίαι πρὸς βορρᾶν βλέπουσιν, πρὸς τὸν
δῆμον ἀγορεύειν. β. zeitlich „gegen": πρὸς ἑσπέραν ἦν. γ. übertragen „gegen" (freundlich und feindlich): εὐσεβὴς πρὸς θεούς,
μάχεσθαι πρὸς τοὺς Σκύθας, oder „im Vergleich mit": ὁ μῦς
μικρός ἐστι πρὸς τὸν κύνα, oder „mit Rücksicht auf, gemäß":
πρὸς τοὺς καιροὺς βουλεύεσθαι, oder „in betreff": πρὸς τὴν
παροῦσαν δύναμιν ἀθυμεῖν, τὰ πρὸς τὸν πόλεμον, oder final „zu,
zum Zweck: πεπαιδεύμεθα πρὸς ἀρετήν.

4. **ὑπό m. Gen.:** α. räumlich „unter, unter – hervor" (auf die
Frage „wo?" und „woher?") bes. in dem Ausdrucke ὑπὸ γῆς und
ὑπὸ χθονός. β. beim Passiv zur Bezeichnung der tätigen Person
„von, durch": τὰ τέκνα φιλεῖται ὑπὸ τῶν γονέων. γ. von der

Ursache „aus, vor" (*cf.* 62, 3): ὑπὸ λύπης δακρύειν, ὑπὸ δέους τρεῖν.

m. Dat.: α. räumlich „unter" (auf die Frage „wo?"): μάχαιραν ἔχειν ὑπὸ τῷ ἱματίῳ, οἱ ὑπὸ τῇ Αἴτνῃ οἰκοῦντες „am Fuße des Ätna". β. übertragen „unter der Botmäßigkeit oder Gewalt": οἱ ὑπὸ βασιλεῖ ὄντες „die Untertanen des Großkönigs", παιδεύεσθαι ὑπ᾽ ἀγαθῷ παιδοτρίβῃ „unter der Leitung eines guten Erziehers".

m. Akk.: α. räumlich „unter" (auf die Frage „wohin?"): ὑπὸ τὴν γέφυραν ἰέναι, ὑφ᾽ ἑαυτὸν (oder ὑφ᾽ ἑαυτῷ) ποιεῖθαι „unter seine Herrschaft bringen". β. zeitlich „gegen, um": ὑπὸ νύκτα *sub noctem.*

85. a. Bei den Verben „setzen, legen, stellen, sich stellen, sich niederlassen" fragt der Grieche sowohl „wo?" als auch „wohin?": Τὸ κύπελλον θὲς ἐν (ἐπὶ) τῇ τραπέζῃ oder εἰς (ἐπὶ) τὴν τράπεζαν. b. Bei den Verben „ankommen, (sich) versammeln, landen" fragt der Grieche „wohin?" setzt also εἰς, nicht ἐν. So auch παρεῖναι εἰς und ἀγγέλλειν εἰς. c. Bei den Verben „hängen, hangen, anbinden" fragt der Grieche „woher?", setzt also ἐκ oder ἀπό statt des deutschen „an". d. Eine für den Deutschen auffallende Prolepsis (Antizipation) des Ortsverhältnisses ist es, wenn ein präpositionelles Attribut, das den Aufenthalt an einem Orte bezeichnen sollte, in die Form des Ausgehens von einem Orte (mit ἐκ, ἀπό, παρά *c. gen.*) sich verwandelt, weil das Verbum des Satzes die Entfernung aus dem Orte oder auch schon das Befinden an einem andern Orte ausdrückt. *cf.* Satz 5, 7, 8, 9, 10. e. Nicht selten steht der **Name des Volkes** für den **Namen des Landes**, besonders bei den Präpositionen εἰς, ἐν, ἐκ und διά. 1) Κῦρος τοῖς παισὶν ἔλεξε· τὸ ἐμὸν σῶμα, ἐὰν τελευτήσω, μὴ θῆτε μήτε ἐν χρυσῷ μήτε ἐν ἀργύρῳ. 2) Τὸ χρυσόμαλλον ἐν Κολχίδι κῶας ἐκ δρυὸς ἐκρέματο (oder ἀνήρτητο). 3) Οἱ λῃσταὶ εἰς τὴν νῆσον καθορμισάμενοι τὸ πλοῖον ἐκ σκόλοπος ἀνῆψαν καὶ τὸ ἄντρον ἐζήτησαν, εἰς ὃ οἱ ἑταῖροι αὐτῶν ἤδη ἠθροίσθησαν. 4) Τὰ ξίφη ἐν τοῖς κολεοῖς θέσθε· ἡ γὰρ νίκη οὐκ ἐξ ὅπλων, ἀλλ᾽ ἐκ ταχυτῆτος καὶ εὐβουλίας ἐξήρτηται. 5) Οἱ Λακεδαιμόνιοι τοὺς τυράννους οὕτως ἐμίσουν, ὥστε καὶ τοὺς ἐκ τῶν ἄλλων πόλεων τυράννους ἐκβαλεῖν. 6) Ξενοφῶν ὑπὸ Προξένου κληθεὶς εἰς Σάρδεις παρῆν. Παρῆσαν ἐς Σπάρτην πρέσβεις τῶν Περσῶν μεγάλα δῶρα φέροντες, δι᾽ ὧν βασιλεὺς τοὺς Λακεδαιμονίους εὔνους ποιήσειν ἑαυτῷ ἤλπιζεν. 7) Οἱ ἐκ Φυλῆς τοῦ φρουρίου Ἀθηναῖοι εἰς τὸ πεδίον καταβάντες τὸν Πειραιᾶ ἐξεπολιόρκησαν. 8) Οἱ Φωκεῖς εἰς τοσοῦτο ἀσεβείας προὐβεβήκεσαν, ὥστε τὰ ἐκ τοῦ Δελφικοῦ ἱεροῦ ἀναθήματα συλῆσαι. 9) Οἱ περὶ Ξενοφῶντα προσελάσαντες ἐπὶ τὴν ἄκραν τοὺς ἀπὸ τῶν τειχῶν σφενδονήτας ἐξέβαλον. 10) Οἱ στρατιῶται ἀκούσαντες τὴν ἐκ τοῦ τῶν πολεμίων στρατοπέδου βοὴν δεινῶς ἐξεπλά- γησαν. 11) Λύσανδρος Σαλαμῖνα δῃώσας ὡρμίσατο πρὸς τὸν Πειραιᾶ ναυσὶ πεντήκοντα καὶ ἑκατὸν καὶ τὰ πλοῖα εἶργε τοῦ ἔσπλου. 12) Κῦρος ὑπὸ Δαρείου στρατηγὸς πάντων τῶν στρατιωτῶν ἀπεδείχθη, οἳ εἰς τὸ τοῦ Καστωλοῦ ποταμοῦ πεδίον ἠθροίζοντο.

86. Ἀπό bezeichnet schlechtweg die Entfernung oder Herkunft „von – her"; ἐκ bezeichnet den unmittelbaren Ursprung aus dem Innern oder dem Bereiche des Gegenstandes, die Quelle, aus der etwas hervorgeht; παρά *c. gen.* steht bei den Verben der Bewe- gung oder des Empfangens zur Bezeichnung der Person, aus deren Nähe oder Umgebung etwas kommt = „von seiten"; πρός *c. gen.* bezeichnet die Bewegung aus dem Angesichte, der unmit- telbaren Gegenwart eines Gegenstandes her, sodann die Veran- lassung oder wirkende Ursache; ὑπό *c. gen.* bezeichnet beim Passiv und bei Verben passiver Bedeutung die handelnde Per- son oder den Urheber. Demnach würde der vorgelegte Satz je nach dem Gebrauche der einen oder andern dieser Präpositionen folgenden Sinn bekommen: Αὐτὸς δίκαιος ἴσθι, ἵνα καὶ ἀπὸ ἄλλων („von anderen Menschen her"), ἐξ ἄλλων (aus der Hand, dem Wir- kungskreise anderer"), παρ' ἄλλων („von seiten anderer"), πρὸς ἄλλων („infolge des Verfahrens anderer"), ὑπ' ἄλλων („durch die Handlungsweise anderer") δικαιοσύνης τύχῃς. Am passendsten ist demnach für den Sinn des Satzes παρ' ἄλλων.

87. Διά *c. acc.* (*propter*) „infolge von" bezeichnet den in Wirklichkeit vorliegenden Grund, von dem oder durch den etwas geschieht. Ἕνεκα oder ἕνεκεν „um–willen" bezeichnet entweder dasselbe wie διά, oder öfter gleich lat. *causā* eine Absicht, etwas zu erreichen; oft hat es auch die Bedeutung „soviel ankommt auf, mit Rücksicht auf" (lat. *per*). Ἐπί *c. dat.* entweder „infolge von" oder „zum Zwecke, mit der Absicht". Χάριν *c. gen.* „aus Liebe zu, um–willen". 1) Οἱ κυνηγέται τοὺς κύνας τρέφουσι τῆς θήρας ἕνεκα oder ἐπὶ τῇ θήρᾳ. 2) Οἱ ἔμποροι τὰς θαλάσσας διαπλέουσι τοῦ κέρδους ἕνεκα καὶ τοῦ μείζονα ποιῆσαι τὴν ὑπάρχουσαν οὐσίαν. (Auch ἐπί *c. dat.* wäre richtig.) 3) Ἐν χωρίοις τισὶ διὰ τὸ καῦμα ἄνθρωποι εἶναι οὐ δύνανται.

4) Κλέαρχος ὑπὸ Κύρου ἐτιμᾶτο διὰ τὴν εὔνοιαν καὶ πιστότητα (oder ἐπί c. dat.). 5) Πολλά, ἅτινα ἡμῶν αὐτῶν ἕνεκα οὐκ ἂν ποιοῖμεν, τῶν φίλων χάριν ποιοῦμεν. 6) Χριστὸς τῶν ἀνθρώπων χάριν ἀπέθανεν. 7) Ἐμοῦ ἕνεκα ἢ μένειν ἢ ἀπιέναι ἔξεστί σοι. 8) Ὑμῖν συμμαχοῦμεν οὐκ ἐπὶ καταδουλώσει τῆς Ἑλλάδος, ἀλλ' ἐπὶ τῷ ἐλευθερωθῆναι τῶν Μήδων. 9) Οἱ γονεῖς τοὺς παῖδας εἰς διδασκάλων πέμπουσι τῆς παιδείας ἕνεκεν. 10) Δαρεῖος μέγα στράτευμα συνέλεξεν ἐπὶ τῇ τῶν Ἀθηναίων τιμωρίᾳ, οὓς δεινῶς ἐμίσει ἐπὶ τῇ Σάρδεων ἀναστάσει. 11) Ἀλέξανδρος καὶ διὰ τὴν ἀνδρείαν καλὴν δόξαν ἔχει καὶ θαυμάζεται ἐπὶ τῇ παιδείᾳ καὶ φιλανθρωπίᾳ (cf. auch 74, 8 Anm.). 12) Πολλοῖς ὁ ἐν γήρᾳ βίος δύσκολος φαίνεται διὰ τὴν στέρησιν τῶν αἰσθήσεων τῶν κατ' ὀλίγον ἀποσβεννυμένων.

88. Wenn die Präposition „mit" eine Begleitung ausdrückt, so wird im Griechischen dieses Verhältnis in vielen Fällen deutlicher bezeichnet durch die Partizipien ἄγων, ἔχων, λαβών und φέρων, und zwar steht ἄγων „mit sich führend" gewöhnlich von lebenden Wesen, ἔχων und λαβών „bei sich habend" von lebenden wie von leblosen Dingen, φέρων „mit sich tragend" von leblosen Gegenständen. Bei Angabe eines Mittels oder begleitenden Umstandes kann sehr oft χρώμενος gebraucht werden. 1) Οἱ πολέμιοι πολλὴν λείαν φέροντες (ἄγοντες, λαβόντες) ἀπῆλθον. 2) Ἱέρων ἵππους ἔχων εἰς Ὀλυμπίαν ἦλθεν ὡς μεταληψόμενος τῶν ἀγώνων. 3) Ὅστις ἂν ψεύδεσι χρώμενος ἄλλους ἐξαπατήσῃ, φίλου οὔποτε τεύξεται. 4) Ἅρπαγος πρὸς Κῦρον ἀπέστειλεν ἄγγελον φέροντα ἐπιστολὴν ἐν λαγῶ δορᾷ κεκρυμμένην. 5) Τῶν Λακεδαιμονίων τὴν Ἀττικὴν τεμνόντων οἱ ἐξ ἀγρῶν πάντα τὰ ἑαυτῶν ἔχοντες εἰς τὴν πόλιν κατέφυγον. 6) Πιστοὺς φίλους οὐ βίᾳ, ἀλλ' εὐεργεσίᾳ χρώμενοι κτώμεθα. 7) Ὅτε Κῦρος ἐν Κολοσσαῖς ἦν, Μένων ὁ Θετταλὸς προσῆλθεν ἔχων χιλίους ὁπλίτας καὶ πεντακοσίους πελταστάς. 8) Δίκη εἰκάζεται ἔχουσα τρυτάνην καὶ τοὺς ὀφθαλμοὺς καταδεδεμένη. 9) Κῦρος ψιλὴν ἔχων τὴν κεφαλὴν εἰς μάχην κατέστη.

89. 1) Ἡ ὁδὸς ἡ ἐπὶ τῆς Μεγαρίδος καὶ τῆς Ἀττικῆς ἀπὸ τοῦ Ἰσθμοῦ ἐστιν ὑπὲρ τῶν Σκειρωνίδων πετρῶν. 2) Ὁ Ἅλυς ποταμὸς ῥέων ἀπὸ μεσημβρίας μεταξὺ Σύρων καὶ Παφλαγόνων ἐξίησι πρὸς βορρᾶν ἄνεμον εἰς τὸν Εὔξεινον καλούμενον πόντον. 3) Ἐν Δωδώνῃ τῆς Ἠπείρου εἰστήκει δρῦς ἱερὰ τοῦ Διὸς καὶ ἐν ταύτῃ ἦν τὸ μαντεῖον γυναικῶν οὐσῶν προφητίδων. 4) Τὸ στενόν, ἔνθα Ἕλλη ἀπὸ τοῦ χρυσοῦ κριοῦ κατηνέχθη, Ἑλλήσποντος ἀπ' αὐτῆς ἐκλήθη. 5) Κῦρος πρὸς Βαβυλῶνι

ὧν πᾶν τὸ στράτευμα περὶ τὴν πόλιν περιέστησεν. 6) Διονύσιος, ὁ τῶν
Συρακοσίων τύραννος, ἐπεὶ τὰ κατὰ τὴν Σικελίαν αὐτῷ προὐχώρησε
κατὰ γνώμην, διενοήθη μὲν πρὸς Καρχηδονίους ἐκφέρειν πόλεμον·
οὔπω δὲ ταῖς παρασκευαῖς ἱκανὸς ὢν τὴν μὲν διάνοιαν ἔκρυπτε, πρὸς δὲ
τοὺς μέλλοντας κινδύνους τὰ χρήσιμα διῴκησεν. 7) Παρὰ (oder ἐν)
᾿Αρκάσιν οἱ παῖδες ἐκ νηπίων εἰθίζοντο παιᾶνας ᾄδειν καὶ ὕμνους, (ἐν)
οἷς κατὰ τὰ πάτρια ὕμνουν τοὺς ἐγχωρίους θεοὺς καὶ ἥρωας. 8) Τί ὑμῖν
δοκεῖ περὶ τῶν ῥητόρων, οἳ τετολμήκασιν ἀργύριον λαβεῖν παρὰ τῶν
πολεμίων εἰς (oder ἐπί c. dat.) διαβολὴν καὶ κίνδυνον τῆς πόλεως;
9) Λέγεται Δημοσθένης, ἐπεὶ λόγους ποιούμενος τὸν ἕτερον ὦμον ἀπρεπῶς ἐκίνει, ξίφος ἀναρτῆσαι ἀπὸ τῆς ὀροφῆς, ἵνα ὑπὸ δέους ἠρεμῶν
διαμένοι. 10) Περικλῆς μὲν φόρους εἰσέπραττε τοὺς τοῖς ᾿Αθηναίοις
συμμαχήσαντας καὶ ἀπὸ τῶν χρημάτων τὴν ἀκρόπολιν ἐκόσμει ἱεροῖς·
᾿Αλέξανδρος δὲ τοὺς τῶν βαρβάρων θησαυροὺς λαβὼν ἔπεμψεν εἰς τὴν
῾Ελλάδα κελεύων τοῖς θεοῖς ἀπὸ μυρίων ταλάντων νεὼς οἰκοδομῆσαι.
11) Οἱ Μεσσήνιοι ἐκ παλαιοῦ ὑπὸ τοῖς Λακεδαιμονίοις ἦσαν. 12) Κάτω-
θεν τοῦ μὲν αἰθέρος ὁ ἀήρ ἐστι, τοῦ δ᾿ ἀέρος ἡ γῆ. 13) ῎Αλκηστις
ἀντὶ („anstatt", oder ὑπὲρ „zur Rettung") ᾿Αδμήτου τοῦ ἀνδρὸς ἀποθανεῖν οὐκ ὤκνησεν. 14) Νουμᾶς τὸν ἐνιαυτὸν κατὰ τὰς τῆς σελήνης
περιόδους εἰς δώδεκα μῆνας διεκόσμησεν.

90. 1) ῾Ο βασιλεὺς τοῖς ῞Ελλησι δι᾿ ἑρμηνέως εἶπεν οὐ περιόψεσθαι τὴν
στρατιὰν διὰ τῆς ἑαυτοῦ χώρας πορευομένην. 2) ῎Οπισθεν τῶν ὁπλιτῶν
οἱ γυμνῆτες ἐπ᾿ ἀμφοτέροις τοῖς κέρασιν ἐτάχθησαν, ἵνα τὰ τοξεύματα
ὑπὲρ τοὺς πρόσθεν βάλλειν δυνηθεῖεν. 3) ῾Ο κύων μικρὸς μέν ἐστι πρὸς
τὸν ἐλέφαντα, μέγας δὲ πρὸς τὸν μῦν. 4) ᾿Εν Πλαταιαῖς οἱ Πέρσαι κατὰ
τοὺς Λακεδαιμονίους τεταγμένοι ἦσαν. 5) Τοῖς ᾿Αθηναίοις πάτριον ἦν
ἡγεῖσθαι τῆς ῾Ελλάδος· οὗτος δ᾿ ὁ νόμος ἤρξατο μὲν ἀπὸ Μιλτιάδου,
ἤκμασε δ᾿ ἐπὶ Θεμιστοκλέους, κατέβη δ᾿ εἰς Κίμωνα, ἐφυλάχθη δ᾿ὑπὸ
Περικλέους, ἐθαυμάσθη δὲ πρὸς (oder παρ᾿) ᾿Αλκιβιάδου. 6) ῾Η Σφὶγξ
ἐπ᾿ ὄρους καθημένη πάντας τοὺς τὸ αἴνιγμα μὴ εὑρόντας κατὰ τῆς
πέτρας ἔρριψεν. 7) Γυμνὸς μὲν γῆς ἐπέβην, γυμνὸς δ᾿ὑπὸ γῆν ἄπειμι.
8) Οἱ ῾Ρωμαῖοι Μάριον, ἀνθ᾿ ὧν τὴν πόλιν εὖ ἐποίησεν, πολλαῖς καὶ
μεγάλαις τιμαῖς ἐκόσμησαν. 9) Οἱ μὲν σώφρονες πρὸ τοῦ ἔργου, οἱ
δ᾿ἄφρονες μετὰ τὴν πρᾶξιν βουλεύεσθαι φιλοῦσιν. 10) Οἱ τριάκοντα
πολλοὺς ἀνθρώπους παρὰ τοὺς νόμους ἀπέκτειναν τοὺς μὲν ὑπ᾿ ἔχθρας,
τοὺς δὲ καὶ τῶν χρημάτων ἕνεκα. 11) ᾿Αθηνᾶ τὴν Γοργοῦς κεφαλὴν
παρὰ Περσέως παραλαβοῦσα ἐν μέσῃ τῇ ἀσπίδι ἀνέθηκεν. 12) Παρὰ
τοῖς πάλαι Γερμανοῖς οἱ στρατιῶται οὐκ εἰκῆ, ἀλλ᾿ ἀεὶ κατ᾿ ἔθνη καὶ
κατὰ φῦλα συνετάττοντο. 13) Γῦπες καθ᾿ ἡμέραν ἐκείροντο τὸ ἧπαρ τὸ

Τιτυοῦ, ὃς ἀνθ᾿ ὧν εἰς (oder περὶ) τοὺς θεοὺς ὕβρισεν, ἐν ῞Αιδου ἐπὶ πέτρᾳ ἐξετέτατο. 14) Αἱ τῶν πλείστων ἀνθρώπων ψυχαὶ ἐκ χρημάτων τε καὶ κτημάτων κρέμανται καὶ οὐδενὸς μᾶλλον ἐπιμέλονται ἢ τοῦ καθ᾿ ἡμέραν κέρδους. 15) Οὔτε ἡ ναῦς ἐκ μιᾶς ἀγκύρας οὔθ᾿ ὁ βίος ἐκ μιᾶς ἐλπίδος ὁρμιστέος ἐστίν.

IV. PRONOMINA

91. 1) Die enklitischen Formen μου, μοι, με, σου, σοι, σε stehen dann, wenn das Pronomen unbetont ist. Dagegen werden die vollen Formen ἐμοῦ, ἐμοί, ἐμέ, σοῦ, σοί, σέ gebraucht: a) wenn das Pronomen betont ist (bes. in Gegensätzen), z. B. Αἱρήσονται στρατηγὸν ἢ ἐμὲ ἢ σέ. ᾿Εμοῦ μὲν κατεγέλασε, σὲ δὲ ἐπῄνεσεν. b) wenn sie von einer Präposition abhängen, z. B. παρ᾿ ἐμοί, ἐν σοί; c) bei nachfolgenden Partikeln (γάρ, μέν, δέ u. a.).

2) Das Personalpronomen der 3. Person wird ersetzt:
a. im Nominativ durch οὗτος (*is*) und ἐκεῖνος (*ille*), oder durch ὁ δέ „der aber" (*cf.* 1, 2); αὐτός drückt einen Gegensatz aus und bedeutet grundsätzlich „er selbst" (*ipse*);
b. in den obliquen Kasus durch die entsprechenden Formen von αὐτός (= *is*), bei stärkerer Betonung durch οὗτος (*hic*) und ἐκεῖνος (*ille*).

Anm. Die Formen οὗ und ἕ kommen bei den Prosaikern fast gar nicht vor, und auch das reflexivische οἷ ist bei den Attikern selten und fast nur enklitisch. Die Pluralformen σφεῖς, σφῶν, σφίσιν, σφᾶς sind häufiger und stehen besonders bei indirekter Reflexivität (d. h. bei Zurückbeziehung auf das Subjekt des Hauptsatzes), z. B. Οἱ πολέμιοι ἐνόμιζον τὴν πόλιν σφίσι ῥᾳδίως προχωρήσειν „die Feinde glaubten, die Stadt werde sich ihnen leicht ergeben". ᾿Απόλλων ἐξέδειρε Μαρσύαν ἐρίζοντά οἱ περὶ σοφίας (*cf.* 96, 3, Anm. 1).

92. Wenn die hervorhebende Partikel γε (*cf.* 199, 6) an ἐγώ oder ἐμοί gehängt wird, tritt Akzentverschiebung ein: ἔγωγε, ἔμοιγε (jedoch der Gen. heißt ἐμοῦγε, der Akk. ἐμέγε); wenn die Partikel δε an die Demonstrativa τόσος, τοῖς, τηλίκος (ἔνθα, ἔνθεν, τηνίκα) angehängt wird, rückt der Akzent um eine Silbe gegen das Wortende τοσόσδε, τοσοῦδε, τοσήδε, τοσῇδε, τοιόνδε, τοιαῖσδε τηλικοῖδε usw. (ἐνθάδε, ἐνθένδε, τηνικάδε). Das an die Demonstrativa οὗτος, ὅδε und ἐκεῖνος in allen ihren Formen angehängte ῑ, das auf einen anwesenden, vorliegenden Gegenstand hinweist (*iota demonstrati-*

vum), trägt stets den Akzent und verschluckt jeden kurzen Endvokal: οὑτοσί, αὑτή, τουτί, τουτονί, ὁδί, ἐκεινωνί.

93. Der **Nominativ** der Personalpronomina wird, wie im Lateinischen, nur bei besonderer Hervorhebung gebraucht (bes. in Gegensätzen, z. B. Ἐγὼ μὲν ἄπειμι, σὺ δὲ μένε. Καὶ σὺ ταῦτα ἔπραξας. Οὐχ ἡμεῖς τούτων αἴτιοι, ἀλλ᾽ ἡ μοῖρα.

94. 1) Ἀτέας Φιλίππῳ ἔγραψε· Σὺ μὲν βασιλεύεις Μακεδόνων πολεμεῖν μεμαθηκότων, ἐγὼ δὲ βασιλεύω Σκυθῶν καὶ λιμῷ καὶ δίψῃ μάχεσθαι δυναμένων. 2) Δημήτριός τις Νέρωνι εἶπε· Σὺ μὲν ἀπειλεῖς ἐμοὶ τὸν θάνατον, σοὶ δ᾽ ἡ φύσις. 3) Ἐλέει τὰ θηρία· ζῶντα γὰρ καὶ αὐτὰ ἥδεται. 4) Εἰπέ μοι, τίνι ἂν μείζω χάριν ὀφείλοιμεν ἢ σοί; ὑπὸ σοῦ γὰρ τὰ πλεῖστα εὖ πεπόνθαμεν. 5) Τοῖς μετὰ Πυθαγόρου ἧρκει τὸ „αὐτὸς ἔφη“. 6) Ὁ θάνατος, ὡς ἔμοιγε δοκεῖ, οὐδὲν ἄλλο ἐστὶν ἢ διάλυσις δυοῖν πραγμάτοιν ἀπ᾽ ἀλλήλων, ψυχῆς καὶ σώματος. 7) Φόβος ἐνέπεσέ μοι τὰς οἰκίας καιομένας ἰδόντι. 8) Κλέαρχος Τισσαφέρνει εἶπε τάδε· μετὰ μὲν σοῦ πᾶσα μὲν ὁδὸς εὔπορος, πᾶς δὲ ποταμὸς διαβατός, ἄνευ δὲ σοῦ πᾶσα μὲν ἡ ὁδὸς διὰ σκότους, πᾶς δὲ ποταμὸς δύσπορος.

95. a. Ὁ ἀληθῶς ἐλεύθερος τὰ πάθη κολάζει. *Cf.* 5, 1. b. Σόλων τὴν Ἀναχάρσιδος ἀγχίνοιαν θαυμάσας φιλοφρόνως ἐδέξατο (*sc.* αὐτόν). Die deutschen Personalpronomina, besonders die Formen „ihn, sie, es, dieselben“ u. a. bleiben im Griechischen unübersetzt, wenn sie auf ein eben erst genanntes Substantiv zurückweisen, so daß auch ohne beigesetztes Pronomen die richtige Beziehung von selbst einleuchtet. Diese Weglassung ist namentlich dann erforderlich, wenn das Pronomen bei einem zweiten Verbum oder Substantiv das beim ersten stehende Nomen im gleichen Kasus wiederholen würde.
1) Καῖσαρ Πομπήϊον ἐν Φαρσάλῳ νικήσας εἰς τὴν Αἴγυπτον ἐδίωξεν. 2) Κροίσῳ καθεύδοντι ὄψις ἐπιστᾶσα εἶπεν Ἄτυν τὸν υἱέα ὀλιγοχρόνιον ἔσεσθαι. 3) Τὰ θηρία φέρεται ἐπὶ τοὺς τρώσαντας. 4) Ἅτινα ἡμεῖς μὲν ἡγούμεθα, φράσομέν σοι, σὺ δὲ ἐὰν μὴ ὁμολογήσῃς, διδάξεις. 5) Σωκράτης τοῖς δικασταῖς ἔλεξεν· ἐπειδὰν τὰ τέκνα μου ἡβήσῃ, τιμωρήσασθε, ἐὰν χρημάτων ἢ ἄλλου τινὸς πρότερον ἢ ἀρετῆς ἐπιμελεῖσθαι φανῶσιν. 6) Σώματι ἀσθενεῖ καὶ κακῶς ἔχοντι μὴ δίδου πολλὰ σιτία καὶ ποτά, οὐδὲν γὰρ ὀνήσει. 7) Ὅταν τις ἐν πόλει τοὺς μοχθηροὺς ἐγκρατεῖς καταστήσας τὴν πόλιν παραδῷ, τοὺς χαριεστέρους διαφθείρει. 8) Κῦρος ἀπὸ νέου διὰ βίου ἐστρατεύετο τὰ τέκνα ταῖς γυναιξὶ παραδοὺς ἐκτρέφειν.

96. Das **Reflexivpronomen** wird im Griechischen (wie im Latein.) gebraucht:

1. stets in Beziehung auf das **Subjekt desselben Satzes: direkte Reflexivität**, z. B. Γνῶθι σεαυτόν. Δίδωμί σοι ἐμαυτὸν δοῦλον. Στασιάζεις πρὸς τὴν σαυτοῦ σωτηρίαν. Μᾶλλον πιστεύετε τοῖς ὑμετέροις αὐτῶν ὀφθαλμοῖς ἢ τοῖς τούτων λόγοις. Ζεὺς Ἀθηνᾶν ἔφυσεν ἐκ τῆς ἑαυτοῦ κεφαλῆς.

2. in Beziehung auf das **Objekt desselben Satzes** nur in der nachdrucksvollen Bedeutung „eigen" oder „selbst", z. B. Οἱ φύλακες ἤγαγον τὸν ἄνδρα πρὸς τοὺς ἑαυτοῦ οἰκέτας. Ἐγώ σε διδάξω ἀπὸ σαυτοῦ.

3. oft in Beziehung auf das **Subjekt des regierenden Satzes** (**indirekte Reflexivität**), jedoch nur in innerlich abhängigen Nebensätzen (sowie Infinitiv- und Partizipialkonstruktionen) und nur in der 3. Person, während in der 1. und 2. Person das einfache Personalpronomen steht: Ὁ βασιλεὺς εἶπεν, ὅτι πολλοὶ ἱππεῖς ἑαυτῷ εἶεν = πολλοὺς ἱππέας ἑαυτῷ εἶναι. Ἀρταξέρξης ἐφοβεῖτο, μὴ Τισσαφέρνης ἑαυτῷ ἐπιβουλεύοι. Φοβοῦμαι, μὴ ὁ ξένος μοι ὀργισθῇ.

Anm. 1. Bei **indirekter** Reflexivität werden auch in der 3. Person statt des Reflexivpronomens oft die obliquen Kasus von αὐτός oder (besonders gern) die Formen οἷ (enklitisch οἱ) und σφίσι, seltener σφῶν und σφᾶς gebraucht: Οἱ Μεσσήνιοι ἐφοβοῦντο, μὴ οἱ Λακεδαιμόνιοι αὐτοῖς ἐπιθεῖντο. Οἱ Ἕλληνες ηὔξαντο θεοῖς εὐμενεῖς δέχεσθαι αὐτούς. Ἀπόλλων ἐξέδειρε Μαρσύαν ἐρίζοντά οἱ περὶ σοφίας. Ἀργεῖοι οὐκέτι ἐνόμιζον σφίσιν ἀσφαλῆ εἶναι τὰ πράγματα. *Cf.* 91, Anm.

Anm. 2. Man sagt gewöhnlich δοκῶ μοι („ich scheine mir, glaube von mir") statt δοκῶ ἐμαυτῷ, z. B. δοκῶ μοι οὐκ ἀπαράσκευος εἶναι.

Anm. 3. Es ist eine auffallende Erscheinung, daß der Grieche zuweilen statt der reflexiven Formen der 1. und 2. Person das Reflexivum der 3. Person (ἑαυτοῦ usw.) setzt, z. B. Σὺ δοκεῖς οὐδὲν πρὸς αὐτὸν (= σαυτὸν) βλέπειν, ἀλλὰ πρὸς τοὺς ἄλλους. Διετελέσαμεν ἀστασίαστοι πρὸς σφᾶς αὐτούς (= ἡμᾶς αὐτούς).

97. 1) Πίνδαρος ὁ ποιητὴς ἐρωτηθείς, τί Σιμωνίδης μὲν πρὸς τὸν τύραννον εἰς τὴν Σικελίαν ἀπεδήμησεν, αὐτὸς δ' οὐ θέλει, ἀπεκρίνατο· ὅτι ἐμαυτῷ, ἀλλ' οὐκ ἄλλῳ ζῆν θέλω. 2) Θεοὺς εἶναι οὐ νομίζεις, ἐπεὶ οὐχ ὁρᾷς, ἀλλὰ γὰρ οὐδὲ τὴν σαυτοῦ ψυχὴν ὁρᾷς, ἥπερ τοῦ σώματος κυρία ἐστίν. 3) Τοῖς μὲν Κορινθίοις αἰτία παρεγεγένετο ἐς τοὺς Ἀθηναίους, ὅτι τὴν Ποτείδαιαν ἑαυτῶν (oder σφῶν αὐτῶν) οὖσαν ἀποικίαν ἐπολιόρκησαν, τοῖς δ' Ἀθηναίοις, ὅτι τὴν ἑαυτῶν πόλιν συμμαχίδα ἀπέστησαν. 4) Ὅταν τὰ ἄλλων ἀνθρώπων κακὰ γνῷς, τὰ σαυτοῦ ἧττον δυσφορήσεις. 5) Αἰσχυνθείην ἂν τῆς ἐμαυτοῦ δόξης φροντίζειν μᾶλλον ἢ τῆς κοινῆς σωτηρίας φανείς. 6) Οἱ Ἀθηναῖοι τοὺς ἐξ ἄλλων πόλεων φυγόντας εὐμενεῖς εἰς τὴν ἑαυτῶν πόλιν ἐδέξαντο. 7) Οἱ μὲν νικῶντες τά τε ἑαυτῶν σῴζουσι καὶ τὰ τῶν ἡττωμένων προσλαμβάνουσιν, οἱ δὲ ἡττώμενοι τὰ ἑαυτῶν πάντα ἀποβάλλουσιν. 8) Τοῖς φιλαργύροις ἀεὶ φόβος ἔνεστι, μὴ τὰ χρήματα σφίσιν ἐξαρπασθῇ. 9) Σωκράτης τῆς ἐν Πλαταιαῖς μάχης οὔσης Ἀλκιβιάδην τε αὐτὸν καὶ τὰ ὅπλα αὐτοῦ ἔσωσεν. 10) Οἱ Βοιωτοὶ ἤλπιζον πείσειν τοὺς Πλαταιέας μεθέντας τὰς πρὸς τοὺς Ἀθηναίους σπονδὰς σφίσι προσχωρῆσαι. 11) Ἄλλοι μὲν τοὺς ἑαυτῶν ξυμμάχους κέρδους ἕνεκα προδιδόντων, ἡμεῖς δὲ ταῖς ἡμετέραις αὐτῶν ἀποικίαις τὴν ὑπάρχουσαν εὐδαιμονίαν διαφυλάξαι πειρασόμεθα. 12) Τοῖς προέχουσι κατά τι φθονεῖν φιλοῦμεν, ἐὰν μὴ εὖ ποιοῦντες ἡμᾶς προσαγάγωνται καὶ σφᾶς αὐτοὺς φιλεῖν ἀναγκάσωσιν. 13) Οἱ κατήγοροι ἔφασκον Σωκράτη τοὺς συνόντας οἱ (= ἑαυτῷ) νέους διαφθείρειν ἄλλως τε καὶ πείθοντα, ὅτι αὐτὸς πάντων σοφώτατος εἴη. 14) Οἱ Ἀθηναῖοι ἀκούσαντες τὸν Ἄθω διορυσσόμενον καὶ τὸν Ἑλλήσποντον ζευγνύμενον ἐνόμιζον οὔτε κατὰ γῆν οὔτε κατὰ θάλασσαν σωτηρίαν σφίσιν (=ἑαυτοῖς) εἶναι. 15) Ἐπεὶ ἠσθένει Δαρεῖος καὶ ὑπώπτευε τελευτὴν τοῦ βίου, ἐβούλετο ἄμφω τὼ παῖδε παρεῖναί οἱ (= ἑαυτῷ). 16) Οἱ φιλόσοφοι τοὺς πλουσίους κολακεύοντες οὐκ ἐκείνους ἐνδόξους ποιοῦσιν, ἀλλ' ἑαυτοὺς ἀδόξους.

98. Ἡ μνήμη ἡμῶν oder ἡ ἡμετέρα μνήμη, ὁ πόθος σου oder ὁ σὸς πόθος, ὑμῶν ὁ φόβος oder ὁ ὑμέτερος φόβος, ἡ εὔνοιά μου oder ἡ ἐμὴ εὔνοια. Nicht selten vertreten die Possessivpronomina die Stelle eines objektiven Genitivs.

99. Das **Reziprokpronomen** „einander, gegenseitig" heißt regelmäßig ἀλλήλων, ἀλλήλοις, ἀλλήλους usw.; doch kann statt dessen wie im Deutschen auch das Reflexivpronomen stehen, besonders dann, wenn der Gegensatz von ἄλλος entweder ausgedrückt oder gedacht ist, z.B. τίνας πίστεις πρὸς τοὺς ἄλλους εὑρήσομεν, εἰ τὰς πρὸς ἡμᾶς αὐτοὺς γεγενημένας οὕτως εἰκῇ λύσομεν; 1) Αἱ μέλιτται ἐνίοτε ἀλλήλαις (oder ἑαυταῖς) μάχονται καὶ τοῖς κέντροις ἀλλήλας (oder ἑαυτάς) τιτρώσκουσιν. 2) Ξέρξου τῷ ἀναριθμήτῳ στρατῷ τὸν Ἑλλήσποντον διαβάντος οἱ Ἕλληνες διαλυσάμενοι τὰς πρὸς ἀλλήλους (oder σφᾶς αὐτούς) ἔχθρας ἐπὶ τὸν βάρβαρον ἐτράποντο. 3) Συνθήκας ἐποιησάμεθα πρὸς ἀλλήλους (oder ἡμᾶς αὐτούς) καὶ ὅρκους ἰσχυροὺς ὠμόσαμεν ἀλλήλοις. 4) Οἱ τῶν Ἀθηναίων πολῖται ἀντὶ τοῦ συνεργεῖν ἑαυτοῖς τὰ συμφέροντα ἀλλήλους πολλάκις ἔβλαπτον καὶ ἑαυτοῖς μᾶλλον ἐφθόνουν ἢ τοῖς ἄλλοις ἀνθρώποις. 5) Οἱ ὄντως φίλοι εὐνοϊκῶς ἀλλήλοις διαλέγονται καὶ (ἀλλήλων) προνοοῦσι καὶ ἐν τοῖς μεγίστοις κινδύνοις.

100. Die **Possessivpronomina** verlangen stets den Artikel, außer:
1. wenn sie beim Prädikatsnomen stehen (*cf.* 5, 6): Ἐγώ εἰμι σὸς φίλος oder φίλος σου „ich bin dein Freund".
2. wenn im Deutschen der unbestimmte Artikel gebraucht ist: φίλος ἐμός „ein Freund von mir", (aber ὁ ἐμὸς φίλος „mein Freund"); φίλοι μου „Freunde von mir".

Die Possessivpronomina haben bald **reflexive**, bald **nicht re-flexive** Bedeutung:
1. Das Pronomen ist **nicht reflexiv:**

	a. unbetont:	b. betont:
mein Freund	ὁ φίλος μου	ὁ ἐμὸς φίλος
dein Freund	ὁ φίλος σου	ὁ σὸς φίλος
sein Freund	ὁ φίλος αὐτοῦ	ὁ ἐκείνου φίλος
ihr (*eius*) Freund	ὁ φίλος αὐτῆς	ὁ ἐκείνης φίλος
unser Freund	ὁ φίλος ἡμῶν	ὁ ἡμέτερος φίλος
euer Freund	ὁ φίλος ὑμῶν	ὁ ὑμέτερος φίλος
ihr (*eorum*) Freund	ὁ φίλος αὐτῶν	ὁ ἐκείνων φίλος

2. Das Pronomen ist **reflexiv und zugleich betont*):**

meinen Freund	τὸν ἐμαυτοῦ φίλον, seltener τὸν ἐμὸν φίλον
deinen Freund	τὸν σεαυτοῦ φίλον, seltener τὸν σὸν φίλον
seinen Freund	τὸν ἑαυτοῦ φίλον
ihren Freund	τὸν ἑαυτῆς φίλον
unsern Freund	τὸν ἡμέτερον αὐτῶν φίλον oder τὸν ἡμέτερον φίλον
euern Freund	τὸν ὑμέτερον αὐτῶν φίλον oder τὸν ὑμέτερον φίλον
ihren Freund	τὸν ἑαυτῶν φίλον oder τὸν σφέτερον (αὐτῶν) φίλον

1) Ὁ φίλος σου πλούσιός ἐστιν. Φίλοι ὑμῶν ἐσμεν. 2) Ὁ ἐμὸς φίλος καὶ σὸς φίλος ἐστίν. 3) Τοὺς ἐμαυτοῦ φίλους μᾶλλον φιλῶ ἢ τοὺς σούς. 4) Τί τοὺς φίλους ἡμῶν ἠπάτησας;

101. Das Pronomen αὐτός bedeutet:
1. **selbst** (*ipse*) in prädikativer Stellung: ὁ ἀνὴρ αὐτὸς oder αὐτὸς ὁ ἀνήρ „der Mann selbst".

Anm. 1. Αὐτός hat, wie das lat. *ipse*, auch die Bedeutungen „von selbst, gerade, an sich, eben, unmittelbar, eigentlich, schon, allein" u. ä. Bei Ordinalzahlen entspricht es unserm „selb": πέμπτος αὐτός „selbfünfter" = „mit vier andern".

---

*) Das unbetonte reflexive Possessivverhältnis bleibt unbezeichnet, sofern es nicht etwa durch das Medium (123 *b. d.*) ausgedrückt wird.

Anm. 2. Καὶ αὐτός „gleichfalls, „ebenso" entspricht dem latein. *ipse quoque*, οὐδ᾽ αὐτός (bzw. μηδ᾽ αὐτός) „gleichfalls nicht" dem latein. *ne ipse quidem*.

2. **ebenderselbe** (*idem*) in attributiver Stellung: ὁ αὐτὸς ἀνήρ „ebenderselbe Mann" (*cf.* 5, 6).

3. in den obliquen Kasus **eius, ei, eum** usw. (Personalpronomen der 3. Person) (*cf.* 91, 2).

102. 1) Ἡ βασίλεια αὐτὴ ἐν τῷ στρατεύματι παρῆν. Μετ᾽ αὐτὴν τὴν ναυμαχίαν ὁ τοῦ ναυάρχου ἀδελφὸς αὐτὸς δέκατος εἰς Σπάρτην ἀπεστάλη. Τὰ ὄρη ἀπότομα ὑπὲρ αὐτοῦ τοῦ ποταμοῦ ἐκρέματο. 2) Μὴ φθόνει τοῖς πλέον σαυτοῦ κεκτημένοις· καὶ αὐτοὶ γὰρ πολλῶν καὶ ἀγαθῶν δέονται, οἷς σὺ χρῇ. 3) Ὁ τῷ δεομένῳ μὴ διδοὺς οὐδ᾽ αὐτὸς λήψεται δεόμενος. 4) Αὐτὰ τὰ ἐναντία σωφροσύνης καὶ ἀκρασίας ἔργα ἐστίν. 5) Ὁ πλοῦτος αὐτὸς οὐδένα ἂν εὐδαίμονα ποιοίη. 6) Οἱ μαθηταὶ οὐ τοῖς διδασκάλοις, ἀλλ᾽ αὐτοὶ ἑαυτοῖς μανθάνουσιν. 7) Ὁ κάπρος χαμαὶ κατέπεσε βληθεὶς δι᾽ αὐτῆς τῆς καρδίας. 8) Θηραμένης Λυσάνδρου συμβουλεύσαντος πρεσβευτὴς εἰς Λακεδαίμονα ᾑρέθη δέκατος αὐτός. 9) Ἐπειδὴ ἀπιόντας τοὺς βαρβάρους εἶδον οἱ Ἕλληνες, ἀναζεύξαντες καὶ αὐτοὶ ἐπορεύοντο. 10) Κάτων ἐν Ἰτύκῃ αὐτὸς ἑαυτὸν ἀπέκτεινεν. 11) Οἱ πύργοι, οἳ ἐν τοῖς τῶν Βαβυλωνίων τείχεσι πολλοὶ ἦσαν, δέκα ποσὶν ὑψηλότεροι εἶναι λέγονται τῶν τειχῶν αὐτῶν. 12) Οἱ στρατιῶται ἐρεθισθέντες ὑπὸ φαύλων τινῶν ἀνδρῶν καὶ αὐτοὶ ἀχθεσθέντες τοῖς ἀδικήμασι τὴν κώμην λεηλατήσαντες ἐνέπρησαν. 13) Οἱ Ἀθηναῖοι εἰς τὰ Μηδικὰ αὐτοὶ πλείους ναῦς παρέσχοντο τῶν ἄλλων Ἑλλήνων ἁπάντων. 14) Αὐτόμολοι ἐξήγγειλαν, ὅτι οἱ πολέμιοι ἤδη ἐκ τοῦ στρατοπέδου σὺν ὅπλοις ἐξίοιεν καὶ ὁ βασιλεὺς αὐτὸς παρατάσσοι.

103. Die **Demonstrativpronomina** sind ὅδε, οὗτος, ἐκεῖνος (*cf.* 10, 1).

1. ὅδε *hic* ist das Demonstrativ der 1. Person: ἥδε ἡ πόλις „diese unsere Stadt"; μέχρι τοῦδε τοῦ χρόνου „bis jetzt".

οὗτος *iste* ist das Demonstrativ der 2. Person: ὦ οὗτος „heda du!" αὕτη ἡ πόλις „die Stadt da".

ἐκεῖνος *ille* ist das Demonstrativ der 3. Person: ἐκείνη ἡ ἡμέρα „jener (der Vergangenheit oder Zukunft angehörige) Tag".

Anm. Ὅδε und οὗτος weisen beide auf etwas Anwesendes oder Gegenwärtiges hin, aber ὅδε mit ungleich größerem Nachdruck. Ἐκεῖνος bezeichnet etwas räumlich oder zeitlich Entferntes.

2. ὅδε weist auf das Folgende (= *hic*), οὗτος auf schon Erwähntes (= *is*) hin: Ἀκούσατε καὶ τόδε („folgendes"). Ταῦτα ἀκούσας ὁ ἄγγελος εἶπε τάδε.

3. ἐκεῖνος weist, wie das lat. *ille*, auf Bekanntes und Berühmtes hin: Θεμιστοκλῆς ἐκεῖνος.

4. οὗτος, ὅς „derjenige, welcher" (*is, qui*); καὶ οὗτος (καὶ ταῦτα) „und zwar" ganz entsprechend dem latein. *et is, isque, et id, idque*). Κέκτησθε πλείστας οἰκίας καὶ ταύτας κατεσκευασμένας τοῖς πλείστου ἀξίοις. Φίλιππος πᾶσαν τὴν Ἑλλάδα ἐφεξῆς ἥρπασε καὶ ταῦτα καταφρονῶν τῶν Ἀθηναίων.

5. Wie ὅδε und οὗτος unterscheiden sich auch ὧδε und οὕτως, τοιόσδε und τοιοῦτος, τοσόσδε und τοσοῦτος (τηλικόσδε und τηλικοῦτος).

104. 1) Πάντα τὰ ἐν τῇδε τῇ γῇ ὄντα δῶρον θεοῦ ἐστι· δεῖ οὖν μὴ παραχρῆσθαι τούτοις τοῖς δώροις. 2) Ἐν τῇδε τῇ οἰκίᾳ κρύπτεται ὁ κλέπτης. 3) Ταχὼς ὁ Αἰγυπτίων βασιλεὺς Ἀγησίλαον βραχὺν τὸ σῶμα ὄντα σκώπτων εἶπε τάδε· "Ὤδινεν ὄρος, Ζεὺς δ' ἐφοβεῖτο, τὸ δ' ἔτεκε μῦν. Ἀγησίλαος δὲ ταῦτα ἀκούσας ἔφη ὀργισθείς· φανήσομαί σοί ποτε λέων. 4) Ὁ σοφὸς τὸ κακῶς παθεῖν οὐ τοσοῦτον φοβεῖται ὅσον τὸ κακῶς ποιῆσαι· τοῦτο γὰρ αἴτιον ἐκείνου. 5) Τί τοῦτ' ἔλεξας; ἆρ' οὐκ αἰσχύνῃ τούτους τοὺς ἄνδρας; 6) Ἀπόρων ἐστὶ καὶ τούτων πονηρῶν τὸ δι' ἐπιορκίας πράττειν τι. 7) Τίς ἂν ἀγνοοίη Ἐφιάλτην ἐκεῖνον, ὃς τὴν Ἑλλάδα τοῖς Πέρσαις προῦδωκε καὶ ταῦτα ὑπὸ βασιλέως ἀργυρίῳ διεφθαρμένος; 8) Ἐὰν τῶν δούλων τις νοσήσῃ σοι, ἰατρὸν ἐπικαλῇ, ἵνα μὴ ἀποθάνῃ· ὅσῳ μᾶλλον θεραπείας ἐπιμελεῖσθαί σε χρή, ἐὰν αὐτὸς νοσήσῃς καὶ ταῦτα τὴν ψυχήν. 9) Δράκοντος ἦν ὅδε ὁ νόμος· ὁ ἁρπαγῆς ἢ κλοπῆς δίκην ὀφλὼν θανάτῳ ζημιούσθω. 10) Οἱ Καρχηδόνιοι Κρόνῳ ἀνθρώπους ἔθυον καὶ ταῦτα ἔνιοι αὐτῶν υἱούς.

105. Die **Relativpronomina** haben sowohl einfache als auch zusammengesetzte Formen: ὅς und ὅστις, οἷος und ὁποῖος, ὅσος und ὁπόσος usw., (ὡς und ὅπως, οὗ und ὅπου, ὅτε und ὁπότε usw.). Die einfachen Formen beziehen sich auf einzelne, bestimmte Personen oder Sachen, die zusammengesetzten haben verallgemeinernde Bedeutung, z.B. Ὁ ἀνήρ, ὃν εἶδον, πένης ἐστίν. Κῦρος εἰς χώραν ἧκεν, ἐν ᾗ οὔτε χόρτος ἦν οὔτε δένδρον. Μακάριός ἐστιν ὅστις οὐσίαν καὶ νοῦν ἔχει. Ἀνὴρ δίκαιός ἐστιν, ὅστις ἀδικεῖν δυνάμενος μὴ βούλεται. Merke: πᾶς ὅστις „jeder, der" (im Plur. meist πάντες ὅσοι), οὐδεὶς ὅστις „keiner, der", οὐδὲν ὅ τι, οὐδείς ἐστιν ὅστις, οὐκ ἔστιν ὅστις, τίς ἐστιν ὅστις, ἔστιν ὅστις „mancher" u.ä. *Cf.* § 158, Anm. 2.

Anm. Ὅσπερ „welcher gerade, welcher eben", *qui quidem;* ὅσγε und ὃς δή begründend „welcher ja, weil er ja", *quippe qui.*

106. 1) Ὦ Ζεῦ, ὅσων κακῶν αἴτιον ἡμῖν τὸ γῆρας. Ἰδού, ὡς ἡδέως τὸ παιδίον καθεύδει. Οἵους ἄνδρας ἔχομεν ἑταίρους. Οἷα ποιεῖς, ὦ φίλε. Die einfachen Relativa οἷος, ὅσος und ὡς stehen auch in Ausrufen (sowohl in unabhängigen als in abhängigen). 2) Ὦ ἄνδρες δικασταί, ἵνα εἰδῆτε, ὅσοι ὑπ' Ἀγοράτου τεθνᾶσι, βούλομαι ὑμῖν τὰ ὀνόματα αὐτῶν ἀναγνῶναι. 3) Κροίσου κελεύσαντος οἱ θεράποντες Σόλωνα κατὰ πάντας τοὺς θησαυροὺς περιάγοντες ἐπέδειξαν πάντα, ὅσα καλὰ καὶ μεγαλοπρεπῆ ἦν. 4) Ὅστις τοὺς θεοὺς τιμᾶν βούλεται, τοῦτον τοὺς πέλας εὖ ποιεῖν δεῖ. 5) Τί ὀνίνανται οἱ πλούσιοι τάλαντα ἐπὶ ταλάντοις συντιθέντες, οὕσγε μετ' ὀλίγον τούτου τοῦ βίου ἀπαλλάττεσθαι χρή; 6) Ξενοφῶν φησι· πάντα, ὅσα οἱ θεοὶ ἀγαθὰ τῇ Ἀττικῇ ἐν ταῖς ὥραις παρέχουσι, πρωϊαίτατά τε ἄρχεται καὶ ὀψιαίτατα λήγεται. 7) Οὐδ' Ἡρακλῆς ἀπέφυγε τὴν πεπρωμένην μοῖραν, ὅσπερ Διῒ φίλτατος ἦν. 8) Ὅτῳ μηδὲν κακόν ἐστι, τοῦτον ὀλβιώτατον ὀνομάζω. Der relative Satz wird dem demonstrativen oft nachdrucksvoll vorangestellt, z.B. Ἃ ποιεῖν αἰσχρόν, ταῦτα νόμιζε μηδὲ λέγειν εἶναι καλόν. Ὁπόσοι μαστεύουσι ζῆν ἐκ παντὸς τρόπου ἐν τοῖς πολεμικοῖς, οὗτοι αἰσχρῶς ὡς ἐπὶ τὸ πολὺ ἀποθνήσκουσιν. 9) Συνεφείπετο τοῖς πελτασταῖς καὶ τὸ Ἀρκαδικὸν ὁπλιτικόν, ὧν (statt οὗ) ἦρχε Κλεάνωρ. Beim Relativum findet hinsichtlich des Genus und Numerus sehr häufig die *Constructio ad sensum* (*cf.* 23) statt. *Cf.* auch Ἀπέθανον ἑπτὰ γενναῖα τέκνα, οὓς Ἄδραστος ἤγαγεν. Τὸ τῶν Ἀθηναίων ναυτικόν, οἳ ὥρμουν ἐν τῇ Μαλέᾳ. 10) Φίλον, ὅπερ (*cf.* 25,8) μέγιστον ἀγαθόν ἐστιν, οἱ πολλοὶ ὅπως κτήσονται οὐ φροντίζουσιν. 11) Λύκος ἰδὼν ποιμένας ἐσθίοντας ἐν σκηνῇ πρόβατον, ἐγγὺς προσελθών· ὅσος (*cf.* 106, 1), ἔφη, ἂν ἦν θόρυβος, εἰ ἐγὼ τοῦτο ἐποίουν. 12) Τὸν ἀγαθὸν ἄνδρα καλῶς ἀγωνίζεσθαι δεῖ, ἅττα ἂν ἡ τύχη περιθῇ.

107. 1. Ἔστιν οἵ wird ganz wie ein Wort in der Bedeutung „einige" (= ἔνιοι) behandelt; es kann daher vollständig flektiert werden, steht auch in Beziehung auf die Vergangenheit und Zukunft und selbst mit unverändertem ἔστιν in infinitivischen Konstruktionen, z.B. Ἔστιν οἳ αὐτῶν ἐτιτρώσκοντο. Ἦλθε Γύλιππος στρατιὰν ἔχων ἀπὸ τῶν ἐν Σικελίᾳ πόλεων ἔστιν ὧν. Ἔστιν οἷς μείζω καὶ πλείω καλὰ ὑπάρχει ἢ ἡμῖν. Ἔστιν οὓς ἀνθρώπους τεθαύμακας ἐπὶ σοφίᾳ. Ἔστιν ἀφ' ὧν χωρίων ὁπλίτας εἶχον. Desgleichen heißt ἔστιν ὅστις „mancher" (z.B. ἔστιν ὅστις κατελήφθη. Ἔστιν ὅτῳ πλείω ἐπιτρέπεις ἢ τῇ γυναικί), οὐκ ἔστιν ὅστις οὐ „jeder" = *nemo est, quin*, ἔστιν ὅτε „bisweilen" (= ἐνίοτε), ἔστιν οὗ (oder

ἔνθα) „an manchen Orten", οὐκ ἔσθ᾽ ὅπου „niemals",
οὐκ ἔστιν ὅπως „auf keine Weise" = *fieri non potest, ut,*
οὐκ ἔστιν ὅπως οὐ „durchaus, jedenfalls" = *fieri non*
potest, quin. *Cf.* 158, Anm. 2.

Anm. Im Nom. Plur. ist εἰσὶν οἵ häufiger als ἔστιν οἵ.

2. Οὐδεὶς ὅστις οὐ (eig. „es gibt niemanden, der nicht") heißt
„jeder ohne Ausnahme"; es wird wie ein Nomen dekliniert,
z.B. Οἱ πρόγονοι περὶ τῆς ἐλευθερίας οὐδένα κίνδυνον ὄντιν᾽ οὐχ
ὑπέμειναν. Οὐδενὸς ὅτου οὐ κατεγέλασεν „er lachte über jedermann". Οὐδενὶ ὅτῳ οὐκ ἀποκρίνεται „jedem antwortet er" = οὐδείς
ἐστιν ὅτῳ οὐκ ἀποκρίνεται.

3. Οἷος bildet in Verbindung mit einem Personalpronomen gewissermaßen einen adjektivischen Begriff, der vollständig dekliniert werden kann. Daher heißt „ein Mann wie ich" οἷος ἐγὼ
ἀνήρ, „ich lobe Männer wie ihr seid" ἐπαινῶ οἵους ὑμᾶς ἄνδρας.
„Es ist nicht leicht, mit einem Philosophen von deinem Schlage
zu disputieren" ἔργον ἐστὶν οἵῳ σοὶ φιλοσόφῳ διαλέγεσθαι.

Anm. In ähnlicher Weise haben auch folgende ursprünglich relative Ausdrücke die Bedeutung selbständiger Adjektive gewonnen: ὁστισοῦν
„jeder beliebige", οὐδ᾽ ὁστισοῦν „auch gar keiner" ὅστις δή „irgendwer, ich
weiß nicht wer", θαυμαστὸς ὅσος „wunderbar viel" (= θαυμαστόν ἐστιν ὅσος,
z.B. χρήματα ἔλαβε θαυμαστὰ ὅσα), ὑπερφυὴς ὅσος außerordentlich viel", ὅστις
(oder ὅς) βούλει „jeder beliebige" (ganz dem latein. *quivis* entsprechend) u.a.
Cf. auch 199, 5, Anm. 2.

108. 1) Ἃ κακὰ ἄλλοις κοινὰ ἔχομεν, κουφότερα ἡμῖν φαίνεται. 2) Ἃς πόας
τὰ θηρία οὐ νέμεται, ταύτας πολλάκις οἱ ἄνθρωποι ἐσθίουσιν. 3) Πολλοὶ
τὰ χρήματα ἀναλώσαντες, ὧν πρόσθεν ἀπείχοντο κερδῶν αἰσχρὰ νομίζοντες, τούτων οὐκ ἀπέχονται. 4) Ἡ κατὰ Σωκράτους γραφὴ τοιάδε
τις ἦν· ἀδικεῖ Σωκράτης, οὓς ἡ πόλις νομίζει θεοὺς οὐ νομίζων. 5) Μήτε
ἀεὶ μήτε εἰς πάντας ἀποφαίνου, ἣν γνώμην ἔχεις. 6) Οὓς ἂν ἐράνους τοῖς
σαυτοῦ γονεῦσιν εἰσενέγκῃς, τούτους καὶ αὐτὸς σύ ποτε παρὰ τῶν
παίδων ἀπολήψῃ. 7) Ἐξ ὧν διατριβῶν αὐτός τε ἐπιδώσεις καὶ ἄλλοις
βελτίων εἶναι δόξεις, ἐπὶ ταύταις ἥδου. 8) Ἱστιαῖος Δαρείῳ ἔφη·
ὄμνυμί σοι μὴ πρότερον ἐκδύσεσθαι, ὃν ἔχων χιτῶνα καταβήσομαι εἰς
Ἰωνίαν, πρὶν ἄν σοι Σάρδεις δασμοφόρους ποιήσω.

109. Wenn das Relativpronomen eigentlich im Akkusativ stehen sollte,
das Nomen aber, worauf es sich bezieht, im Genitiv oder Dativ
steht, so nimmt das Relativ sehr häufig den Kasus seines Beziehungs-
wortes an, ein Sprachgebrauch, den man **Attraktion (Assimilation)**

des Relativs nennt, z. B. Μετέδωκά σοι πάντων, ὧν (statt ἅ) εἶχον. Σὺν τοῖς θησαυροῖς, οἷς (statt οὓς) ὁ πατὴρ κατέλιπεν. Für die Attraktion gelten folgende Regeln:

1. sie tritt nur dann ein, wenn der Relativsatz mit seinem Beziehungsworte einen Gesamtbegriff bildet, z. B. Μέμνησθε τοῦ ὅρκου, οὗ ὀμωμόκατε „erinnert euch des von euch geleisteten Eides“. Ἔστε ἄνδρες ἄξιοι τῆς ἐλευθερίας, ἧς κέκτησθε. Πιστεύσομεν τῷ ἡγεμόνι, ᾧ ἂν Κῦρος δῷ. Die Attraktion ist demnach unzulässig, wenn der Relativsatz zu einem Substantive eine Bemerkung nur lose hinzufügt, z. B. Τεκμαίρομαι τοῦτο ἔκ τινος ἐνυπνίου, ὃ ἑόρακα ταύτῃ τῇ νυκτί. Χρήματα ἔδωκε τῷ ἑαυτοῦ ἀδελφῷ, ὃν σφόδρα ἐφίλει.

2. Ist das Beziehungswort ein bloßes **Demonstrativum**, so fällt dieses bei der Attraktion regelmäßig weg, z. B. Μεταδίδου τοῖς ἄλλοις ὧν ἔχεις (= τούτων, ἃ ἔχεις). Ἐμμένομεν, οἷς (= τούτοις, ἃ) ὡμολογήσαμεν.

3. Oft wird das Substantiv (ohne Artikel!) an das Ende des Relativsatzes gestellt und richtet sich nach dem Relativum, so daß nun die beiden Sätze in **einen** zusammengezogen sind, z. B. Κῦρος προςῆλθε σὺν ᾗ εἶχε δυνάμει. Τῷ κυνὶ μεταδίδως οὗπερ αὐτὸς ἔχεις σίτου. Ἐμμένετε ᾧ ὀμωμόκατε ὅρκῳ. Dabei müssen alle flektierbaren Wörter des Nebensatzes, die sich auf das Relativum beziehen, mit dem Relativum im Kasus übereinstimmen, z. B. Ἐμμένομεν οἷς ὡμολογήσαμεν δικαίοις οὖσιν (= τούτοις ἃ ὡμολογήσαμεν δίκαια ὄντα).

Anm. 1. Sehr selten findet die Attraktion statt, wenn das Relativum ursprünglich nicht im Akk., sondern in einem andern Kasus stehen müßte, z. B. Οὐκ ἀπολήψῃ χάριν παρ᾽ ὧν (= παρὰ τούτων, οἷς) βοηθεῖς. Τοῦτο ὅμοιόν ἐστιν ᾧ νῦν δὴ ἐλέγετο.

Anm. 2. Selten ist die „**umgekehrte Attraktion**“ **(Attractio [Assimilatio] inversa),** so daß sich das Beziehungswort dem Kasus des unmittelbar nachfolgenden Relativs assimiliert, z. B. Ἀνεῖλεν αὐτῷ ὁ Ἀπόλλων θεοῖς, οἷς ἔδει θύειν. Τὴν οὐσίαν, ἣν κατέλιπε τῷ υἱεῖ, οὐκ ὀλίγη ἦν.

110. 1) Ὁ φιλάργυρος οὐκ ἀπολαύει τῶν ἀγαθῶν, ὧν ἔχει = ὧν ἔχει ἀγαθῶν. Οἱ φιλάργυροι οὐ χρῶνται τοῖς χρήμασιν, οἷς κέκτηνται = οἷς κέκτηνται χρήμασιν. 2) Οὐδὲν ὧν ἠλπίζομεν ἀποβέβηκεν, ἀλλ᾽ ἔχθραι, ἐξ ὧν ἐποιήσαμεν, ἡμῖν γεγόνασιν. 3) Εὐρυβιάδης ἀπῴχετο φεύγων (σὺν) ταῖς ναυσὶν αἷς εἶχεν = (σὺν) αἷς εἶχε ναυσίν. 4) Οὐδεὶς ὅστις οὐχ (197) ἡδέως σύνεστιν οἷς μάλιστα φιλεῖ ἑταίροις. 5) Ναυμαχία παλαιτάτη ὧν ἴσμεν ἐγένετο Κορινθίων πρὸς Κερκυραίους. 6) Τὸν δόκιμον ἄνδρα μὴ μόνον κρῖνε ἐξ ὧν ποιεῖ, ἀλλὰ καὶ ἐξ ὧν βούλεται. 7) Οἱ σοφισταὶ φανερῶς ἐπέδειξαν ῥᾴδιον ὂν ψευδῆ λόγον μηχανᾶσθαι περὶ ὅτου ἄν τις προθῆται. 8) Οἵοις ὑμῖν ἀνδράσι (107, 3) πειθόμεθα, ἐφ᾽ οἷς ἂν συμβουλεύσητε. 9) Οἱ ἀγαθοὶ ἐνοικοῦσι τὰς τῶν μακάρων νήσους ἀντὶ τῶν δικαίων, ὧν παρὰ βίον ἤσκουν = ἀνθ᾽ ὧν παρὰ βίον ἤσκουν δικαίων. 10) Ὁ σώφρων ἀνὴρ υἱέα ἀπολέσας ἢ ἄλλο τι, ὧν περὶ πλείστου ποιεῖται, ἀχθέσεται μέν, μετριάσει δὲ πρὸς λύπην. 11) Οἱ Λακεδαι-μόνιοι, ἐξ οὗ τὴν κατὰ θάλασσαν ἡγεμονίαν ἔσχον, οὐκέτι ἐχρῶντο οἷς παρὰ τῶν προγόνων παρέλαβον νόμοις οὐδὲ διέμενον ἐν οἷς πρότερον εἶχον ἔθεσιν. 12) Συμμαχίαν οὐ ποιησόμεθα ᾧ ἂν πρότερον ἤδη ἀπίστῳ ὄντι ἐγνώκωμεν, οὐδὲ βοηθεῖν δεησόμεθα οὗ ἂν αὐτοῦ ἀσθενοῦς ὄντος ὁρῶμεν. 13) Οἱ Ἀθηναῖοι ἐν τῇ Σικελίᾳ μνῆμα ἔστησαν τροπῆς, ἧς οἱ Τυρρηνοὶ ἐποιήσαντο τοῦ πεζοῦ τῶν πολεμίων.

111. Wenn ein zweiter Relativsatz vermittelst καί oder ἤ zu einem vorhergehenden Relativsatze tritt, so wird entweder das zweite Relativum einfach weggelassen (besonders wenn es ein Nominativ ist), oder man gebraucht statt des Relativs die entsprechenden *Casus obliqui* von αὐτός, indem man die relative Konstruktion gegen die demonstrative vertauscht. 1) Φυλάττου ἐκεί-νους τοὺς ἄνδρας, οἳ τοὺς φίλους ἀπόντας διαβάλλουσι καὶ πάντες οἱ χρηστοὶ ἐχθροί εἰσιν (αὐτοῖς). 2) Θαυμάζομεν Φαβρίκιον, ὃς τὸ Πύρρου χρυσίον ἀπεώσατο καὶ ἐλπίδες κέρδους ἀπὸ χρηστότητος (αὐτὸν) οὐκ ἀπήγαγον. 3) Ὅτῳ τάδε ξυμφέροντα μὲν δοκεῖ λέγεσθαι, φοβεῖται δέ, μὴ δι᾽ αὐτὰ τὰς σπονδὰς λύσῃ, γνώτω περὶ τῆς κοινῆς σωτηρίας νῦν βουλευόμενος.

112. Der relative Satzanschluß, der im Lat. so häufig ist, findet sich im Griech. nur selten und nur bei ganz eng zueinander gehörenden Sätzen. Wo also der Lateiner Sätze mit *Quibus dictis*, *quo facto*, *quibus auditis* usw. beginnt, sagt der Grieche regelmäßig ταῦτα δὲ εἰπών, μετὰ δὲ ταῦτα, ὡς δὲ ταῦτα ἐγένετο, ταῦτα δὲ ἀκούσας usw.

113. Die gewöhnlichsten **Korrelative** sind τοιοῦτος – οἷος, τοσοῦτος – ὅσος, οὕτως – ὡς, ὅπου (oder οὗ) – ἐκεῖ (oder ἐνταῦθα), ὅτε (oder ὁπότε oder ἡνίκα) – τότε. „Je – desto" ὅσῳ – τοσούτῳ (*cf.* 62, 9) oder ὅσον – τοσοῦτον. (Τοῖος und τόσος kommen nur sehr selten statt τοιοῦτος und τοσοῦτος vor.) 1) Οἱ Ἀθηναῖοι οὔτ᾽ εὐφωνίᾳ τοσοῦτον διαφέρουσι τῶν ἄλλων οὔτε σωμάτων μεγέθει καὶ ῥώμῃ ὅσον φιλοτιμίᾳ, ἥπερ μάλιστα παροξύνει πρὸς τὰ καλὰ καὶ ἔντιμα. 2) Οἱ τῆς ψυχῆς ἀγῶνες τοσούτῳ κρείττους εἰσὶ τῶν τοῦ σώματος, ὅσῳ ἡ ψυχὴ κρείττων ἐστὶ τοῦ σώματος. 3) Τοιούτους ἡμᾶς δεῖ εἶναι περὶ τοὺς ἄλλους, οἵους ἀξιοῦμεν τοὺς ἄλλους περὶ ἡμᾶς εἶναι. 4) Ὥσπερ λέγεις φίλου παρόντος, οὕτω καὶ ἀπόντος αὐτοῦ φρόνει. 5) Τοσοῦτον ἀπολελείμμεθα καὶ τοῖς ἔργοις καὶ ταῖς διανοίαις τῶν προγόνων, ὅσον οἱ μὲν ὑπὲρ τῆς τῶν ἄλλων σωτηρίας τήν τε ἑαυτῶν πατρίδα ἐκλιπεῖν ἐτόλμησαν καὶ μαχόμενοι τοὺς βαρβάρους ἐνίκησαν, ἡμεῖς δὲ οὐδ' ὑπὲρ τῆς ἡμετέρας αὐτῶν πλεονεξίας κινδυνεύειν ἀξιοῦμεν. 6) Ἀλκιβιάδης εἰς τοὺς ἐν Ὀλυμπίᾳ ἀγῶνας καθῆκε ζεύγη τοσαῦτα μὲν ἀριθμόν, ὅσοις οὐδ' αἱ μέγισται τῶν πόλεων ἠγωνίζοντο, τοιαῦτα δ' ἀρετήν, ὥστε καὶ πρῶτος καὶ δεύτερος καὶ τρίτος γενέσθαι. 7) Ὅπου νόμοι πλεῖστοί εἰσιν, ἐνταῦθα (oder ἐκεῖ) καὶ ἀδικίαι πλεῖσται εἶναι φιλοῦσιν. 8) Παλαμήδης ἀποθανὼν ἀδίκως ὑπὸ τῶν θεῶν τοιαύτης τιμωρίας ἔτυχεν, οἵας οὐδεὶς ἄλλος.

114. Hängt das Relativum im Genitiv von einem Substantiv ab, so wird zu dem Subst. der Artikel hinzugefügt, wenn das Subst. bei Umwandlung des Relativsatzes in einen Hauptsatz den Artikel bei sich haben würde. So steht z. B. im ersten Satze ὧν τὴν ἀταξίαν weil man sagen würde: „ihr seht die Unordnung der Barbaren".

115. a. Τίς und die mit π anlautenden Pronomina (ποῖος, πόσος, πότερος, ebenso die Adverbien ποῦ, πόθεν, ποῖ usw.) stehen in direkten wie in indirekten Fragen; aber ὅστις und die mit ὁπ- beginnenden Pronomina und Adverbien (ὁποῖος, ὅπου usw.) werden – außer als allgemeine Relativa (105) – nur in indirekten Fragen gebraucht, also: Τίς εἶ; πόθεν ἥκεις; εἰπέ, τίνα (oder ἥντινα) γνώμην ἔχεις. Αἱ γυναῖκες ἠρώτων αὐτούς, ποῦ (oder ὅπου) οἱ ἄνδρες εἶεν.

Anm. In den von Verben des Sagens, Wahrnehmens und Wissens abhängigen Fragesätzen finden sich statt der *Pronomina interrogativa* zuweilen die einfachen Relativa, z. B. Οἶδά σε, ὃς εἶ. Οὐδεὶς ἔχει φράσαι, δι' ὧν ἀνθρώπων ῥεῖ ὁ Βορυσθένης ποταμός. *cf.* 144 b.

b. Der Grieche kann zwei und mehr Fragewörter zu einem Fragesatze verbinden, wo der Deutsche entweder zwei mit „und" verbundene Fragen bildet oder eines von den beiden Fragewörtern beseitigt, z. B. Τίς τίνος αἴτιός ἐστιν „wer ist schuld und woran?" Τίνες ὑπὸ τίνων μείζω ἂν εὐεργετοῖντο ἢ παῖδες ὑπὸ γονέων;

c. Die Fragewörter können auch in Nebensätzen oder bei Partizipien angebracht werden. Im Deutschen muß dann eine solche Umformung vorgenommen werden, daß die Frage einen für sich bestehenden Satz bildet und daran sich das übrige in Form von Nebensätzen anschließt, z. B. Τί παθὼν τὴν πατρίδα ἀδικεῖς; Τί ἀδικηθεὶς ὑπ' ἐμοῦ νῦν τὸ τρίτον ἐπιβουλεύεις μοι „welches Unrecht hast du von mir erlitten, daß du mir jetzt zum drittenmal nachstellst?" Τί ἂν ποιοῦντες οἱ Ἀθηναῖοι ἀναλάβοιεν τὴν ἀρχαίαν ἀρετήν „was müssen die Athener tun, um ... wiederzugewinnen?" Ὅταν τί ποιήσωμεν, νομιεῖς ἡμᾶς σοῦ φροντίζειν „was sollen wir tun, damit du glaubest –?"

d. Ein fragendes Pronomen wird zuweilen mit einem demonstrativen verbunden, z. B. Τί τοῦτ' ἔλεξας „was sprachst du da?" Τίνα ταύτην ἀγγελίαν φέρεις „was bringst du da für eine Botschaft?"

116. Das **indefinite Pronomen** τις (enklitisch und nie zu Anfang des Satzes) bedeutet nicht nur „irgendeiner (*aliquis*), ein gewisser (*quidam*), mancher", sondern auch:

1. „man": λέγοι τις ἄν „man könnte sagen" (*cf.* § 21, 1).
2. „etwa, ungefähr": ἑκατόν τινες, πόσοι τινές „wie viele ungefähr?"
3. „eine Art von" (*quidam*): πτωχός τις „so eine Art Bettler"; ἀθυμία τις.
4. „ganz, außerordentlich, wahrhaft" (*quidam*) bei Adjektiven: θαυμαστή τις ἀνδρεία, δεινή τις δύναμις. Ähnlich bei Adverbien τι: διαφερόντως τι ἀδικεῖσθαι.

Anm. Τι (*aliquid*) „etwas von Bedeutung" (im Gegensatz zu οὐδέν): Δοκεῖς μοι λέγειν τι.

1) Πόσοι τινές ἐστε; τέσσαρές τινες ἢ πέντε. 2) Δεινή τις δύναμις. Θαυμαστή τις ἀνδρεία. Διαφερόντως τι ἀδικεῖσθαι. 3) Πόθος τις. Πτωχός τις ἢ ἀλήτης. 4) Ἤ τις ἢ οὐδείς. 5) Δοκεῖς μοι λέγειν τι (Gegensatz οὐδὲν λέγειν „eine nichtssagende Bemerkung machen"). 6) Ἄλλῳ ἄλλο ἀρέσκει. Περὶ τῶν αὐτῶν ἄλλοτε ἄλλως (oder ἄλλα) γιγνώσκεις. Ἄλλος ἄλλοθεν ἦλθεν. Ἄλλος εἰς ἄλλο χρησιμώτερός ἐστιν. Ὁ θεὸς πᾶσι τοῖς ἀνθρώποις πόνους ἐπέταξεν ἄλλοις ἄλλους. Κόνων ἄλλοτε ἄλλῃ ἀποβαίνων τὴν τῶν πολεμίων χώραν ἐδῄου. 7) Χεὶρ χεῖρα νίζει. Γενεὰ γίγνεται ἐκ γενεᾶς. 8) Ἀννίβας τὸν ἕτερον ὀφθαλμὸν τυφλὸς ἦν. 9) Οὐδέτερον ἐπαινῶ οὔτε τὸν θρασὺν οὔτε τὸν ταπεινόν. Οὐδέτερον ἐποιήσατε· οὔτε ὑμῶν αὐτῶν περιεγένεσθε οὔτε τῇ τῶν ἄλλων ὕβρει ἠναντιώθητε. 10) Πότερος δεσμὸς ἰσχυρότερός ἐστιν, ἀνάγκη ἢ ἐπιθυμία; 11) Ἡρακλῆς δύο ὁδοὺς ἰδών, τὴν μὲν ἡδονῆς, τὴν δ' ἀρετῆς, ἠπόρει, ὁποτέραν τραπέσθαι βέλτιον εἴη. 12) Ὁ δύο λαγὼς

ἅμα διώκων οὐδέτερον ἂν καταλάβοι. 13) Οἷοι ἡμεῖς ἄνδρες (107, 3)
τὴν τῆς πατρίδος σωτηρίαν οὐκ ἀπογνώσονται · εἰσὶν γὰρ οἳ (107, 1)
ἤδη ἐκ δεινοτέρων ἐσώθησαν ἢ ἐν οἷς ἡμεῖς νῦν ὄντες τυγχάνομεν.

117. Beide Ausdrücke sind unlogisch, statt μόνος τῶν ἄλλων erwartet man
μόνος πάντων, da doch der einzige nicht einer von den andern ist,
sondern den andern gegenübergestellt wird. Dieselbe Ungenauig-
keit zeigt sich oft auch im Gebrauche des Superlativs mit einem
partitiven Genitiv; statt πόλεμος ἀξιολογώτατος τῶν προγεγενημένων erwartet man ἀξιολογώτερος τῶν προγ., da doch ein gegen-
wärtiger Krieg nicht zu den früher geführten gehören kann.

V. GENERA VERBI

1. Activum

118. a. Manche an sich transitiven Verba können, wenn sie ohne Akkusa-
tivobjekt (absolut) gebraucht werden, eine andere, und zwar intransitive Bedeutung annehmen (vgl. weiden, fahren, ziehen):

ἔχειν haben, halten	**intrans.**	sich verhalten (εὖ, καλῶς, κακῶς ἔχειν)
πράττειν tun	„	sich befinden (εὖ, καλῶς, κακῶς πράττειν)
ἄγειν führen	„	marschieren, ziehen (sc. τὸν στρατόν)
αἴρειν aufheben	„	aufbrechen (sc. τὰ ἱστία)
τελευτᾶν beendigen	„	sterben (sc. τὸν βίον)
ὁρμᾶν antreiben	„	sich aufmachen, aufbrechen
τείνειν dehnen	„	sich erstrecken
ἐλαύνειν treiben	„	reiten (sc. τὸν ἵππον), fahren (sc. τὸ ἅρμα, τὴν ναῦν); marschieren, ziehen (sc. τὸν στρατόν)
καταλύειν loslösen	„	Halt machen, rasten (sc. τὰ ὑποζύγια) Frieden schließen (sc. πόλεμον)
ἀναζευγνύναι anspannen	„	wieder aufbrechen (sc. τὰ ὑποζύγια).

Anm. 1. Bisweilen sind die **Komposita** transitiver Verben **intransitiv:** διαφέρειν sich unterscheiden; εἰσβάλλειν und ἐμβάλλειν einfallen, münden;
συμβάλλειν τινί handgemein werden mit; μεταβάλλειν sich verändern;
συμμειγνύναι zusammentreffen mit; ἐπιδιδόναι zunehmen, wachsen; ἐξιέναι
(von ἰέναι) münden u. a.

Anm. 2. Unterscheide: ἔστησα und ἔστην, ἔσβεσα und ἔσβην, ἔδυσα und ἔδυν, ἔφυσα und ἔφυν; – ἀπολώλεκα und ἀπόλωλα, u. ä. – ἕστηκα „ich stehe", δέδυκα „ich bin eingetaucht", πέφυκα „ich bin (von Natur)" u. ä.

b. **Das Aktiv bezeichnet oft das, was jemand durch einen andern tun läßt (kausatives Aktiv:)** Ξέρξης τὸν Ἑλλήσποντον ἔζευξε „ließ überbrücken".

c. *Cf.* 120, *c.*

119. 1) Ἔδυν, ἔδυσα. Ἔσβεσα, ἔσβην, ἔσβηκα. 2) Πέπεικα, πέποιθα. 3) Ἔστησα, ἔστην· ἔφυσα, ἔφυν· ἔαγα, ἔρρωγα, (ὄλωλα) ἀπόλωλα *perii* (aber ἀπολώλεκα *perdidi*), πέπηγα, τετηκέναι, σεσηπέναι, πεφηνέναι (aber πεφαγκέναι „gezeigt haben"). 4) Ὁ τύραννος ἀπέθανεν (oder ἐτελεύτησεν) ὑπὸ τῶν ἑαυτοῦ οἰκειοτάτων. *Cf.* 120, *c.* 5) Ἀγησίπολις τάφρον ὤρυξε κύκλῳ περὶ Μαντίνειαν τὴν πόλιν. 6) Ὁ Νεῖλος ἑπτὰ στόμασιν εἰς τὴν θάλασσαν ἐξίησιν (ἐμ-, εἰσβάλλει, ἐκδίδωσιν). 7) Τί διαφέρει ὁ κόλαξ τοῦ φίλου; 8) Πολλάκις χαλεπόν ἐστι διακρῖναι φίλον καὶ κόλακα. 9) Οἱ Ἀθηναῖοι δρόμῳ ὥρμησαν ἐπὶ τοὺς Πέρσας τοὺς εἰς τὴν Ἀττικὴν εἰσβαλόντας. 10) Τιρίβαζος ἱππέας ἔχων προσήλασε τῷ στρατοπέδῳ καὶ προπέμψας ἑρμηνέα εἶπεν, ὅτι βούλοιτο διαλεχθῆναι τοῖς ἄρχουσιν. 11) Ἐπεὶ ὁ σῖτος ἐπέλειπεν, οἱ Ἕλληνες ἀναζεύξαντες ὅσον τριάκοντα σταδίους ἤγαγον. 12) Ἐλέει τοὺς κακῶς πράττοντας. 13) Οἱ Λακεδαιμόνιοι ἐδέδισαν τὴν ἐπιδιδοῦσαν τῶν Ἀθηναίων δύναμιν. 14) Οἱ πάλαι Ἀθηναῖοι πολλοὺς τῶν ἐξ ἄλλων πόλεων φυγόντων εἰς τὴν ἑαυτῶν πόλιν ἐδέξαντο. *Cf.* 120, *c.* 15) Σωκράτης ὑπὸ Μελήτου ἀσεβείας ἔφυγεν. 16) Παλαιὸς μῦθος ἦν Ἀτλαντίδα τὴν νῆσον κατὰ τῆς θαλάττης δῦσαν ἀφανισθῆναι. 17) Ἀριστείδης ἐρωτηθείς, τί μάλιστα αὐτὸν ἐν τῇ φυγῇ ἐλύπει· τὸ τῆς πατρίδος ὄνειδος, ἔφη, κακῶς ὑπὸ πάντων ἀκουούσης ἐπὶ τῇ φυγῇ μου. 18) Ἅπασα ἡ Κελτικὴ χώρα ποταμοῖς κατάρρυτός ἐστι, τοῖς μὲν εἰς τὸν ὠκεανὸν ἐμβάλλουσι, τοῖς δ' εἰς τὴν θάλατταν τὴν ἐντὸς τῶν Ἡρακλείων στηλῶν. 19) Οἱ ἄνθρωποι πλείστην μνείαν ἔχουσι τούτων, ὑφ' ὧν ἐν ταῖς συμφοραῖς εὖ ἔπαθον. 20) Ἐπ' Ἄρδυος τυραννεύοντος Κιμμέριοι ὑπὸ Σκυθῶν ἐξαναστάντες ἀφίκοντο εἰς τὴν Ἀσίαν καὶ Σάρδεις πλὴν τῆς ἀκροπόλεως εἷλον. 21. Ἐθίζου χαίρειν (ἐπ') ἐκείνοις τοῖς ἐπιτηδεύμασιν, ἐξ ὧν αὐτός τε ἐπιδώσεις καὶ τοῖς ἀνθρώποις κρείττων εἶναι δόξεις. 22) Ἀτρεὺς ἀδελφὸς ἦν Θυέστου καὶ θεῖος τῶν παίδων, οὓς κατέκοψεν. 23) Πυθαγόρου εἰς πόλιν τινὰ καταλύοντος ὁ λόγος διέρρει ἥκειν αὐτὸν οὐχ ὡς διδάξοντα, ἀλλ' ὡς ἰατρεύσοντα. 24) Τῶν στρατιωτῶν Ἀσπασίαν δεδεμένην προσαγόντων Ἀρταξέρξης ἀγανακτήσας τοὺς τοῦτο δράσαντας ἔδησεν.

2. Passivum

120. a. Ein **persönliches Passiv** bilden auch solche Verben, die den Gen. oder Dat. regieren, z. B. ἐπιβουλεύομαι ὑπό τινος „mir wird von jem. nachgestellt", φθονοῦμαι *mihi invidetur* καταφρονοῦμαι, ἀμελοῦμαι, καταγελῶμαι, ἄρχομαι (ἄρχω τινός) u. a.: Ἡμεῖς μὲν ὑπὸ πάντων πιστευόμεθα, ὑμεῖς δ' ἀπιστεῖσθε. Οἱ Κερκυραῖοι ὑπὸ τῶν Κορινθίων ἐπολεμήθησαν.

b. Regiert ein Verbum im Aktiv einen **doppelten Akk.** der Person und der Sache (47) oder des äußeren und inneren Objekts (41 Anm. 2), so wird im Passiv der Akk. der Person bzw. des äußeren Objekts zum Subjektsnominativ, während das Sachobjekt bzw. innere Objekt im Akk. verbleibt (47 Anm. 2; 41 Anm. 3). Dagegen wird der doppelte Akk. des Subjekts und Prädikatsnomens (43) im Passiv zum doppelten Nominativ (34 *c*). Vgl. auch 74, 5 Anm.

Anm. 1. Ebenso bleibt der Akk. der Sache im Passiv unverändert: α. bei den Verben „einem etwas auftragen, überlassen, anvertrauen" (ἐπιστέλλειν, ἐπιτρέπειν, ἐπιτάττειν): Μιλτιάδης ὑπὸ πάντων τὴν στρατηγίαν ἐπετράπη. β. bei Verben, deren Tätigkeit einen Körperteil ergreift: Ἀποτέμνομαι τὴν κεφαλήν, ὁ προδότης ἐξεκόπη τοὺς ὀφθαλμούς.

c. Folgende **Intransitiva** vertreten das Passiv **transitiver** Verben:

ἀποθνήσκειν ὑπό τινος von jem. getötet werden (Pass. zu ἀποκτείνειν),

ἐκπίπτειν ὑπό τινος von jem. vertrieben werden (Pass. zu ἐκβάλλειν),

φεύγειν ὑπό τινος von jem. angeklagt werden (Pass. zu διώκειν),

εὖ (κακῶς) πάσχειν gut (schlecht) behandelt werden (Pass. zu εὖ (κακῶς) ποιεῖν),

εὖ (κακῶς) ἀκούειν *bene* (*male*) *audire ab alqo* (Pass. zu εὖ (κακῶς) λέγειν).

Anm. 2. Beachte auch: δίκην δίδωμι ὑπό τινος „ich werde von jem. gestraft" = ζημιοῦμαι; κεῖμαι ὑπό τινος „ich bin von jem. gesetzt worden" = Perf. von τίθεμαι (οἱ ὑπὸ τῶν θεῶν κείμενοι νόμοι).

Anm. 3. Ein unpersönliches Passiv von intransitiven Verben nach Art des latein. *curritur, ventum est* ist in der griech. Sprache nicht üblich, außer wenn schon das Aktiv unpersönlich ist, z. B. δέδοκται (ἔδοξε). Doch werden von manchen völlig intransitiven Verben zuweilen passive Partizipien substantivisch gebraucht, z. B. τὰ κινδυνευθέντα „die bestandenen Gefahren", τὰ δυστυχηθέντα „die erlittenen Unglücksfälle", τὰ σεσωφρονημένα „besonnen durchgeführte Handlungen", τὰ ἠσεβημένα „das gottlos Verübte", „die Gottlosigkeit", τὰ πεπολιτευμένα „die politischen Leistungen".

Anm. 4. Statt des passiven Futurs findet sich nicht selten das mediale, häufig von *Verbis puris* (τιμήσομαι statt τιμηθήσομαι, ἀδικήσομαι, μαστιγώσομαι, ἐπιβουλεύσομαι u.a.), seltener von *Verbis mutis* (θρέψομαι, ταράξομαι, ἄρξομαι, διδάξομαι u.a.), ganz selten von *Verbis liquidis*.

Anm. 5. In manchen Fällen steht griech. das Passiv, wo im Deutschen reflexive Auffassung vorgezogen wird, z.B. αἰσχύνω „ich beschäme", ᾐσχύνθην „ich schämte mich", αἰσχυνθήσομαι „ich werde mich schämen"; κινηθῆναι „sich bewegen"; ἀπαλλαγῆναι „sich entfernen"; λυπηθῆναι „sich betrüben"; φοβηθῆναι „sich fürchten" u.a. Mit dem lateinischen Passiv stimmt das griechische darin überein, daß es oft auch das ausdrückt, was man mit sich tun läßt, z.B. ἐπείσθην „ich ließ mich überreden"; φέρομαι „ich lasse mich fortreißen"; so besonders bei Verneinung.

121. 1) Πολλοὶ ἤδη τῆς ἀρχῆς τυχόντες ἐπεβουλεύθησαν καὶ τὸν βίον ἀφῃρέθησαν. 2) Νικόδημος ὑπ' Ἀριστάρχου τὼ ὀφθαλμὼ ἐξεκόπη. 3) Ῥαδάμανθυς ὑπὸ Μίνωος βασιλικὴν καὶ δικαστικὴν τέχνην ἐπαιδεύθη (oder ἐδιδάχθη). 4) Ὅσῳ μείζονά τις δύναμιν ἔχει, τοσούτῳ μείζονα λόγον ἀπαιτηθήσεται (oder auch ἀπαιτήσεται). 5) Οἱ Θάσιοι ὑπὸ τῶν Ἀθηναίων ἀφαιρεθέντες τὴν ἐλευθερίαν τοὺς Λακεδαιμονίους ἐπεκαλέσαντο. 6) Μίσει τοὺς κολακεύοντας ὥσπερ τοὺς ἐξαπατῶντας, ἑκάτεροι γὰρ πιστευθέντες τοὺς πιστεύσαντας ἀδικοῦσιν. 7) Προμηθεὺς ὑπ' ἀετοῦ τὸ ἧπαρ ἐκείρετο. 8) Δικαίως Ἑρμοκράτης ἔφη ὑπὸ τῶν Ἀθηναίων ἐπιβουλεύεσθαι τὴν ἐλευθερίαν πάντων τῶν τὴν Σικελίαν ἐνοικούντων. 9) Οἱ τὴν τῆς ἄκρας φυλακὴν ἐπιτετραμμένοι (oder ἐπιτεταγμένοι) σπονδὰς ἐποιήσαντο πρὸς τοὺς πολιορκοῦντας. 10) Ἦν χιὼν πολλὴ καὶ ὑπὸ τοῦ ψύχους τὸ ὕδωρ, ὃ ἐφέροντο οἱ στρατιῶται ἐπὶ δεῖπνον, ἐπήγνυτο καὶ πολλοὶ τῶν Ἑλλήνων ἀπεκαίοντο ῥῖνάς τε καὶ ὦτα. 11) Λυκοῦργος πηρωθεὶς ὑπὸ νεανίσκου τινὸς τὸν ἕτερον τῶν ὀφθαλμῶν, ἐπεὶ παρέλαβεν αὐτὸν παρὰ τοῦ δήμου τιμωρήσασθαι ὅπως δὴ ἐθέλοι, τῆς μὲν τιμωρίας ἀπέσχετο, παιδεύσας δ' αὐτὸν ἀπέφηνεν ἄνδρα ἀγαθόν. 12) Ὀδυσσεὺς κατεγέλασε Πολυφήμου ἐκκαυθέντος τὸν ὀφθαλμόν. 13) Οἱ πονηροὶ δίκην διδόντες ὑπὸ τοῦ θεοῦ ὠφελοῦνται (oder εὖ πάσχουσιν). 14) Καὶ τὸ πάλαι νόμος ἦν ἴσων ψήφων κειμένων τὸν φεύγοντα ἀεὶ ἀποφεύγειν.

122. Manche Deponentia haben α) neben einem medialen Aorist einen Aorist Pass. mit **passiver** Bedeutung, β) in der Perfektgruppe sowohl aktive als passive Bedeutung: βιάζομαι „ich bezwinge", ἐβιασάμην „ich bezwang", ἐβιάσθην „ich wurde gezwungen", βεβίασμαι „ich habe bezwungen" und „ich bin bezwungen worden." Ebenso ἐργάζεσθαι „tun", μεταπέμπεσθαι „kommen lassen", αἱρεῖσθαι „wählen" u.a.

173

3. Medium

123. Das Medium bezeichnet:

a. als **direktes Medium** eine Handlung, die das Subjekt unmittelbar auf sich selbst richtet. Es kommt fast nur von folgenden Verben vor:

ἀλείφεσθαι, χρίεσθαι sich salben	ὁπλίζεσθαι sich bewaffnen
λοῦσθαι sich waschen, sich baden	ἵστασθαι sich stellen (*aor.* στῆναι)
στεφανοῦσθαι sich bekränzen	τάττεσθαι sich ordnen, auf-
κοσμεῖσθαι sich schmücken	stellen
γυμνάζεσθαι sich üben	τρέπεσθαι sich wenden (*aor.* τρα-
καλύπτεσθαι sich verhüllen	πέσθαι)
ἀπέχεσθαι sich enthalten	φυλάττεσθαι ⎱ sich hüten
παρασκευάζεσθαι sich rüsten	εὐλαβεῖσθαι ⎰

Sonst aber heißt: „ich lobe mich" ἐπαινῶ ἐμαυτόν, „er tötete sich" ἀπέκτεινεν αὑτόν, „du wirfst dich" ῥίπτεις σαυτόν, „wir werden uns als gute Bürger zeigen" πολίτας ἀγαθοὺς ἡμᾶς αὐτοὺς παρέξομεν u. ä.

Anm. Auch folgende Verben sind direkte Media: παύεσθαι „aufhören"; γεύεσθαι „kosten, schmecken"; φαίνεσθαι „erscheinen"; ἵεσθαι „eilen, streben" u. a.

b. als **indirektes** (oder dativisches) **Medium** eine Handlung, welche das Subjekt für sich, in seinem Interesse ausübt: αἱροῦμαι „ich nehme für mich, wähle"; εὑρίσκομαι „ich mache für mich ausfindig"; αἰτοῦμαι „ich fordere für mich"; καταστρέφομαι „ich unterwerfe mir"; ἄγομαι γυναῖκα „ich führe (mir) ein Weib heim"; ποιοῦμαι (φίλον) „ich mache mir"; προβάλλομαι ἀσπίδα „ich halte mir einen Schild vor"; λοῦμαι τὴν κεφαλήν „ich wasche mir den Kopf" u. ä.

Das Interesse des Subjekts besteht zuweilen in der Entfernung einer Sache aus seinem Bereiche: ἀμύνομαι κίνδυνον „ich wehre eine Gefahr von mir ab"; τίθεμαι τὰ ὅπλα „ich lege die Waffen von mir ab", „ich lagere mich", τρέπομαι „ich wende von mir ab"; προΐεμαι „ich lasse von mir weg" u. ä.

Anm. 1. Νόμους τιθέναι oder γράφειν „Gesetze geben" (vom Gesetzgeber), aber νόμους τίθεσθαι oder γράφεσθαι „sich Gesetze geben" (vom Volk). Ἄρχω τινός „ich fange eine Sache an" (die andere fortsetzen); aber ἄρχομαί τινος „ich fange meine Sache an" (die ich selbst fortsetze).

Anm. 2. Das Medium hat zuweilen auch **reziproke** Bedeutung: διανέμεσθαι „unter sich verteilen", διαλέγεσθαι „sich unterreden", βουλεύεσθαι „sich beratschlagen".

c. als **dynamisches Medium** eine Handlung, die das Subjekt mit Aufbietung seiner (äußern und innern) Kräfte und Mittel hervorbringt: παρέχομαι „ich gewähre aus eigenen Mitteln"; συμβάλλομαι „trage von dem Meinigen bei"; λύομαι „ich kaufe mit meinem Gelde los"; σκοποῦμαι „ich überlege bei mir"; βουλεύομαι „ich gehe mit mir zu Rate, beratschlage"; ἀποφαίνομαι γνώμην „ich lege meine Meinung dar"; ἀποδείκνυσθαι ἔργον „eine Tat von sich zum Vorschein bringen" u. ä.

Anm. 1. Unterscheide πόλεμον ποιεῖν „einen Krieg erregen" von πόλεμον ποιεῖσθαι Krieg führen"; εἰρήνην ποιεῖν „Frieden stiften" von εἰρήνην ποιεῖσθαι „Frieden schließen"; πολιτεύειν „Bürger sein" von πολιτεύεσθαι „sich als Bürger betätigen; στρατεύειν „einen Feldzug veranstalten" von στρατεύεσθαι „einen Feldzug mitmachen".

Anm. 2. Einfache Verben werden oft mit ποιεῖσθαι umschrieben, λόγους ποιεῖσθαι = λέγειν, θήραν ποιεῖσθαι = θηρᾶν, ἐπιμέλειαν ποιεῖσθαι = ἐπιμελεῖσθαι u. ä. Das Pass. dazu wird mit γίγνεσθαι gebildet: z. B. δίωξιν ποιεῖσθαι (= διώκειν) Pass. δίωξις γίγνεται.

d. als **kausatives Medium** eine Handlung, welche das Subjekt für sich oder an sich veranlaßt oder ausführen läßt: ποιοῦμαι ὅπλα „ich lasse mir Waffen anfertigen"; διδάσκομαι τὸν υἱόν „ich lasse meinen Sohn unterrichten"; τίνομαι „ich lasse mir Buße zahlen, bestrafe"; δανείζομαι ἀργύριον „ich lasse mir Geld leihen, borge": δικάζομαι „ich lasse mir Recht sprechen, prozessiere" u. ä.

124. 1) Οἱ τῶν Αἰγυπτίων ἱερεῖς διὰ τρίτης ἡμέρας ξυροῦνται (oder κείρονται) καὶ λοῦνται ψυχρῷ (sc. ὕδατι) δὶς ἑκάστης ἡμέρας καὶ δὶς ἑκάστης νυκτός. 2) Οἱ ἐν Αἰγύπτῳ Κᾶρες ἀνάγοντες τῇ Ἴσιδι τὴν ἑορτὴν οὐ μόνον τύπτονται, ἀλλὰ καὶ τὰ πρόσωπα μαχαίραις τιτρώσκονται. 3) Ὁ τρόπαια τῶν πολεμίων ἱστάμενος οὐ μόνον ἑαυτὸν κοσμεῖ, ἀλλὰ καὶ τοὺς φίλους εὖ ποιεῖ καὶ τὴν πατρίδα αὔξει. 4) Ὁ στρατηγὸς ὀργιζόμενος παρεσκευάζετο μὲν προσβαλεῖν τῷ φρουρίῳ μάλα ἰσχυρῷ ὄντι· ἐπεὶ δὲ θυομένῳ αὐτῷ οὐκ ἐγίγνετο τὰ ἱερὰ τῇ πρώτῃ, τῇ ὑστεραίᾳ πάλιν ἐθύετο. 5) Φίλιππος Ἀλέξανδρον τὸν υἱέα παιδεύσασθαι βουλόμενος μετεπέμψατο Ἀριστοτέλην φιλόσοφον τῶν τότε ἐπιφανέστατον. 6) Τῶν Ἑλληνικῶν πόλεων οἱ Ἀθηναῖοι πρῶτοι νόμους τε ἔθεντο καὶ πολιτείαν κατεστήσαντο. 7) Ξέρξης ὑπὸ μεγαλοφροσύνης τὸν Ἄθω διώρυξε τήν τε δύναμιν ἀποδείξασθαι καὶ μνημόσυνόν τι καταλιπέσθαι βουλόμενος. 8) Ἄγραφοί τινες νόμοι εἰσίν, οὓς οὐχ οἱ ἄνθρωποι ἔθεντο, ἀλλ' οἱ θεοὶ τοῖς ἀνθρώποις τεθήκασιν. 9) Ὑπόδησαι („binde dir unter") τὰς κρηπῖδας. Ἀπέχου ὁμιλίας τῶν μοχθηρῶν ἀνθρώπων. Καθαρᾶς ἡδονῆς οὔποτε

ἐγεύσασθε. Σωκράτης τὸ κώνειον ἔπιε μεταβαλόμενος οὔτε τὸ χρῶμα
οὔτε μέτωπον. 10) Οἱ Θηβαῖοι οὐ συνεβάλοντο εἰς τὸ ναυτικόν. Κῦρος
ἐπ' Ἀρταξέρξην τὸν ἀδελφὸν ἐστράτευσεν. Πόσοι τῶν Ἑλλήνων μετὰ
Κύρου ἐστρατεύοντο; 11) Προβάλλου ἀσπίδα ἀγαθῆς ἐλπίδος. Ὀλίγους
ξυμμάχους εὑρησόμεθα. Τὴν λείαν διανειμώμεθα. 12) Οἱ Ἀθηναῖοι
τὴν Σικελίαν δουλώσεσθαι ἤλπιζον. Οἱ στρατιῶται τὰς μαχαίρας παρα-
κονησάσθωσαν. Οἱ ναῦται τὸν μισθὸν ἀπητήσαντο. Ἕκαστος λογιζέσθω
τῶν ἀρχομένων εἶναι τοῖς ὑπὸ τῶν ἀεὶ ἀρχόντων προστεταγμένοις
πείθεσθαι. 13) Ὅσοι μὲν τῶν πολεμίων τὰ ὅπλα ἀφήρηνται, ταχέως
ἄλλα ποιήσονται, ὅσοι δὲ ἵππους ἀφήρηνται, ταχέως ἄλλους κτήσονται.
14) Οἱ Σπαρτιᾶται ἐν τοῖς πολέμοις τοὺς μὲν ἀνθισταμένους ἀπέκτει-
νον, τῶν δ' εἰκόντων ἐφείδοντο. 15) Θεμιστοκλῆς οὐδὲν ὤνητο οὔτε ἐκ
τῆς ναυμαχίας τῆς ἐν Σαλαμῖνι οὔτε ἐκ τῆς πρεσβείας τῆς εἰς Σπάρτην.
16) Οἱ Λακεδαιμόνιοι, ὡς ἐμηκύνετο αὐτοῖς ὁ πρὸς τοὺς ἐν Ἰθώμῃ
Μεσσηνίους πόλεμος, ἄλλους τε ἐπεκαλέσαντο ξυμμάχους καὶ Ἀθη-
ναίους· οἱ δ' ἦλθον Κίμωνος στρατηγοῦντος πλήθει οὐκ ὀλίγῳ. 17) Δευ-
καλίων λάρνακα τεκτηνάμενος καὶ τὰ ἐπιτήδεια ἐνθέμενος εἰς ταύτην
εἰσέβη Πύρραν παραλαβὼν τὴν γυναῖκα. 18) Οἱ Θάσιοι ὑφ' Ἱστιαίου
πολιορκούμενοι τὴν πόλιν ἰσχυροτάτῳ τείχει περιεβάλοντο. 19) Οἱ μὲν
Καρχηδόνιοι Ῥήγυλον ἑαυτοῖς ἠξίωσαν εἰρήνην ποιεῖν, ὁ δὲ τῇ συγκλήτῳ συνεβούλευσε μὴ ποιεῖσθαι εἰρήνην πρὸς τοὺς Καρχηδονίους.
20) Ἀθηναῖός τις ἐν τῇ ἐν Μαραθῶνι μάχῃ κύνα ἐπήγετο καὶ ἑκάτερος
εἴκασται ἐν τῇ ποικίλῃ (sc. στοᾷ). 21) Πολλοὶ νομίζουσι τοὺς πολυτε-
λέσι τραπέζαις τρεφομένους μᾶλλον ἥδεσθαι ἢ τοὺς τὰ εὐτελέστερα
παρατιθεμένους. 22) Ἀλκιβιάδης τὸν Δεκελεικὸν πόλεμον ἐποίησεν ὡς
τοὺς Ἀθηναίους τεισόμενος ἀνθ' ὧν θάνατον αὐτοῦ κατέγνωσαν.

VI. TEMPORA VERBI

1. Die Tempora im Indikativ

125. Man unterscheidet nach dem Standpunkt des Redenden drei **Zeit-
stufen: Gegenwart, Vergangenheit, Zukunft.** Bei jedem Vorgang
kann man verschiedene Vollzugsstufen betrachten (Aspekte, Aktions-
arten): *Eintritt* (eines Ereignisses oder Zustandes), *Verlauf*, und
Fortdauer des Ergebnisses. Demnach müßte es neun Zeiten geben;
da aber der Grieche für die eintretende und die dauernde Handlung in der Gegenwart und in der Zukunft nur je ein Tempus

ausgebildet hat, so besitzt die griechische Sprache nur s i e b e n
T e m p o r a, deren Bedeutung durch folgende Tabelle veranschaulicht wird:

Handlung	Vergangenheit (*praeteritum*)	Gegenwart (*praesens*)	Zukunft (*futurum*)
Eintritt eines Ereignisses oder Ergebnisses	*Aorist* ἔφυγον ich floh = ich ergriff die Flucht	*Praesens* φεύγω ich fliehe = ich ergreife die Flucht	*Futurum I* φεύξομαι ich werde fliehen = ich werde die Flucht ergreifen
Verlauf oder Zustand	*Imperfectum* ἔφευγον ich floh = ich war auf der Flucht	*Praesens* φεύγω ich fliehe = ich bin auf der Flucht	*Futurum I* φεύξομαι ich werde fliehen = ich werde auf der Flucht sein
Fortdauer des Ergebnisses	*Plusquamperfect* ἐπεφεύγειν ich war geflohen = ich war d a m a l s nicht mehr da	*Perfectum* πέφευγα ich bin geflohen = ich bin j e t z t nicht mehr da	*Futurum II* πεφευγὼς ἔσομαι ich werde geflohen sein = ich werde d a n n nicht mehr da sein

Anm. Den E i n t r i t t einer Handlung schlechthin bezeichnet der A o r i s t -
s t a m m, die D a u e r einer Handlung der Präsensstamm, den aus einer
Handlung sich ergebenden Zustand der P e r f e k t s t a m m. Folgende Beispiele
mögen zur Veranschaulichung dienen: ἀποθανεῖν sterben, ἀποθνῄσκειν im Sterben liegen, τεθνηκέναι tot sein; τειχίσαι einen Mauerbau unternehmen, τειχί-
ζειν mit dem Mauerbau beschäftigt sein, τετειχικέναι mit dem Mauerbau fertig
sein; κτήσασθαι gewinnen, κτᾶσθαι mit Erwerb beschäftigt sein, κεκτῆσθαι
besitzen; κληθῆναι einen Namen bekommen, καλεῖσθαι genannt werden,
κεκλῆσθαι einen Namen haben, heißen; ἁρπάσαι entreißen, ἁρπάζειν Räuberei
treiben, ἡρπακέναι als Raub besitzen; φοβηθῆναι erschrecken, φοβεῖσθαι sich
fürchten, πεφοβῆσθαι bestürzt sein; ὀργισθῆναι ergrimmen, ὀργίζεσθαι zürnen,
ὠργίσθαι zornerfüllt sein.

126. Der **Ind. Präsens** bezeichnet Eintritt oder Dauer einer Handlung
in der Gegenwart, ferner eine in der Gegenwart noch geltende Ge-
wohnheit oder Sitte (**iteratives** Präs.), sowie Wahrheiten von zeit-
loser Gültigkeit (**achronistischer** Gebrauch: Ὁ θεὸς καὶ τὰ τοῦ
θεοῦ πάντῃ ἄριστα ἔχει). Das Präs. steht ferner:

a. als **Praesens historicum** statt des Aorists in lebhafter Erzählung,
   um Handlungen der Vergangenheit gleichsam als gegenwärtig
   vorzuführen.

b. als **literarisches** Präsens, um Äußerungen von Dichtern oder
   Schriftstellern der Vergangenheit einzuführen, die in erhaltenen

Werken gleichsam noch gegenwärtig zu uns sprechen: ὥς φησιν
Ὅμηρος.

c. als Präsens **de conatu**: δίδωμι „ich will geben, biete an", πείθω
„ich suche zu überreden", ἀποτρέπω „ich suche abzubringen".

d. mit Perfektbedeutung

α. immer ἥκω „ich bin gekommen, bin da" und οἴχομαι
„ich bin fortgegangen". (Die Imperfekta ἧκον und
ᾠχόμην haben meist aoristische Bedeutung „ich kam"
und „ich ging fort").

β. oft die Verba der Wahrnehmung ἀκούω, πυνθάνομαι, αἰσθάνομαι, μανθάνω, γιγνώσκω: ἀκούω *audio* „ich höre" = „ich habe
gehört, ich weiß".

γ. oft folgende Verba:
νικῶ ich bin Sieger   φεύγω ich bin verbannt, angeklagt
ἡττῶμαι ich bin besiegt   διώκω ich bin Ankäger
ἀδικῶ ich habe unrecht
getan, bin im Unrecht

127. Der **gnomische Aorist,** nicht selten mit ἤδη oder πολλάκις ἤδη
verbunden, steht in allgemeinen Erfahrungssätzen, wo im
Deutschen das Präsens oder die Umschreibung mit „pflegen"
steht, z. B. Τά τοι μέγιστα πολλάκις θεὸς ταπεινὰ ἔθηκε καὶ συνέ-
στειλεν πάλιν. Πολλὰ ἀνθρώποις παρὰ γνώμην ἔπεσεν. Τὰς τῶν
φαύλων συνουσίας ὀλίγος χρόνος διέλυσεν.

Anm. Statt dieses Aorists gebraucht der Grieche übrigens auch das Präsens
oder Perfekt, niemals das Imperfekt, z. B. Οἱ φύσει ἀσθενέστεροι μελετῶντες
κρείττους γίγνονται. Πολλοὶ διὰ δόξαν μεγάλα πεπόνθασιν.

1) Ἡ γλῶσσα πολλοὺς εἰς ὄλεθρον ἤγαγεν. 2) Μία ἡμέρα τὸν μὲν
καθεῖλεν ὑψόθεν, τὸν δ᾽ ἧρεν ἄνω. 3) Ῥώμη μετὰ μὲν φρονήσεως ὠφέ-
λησεν, ἄνευ δὲ ταύτης πλείω τοὺς ἔχοντας ἔβλαψεν. 4) Ὅταν ἐκ πλεονεξίας τις καὶ πονηρίας ἰσχύσῃ, ἡ πρώτη πρόφασις καὶ μικρὸν πταῖσμα
ἅπαντα διέλυσεν. 5) Ὡς οἱ ἰατροὶ τὸν καρκίνον ἢ ἄλλο τι τῶν ἀνιάτων
κακῶν ἰδόντες ἐξέκαυσαν ἢ ἀπέκοψαν, οὕτως ὑμᾶς χρὴ τοὺς κακοὺς τῶν
πολιτῶν ἐκ τῆς πόλεως ῥῖψαι καὶ ἀνελεῖν. 6) Ἡ πενία πρὸς τὰς τέχνας
δεινοτέρους καὶ πρὸς τὸν βίον τεχνικωτέρους τοὺς ἀνθρώπους κατέστησεν. 7) Καὶ σώφρων ἥμαρτε καὶ ἄφρονι πολλάκις δόξα ἔσπετο καὶ τιμῆς
τις κακὸς ὢν ἔλαχεν. 8) Ὧιτινι ὁ θεὸς μὴ παντελῶς ἀγαθὸν διδόναι
βούλεται, τούτῳ παρέσχε μὲν πλοῦτον χρημάτων, πένητα δ᾽ ἐποίησε
τοῦ καλῶς φρονεῖν.

128. Das **Imperfekt** bezeichnet eine in der Vergangenheit unvoll-
endete, darum dauernde oder sich entwickelnde Handlung.
Es steht:

a. zur Bezeichnung wiederholter Handlungen und dauernder Zustände (Sitten)

Οἱ παλαιοὶ τοῖς ἀποθανοῦσιν ὀβολὸν εἰς τὸ στόμα κατετίθεσαν.

b. bezogen auf eine andere Handlung der Vergangenheit, um die
Gleichzeitigkeit oder Dauer zu bezeichnen.

Ἐν ᾧ ἐδείπνουν, ὁ σὸς φίλος ἀφίκετο. Ἐπεὶ Δαρεῖος ἠσθένει καὶ
ὑπώπτευε τελευτὴν τοῦ βίου, τοὺς υἱοὺς παρεῖναι ἐβούλετο.

c. zur Schilderung von Örtlichkeiten, Zuständen und Personen in
der Erzählung, sowie zur Angabe der Gedanken handelnder
Personen.

d. als *imperfectum de conatu*

Κλέαρχος τοὺς στρατιώτας ἰέναι ἐβιάζετο (suchte, wollte zwingen),
οἱ δ' αὐτὸν ἔβαλον.

e. bes. in philosophischen Schriften zum Ausdruck einer in der Vergangenheit gewonnenen Erkenntnis, die in der Gegenwart noch
gilt.

Ἦν ἡ μουσικὴ ἀντίστροφος τῆς γυμναστικῆς, εἰ μέμνησαι.

Anm. 1. Oft steht in der Erzählung das **Imperf.**, wo man den **Aorist** erwartet;
die Deutung ist nicht sicher: Schwyzer-Debrunner, Griech. Gramm. II (1950)
277. Οἱ πολέμιοι οὐκέτι ἐδέξαντο, ἀλλ' ἔφευγον „flohen." Dies ist besonders
häufig bei den Verben „sagen, fragen, befehlen, schicken, bitten"
der Fall: ἔλεγε καὶ παρῄνει τοιάδε (Thuc. VI, 32).
Anm. 2. Attraktion des Imperfekts z.B. Ἀφίκοντο ἐπὶ τὸν ποταμόν, ὃς ὥριζε
τὴν τῶν Μακρώνων χώραν καὶ τὴν τῶν Σκυθηνῶν.

129. Der **Indikativ Aorist** bezeichnet eine Handlung der Vergangenheit
ohne Bezug auf die Gegenwart und ohne Rücksicht auf die Dauer
oder den Verlauf der Handlung. Er bezeichnet

a. ein einmaliges historisches Ereignis:

Μετὰ τὴν μάχην ὁ προδότης ἐθανατώθη καὶ ἄταφος ἐρρίφη καὶ
ἄτιμος ἐνεγράφη μετὰ τῶν ἐκγόνων.

Als feststellender Aorist beantwortet er die Frage „was geschah
damals? und was geschah darauf?" (Erzählung), oder er entspricht, vor allem in Temporal- und Relativsätzen, dem deutschen Plusquamperfekt (*cf.* 130 Anm. 2).

Ἡ Σφίγξ, ἐπεὶ Οἰδίπους τὸ αἴνιγμα εὗρεν, ἀπὸ τῆς πέτρας αὐτὴν
κατέρριψεν.

b. den Eintritt einer Handlung oder eines Ereignisses, besonders bei Worten, die im Präsens einen Zustand bezeichnen (**ingressiver Aorist**):

ἦρξα ich gelangte zur Herrschaft   ἐβασίλευσα ich ward König
ἐνόσησα ich erkrankte   ὑπώπτευσα ich schöpfte Verdacht
ἐσίγησα ich verstummte   ἠράσθην ich gewann lieb
ἐθάρσησα ich faßte Mut   ᾠήθην ich kam zu der Meinung
ἴσχυσα ich erstarkte   ἔσχον ich erhielt, eroberte u. a.

c. eine allgemeine Erfahrung (gnomischer Aorist *cf.* 127).
Er findet sich bei Homer oft in Gleichnissen.

d. einen Affektausbruch. Im Zwiegespräch oder bei Beobachtung von Vorgängen entstehen oft in dem Redenden Gefühle, die in dem Augenblicke, wo er davon redet, schon der Vergangenheit angehören. Darum heißt ἐγέλασα „ich muß lachen" (eig. „ich fing bereits an, zu lachen" über das, was ich hörte oder sah), ἐθαύμασα „ich muß mich wundern", ἔκλαυσα „ich muß weinen", ᾤμωξα „ich muß jammern", κατώμοσα „darauf kann ich schwören". Ἐπήνεσ' ἔργον καὶ πρόνοιαν, ἣν ἔθου.

Anm. Der Aorist in Fragen mit τί οὐ drückt Verwunderung aus, daß eine Handlung noch nicht eingetreten sei, und bezeichnet damit zugleich die dringende Aufforderung zur Ausführung, z. B. Εἴ τινα ἔχεις τῶν ῥητόρων τοιοῦτον εἰπεῖν, τί οὐ καὶ ἐμοὶ αὐτὸν ἔφρασας, τίς ἐστιν („warum hast du ihn mir nicht schon genannt? d. h. ei so nenne ihn mir doch sofort"). Εἴ τις ὑμῶν εὐπορώτερος ἐμοῦ, τί οὐκ ἀπεκρίνατο;

130. 1. Der **Indikativ Perfekt** bezeichnet:

a. den aus einer abgeschlossenen Handlung resultierenden Zustand in der Gegenwart: ἕστηκα ich stehe, ταῦτα εἴρηκα das habe ich gesagt = das ist meine Meinung, κέκτημαι „ich habe mir erworben = ich besitze"; τέθνηκε „er ist gestorben = ist tot", εὕρηκα „ich hab's gefunden = ich hab's"; δεσπότην ἐμαυτὸν πεποίηκα „ich habe mich zum Herrn gemacht = ich bin nun Herr"; εἴθισμαι „ich habe mich gewöhnt = ich pflege"; κέκλημαι „ich heiße"; πεφόβημαι „ich bin in Furcht". Ὁ πόλεμος ἁπάντων ἡμᾶς ἀπεστέρηκεν. Ἐφοβήθην καὶ ἔτι καὶ νῦν τεθορύβημαι. Ein historisches Perfekt gibt es im Griechischen nicht. Das griech. Perf. hat stets Gegenwartscharakter.
Der durch die Handlung geschaffene Zustand wird noch nachdrücklicher bezeichnet durch eine Umschreibung mit

1. ἔχειν mit einem auf das Subjekt bezogenen *Part. aor.* (selten *perf.*) *activi:* Ὁ στρατηγὸς τὸ στράτευμα συντάξας (oder συντεταχὼς) εἶχεν. 2. εἶναι mit *Part. perf.*: Οἱ Ἀθηναῖοι τὰς σπονδὰς λελυκότες εἰσίν. Ἐγώ εἰμι τοῦτο δεδρακώς. *Cf.* 180, 1, a.

b. daß eine Handlung mit Nachdruck vollzogen wird (*perf. intensivum*)

Einige Perfecta namentlich von Verben der Gemütsbewegung haben die Bedeutung eines intensiven Präsens, indem sie bezeichnen, daß eine schon früher hervorgerufene Gemütsbewegung mit besonderer Heftigkeit fortdauert, z. B. τεθαύμακα „ich bin in Verwunderung", ἐπιτεθύμηκα „ich brenne vor Begierde", πεφόβημαι „ich bin in Furcht", τεθορύβημαι „ich bin außer Fassung", vergleiche weiter oben. Auch haben einige Perfecta von Verben des Tönens und Rufens Präsensbedeutung, z. B. κέκραγα „ich bin ins Schreien gekommen und schreie nun", κέκλαγγα, τέτριγα, βέβρυχα u. a.

Anm. 1. In Briefen versetzt sich der Schreibende oft in die Zeit des Empfängers und gebraucht daher eine Vergangenheit (je nach der Vollzugsstufe Perf. oder Aorist), wo der Deutsche das Präsens anwendet, z. B. Ἀπέσταλκά σοι τόνδε τὸν λόγον δῶρον. Διότι οἱ Ἀθηναῖοι τὰς σπονδὰς ἔλυσαν, τὰς αἰτίας προύγραψα πρῶτον. Μετ' Ἀρταβάζου, ὅν σοι ἔπεμψα, πρᾶσσε θαρσῶν καὶ τὰ ἐμὰ καὶ τὰ σά, ὅπῃ κάλλιστα ἕξει.

2. Das **Plusquamperfekt** bezeichnet:

a. einen Zustand der Vergangenheit, der aus einer Handlung hervorging: ἐκεκτήμην „ich hatte mir erworben = ich besaß". Βασιλεὺς ἦλθεν εἰς Περσέπολιν, ἔνθα ὁ πατὴρ αὐτοῦ ἐτέθαπτο „begraben lag". Πάντες εἰς τὴν πόλιν συνερρυή κεσαν „waren zusammengeströmt und befanden sich damals darin".

b. daß eine Handlung beschleunigt durchgeführt wurde und schließlich schon in ihrem Ergebnis vorlag, z. B. Εἷς τῶν στρατιωτῶν καταθέμενος τὰ ὅπλα ἐν χιτῶνι μόνον ἀνέβη καὶ ἄλλον εἷλκε καὶ ἄλλος ἀνεβεβήκει καὶ ἑαλώκει τὸ χωρίον.

Anm. 2. Eine Vorzeitigkeit im Sinn der lat. *consecutio temporum* kennt der Grieche nicht. Jedoch in Temporal- und Relativsätzen steht entsprechend den Vollzugsstufen in diesem Falle meistens bei Handlung der Aorist (*cf.* 129 a.), bei einem Zustand das Plusquamperfekt. – Wenn die Handlung einen durativen Charakter hat, kann das Imperfekt stehen, z. B. Ἀτρεὺς παρέλαβε τὴν βασιλείαν, ὅσων Εὐρυσθεὺς ἦρχε „beherrscht hatte". Οἱ Ἀθηναῖοι ἀπέστειλαν ναῦς, ἅσπερ παρεσκευάζοντο „in Bereitschaft gehalten hatten."

Merke: Den Abschluß einer Handlung bezeichnet nicht das Plusquamperfekt, sondern der Aorist.

131. 1. Der **Indikativ Futur** bezeichnet eine zukünftige Handlung als sicher, möglich, erwogen oder beabsichtigt, wobei keine Rücksicht auf die Vollzugsstufen genommen wird, z. B. ἄρξω ich werde herrschen, ich werde die Herrschaft antreten.

Das **Futur** drückt aus:

a. eine in der Zukunft stattfindende Handlung: Ταῦθ᾽ ἕξει καλῶς. Οὐκ ἀεὶ νεανίας ἔσῃ.

Merke: ἕξω ich werde haben
σχήσω ich werde bekommen

b. eine für die Zukunft beabsichtigte Handlung ῾Η βουλὴ μέλλει αἱρεῖσθαι ὅστις ἐρεῖ ἐπὶ τοῖς ἀποθανοῦσιν (wer sprechen soll)

Anm. 1. Der lat. *coniugatio periphrastica* entspricht μέλλω mit dem Infinitiv: „ich bin im Begriff; gedenke; gehe damit um; es steht zu erwarten, daß ich; ich soll." Πλησίον ἤδη ἦν ὁ σταθμός, ἔνθα οἱ ῞Ελληνες ἔμελλον καταλύσειν. Μέλλω ὑμᾶς ἄγειν εἰς ᾽Ασίαν. Meist hat μέλλω den Inf. Fut. nach sich; der Inf. Praes. wird seltener gesetzt, um unmittelbares Bevorstehen in n a h e r Zukunft zu bezeichnen.

c. einen Befehl oder ein Verbot in Form einer bestimmten Erwartung. Verneinung οὐ. ῞Εξεις ἀτρέμας „du wirst dich ruhig verhalten". Τοῦτ᾽ οὐ ποιήσετε „tut das nicht!" Besonders nachdrückliches Verbot mit οὐ μή (*cf.* 193 b).

2. **Perfektfutur.** Es bezeichnet einen Zustand in der Zukunft. Λελύσομαι „ich werde gelöst sein." ᾽Εάν με ἐξελέγξῃς, μέγιστος εὐεργέτης ἀναγεγράψει „du wirst angeschrieben sein".

Anm. 2. Eine besondere Form des Perfektfuturs gibt es nur für das *med. pass.* (λελύσομαι, γεγράψομαι, πεπράξομαι), aber selbst da nicht von allen Verben. Als Ersatz dient die Umschreibung mit ἔσομαι *c. Part. perf.*: λελυκὼς ἔσομαι „ich werde gelöst haben", ἐψευσμένοι ἐσόμεθα „wir werden getäuscht sein". Merke: τεθνήξω „ich werde tot sein" und ἑστήξω „ich werde stehen".

2. Die Tempora im Konjunktiv, Optativ, Imperativ und Infinitiv

132. Die K o n j u n k t i v e , Optative, Imperative und Infinitive bezeichnen nicht die Zeit an und für sich, nicht eine gegenwärtige, vergangene und zukünftige Handlung, sondern nur die B e s c h a f - f e n h e i t der Handlung. Ob diese der V e r g a n g e n h e i t , G e g e n - w a r t oder Zukunft angehört, ergibt sich aus dem regierenden Verbum (oder auch aus dem Zusammenhang). Es bezeichnen also

das **Präsens** die **Dauer** oder **Wiederholung** einer Handlung
der **Aorist** den **Eintritt** oder **Abschluß** einer Handlung
das **Perfekt** den **Zustand**
das **Futur** die **bevorstehende** Handlung

Ὁ στρατηγὸς νομίζει
Ὁ στρατηγὸς ἐνόμιζε ⎫ τοὺς πολεμίους φεύγειν, φυγεῖν,
Ὁ στρατηγὸς νομιεῖ ⎭ πεφευγέναι, φεύξεσθαι.

Οὐ φοβοῦμαι
Οὐκ ἐφοβούμην ⎫ μὴ ὁ πατὴρ ἀποθνήσκῃ, ἀποθάνῃ,
Οὐ φοβήσομαι ⎭ τεθνήκῃ.

Ἀεὶ τἀληθῆ λέγε. Εἰπέ μοι τὸ τοῦ ἀνδρὸς ὄνομα. Φεύγωμεν „laßt
uns fliehen", φύγωμεν „laßt uns die Flucht ergreifen". Μαινόμεθα
πάντες ὁπόταν ὀργιζώμεθα „wenn wir zürnen", aber ὀργισθῶ-
μεν „wenn wir in Zorn geraten". Εἴθε ἀεὶ εὐτυχοίης. Εἴθε αἱ
ἡμέτεραι νῆες σῶαι οἴκαδε ἐπανέλθοιεν.

Anm. 1. Der **Opt.** Futur ist auf den Gebrauch in indirekter Rede beschränkt,
wo jedoch allemal auch der Ind. Fut. statthaft ist.

Anm. 2. Für Aussagesätze in der *Oratio obliqua* gilt:
a. der Optativ und Infinitiv **Präs.** bezeichnen die gegenwärtige Handlung: Ὁ ἄγγελος ἤρετο, ὅπου ὁ βασιλεὺς εἴη (direkt ἐστίν). Ὁ ἄγγελος ἔφη τὸν
   βασιλέα κάμνειν (direkt κάμνει).
b. der Opt. und Inf. **Präs.** bezeichnen eine vergangene Handlung, wenn sie
   für das Imperfekt stehen: Ὁ ἄγγελος εἶπεν, ὅτι τῇ προτεραίᾳ παρὰ τῷ
   βασιλεῖ εἴη „gewesen sei" (direkt ἦν). Ὁ ἄγγελος εἶπε τῇ προτεραίᾳ παρὰ τῷ
   βασιλεῖ εἶναι „daß er – gewesen sei".
c. der Opt. und Inf. **Aor.** bezeichnen eine vergangene Handlung: Ὁ ἄγγελος ἤρετο, εἰ ὁ βασιλεὺς πρέσβεις πέμψειε „geschickt habe" (direkt ἔπεμψε).
   Ὁ ἄγγελος εἶπε τὸν βασιλέα πρέσβεις πέμψαι „geschickt habe".

3. Die Tempora im Partizip

133. Die Partizipien bezeichnen nicht die Zeit an und für sich, nicht
eine gegenwärtige, vergangene und zukünftige Handlung, sondern
die Vollzugsstufen einer Handlung.
Daraus ergibt sich aber, daß in den meisten Fällen auch das zeitliche
Verhältnis zum regierenden Verbum ausgedrückt ist. Es bezeichnet
dann:
a. das die Dauer ausdrückende Partizip Präsens die Gleichzeitigkeit.
b. das den Abschluß ausdrückende Partizip Aorist die vorzeitige
   Handlung.

c. das den Zustand ausdrückende Partizip Perfekt den (durch vorausliegende Handlung bewirkten) gleichzeitigen Zustand.

d. das Partizip Futur die bevorstehende Handlung.

Cf. Ταῦτα γελῶν λέγω, εἶπον, ἐρῶ. Τὴν πόλιν λιπὼν δακρύω, ἐδάκρυσα, δακρύσω. Ὁ ναύαρχος τετρωμένος ἀποθνήσκει, ἀπέθανε, ἀποθανεῖται. Τὸν βασιλέα ὀψόμενος πάρειμι, παρῆν, παρέσομαι.

Anm. Das Part. **Präs.** bezeichnet eine vergangene Handlung, wenn es für das Imperf. steht: Ὁ ἔμπορος ὁ πρόσθεν ἐν τῇδε τῇ πόλει οἰκῶν (= ὃς ... ᾤκει) νῦν ἄπεστιν. Ἴσμεν Σωκράτη χρηστότατον πάντων τῶν Ἀθηναίων ὄντα.

134. 1) Φωκίων τὸ κώνειον πίεσθαι μέλλων ἐπέσκηψε τῷ υἱῷ μὴ μνησικακεῖν τοῖς Ἀθηναίοις ἐπὶ τῷ τοῦ πατρὸς θανάτῳ. 2) Τῇ Θεμιστοκλέους βουλῇ καὶ γνώμῃ πεποιθότες οἱ Ἀθηναῖοι τὴν πόλιν κατέλιπον καὶ εἰς τὰς ναῦς κατέφυγον. 3) Οἱ Ἕλληνες ἄλλως τε καὶ οἱ ὑπὸ τοῖς βαρβάροις οἰκοῦντες πολλὰ ὀνόματα παρὰ τῶν βαρβάρων εἰλήφασιν. 4) Τῇ πρότερον ἀβουλίᾳ τοσαύτῃ ἀνάγκῃ περιπεπτώκαμεν, ὥστε νῦν ἀγνοεῖν, ὅποι βοήθειαν ζητοῦντες τραπώμεθα. 5) Τὰ χρυσᾶ τῶν Ἑσπερίδων μῆλα ὑπὸ δράκοντος ἑκατογκεφάλου ἐφυλάττετο. 6) Αἱ μὲν τέχναι οὕτω τοῖς ἀνθρώποις νενέμηνται, ὥστε ἄλλον ἄλλην ἔχειν, τὴν δ' αἰδῶ καὶ δικαιοσύνην ἐπὶ πάντας τοὺς ἀνθρώπους νενεμῆσθαι δεῖ. 7) Ἐπειδὴ οἱ πρῶτοι τῶν Ἑλλήνων εἰς ἄκρον τὸ ὄρος ἀφικόμενοι κατεῖδον τὴν θάλατταν, κραυγὴ πολλὴ ἐγένετο· ἀκούσαντες δὲ Ξενοφῶν καὶ οἱ ὀπισθοφύλακες ᾠήθησαν ἔμπροσθεν ἄλλους ἐπιτίθεσθαι πολεμίους, εἵποντο γὰρ καὶ ὄπισθεν οἱ ἐκ τῆς καιομένης χώρας. 8) Εἰκότως Ἀντισθένης ὁ φιλόσοφος αἱρετώτερον εἶναί φησιν εἰς κόρακας ἐμπεσεῖν ἢ εἰς κόλακας· οἱ μὲν γὰρ ἀποθανόντος τὸ σῶμα, οἱ δὲ ζῶντος τὴν ψυχὴν λυμαίνονται. 9) Κῦρος ὡς καθορᾷ ἐν τῇ μάχῃ τὸν βασιλέα, εὐθὺς οὐκ ἀνέχεται, ἀλλὰ βοῶν· τὸν ἄνδρα ὁρῶ! ἵεται ἐπ' αὐτὸν καὶ παίει κατὰ τὸ στέρνον καὶ τιτρώσκει διὰ τοῦ θώρακος. 10) Οἱ Πλαταιεῖς τὸ τῶν Πελοποννησίων περιτείχισμα ὑπερβήσεσθαι μέλλοντες τὸ ὕψος αὐτοῦ συνεμετρήσαντο ταῖς ἐπιβολαῖς τῶν πλίνθων. Πολλῶν οὖν ἅμα ἀριθμουμένων οἱ μέν τινες τοῦ ἀληθοῦς λογισμοῦ ἁμαρτήσεσθαι ἔμελλον, οἱ δὲ πλείους τεύξεσθαι. 11) Ὀδυσσεὺς πλῆθος χρημάτων ἐν τῇ Παλαμήδους σκηνῇ κατορύξας αὐτὸν προδοσίας ὑπαγαγεῖν λέγεται ὡς τὰ χρήματα παρὰ τῶν Τρώων ἐπὶ δωροδοκίᾳ παραλαβόντα καὶ ἐκεῖ ἀποκρύψαντα. 12) Σωκράτης ὁρῶν Ἀλκιβιάδην τετυφωμένον ἐπὶ τῷ πλούτῳ καὶ μέγα φρονοῦντα ἐπὶ τῇ περιουσίᾳ καὶ τοῖς ἀγροῖς ἤγαγεν αὐτὸν εἴς τινα τῆς πόλεως τόπον, ἔνθα ἐτύγχανεν ἀνακείμενος πίναξ ἔχων γῆς περίοδον καὶ ἐκέλευσε τὴν Ἀττικὴν ἐνταῦθα ἀναζητῆσαι, ὡς δὲ εὖρεν, ἐκέλευσεν αὐτὸν τοὺς ἀγροὺς τοὺς ἰδίους δεῖξαι· τοῦ δ' εἰπόντος· ἀλλ' οὐδαμοῦ γεγραμμένοι εἰσίν· ἐπὶ τούτοις οὖν, ἔφη, μέγα φρονεῖς, οἵπερ οὐδὲν μέρος τῆς γῆς εἰσιν. 13) Τὸν Πήγασόν φασι τὴν Ἵππου κρήνην ἀναβαλεῖν ἐν τῷ Ἑλικῶνι πλήξαντα τῷ ὄνυχι τὴν πέτραν. 14) Οἱ Αἰγινῆται ἐκλήθησαν Μυρμιδόνες οὐχ ὡς ἔστιν ὁ μῦθος, ὅτι ἐν λοιμῷ δεινῷ οἱ μύρμηκες ἄνθρωποι ἐγένοντο κατ' εὐχὴν Αἰακοῦ, ἀλλ' ὅτι μυρμήκων τρόπον τὴν γῆν ἔφερον ἐπὶ τὰς πέτρας τῆς γεωργίας ἕνεκα. 15) Οἱ Ἀθηναῖοι ἐλπίζοντες πόλεμον ἔσεσθαι πρὸς τοὺς Λακεδαιμονίους περὶ τῆς κατὰ θάλατταν ἡγεμονίας πολλὰ πλοῖα κατεσκευάζοντο καὶ χρήματα ἐπορίζοντο καὶ τοῖς ξυμμάχοις ἐπιεικῶς προσεφέροντο. 16) Κίμων ἀπέθανε πολιορκῶν Κίτιον, ὡς οἱ μὲν πλεῖστοι λέγουσι, νοσήσας, ἔνιοι δέ φασιν ἐκ τραύματος, ὃ ἀγωνιζόμενος πρὸς τοὺς βαρβάρους ἔσχεν. 17) Οὐδ' οἱ τῶν Περσῶν βασιλεῖς καίπερ μέγιστα ἰσχύσαντες τὸ τῶν Ἀράβων ἔθνος καταδουλώσασθαι ἐδυνήθησαν. 18) Εἰπόντος τινὸς τῶν στρατιωτῶν πρὸς Πελοπίδαν· ἐμπεπτώκαμεν εἰς τοὺς πολεμίους· τί οὐ μᾶλλον, ἔφη, ἐκεῖνοι ἐμπεπτώκασιν εἰς ἡμᾶς; 19) Πλάτωνος ἔτι νηπίου ἐν τῷ Ὑμηττῷ καθεύδοντος μέλιτται ἐν τοῖς χείλεσιν αὐτοῦ ἐκαθίσαντο καὶ ὑπῇδον μαντευόμεναι τὴν εὐγλωττίαν αὐτοῦ. 20) Ἐν Δελφοῖς πρὸς τῷ νεῷ γεγραμμένον ἦν τὸ Γνῶθι σαυτόν. 21) Εἰς τούτους ἁμαρτεῖν, παρ' ὧν τὴν βίου ἀρχὴν εἰλήφαμεν καὶ τὰ πλεῖστα ἀγαθὰ πεπόνθαμεν, μέγιστον ἀσέβημα. 22) Ἐπεὶ Πεισίστρατος ἐν τῇ τυραννίδι ἐτελεύτησεν, Ἱππίας καὶ Ἵππαρχος, υἱοὶ αὐτοῦ ὄντες, τὴν ἀρχὴν ἔσχον. 23) Ἀπόλλων καὶ Ποσειδῶν εἰκασθέντες ἀνθρώποις, ὑπέσχοντο Λαομέδοντι ἐπὶ μισθῷ τειχιεῖν τὸ Πέργαμον· ὁ δ' αὐτοῖς τειχίσασι τὸν μισθὸν οὐκ ἀπεδίδου. 24) Κέλευσον καὶ ἅττα ἂν βούλῃ, εὐθὺς πεπράξεται. 25) Ἀσκληπιὸς τοὺς μὲν τεθνεῶτας ἀνίστη, τοὺς δὲ νοσοῦντας ἰᾶτο, δι' ὃ τὴν δόξαν ἀθάνατον ἐν ἀνθρώποις ηὕρηται. 26) Ὁ αὐτὸς ἄνθρωπος οὐ πρὸς πάσας τὰς ἀρετὰς εὐφυέστατός ἐστιν, ἀλλὰ τὴν μὲν ἤδη εἰληφὼς ἔσται, τὴν δ' οὔπω κεκτήσεται. 27) Τὸν κλωπεύσειν μέλλοντα νυκτὸς μὲν ἀγρυπνεῖν, ἡμέρας δ' ἐπιβουλεύειν δεῖ, εἰ λήψεσθαί τι μέλλει. 28) Τόξαρις ὁ Σκύθης ἐν Ἀθήναις ἐτέθαπτο καὶ ἐν τῇ στήλῃ αὐτοῦ ἀνὴρ Σκύθης ἐπέπλαστο ἐν ἀριστερᾷ μὲν τόξον τεταμένον, ἐν δεξιᾷ δὲ βιβλίον ἔχων.

VII. MODI VERBI

A. MODI IN HAUPTSÄTZEN

135. Der **Indikativ,** der Modus der Wirklichkeit, steht **abweichend vom Deutschen** in folgenden Fällen (Negation οὐ):

1. ohne ἄν

a. Die (meist unpersönlichen) Ausdrücke des Müssens, Sollens, Dürfens, der Möglichkeit und Angemessenheit stehen im **Ind. imperf.**

	Wirklichkeit:	Nichtwirklichkeit:
Gegenwart:	δεῖ σε λέγειν *(debes)*	ἔδει νῦν σε λέγειν *(debes)*
Vergangenheit:	ἔδει σε λέγειν *(debebas)*	ἔδει τότε σε λέγειν *(debebas)*

χρῆν, ἔδει „man müßte" oder „man hätte müssen",
ἀνάγκη (ἀναγκαῖον) ἦν „es wäre notwendig" oder „es wäre notwendig gewesen";
προσῆκε „es geziemte sich" oder „es hätte sich geziemt",
ἐξῆν, παρῆν, } „es wäre möglich" oder „es wäre möglich
ἦν, οἷόν τ' ἦν } gewesen",
καλὸν (κάλλιον, κάλλιστον, δίκαιον, ἄμεινον, κράτιστον, εἰκὸς, αἰσχρὸν u. ä.) ἦν „es wäre schön etc." oder „es wäre schön etc. gewesen"; ebenso die Verbaladjectiva auf -τέον ἦν.

Anm. Wenn diese Ausdrücke im Hauptsatze einer irrealen Periode stehen, wird ihnen ἄν hinzugefügt: Εἰ ταῦτ' ἥμαρτες, ἔδει ἄν σε ἀποθανεῖν. *Cf.* 152, 3.

b. Bei ὀλίγου und μικροῦ „beinahe" steht der **Ind. aor.** (= *paene* und *prope c. Ind. perf.*): 'Ολίγου εἶπον *paene dixi* (= ὀλίγου ἐδέησα εἰπεῖν) *cf.* 167, b;
ebenso mit Indikativ: τὸ ἐπ' ἐμοί soweit es auf mich ankommt: τὸ ἐπ' ἐμοὶ ἀπολώλασιν πάντες '... wären alle verloren.'

c. in **rhetorischen Fragen,** die den Sinn einer bestimmten Aussage haben, steht der **Ind.:** Τίς οὐκ οἶδε (oder ἀκήκοε) „wer sollte nicht wissen (oder gehört haben)?" πῶς οἶδα „wie sollte ich wissen?" (= οὐκ οἶδα). Πῶς οὐ μεγάλης τιμῆς ἄξιος ἦν Σωκράτης;

d. Über den *Ind. imperf.* oder *aor.* bei unerfüllbaren **Wünschen** *cf.* 138, *a*.

2. mit ἄν (nur Imperfekt und Aorist)

Zu dem **Ind. imperf.** und **aor.** wird die Partikel ἄν gesetzt:

a. um den **Potentialis der Vergangenheit** (= dem lateinischen *Coni. imperf.*) zu bilden: 'Ηγήσω ἄν *putares;* ᾤετό τις ἄν „man hätte glauben können" *crederes;* ἔγνω τις ἄν oder εἶδες ἄν *cerneres, videres;* ἐθαύμασέ τις ἄν „man hätte wohl erstaunen mögen".

b. um den **Modus irrealis** zu bilden und zwar so, daß in der Regel
der *Ind. imperf.* mit ἄν dem latein. *Coni. imperf.*,
„ *Ind. aor.* „ „ „ „ *Coni. plusqpf.*
entspricht (§ 152, 3): 'Εποίουν ἄν „ich würde es tun" *facerem;* ἐποίησα ἄν „ich hätte es getan" *fecissem.*

c. um die **unbestimmte Wiederholung** einer Handlung in der **Vergangenheit** zu bezeichnen (deutsch: „wohl, gelegentlich, dann und wann"): 'Αγησίλαος εἰ τοὺς στρατιώτας προθύμως πειθομένους ἴδοι, ἐπῄνει ἄν (oder ἐπῄνεσεν ἄν) „lobte er manchmal". *Cf.* 152,5 und 153.

136. 1) 'Αθηναῖοι 'Αλέξανδρον, τὸν παρὰ Ξέρξου πρεσβευτήν, ὅτι γῆν καὶ ὕδωρ ᾔτησεν, ὀλίγου (δεῖν) κατέλευσαν. 2) 'Ο ἵππος ἔπεσεν εἰς γόνατα καὶ μικροῦ καὶ τὸν βασιλέα ἐξετραχήλισεν. 3) Δίκαιον ἦν τὰ ἀριστεῖα δοῦναι τῷ τοῖς κειμένοις νόμοις εὐπειθεστάτῳ εἶναι φαινομένῳ. 4) Ἔδει, ὦ ἄνδρες 'Αθηναῖοι, τοὺς λέγοντας ἅπαντας μήτε πρὸς ἔχθραν μήτε πρὸς χάριν τοὺς λόγους ποιεῖσθαι, ἀλλ' ὃ βέλτιστον ἕκαστος ἡγεῖτο, τοῦτ' ἀποφαίνεσθαι. 5) 'Οπότε μὲν ὁ ξένος ἐλεεινόν τι εἴποι, οἱ ὀφθαλμοί μου δακρύων ἐνεπλήσθησαν ἄν, ὁπότε δὲ φοβερόν τι ἢ δεινόν, αἱ τρίχες ὑπὸ φόβου ὀρθαὶ ἔστασαν ἄν καὶ ἡ καρδία ἐπήδησεν. 6) Τίς οὐκ ἀκήκοε τοὺς σοφιστάς, ὅτι ἐπὶ τῇ ῥητορικῇ ἐσεμνύνοντο τὴν ἑαυτῶν μὲν τέχνην ἐπαινοῦντες, τῶν δ' ἄλλων τεχνῶν καταφρονοῦντες; 7) 'Επεὶ Ξέρξης τὸν Ἄθω διορύξας καὶ τὸν 'Ελλήσποντον ζεύξας τῷ ἀναριθμήτῳ στρατῷ ἐπὶ τὴν 'Ελλάδα προσήλαυνε, τίς ἄν ποτ' ᾠήθη εἴτε κατὰ γῆν εἴτε κατὰ θάλασσαν σωτηρίαν τοῖς Ἕλλησιν εἶναι; 8) Χαλεπὸν μὲν οἶμαι, καὶ ὑπὸ πολεμίων κακὰ παθεῖν, πολὺ δὲ χαλεπώτερον ὑφ' ὧν ἥκιστα ἐχρῆν ταῦτα παθεῖν· ἐγὼ γὰρ ἠβουλόμην ἄν δεκάκις ἥδιον κατὰ γῆς δῦναι ἢ ἰδεῖν τοὺς ἐμοὺς ἀμελοῦντάς μου καὶ καταγελῶντας. 9) Δευκαλίωνος τῶν περὶ τὴν Φθίαν τόπων βασιλεύοντος ἡ χώρα ὄμβροις κατεκλύσθη καὶ ὀλίγου δεῖ πάντες ἄνθρωποι διεφθάρησαν. 10) Σωκράτης 'Απολλοδώρῳ εἰπόντι· Τοῦτο ἔγωγε χαλεπώτατα φέρω, ὅτι ὁρῶ σε ἀδίκως ἀποθνῄσκοντα, ἀπεκρίνατο· 'Αλλὰ σὺ μᾶλλον ἄν ἐβούλου με ὁρᾶν δικαίως ἢ ἀδίκως ἀποθνῄσκοντα; 11) Ἄμεινον ἡμῖν ἦν ἐν τῇ ἀλλοτρίᾳ ἀποθανεῖν ἢ οἴκαδε κατελθόντας τὴν πατρίδα οὕτω τεταπεινωμένην ἰδεῖν. 12) Πάντες πολεμικὰ ὅπλα κατεσκεύαζον, ὥστε ὄντως τὴν πόλιν πολέμου ἐργαστήριον εἶναι ἡγήσω ἄν. 13) Ὑπὸ τῶν πολιτῶν πιστεύομαι, οὐ γὰρ ἂν πάλιν με πρὸς ὑμᾶς ἔπεμψαν. 14) Τῶν ἐν Μαραθῶνι Ἀθηναίων δρόμῳ ἐπὶ τοὺς Πέρσας φερομένων εἶδες ἄν, ὁποῖοι ἀρετὴν ἦσαν οἱ τὴν πάσης τῆς Ἀσίας δύναμιν δεχόμενοι.

137. Der **Konjunktiv,** der Modus der Erwartung und Vorstellung, steht in Hauptsätzen (Negation stets μή):

a. als **Coni. adhortativus** zur Bezeichnung einer Aufforderung, nur in der 1. Pers. und oft (bes. im Sing.) eingeleitet durch φέρε, ἄγε, ἴθι „wohlan": Ἴωμεν *eamus*, μὴ ἀπογνῶμεν *animo ne deficiamus*; ἄγε σκοπῶμεν.

Anm. 1. Für die 2. und 3. Person tritt bei Aufforderungen der **Imperativ** (selten der Optativ mit ἄν) ein: Μηδεὶς νομιζέτω „niemand möge glauben". Τοῦτ' ἴτω, ὅπῃ τῷ θεῷ φίλον.

b. als **Coni. dubitativus** zur Bezeichnung einer zweifelnden Frage (zumeist in der 1. Pers., oft mit vorgesetztem βούλει, βούλεσθε „sag an, sagt an"); Τί ποιῶ; „was soll ich tun?" τί ποιήσωμεν; (βούλει) εἴπωμεν ἢ σιγῶμεν; So auch in der indir. Frage: οὐκ ἔχω, ὅποι φύγω.

Anm. 2. Eine zweifelnde Frage bezeichnet auch das **Futur**: Τί ἐρῶ; Τί δράσομεν;

c. als **Coni. prohibitivus** beim Verbot, jedoch nur in der 2. Person **Aoristi**: Μὴ τοῦτο ποιήσῃς „tue das nicht", μὴ φοβηθῆτε „erschreckt nicht". *Cf.* 138, 2.

Anm. 3. Mit Auslassung (Ellipse) eines Ausdrucks der Besorgnis bedeutet: a) μή *c. Coni. (praes.)* „daß nur nicht, wenn nur nicht", μὴ οὐ *c. Coni. (praes.)* „schwerlich, doch wohl nicht": Μὴ οἱ πολέμιοι ἀπροσδόκητοι ἡμῖν ἐπιτιθῶνται (eig: „es ist zu fürchten, daß . . ."). Μὴ οὐχ οὕτως ἔχῃ. b. οὐ μή *c. Coni. aor.* „gewiß nicht" bei Verneinung einer zukünftigen Handlung. Beispiel: Οὐ μὴ τύχωμεν, οὗ ἐπιθυμοῦμεν (eig.: es ist nicht zu fürchten, daß . . ."); Οὐ μὴ παύσωμαι φιλοσοφῶν. *Cf.* 193.

138. 1. Der **Optativ,** der Modus der bloßen Annahme oder Vorstellung, steht:

a. **ohne ἄν** als eigentlicher Optativ zur Bezeichnung eines **Wunsches,** dessen Erfüllung nicht als unmöglich gedacht wird **(realer Wunsch),** meist eingeleitet durch εἴθε oder εἰ γάρ *utinam*, Negation μή: Εἴθε ἀφανισθείη ἐξ ἀνθρώπων τὸ ψεῦδος. Soll ein Wunsch ausdrücklich als unerfüllbar bezeichnet werden **(irrealer Wunsch),** so steht:

α. für die Gegenwart gewöhnlich der **Ind. imperf.** oder ὤφελον (ὤφελες, ὤφελε usw.) mit Inf. **praes.**: Εἴθε ἦσθα δυνατὸς ἡμῖν βοηθεῖν = (εἴθ᾽) ὤφελες δυνατὸς εἶναι ἡμῖν βοηθεῖν (ὀφείλω, *aor.* ὤφελον ich sollte, hätte sollen).

β. für die Vergangenheit der **Ind. aor.** oder ὤφελον (ὤφελες, ὤφελε usw.) mit Inf. **aor.**: Εἴθε τοῦτο μὴ ἐδράσατε = (εἴθ᾽) ὠφέλετε τοῦτο μὴ δρᾶσαι.

b. mit ἄν als **Potentialis der Gegenwart** zur Bezeichnung einer bloßen **Möglichkeit** oder zum Ausdruck einer **bescheidenen Behauptung** (*cf.* 135, 2a), Negation οὐ: Εἴποι τις ἄν *dicat* oder *dixerit quispiam.* Ἴσως ἄν τις θαυμάσειε τὰ εἰρημένα. Οἱ κακοὶ οὔποτ᾽ ἂν εὖ πράξειαν.

Anm. 1. Βουλοίμην ἄν „ich möchte" *velim* (real), ἐβουλόμην ἄν „ich möchte" oder „ich hätte gewollt" *vellem* (irreal).

Anm. 2. Die Partikel ἄν steht nicht im Satzanfange, sondern schließt sich a. an Negationen, b. an Fragewörter, c. an solche Adverbia, welche den Begriff des Verbs modifizieren, d. an Relativa, e. an Temporalkonjunktionen. Ist keine dieser fünf Stellungen möglich, so steht ἄν hinter dem Verbum, zu welchem es gehört. Mit den Konjunktionen εἰ, ἐπεί, ἐπειδή, ὅτε, ὁπότε verschmilzt ἄν zu den Wörtern ἐάν (oder ἄν, ἤν), ἐπάν (älter attisch ἐπήν), ἐπειδάν, ὅταν, ὁπόταν.

2. Der **Imperativ,** der Modus des **Befehls** und der **Aufforderung** (*cf.* 137, Anm. 1), kommt nur in der 2. und 3. Person vor.

Der **Imperat. Präsens** bezeichnet einen dauernden, für die Folge berechneten Befehl oder ein allgemeingültiges Gebot: Τοὺς θεοὺς φοβοῦ. Οἱ πολῖται τοῖς νόμοις πειθέσθων.

Der **Imperat. Aorist** bezeichnet einen besondern, auf unmittelbare Verwirklichung berechneten Befehl: Δός μοι τὸ βιβλίον. Οἱ στρατιῶται αὐτίκα νῦν ἀναζευξάντων.

Ein an die 2. Person gerichtetes **Verbot** wird mit gleichem Bedeutungsunterschied entweder durch den **Imperat. Präs.** oder durch den **Konj. Aor.** mit μή, nicht durch den Imperat. Aor. mit μή ausgedrückt: Μηδένα τῶν πονηρῶν φίλον ποιοῦ. Μὴ ἀθυμήσητε ἐπὶ τοῖς πεπραγμένοις.

139. 1) Σωκράτης ἀποθνῄσκων τελευταῖον· ὦ Κρίτων, ἔφη, τῷ Ἀσκληπιῷ ὀφείλομεν ἀλεκτρυόνα· ἀλλ᾽ ἀπόδοτε καὶ μὴ ἀμελήσητε. 2) Τοῖς κακολογεῖν ἡμᾶς εἰθισμένοις μηδὲν ἐνδῶμεν, ἀλλὰ πειραθῶμεν τοὺς λόγους αὐτῶν τῷ ἔργῳ ἐξελέγξαι. 3) Κῦρος τοῖς υἱέσι· Τὸ ἐμὸν σῶμα, ἔφη, ὅταν τελευτήσω, μήτε ἐν χρυσῷ θῆτε μήτε ἐν ἀργύρῳ μήτε ἐν ἄλλῳ μηδενί, ἀλλὰ τῇ γῇ ὡς τάχιστα ἀπόδοτε. 4) Ἐπειδὴ ἐπιστάμεθα τοὺς μέγα φρονοῦντας καὶ θεοῖς καὶ ἀνθρώποις ἐπιφθόνους ὄντας, μηδὲν

ὑπὲρ ἄνθρωπον πράττωμεν. 5) Τιμόθεος, ὁ τῶν Ἀθηναίων στρατηγός,
τῶν συστρατηγούντων τινὸς εἰπόντος· ἆρά γε, ὦ Τιμόθεε, ἡ πατρὶς
χάριν ἡμῖν ἀποδώσει; Ἀλλὰ ἡμῖν, ἔφη, γένοιτο ἀξίαν αὐτῇ ἀποδοῦναι.
6) Οἱ φύσει κακοί, κἂν μάλιστα κολασθῶσι, τὸν τρόπον οὐ μὴ ἀποθῶνται.
7) Ὅταν τις ἐν πόλει τοὺς μοχθηροὺς ἐγκρατεῖς καταστήσας τὴν
πόλιν παραδῷ, μὴ τοὺς χαριεστέρους διαφθείρῃ. 8) Τὴν ἀρετὴν μὴ
μόνον λόγοις ἐπιτηδεύωμεν, ἀλλὰ καὶ ἔργοις ἐπιδεικνυώμεθα. 9) Τίς
οὐκ ἂν ἐπαινέσειε τοὺς εἰς τὴν κοινὴν τῆς πόλεως σωτηρίαν τὰς ψυχὰς
ἀναλώσαντας; 10) Ὑπὸ τῶν δικαστῶν κατακριθεὶς Σωκράτης τοῖς
φίλοις· φέρε δή, ἔφη, πρὸς ὑμᾶς πιθανώτερον ἀπολογήσασθαι ἢ πρὸς
τοὺς δικαστὰς πειραθῶ. 11) Ὅ τι ἂν πρὸς ταῦτα εἴπῃς, οὐ μὴ μεταπεί-
σῃς με. 12) Εἰ γὰρ πάντες ἐπίσταιντο εὐτυχίαν καλῶς φέρειν καὶ
μήποτε εὐπραγίᾳ εἰς ὕβριν ἀρθεῖεν. 13) Μὴ ὀναίμην τῶν ἐμαυτοῦ τέκνων, εἰ ἡμάρτηκα εἰς τούτους, παρ' ὧν τὴν βίου ἀρχὴν εἴληφα καὶ τὰ
πλεῖστα ἀγαθὰ πέπονθα. 14) Ἡδέως ἂν ἀκριβέστερον ὑμῶν πυ-
θοίμην, εἰ οἱ μηδενὸς δεόμενοι δικαίως λέγονται εὐτυχέστατοι πεφυκέναι. 15) Ἀπέχεσθε φιλαργυρίας· ὁ γὰρ φιλάργυρος οὔτ' αὐτὸς τῶν
χρημάτων ἀπολαύων οὔτ' ἄλλοις μεταδιδοὺς μωρότατός ἐστιν. 16) Οἱ
ἀγαλλόμενοι ἐπὶ τῷ καταφρονεῖν τῶν ἀρχόντων τε καὶ καθεστηκότων
νόμων οὐκ ἂν ἱκανοὶ εἶεν προστατεύειν τῆς πόλεως οὐδὲ καλῶς πράττειν
τὰ δημόσια. 17) Οὐ τοῦτο δέδοικα, ἔφη Κῦρος, μὴ οὐκ ἔχω, ὅ τι δῶ
ἑκάστῳ τῶν φίλων, ἀλλὰ μὴ οὐκ ἔχω ἱκανοὺς οἷς δῶ. 18) Μὰ Δί', ὦ
Σώκρατες, οὐκ ἄν ποτε ᾤμην ἐγὼ σοῦ ἀκοῦσαι, ὡς ἀγαθοὶ οἰκονόμοι
ἀγαθοὶ στρατηγοὶ ἂν εἶεν. Ἴθι δή, ἐξετάσωμεν τὰ ἔργα ἑκατέρου
αὐτῶν, ἵνα εἰδῶμεν, πότερον τὰ αὐτά ἐστιν ἢ διαφέρει τι. 19) Ἄνευ
ἀρχόντων οὐδὲν ἂν οὔτε καλὸν οὔτ' ἀγαθὸν γένοιτο ὡς μὲν συνελόντι
εἰπεῖν οὐδαμοῦ, ἐν δὲ τοῖς πολεμικοῖς παντάπασιν. 20) Οὔτε κλῖναι
(ἐκ) χρυσοῦ καὶ ἐλέφαντος κατεσκευασμέναι οὔτε μαλακοὶ τάπητες
ὕπνον ἂν ποιοῖεν, ἀλλ' ἔργα καὶ πόνοι. 21) Ὦ παῖ, μήποτε τὸν πλοῦτον
περὶ πλείονος ποιοῦ τῆς ἀρετῆς. 22) Ὤφελες, ὦ τυφλὲ Πλοῦτε, μήτ'
ἐν γῇ μήτ' ἐν θαλάττῃ μήτ' ἐν οὐρανῷ φανῆναι. 23) Μήποτε ἀπο-
βάλλωμεν τὴν δόξαν, ἣν οἱ πρόγονοι μετὰ πολλῶν καὶ μεγάλων κινδύνων ἡμῖν ἐκτήσαντο. 24) Αὐλείτωσαν, ἔφη Ἀλκιβιάδης, Θηβαίων
παῖδες, οὐ γὰρ ἴσασι διαλέγεσθαι. 25) Ἕκαστος ὑμῶν πρὸς ἑαυτὸν
λογιζέσθω, ὅτι οὐ περὶ τῆς ἀρχῆς ὁ ἀγὼν ἔσται, ἀλλὰ περὶ τῆς σωτηρίας. 26) Φωκίων Ἀλεξάνδρου ἑκατὸν τάλαντα δῶρον πέμψαντος
ἀπέπεμψε λέγων· Ἀλέξανδρος καλὸν καὶ ἀγαθόν με εἶναι ἐασάτω.

140. 1. Als **Haupttempora** gelten: der Indik. Präsentis, Perfekti, Futuri I und II, der gnomische Aorist, sämtliche Imperative und Konjunktive, der potentiale u. wünschende Optativ u. diejenigen Infinitive und Partizipien, welche von einem Haupttempus abhängen. Als **Nebentempora** gelten: der Indik. Aoristi, das Imperfekt, Plusquamperfekt, historische Präsens und diejenigen Optative, Infinitive und Partizipien, welche von einem Nebentempus abhängen.

Anm. Obgleich der Grieche keine *Consecutio temporum* hat wie der Lateiner und auch der Modus des im abhängigen Satze befindlichen Verbums meist von dem Modus des Verbums im regierenden Satze unbeeinflußt bleibt, so gibt es doch Fälle, in denen der abhängige Satz unter der Einwirkung des Tempus oder des Modus des regierenden Satzes steht.

2. Für **oblique Beziehung** wird gewöhnlich die Form der direkten Rede im Tempus und Modus beibehalten: Εἰπέ μοι, ὅ τι βούλει *mihi dic, quid velis.* Οὔποτε οὐδεὶς ἐρεῖ, ὡς σὺ τὴν πατρίδα προέδωκας „verraten habest"; oft auch dann, wenn das Verbum des regierenden Satzes in einem **Nebentempus** steht; doch kann in diesem Falle zur bestimmten Bezeichnung der obliquen Beziehung auch der **Optativ** (statt des Indik. oder Konj.) eintreten: Οἱ πρέσβεις ἔλεγον, ὅτι ὁ βασιλεὺς ἐν βραχεῖ ἥξει oder ἥξοι. Ὁ τύραννος τοὺς πρέσβεις ἀνηρώτα, τί βούλονται oder βούλοιντο (direkt τί βούλεσθε). Ὁ ἄγγελος ἔλεγεν, ὅτι Κῦρος μὲν τέθνηκεν (oder τεθναίη), Ἀριαῖος δὲ ἐν τῷ σταθμῷ ἐστιν (oder εἴη). Der Potentialis (138, 1, b) und der Irrealis (135, 2, b) werden durch oblique Beziehungen niemals beeinflußt.

3. Bisweilen richten sich Nebensätze (bes. Final-, Relativ- und Temporalsätze) bezüglich des Modus ganz nach dem regierenden Satze (**Modusausgleichung, Attractio modi**): Εἴθε ἥκοις, ἵνα τὸν φίλον ἴδοις. Εἴθε ἧκες, ἵνα τὸν φίλον εἶδες. Τίς ἂν τοῦτον φιλοίη, ὃν φοβοῖτο;

141. Unter **Prolepsis** versteht man die Vorziehung des Subjekts des abhängigen Satzes zum Objekt des Hauptsatzes, z. B. Ἴσμεν τὴν γῆν, ὅτι σφαιρική ἐστιν = ἴσμεν, ὅτι ἡ γῆ σφαιρική ἐστιν. Οἱ Ἀθηναῖοι τοὺς συμμάχους ἐδεδίεσαν, μὴ ἀποσταῖεν. Ἐθεᾶτο τὴν θέσιν τῆς πόλεως, ὡς ἔχοι. Am häufigsten ist die Prolepsis bei den Verben „sagen, fragen, hören, erkennen, fürchten". 1) Οἶσθα δήπου τὴν τοῦ νεῖν ἐπιστήμην, ὅτι τοὺς ἀνθρώπους ἐκ θανάτου σῴζει, ὅταν εἰς τοιαῦτα ἐμπέσωσιν, ὅπου ταύτης τῆς ἐπιστήμης δεῖ. 2) Τοὺς τυράν- νους ῥαδίως ἄν τις μάθοι, ὡς ὕποπτοί εἰσι, λογιζόμενος, ὅτι κελεύουσι τοὺς διακόνους πρώτους γεύσασθαι τῶν σιτίων καὶ ποτῶν, ἵνα μὴ ἐν αὐτοῖς κακόν τι φάγωσιν ἢ πίωσιν. 3) Τοὺς θεοὺς οὐκ ἂν ἐλέγομεν, ὅτι μοναρχίᾳ χρῶνται, εἰ μὴ ἐνομίζομεν ταύτην τῶν ἄλλων πολὺ δια- φέρειν. 4) Ὀτάνης πρῶτος ὑπώπτευσε τὸν μάγον, ὃς τελευτήσαντος Καμβύσου ἐβασίλευσεν, ὡς οὐκ εἴη Σμέρδις ὁ Κύρου. 5) Ἄρχοντός ἐστιν οὐχ ἑαυτὸν μόνον ἀγαθὸν παρέχειν, ἀλλὰ καὶ τῶν ἀρχομένων ἐπιμελεῖσθαι, ὅπως ὡς βέλτιστοι ἔσονται. 6) Ξέρξου διὰ τῆς Θεττα- λίας καὶ Βοιωτίας πορευομένου ἐπὶ τῆς Ἀττικῆς οἱ Ἀθηναῖοι τοῖς φεύγουσιν ἔδοσαν κατελθεῖν μάλιστα δεδιότες Ἀριστείδην, μὴ πρὸς τοὺς πολεμίους μεταστὰς πολλοὺς τῶν πολιτῶν μεταστήσειε πρὸς τοὺς Πέρσας. 7) Εἰ τὴν ἀρετὴν μὴ εἰδείημεν, ὅ τι εἴη, τίνα τρόπον σύμβουλοι ἂν γενοίμεθά τινι τούτου, ὅπως ἂν κάλλιστα αὐτὴν κτή- σαιτο; 8) Δαίδαλον οὐκ ἀκήκοας, ὅτι ληφθεὶς ὑπὸ Μίνω διὰ τὴν σοφίαν ἠναγκάζετο ἐκείνῳ δουλεύειν; 9) Οὐ δεῖ ὑμᾶς ἐκ τῶν τοῦ κατηγόρου λόγων κρίνειν τοὺς νόμους, πότερον καλῶς κεῖνται ἢ μή. 10) Εἰ πάντες τὸν βίον καλῶς ἐξετάσειαν, ὁποῖός ἐστι, τὸν θάνατον οὐκ ἂν ὡς κακὸν δυσχεράνειαν.

1. Abhängige Aussagesätze

142. Abhängige Aussagesätze, eingeleitet durch ὅτι oder ὡς „daß" (Negation οὐ), können abhängen von:
  a. *Verbis dicendi* („sagen, melden, antworten" usw.);
  b. *Verbis* der Wahrnehmung (sehen, hören, erkennen, wissen" usw.) und deren Causativis (zeigen, offenbaren" usw.);
  c. *Verbis* des Affekts („sich wundern, sich freuen" usw.) und der Affektsäußerung („loben, tadeln" usw.).
  In ihnen wird das Tempus und der Modus der direkten Aus- sage beibehalten; wenn sie jedoch von einem Nebentempus ab- hängen, kann bei subjektiver Färbung statt des Indikativs auch der Optativ stehen (140, 2).

Anm. 1. Statt eines Satzes mit ὅτι oder ὡς kann
  a. nach den Verben des Sagens auch der **Infinitiv,** bzw. *Acc. c. Inf.*,
  b. nach den Verben des Wahrnehmens auch das **Participium,**
  c. nach den Verben des Affekts auch εἰ (Negation μή oder οὐ) stehen: Τί ἄχθεσθε, εἰ ἄλλοι μᾶλλον εὐτυχοῦσιν ἢ ὑμεῖς αὐτοί; Οὐδὲν θαυμάζω, εἰ αὐτῷ μὴ (oder οὐ) πιστεύεις. *Cf.* 146, Anm.

Nach den Verben des Glaubens und Meinens steht regelmäßig ὡς oder der Infinitiv, nicht ὅτι, nach φάναι „sagen" immer der Infinitiv.

Anm. 2. Oft steht ὅτι als Einführung der direkten Rede und entspricht dann unserm deutschen Anführungszeichen: Πρόξενος εἶπεν ὅτι αὐτός εἰμι, ὃν ζητεῖς.

Anm. 3. Die Ausdrücke οἶδ᾽ ὅτι, ἴσθ᾽ ὅτι, δῆλον ὅτι stehen oft formelhaft in der Bedeutung „gewiß, offenbar": Ἀρέσκει σοι ἡ πόλις τε καὶ οἱ νόμοι δῆλον ὅτι. Πάρειμι ἄκων οὐχ ἑκοῦσιν οἶδ᾽ ὅτι.

143. 1) Κῦρος μεταπεμψάμενος τοὺς τῶν Ἑλλήνων στρατηγοὺς εἶπεν, ὅτι ἡ ὁδὸς ἔσοιτο (oder ἔσται) πρὸς βασιλέα εἰς Βαβυλῶνα. 2) Κηφισόδωρος ἔλεγεν, ὅτι οὐδεὶς οὐσίαν, ἣν αὐτὸς ἐκτήσατο, κατέφαγεν, ἣν δὲ παρ᾽ ἄλλου παρέλαβεν. 3) Θεμιστοκλῆς χωρίον πωλῆσαι βουλόμενος ἐκέλευσε κηρῦξαι, ὅτι καὶ γείτονα χρηστὸν ἔχει (oder ἔχοι). 4) Δῆλον ἦν, ὅτι οἱ ἐν Θερμοπύλαις Λακεδαιμόνιοι οὐκ ἂν ἡττήθησαν ὑπὸ τῶν Περσῶν, εἰ μὴ ἐκυκλώθησαν. 5) Τῶν στρατιωτῶν ἤδη εἰς τὰ τείχη ἀναβάντων ἐξήγγειλέ τις Ξενοφῶντι ὅτι, εἰ εἴσεισι (oder ἐὰν εἰσέλθῃ), συλληφθήσεται καὶ Φαρναβάζῳ παραδοθήσεται. 6) Εὖ ἴστε, ὅτι οὐκ ἂν ἐτόλμησα εἰπεῖν, εἰ μὴ ἔγνων τοὺς ἐμοὺς λόγους συνοίσειν τῷ κοινῷ. 7) Περικλεῖ διαβεβηκότι ἤδη εἰς Εὔβοιαν, ἣ ἀπέστη ἀπ᾽ Ἀθηναίων, ἠγγέλθη, ὅτι καὶ Μέγαρα ἀφέστηκε καὶ Πελοποννήσιοι μέλλουσιν ἐσβαλεῖν εἰς τὴν Ἀττικὴν καὶ οἱ φρουροὶ Ἀθηναίων διεφθαρμένοι εἰσὶν ὑπὸ Μεγαρέων. 8) Δημάδης, ῥήτωρ τις Ἀθηναῖος, ἐρωτηθείς, τίς γεγόνοι διδάσκαλος αὐτοῦ, ἀπεκρίνατο ὅτι Τὸ Ἀθήνησι βῆμα, ἐμφαίνων, ὅτι ἡ διὰ πραγμάτων ἐμπειρία κρείττων ἐστὶ πάσης σοφιστικῆς διδασκαλίας. 9) Ὡς Ἀχιλλεῖ ἐξῆν ἂν σωθῆναι, εἰ μὴ ἐτιμωρήσατο τὸν Πατρόκλου θάνατον, δῆλον ἐξ ὧν (= ἐκ τούτων, ἅ) λέγει Θέτις, ἡ μήτηρ αὐτοῦ.

2. Abhängige Fragesätze

144. Abhängige Fragesätze werden eingeleitet:

a. durch direkte oder indirekte **Fragepronomina** und **Frageadverbia** (115, a): τίς oder ὅστις, ποῖος oder ὁποῖος, ποῦ oder ὅπου usw.; die Häufung von Fragepronomina ist sehr beliebt: Πῶς οἶδεν ὁποῖα ὁποίοις δυνατὰ κοινωνεῖν; (cf. 115 b)

b. zuweilen durch **Relativa** (115, Anm.); οἶδά σε, ὃς εἶ.

c. durch die **Fragepartikeln** εἰ **ob** (ob vielleicht, ob nicht"); μή „ob nicht etwa" num; πότερον–ἤ, πότερα–ἤ, εἰ–ἤ, εἴτε–εἴτε **„ob – oder"** utrum–an). „Oder nicht" heißt ἢ οὔ oder ἢ μή. Bezüglich des Tempus und des Modus gelten dieselben Regeln wie für die abhängigen Aussagesätze: Ὁ ξένος ἠρώτησέ με, ποῦ (oder ὅπου) ὁ βασιλεύς ἐστιν oder εἴη. Οὐκ οἶδα, τίνι (oder ᾧτινι) τὴν ἐπιστολὴν δῶ „geben soll". Οὐκ ᾔδειν, τίνι (oder ᾧτινι) τὴν ἐπιστολὴν δῶ oder δοίην.

145. 1) Ὡς Ἀλέξανδρος ἠρώτησε Διογένη τὸν Σινωπέα, εἴ τινος τυγχάνοι (oder τυγχάνει) δεόμενος, ἀπεκρίνατο· Μικρὸν ἀπὸ τοῦ ἡλίου μετάστηθι. 2) Φίλιππος ἐρωτηθείς, οὕστινας μάλιστα φιλεῖ καὶ οὕστινας μάλιστα μισεῖ, εἶπεν ὅτι (cf. 142, Anm. 2) Τοὺς μὲν μέλλοντας προδιδόναι μάλιστα φιλῶ, τοὺς δ' ἤδη προδεδωκότας μάλιστα μισῶ. 3) Κροῖσος ἀγγέλους πέμψας εἰς Δελφοὺς ἐπηρώτησε τὸν θεόν, εἰ στρατεύοιτο ἐπὶ Πέρσας καὶ εἴ τινας ἄνδρας προσθεῖτο ξυμμάχους. 4) Οἱ στρατηγοὶ ἐβουλεύοντο, πότερον ἐν δεξιᾷ διακινδυνεύσωσιν (oder διακινδυνεύσειαν) ἐσπλεῦσαι ἐς τὸν λιμένα ἢ ἐν ἀριστερᾷ κατὰ γῆν τῇ πόλει ἐπέλθωσιν (oder ἐπέλθοιεν). 5) Τῶν μελλόντων οὐδέν ἐστι δῆλον τοῖς ἀνθρώποις· οὔτε γὰρ τῷ ἀγρὸν καλῶς φυτευσαμένῳ δῆλον, ὅστις καρπώσεται, οὔτε τῷ οἰκίαν καλῶς οἰκοδομησαμένῳ δῆλον, ὅστις οἰκήσει. 6) Σόλων παρὰ πότον ἐπεὶ σιωπῶν ἐτύγχανεν, ἐρωτηθεὶς ὑπὸ Περιάνδρου, πότερον διὰ λόγων σπάνιν ἢ διὰ μωρίαν σιωπᾷ (oder σιωπῴη)· ἀλλ' οὐδεὶς ἄν, ἔφη, μωρὸς ἐν συμποσίῳ σιωπᾶν δύναιτο. 7) Ξενοφῶν ἐπήρετο τὸν Ἀπόλλω, τίνι ἂν θεῶν θύσας καὶ εὐξάμενος κάλλιστα καὶ ἄριστα Προξένῳ συμπορευθείη. 8) Λυκοῦργον εἰς τὸν νεὼν τὸν ἐν Δελφοῖς εἰσιόντα προσειπεῖν λέγεται ὁ θεός· φροντίζω, πότερον θεόν σε εἴπω ἢ ἄνθρωπον. 9) Δεῖ ὑμᾶς, ὦ ἄνδρες δικασταί, τῶν πραγμάτων ἁπάντων ἀκοῦσαι, ἵν' εἰδῆτε, ᾧτινι τρόπῳ ὑμῖν ἡ δημοκρατία κατελύθη καὶ ὑφ' ὅτου. 10) Τῇ πρότερον ἀβουλίᾳ τοσαύτῃ ἀνάγκῃ περιπεπτώκαμεν, ὥστε νῦν ἀγνοοῦμεν, ὅποι βοήθειαν ζητοῦντες τραπώμεθα. 11) Μηδένα φίλον ποιοῦ, πρὶν ἂν ἐξετάσῃς, ὅπως τοῖς πρότερον φίλοις ἐχρήσατο.

3. Kausalsätze

146. Kausalsätze werden eingeleitet durch ὅτι „weil" *quod;* διότι „deshalb weil" *propterea quod;* ὡς oder ἐπεί „da" *cum:* ἐπειδή „weil ja" *quoniam;* ἐπειδήπερ „weil denn einmal" *quandoquidem;* die Negation ist οὐ. Bezüglich des Tempus und Modus werden sie wie unabhängige Aussagesätze behandelt; Οἱ πολέμιοι τὸ φρούριον παρέδοσαν, ὅτι τὰ σιτία ἐπελελοίπει. Jedoch kann bei obliquer Beziehung (140, 2) der **Optativ** statt des Indikativs stehen: Οἱ στρατιῶται ἠθύμησαν, ὅτι οὐδαμοῦ σωτηρία φαίνοιτο „sichtbar wäre". ἐπεί leitet auch einen Hauptsatz ein u. bedeutet „denn".

Anm. Sehr oft steht bei den Verben der Gemütsstimmung (z. B. θαυμάζειν, ἄχθεσθαι, αἰσχύνεσθαι, ἀγαπᾶν, ἀγανακτεῖν, sowie nach δεινόν, αἰσχρόν, ἀγαπητόν ἐστιν u. a.) statt des regelmäßigen ὅτι auch εἰ, wenn nämlich der Umstand, durch den die Gemütsbewegung veranlaßt wird, nur als unsicher, als bloße Vorstellung angegeben wird: θαυμάζω, εἰ οὕτως ἔχει ich wundere mich, wenn = daß es sich so verhält. Οὐδὲν θαυμάζω, εἰ Κυαξάρης ὀκνεῖ περὶ αὐτοῦ. Ἀληθῶς ἀγανακτῶ, εἰ ἃ νοῶ ἀδύνατός εἰμι εἰπεῖν. Die Negation ist in solchen Bedingungssätzen μή, doch auch οὐ. Τέρας λέγεις, εἰ οὐκ ἂν δύναιντο λαθεῖν.

147. 1) Ἀλέξανδρος ἐνέπρησε τὰ ἐν Περσεπόλει βασίλεια, ὅτι καὶ οἱ Πέρσαι τὰ τῶν Ἑλλήνων ἱερὰ καὶ πόλεις πυρὶ καὶ σιδήρῳ διεπόρθησαν. 2) Λεωνίδας ἀκούσας ἐπισκιάζεσθαι τὸν ἥλιον τοῖς Περσῶν τοξεύμασι Χαρίεν, ἔφη, ὅτι καὶ ὑπὸ σκιᾷ μαχούμεθα. 3) Οὐ χρὴ θαυμάζειν, ὅτι (oder εἰ) ἡγεμονία, καίπερ αἰτία οὖσα πλείστων κακῶν, καὶ τοῖς Ἀθηναίοις καὶ Λακεδαιμονίοις σφόδρα καλὸν ἐφαίνετο · πολλάκις γὰρ οἱ ἄνθρωποι τὰ ἑαυτῶν ἥκιστα κρίνειν ἐπίστανται. 4) Μικρολόγος ἐστὶν ὁ ἀχθόμενος, εἰ ἄλλοι μᾶλλον εὐτυχοῦσιν ἢ αὐτός. 5) Δημῶναξ πρὸς τοὺς κατηγορήσαντας αὐτοῦ, ὅτι οὐδέποτε ἔθυε τοῖς θεοῖς, ἀπελογήσατο λέγων · Οὐ θαυμαστόν, εἰ μὴ ἔθυσα τοῖς θεοῖς, οὐδὲ γὰρ χρῄζειν αὐτοὺς τῶν παρὰ τῶν ἀνθρώπων θυσιῶν ἐνόμιζον. 6) Πίνδαρον τὸν ποιητὴν οἱ Ἀθηναῖοι ἑνὸς μόνου ῥήματος ἕνεκα ἐθαύμαζον, διότι τὸ ἄστυ αὐτῶν ὠνόμασεν ἔρεισμα τῆς Ἑλλάδος. 7) Ἀλέξανδρος Δαρεῖον νικήσας ἐπέστειλε τοῖς Ἕλλησι θεὸν αὐτὸν ψηφίσασθαι. Ἄλλοι μὲν οὖν ἄλλα ἐψηφίσαντο, Λακεδαιμόνιοι δὲ τάδε · Ἐπειδήπερ Ἀλέξανδρος βούλεται θεὸς εἶναι, ἔστω θεός.

4. Finalsätze

148. Die **Finalsätze** werden eingeleitet durch
ἵνα, ὡς, ὅπως „damit, auf daß",
ἵνα μή, ὡς μή, ὅπως μή (selten μή allein) „damit nicht".
a. Es steht:
  1. bei Abhängigkeit von einem Haupttempus der **Konjunktiv,**
  2. bei Abhängigkeit von einem Nebentempus meist der **Optativ,** jedoch auch der **Konjunktiv:** Κύνας τρέφομεν, ἵνα τὰς οἰκίας φυλάττωσιν. Πολλοὺς κύνας πρότερον ἐτρέφομεν, ἵνα τὴν οἰκίαν φυλάττοιεν oder φυλάττωσιν.

Anm. 1. Nicht selten tritt in solchen Finalsätzen, welche von einem Optativ oder einem Irrealis abhängen, die **Attractio modi** ein (140, 3).
Anm. 2. Zu ὡς und ὅπως (mit Konjunktiv) nicht zu ἵνα tritt bisweilen ἄν: Ἄκουσον, ὡς ἂν μάθῃς, ὅτι οὐκ ἂν δικαίως ἐμοὶ ἀπιστοίης. In diesem Falle wird die Verwirklichung der Absicht als von den Umständen bedingt bezeichnet.

b. Die finalen Ergänzungssätze, welche von den Verben des Wünschens und Wollens (Verba voluntatis) abhängen, treten in den Infinitiv (166, b, β). Aber

α. Nach den Verben des Strebens, Sorgens und Veranstaltens (Verba studii oder curandi):

φροντίζειν, ἐπιμελεῖσθαι, μέλει μοι sorgen, sich kümmern,

σπουδάζειν, προθυμεῖσθαι streben, sich bemühen,

παρασκευάζεσθαι, μηχανᾶσθαι, πράττειν bewirken, bewerkstelligen,

σκοπεῖν, σκοπεῖσθαι darauf sehen, bedacht sein,

φυλάττεσθαι, εὐλαβεῖσθαι sich hüten, sich vorsehen (cf. 148, b, γ) u.ä.

steht meist ὅπως (verneint ὅπως μή) mit dem **Ind. Futur**: Μελήσει ἡμῖν, ὅπως ἀρέσομέν σοι. Παρεσκευάζοντο ᾿Αθηναῖοι, ὅπως οἱ σύμμαχοι μὴ σφῶν ἀποστήσονται.

Anm. 3. Mit Auslassung (Ellipse) eines Verbums des Strebens steht zuweilen ὅπως (bzw. ὅπως μή) mit Ind. Fut. zur Bezeichnung einer Aufforderung (bzw. Warnung): ῞Οπως ἄνδρες ἀγαθοὶ ἔσεσθε „daß ihr euch ja als tapfere Männer zeigt!‟ ῞Οπως ταῦτα μηδεὶς πεύσεται.

β. Nach den Ausdrücken der Furcht und Besorgnis φοβεῖσθαι, δεδιέναι, ὀκνεῖν, φόβος ἐστί, κίνδυνός ἐστι u.ä. (Verba timendi) heißt „daß‟ μή, „daß nicht‟ μὴ οὐ mit Konj. (bzw. nach einem regierenden Nebentempus auch mit Optat.): Φοβούμεθα, μὴ κακῶς ὑπ᾿ αὐτοῦ πάσχωμεν. ῾Ο στρατηγὸς ἐδεδίει, μὴ οἱ ἱππεῖς τοὺς πολεμίους οὐχ ὑπομείνειαν oder ὑπομείνωσιν.

Anm. 4. Φοβεῖσθαι, δεδιέναι und ὀκνεῖν in der Bedeutung „Bedenken tragen, sich scheuen‟ stehen mit dem Infin.: Δέδοικα περὶ θεῶν διαλέγεσθαι.
Anm. 5. Über das elliptische μή c. Coni. praes. = „daß nur nicht, wenn nur nicht‟, μὴ οὐ c. Coni. praes. „schwerlich‟ und οὐ μή c. Coni. aor. „gewiß nicht‟, cf. 137, Anm. 3.

γ. Nach „sich hüten, sich in acht nehmen‟ φυλάττεσθαι und εὐλαβεῖσθαι steht entweder μή c. Coni. (od. Opt. orat. obl.) oder der Infin. (meist mit μή (μὴ οὐ), cf. 190), oder ὅπως μή mit Ind. Fut.: Φυλάττεσθε, μὴ ὑπ᾿ αὐτοῦ ἐξαπαθῆτε oder ὅπως μὴ ἐξαπατηθήσεσθε oder μὴ ἐξαπατηθῆναι.

149. 1) Πολλάκις ᾿Αριστείδης οὐκ αὐτός, ἀλλὰ δι᾿ ἑτέρων τὰς γνώμας εἰς τὸν δῆμον εἰσέφερεν, ἵνα μὴ Θεμιστοκλῆς τῇ πρὸς αὐτὸν φιλονεικίᾳ κωλύοι τὰ τῇ πόλει συμφέροντα. 2) Μέγα ἐστὶν ἡ τιμή· αὐτῆς γὰρ ὀρεγόμενοι οἱ ἄνθρωποι οὐκ ἂν ὀκνοῖεν πάντα μὲν πόνον ὑποδύεσθαι, πάντα δὲ κίνδυνον ὑπομένειν. 3) Οἱ Ἀθηναῖοι ἐψηφίσαντο Αἰγινητῶν ἑκάστῳ τὸν μέγαν τῆς δεξιᾶς χειρὸς δάκτυλον ἀποκόψαι, ἵνα δόρυ μὲν βαστάζειν μὴ δύναιντο, κώπην δ' ἐλαύνειν δύναιντο. 4) Πιττακὸς ἔλεγε συνετῶν ἀνδρῶν εἶναι, πρὶν γενέσθαι τὰ δυσχερῆ, προνοῆσαι, ὅπως μὴ γενήσεται. 5) Τιμόθεος ὁ Ἀθηναῖος ἔπραττεν, ὅπως μηδεὶς τῶν Ἑλλήνων αὐτὸν φοβήσεται, ἀλλὰ πάντες θαρσήσουσι πλὴν τῶν ἀδίκων. 6) Λύσανδρος, Διονυσίου τοῦ τυράννου πέμψαντος ταῖς θυγατράσιν αὐτοῦ ἱμάτια πολυτελῆ, οὐκ ἐδέξατο λέγων φοβεῖσθαι, μὴ αἱ θυγατέρες διὰ ταῦτα μᾶλλον αἰσχραὶ φανεῖεν. 7) Ἔδοξέ μοι εἰς λόγους σοι ἐλθεῖν, ὅπως, εἰ δυναίμεθα, ἐξέλοιμεν ἀλλήλων τὴν ἀπιστίαν. 8) Κῦρος τοῖς φίλοις τὰ πολλὰ καὶ καλὰ κτήματα, ἃ εἶχε, δείξας εἶπεν ὧδε· ταῦτα ἄπαντα οὐκ ἀθροίζω, ὅπως αὐτὸς καταδαπανήσω· οὐ γὰρ ἂν δυναίμην· ἀλλ' ὅπως ἔχω τῷ τε ὑμῶν καλόν τι ποιήσαντι διδόναι καὶ ὅπως, ἤν τις ὑμῶν τινος δεῖσθαι νομίσῃ, πρὸς ἐμὲ ἐλθὼν λάβῃ, οὗ ἂν ἐνδεὴς τυγχάνῃ ὤν. 9) Τοὺς πρεσβυτέρους εὐλαβεῖσθαι δεῖ, μή τις τῶν νέων ἴδῃ ποτὲ ἢ ἀκούσῃ αὐτοὺς ποιοῦντας ἢ λέγοντάς τι τῶν αἰσχρῶν. 10) Οἶμαι θεῶν τινα ἀγασθέντα τὴν τῶν Ἑλλήνων ἀρετὴν συναγαγεῖν τὸν ἐπὶ Πέρσας πόλεμον, ἵνα μὴ τοιοῦτοι γενόμενοι τὴν φύσιν διαλάθοιεν μηδ' ἀκλεῶς τὸν βίον τελευτήσαιεν, ἀλλὰ τῶν αὐτῶν τιμῶν ἀξιωθεῖεν τοῖς ἐκ τῶν θεῶν γεγονόσι καὶ καλουμένοις ἡμιθέοις. 11) Τίνι ἂν μᾶλλον μέλοι ἢ τοῖς γονεῦσιν, ὅπως οἱ παῖδες εὖ πράξουσιν; 12) Τῇ ἱστορίᾳ πρόκειται πράττειν, ὅπως τὰ τοῖς ἀνθρώποις (cf. 57) ἀποτετελεσμένα μὴ ἀκλεᾶ γενήσεται.

5. Abhängige Folgesätze

150. Die **abhängigen Folgesätze** werden eingeleitet durch ὥστε „so daß" (beim Infin. auch ὡς). Soll die Folge als eine tatsächliche, d. h. wirklich eingetretene bezeichnet und mit Nachdruck hervorgehoben werden, so erhält der Folgesatz das Tempus und den Modus eines unabhängigen **Aussagesatzes** (Negation οὐ); andernfalls, besonders wenn die Folge nur möglich oder beabsichtigt ist, steht er im **Infinitiv** bzw. *Acc. c. inf.* (Negation μή): Ὁ τύραννος οὕτως ὠργίσθη, ὥστε οὐκ ἐπείσθη. Πολλὴ ὁμίχλη ἐστίν, ὥστε οἱ πολέμιοι προσερχόμενοι οὐκ ἂν κατοφθεῖεν. Ἔχω πολλὰ χρήματα, ὥστε πολλὰ μὴ χαλεπῶς δαπανᾶν „großen Aufwand machen kann".

Anm. 1. Zu Anfang eines Hauptsatzes heißt ὥστε **„daher, demnach"** = *itaque*.

Regelmäßig steht

1. ὥστε mit Indikativ
   a. nach τοσούτου δέω mit Inf. (*cf.* 167 b.) Τοσούτου δέω ὑμᾶς ἐπαινεῖν, ὥστε πάνυ μέμφομαι.
   b. nach εἰς τοσοῦτον (ὕβρεως, ἀμαθίας) ἐλθεῖν. Εἰς τοσοῦτον ὕβρεως ἦλθον ὥστ' ἔπεισαν ὑμᾶς ἐλαύνειν αὐτόν.

2. ὥστε mit Infinitiv
   a. nach einen negativen oder hypothetischen Satz. Οὐχ οὕτως εὐήθης πέφυκα, ὥστε σοὶ πιστεύειν.
   b. in der **Oratio obliqua** (von einem Infin. abhängig): Ὁ ἄγγελος ἔλεγε μέγαν χειμῶνα καταρραγῆναι, ὥστε πολλὰς ναῦς ἀπολέσθαι.
   c. nach einem Komparativ mit ἤ: Ἀριστείδης δικαιότερος ἦν ἢ ὥστε τὸν τοῦ πλήθους φθόνον ἐκφυγεῖν (*quam ut effugeret*).
   d. wenn ὥστε entweder **„unter Bedingung, daß"** oder (final) **„damit nur, um zu"** bedeutet: Λακεδαιμόνιοι εἰρήνην ἐποιήσαντο, ὥστε τοὺς Ἀθηναίους τὰ μακρὰ τείχη καθελεῖν. Κριτίας πάντ' ἐποίει, ὥστε διαβαλεῖν Θηραμένην.
   Statt ὥστε **„unter der Bedingung, daß"** steht auch ἐφ' ᾧ, ἐφ' ᾧτε.

Anm. 2. Auf τοιοῦτος und τοσοῦτος folgen (außer in dem unter 1b erwähnten Falle) meist statt ὥστε die entsprechenden Korrelativa οἷος und ὅσος *c. inf.* (Negation μή): Σωκράτης τοιοῦτος ἦν, οἷος μηδενὶ ἄλλῳ πείθεσθαι ἢ τῷ λόγῳ. Τὸ θεῖον τοσαύτην ἔχει τὴν σοφίαν, ὅσην πάντα εἰδέναι. Τοιοῦτος und τοσοῦτος können auch fehlen: Ἡ Ἀττικὴ πέφυκε, οἷα πλείστας προσόδους παρέχεσθαι.

151. 1) Ὁ Ἄτλας τὸ ὄρος οὕτως ὑψηλός ἐστιν, ὥστε ἐλέγετο ταῖς κορυφαῖς ψαύειν τοῦ οὐρανοῦ. 2) Κῦρος οὕτω φιλότιμος ἦν, ὥστε πάντα μὲν πόνον ἀνατλῆναι, πάντα δὲ κίνδυνον ὑπομεῖναι τοῦ ἐπαινεῖσθαι ἕνεκα. 3) Οἱ Ἕλληνες ἐνετύγχανον τάφροις πλήρεσιν ὕδατος, ὥστε μὴ δύνασθαι διαβαίνειν oder ὥστε διαβῆναι οὐκ ἐδύναντο. 4) Ζεὺς ὕσας ἀπὸ τοῦ οὐρανοῦ τὰ πλεῖστα μέρη τῆς Ἑλλάδος κατέκλυσεν· ὥστε διεφθάρησαν πάντες οἱ ἄνθρωποι χωρὶς ὀλίγων τινῶν, οἳ κατέφυγον εἰς τὰ πλησίον ὑψηλὰ ὄρη. 5) Οἱ σοφισταὶ εἰς τοῦτο τόλμης ἦλθον, ὥστε ἐπειρῶντο πείθειν τοὺς νεωτέρους, ὡς ἐὰν αὐτοῖς πλησιάζωσιν, ἅ τε πρακτέα ἐστὶν εἴσονται καὶ διὰ ταύτης τῆς ἐπιστήμης εὐδαίμονες γενήσονται. 6) Περικλῆς πρὸς Κίμωνα διενείματο τὴν δύναμιν, ὥστε αὐτὸς μὲν (*cf.* 162, Anm. 1) ἄρχειν ἐν ἄστει, τὸν δὲ πληρώσαντα τὰς τριήρεις τοῖς βαρβάροις πολεμεῖν. 7) Τὸ δαιμόνιον μεγαλοπρεπέστερον ἡγοῦμαι ἢ ὥστε τῆς ἐμῆς θεραπείας προσδεῖσθαι. 8) Βρασίδας ἐκάθητο ἐπὶ λόφῳ τινί, ἔνθεν πάντα κατεφαίνετο, ὥστε Κλέων οὐκ ἂν ἔλαθεν αὐτόθεν ὁρμώμενος τῷ στρατῷ. 9) Τοῖς πολλοῖς τῶν ἀνθρώπων πρῶτον μὲν ἀγαθὸν φαίνεται εἶναι τὸ ὑγιαίνειν τὰ σώματα, δεύτερον δὲ τὰ ἐπιτήδεια κεκτῆσθαι ἱκανά (cf. 13), ὥστε μήτε πεινῆν μήτε διψῆν μήτε ῥιγῶν μήτε ἄλλο μηδὲν κακὸν ὑπ᾽ ἀπορίας ὑπομένειν. 10) Παυσανίας εἰς τοσοῦτο προέβη παρανοίας, ὅσον (=ὥστε) τὴν Ἑλλάδα διανοηθῆναι τοῖς πολεμίοις, οὓς αὐτὸς ἐνίκησε, προδοῦναι. 11) Οἱ θεοὶ τῇ ψυχῇ σῶμα δεδώκασιν, ὥστε τῇ ψυχῇ τὸ σῶμα ὑπηρετεῖν. 12) Τοιοῦτός εἰμι, οἷος μηδενὶ ἄλλῳ πείθεσθαι ἢ τούτῳ, ὅστις ἄν μοι τὰ βέλτιστα συμβουλεῦσαι φαίνηται. 13) Πάντες πολεμικὰ ὅπλα κατεσκεύαζον, ὥστε τὴν πόλιν ὄντως ἡγήσω ἂν (cf. 135, 2a) πολέμου ἐργαστήριον εἶναι.

6. Hypothetische Sätze

152. Eine **hypothetische Periode** besteht aus zwei Gliedern: dem Vordersatze **(Protasis)**, der die Bedingung enthält, und dem Nachsatz **(Apodosis)**, der die daraus sich ergebende Folge angibt. Konjunktionen: εἰ, ἐάν (ἄν, ἤν) „wenn"; εἰ μή, ἐὰν μή „wenn nicht"; εἴπερ „wenn anders, wenn wirklich" *siquidem;* εἰ μὴ ἄρα „es müßte denn etwa sein, daß" (stets mit Indik., wie das lateinische *nisi forte*).

Man unterscheidet im Griechischen fünf Arten von hypothetischen Sätzen:

1. Εἰ ὕει, ἡ γῆ μυδᾷ *si pluit, humus madet* „wenn es regnet, ist es naß": Protasis (εἰ) und Apodosis mit dem Ausdruck der Bestimmtheit, **realer Fall,** der im **Indik.** aller Tempora erscheinen kann: Εἰ τοῦτο λέγεις, ἁμαρτάνεις. Εἰ μὴ ἤρεσκόν σοι οἱ νόμοι, ἐξῆν σοι ἀπιέναι ἐκ τῆς πόλεως. Εἰ πάντες ἄνθρωποι θνητοί εἰσι, καὶ ὑμεῖς ἀποθανεῖσθε. Εἰ μηδὲν κακὸν ἐπεποιήκεις, τί ἐφοβοῦ; Εἰ μὴ καθέξεις γλῶτταν, ἔσται σοι κακά.

2. Εἰ ὕοι (ὕσειεν), ἡ γῆ μυδῴη ἂν (μυδήσειεν ἄν) *si pluat (pluerit), terra madeat (maduerit)* „falls es regnete (geregnet haben sollte), würde es naß sein (geworden sein)": Fall der bloßen Annahme oder Möglichkeit, **potentialer Fall,** der in der Protasis durch εἰ mit **Optativ,** in der Apodosis durch den **Optativ** mit ἄν ausgedrückt wird: Εἰ τοῦτο λέγοις, ἁμαρτάνοις ἄν. Εὐδαίμων ἂν γίγνοιτο ἡ πόλις, εἰ οἱ πολῖται ὁμονοοῖεν ἀλλήλοις.

3. Εἰ ὗεν (ὗσεν), ἡ γῆ ἐμύδα ἄν (ἐμύδησεν ἄν) *si plueret* (*pluisset*), *terra maderet* (*maduisset*) „wenn es regnete (geregnet hätte), würde es naß sein (geworden sein)": beide Sätze als nicht wirklich hingestellt, **irrealer Fall,** der in der Protasis durch εἰ mit dem **Indik.** eines **Präteritums,** in der Apodosis durch den **Indik.** eines **Präteritums** mit ἄν ausgedrückt wird, daß in der Regel das Imperfekt für die Gegenwart, der Aorist für die Vergangenheit steht: Εἰ μὴ ἦμεν ἄνθρωποι, οὐκ ἄν εἴχομεν τὴν ψυχὴν ἀθάνατον. Οἱ πολέμιοι ἔφυγον ἄν, εἰ οἱ σύμμαχοι ἐν καιρῷ ἦλθον. *Cf.* auch 135, 1a, Anm.

Anm. 1. Das Plusquamperfekt kann im Irrealis nur dann stehen, wenn die in 130, 2 gegebenen Bestimmungen zutreffen.

4. Ἐὰν ὕῃ (ὕσῃ), ἡ γῆ μυδήσει *si pluet (pluerit), terra madebit* „wenn es regnet, wird die Erde naß sein": beide Sätze mit dem Ausdruck der Bestimmtheit, aber so, daß die Verwirklichung von der Zukunft abhängig gemacht wird, **eventueller Fall,** der in der Protasis durch ἐάν mit Konj., in der Apodosis durch das Futurum oder den Imperativ oder das einen allgemeinen Gedanken bezeichnende Präsens ausgedrückt wird. In der Protasis bezeichnet der Konj. Aor. die Vollendung (im Sinne des lat. Futurum exactum), der Konj. Präs. die Nichtvollendung (Gleichzeitigkeit, lat. einfaches Futur). Ἐὰν ἔτι μίαν μάχην νικηθῶμεν, παντελῶς ἀπολούμεθα. Οἱ στρατιῶται πάντες κακοὶ ἔσονται, ἐὰν τοὺς ἡγεμόνας ἀθύμους ὁρῶσιν. Ἐὰν πάντα ἀκούσητε, κρίνατε. Ἅπας λόγος, ἐὰν ἀπῇ τὰ πράγματα, μάταιόν τι φαίνεται.

Anm. 2. „Wo nicht, widrigenfalls, sonst" (lat. *si minus, sin minus*) heißt εἰ δὲ μή (selbst nach vorausgehendem ἐὰν μέν): Εἰ μὲν τὰ ἀμείνω ἐπίστασαι, λέγε, εἰ δὲ μή, σιώπα.
Anm. 3. Dem latein. *sive – sive* „sei es daß – oder daß" entspricht εἴτε – εἴτε (bzw. ἐάντε – ἐάντε c. Coni.); Ὁ ἀγαθὸς ἀνὴρ εὐδαίμων ἐστίν, ἐάντε πλούσιος ἐάντε πένης ᾖ.

5. Ἐὰν ὕῃ (ὕσῃ), ἡ γῆ μυδᾷ „sooft es regnet (geregnet hat), ist es naß", εἰ ὕοι (ὕσειεν), ἡ γῆ ἐμύδα „sooft es regnete (geregnet hatte), war es naß".
Bezeichnet „wenn" im Sinne von „sooft, jedesmal wenn" einen unbestimmt oft sich wiederholenden Fall **(iterativer Fall),** so wird es übersetzt:
a. durch ἐάν c. coni., wenn in der Apodosis ein **Haupttempus** steht (Iterativ der Gegenwart);

b. durch εἰ c. opt., wenn in der Apodosis ein **Nebentempus** steht (Iterativ der Vergangenheit): Οἱ διδάσκαλοι ἐὰν τοὺς μαθητὰς σπουδαίως μανθάνοντας ὁρῶσιν, ἐπαινοῦσιν. Ἀγησίλαος εἰ τοὺς νέους σπουδαίως γυμναζομένους ἴδοι, ἐπήνει oder auch ἐπήνεσεν ἄν „er lobte wohl", cf. 135, 2 c.

Die Verwendung des Präsens oder Aoristes in der Protasis erfolgt entsprechend wie im Eventualis (Ziff. 4).

153. 1) Ἤν (= ἐὰν) τὴν ἐπιστολήν σου ἀναγιγνώσκω, οἱ ὀφθαλμοί μου δακρύων πίμπλανται. 2) Ἀγησίλαος εἰ μὲν τοὺς στρατιώτας ἀνδρείως μαχομένους ἴδοι, ἐπήνει (oder auch ἐπήνεσεν ἄν = er lobte bisweilen) τὴν ἀνδρείαν αὐτῶν, εἰ δ’ ἀδικήσειάν τι, ἐμέμφετο (oder ἐμέμψατο ἄν) αὐτούς.

Übersicht über die Konditionalsätze:

NEBENSATZ	HAUPTSATZ	
εἰ + Ind. Imperfekt, Ind. Aorist	Ind. Imperf., Ind. Aorist + ἄν	IRREALIS
εἰ + Optativ	Optativ + ἄν	POTENTIALIS
ἐάν + Konj. εἰ + Optativ	Ind. Präs., Ind. Perf. Ind. Imperfekt	ITERAT. d. G. ITERAT. d. V.
ἐάν + Konj.	Ind. Futur, Imperativ	EVENTUALIS
εἰ + Indikativ aller Zeiten	Indikativ aller Zeiten	REALIS

154. a. Hypothetische Vergleichungskonjunktion (latein. *quasi c. coni.*) ist ὥσπερ ἄν εἰ „wie wenn, gleich als ob", das entweder mit dem Optat. (Potentialis) oder mit dem Ind. Impf. und Aor. (Irrealis) steht: Δακρύεις, ὥσπερ ἄν εἰ οἱ φίλοι σου ἐπιλάθοιντο oder ἐπελάθοντο.

b. Die **Konzessivkonjunktionen:**
εἰ καί, ἐὰν καί „obgleich, wenn auch" *quamquam,*
καὶ εἰ, καὶ ἐάν (κᾶν) „auch wenn, selbst wenn" *etiamsi,*
εἰ καὶ μή, ἐὰν καὶ μή „obgleich nicht",
καὶ εἰ μή, καὶ ἐὰν μή „auch wenn nicht"

werden wie die hypothetischen Konjunktionen konstruiert:
Σοφὸν ἐμὲ εἶναι λέγεις, εἰ καὶ μή εἰμι. Γελᾷ ὁ μῶρος, κἄν τι μὴ
γελοῖον ᾖ. Οὐδ' ἐὰν πολλαὶ γέφυραι ὦσιν, εὑρήσομεν, ὅποι φυγόντες
σωθείημεν ἄν.

Anm. Gewöhnlich wird das Konzessivverhältnis durch Partizipialkonstruktion mit oder ohne καίπερ bezeichnet (*cf.* 177, I, d).

1) Οἱ πλεῖστοι τῶν ἀνθρώπων βιοτεύουσιν, ὥσπερ ἂν εἰ ἐπὶ τῷ ἀπολαύειν τῶν ἡδονῶν εἰς τοὺς ἀνθρώπους κατέστησαν (oder καταστᾶεν).
Δέῃ μου βοηθῆσαί σοι, ὥσπερ ἂν εἰ τῶν πραγμάτων σου ἔμελέ μοι
(oder μέλοι μοι). 2) Εἰ καὶ χρημάτων εὐποροῦμεν, οὐκ εὐτυχοῦμεν. Καὶ
ἐὰν οἱ πολέμιοι τὸ ναυτικὸν ἡμῶν νικήσωσι, περιεσόμεθα αὐτῶν.

155. 1) Οὐκ ἔστιν ἀπόλαυσις τῶν τοῦ σώματος ἀγαθῶν, ἐὰν μὴ καὶ τὰ τῆς
ψυχῆς ὑπάρχῃ. 2) Εἴ τις ἡμᾶς ἔροιτο, ὅ τι ἐστὶν ἡ φιλοσοφία, τί ἂν
αὐτῷ ἀποκριναίμεθα; 3) Ἐὰν παρὰ Σπαρτιάτῃ εὑρεθῇ χρυσὸς ἢ
ἄργυρος, θανάτῳ ζημιοῦται. 4) Ποῖος μὲν ἂν κόσμος οἰκίας εἴη, εἰ οἱ
νεώτεροι τῶν γεραιτέρων καταφρονήσειαν, ποῖος δὲ διδασκαλείων, εἰ
οἱ μαθηταὶ τῶν διδασκάλων ἀμελήσειαν; 5) Ἀγησίλαος ἀποθνῄσκων
τοὺς φίλους ἐκέλευσεν εἰκόνα αὐτοῦ μὴ ποιήσασθαι· εἰ γάρ τι καλόν,
ἔφη, ἔργον πεποίηκα, τοῦτο μνημεῖόν ἐστιν, εἰ δὲ μή, οὐδ' οἱ ἀνδριάντες.
6) Ἐὰν μὲν μυῖα ἢ κώνωψ εἰς ἀράχνιον ἐμπέσῃ, κατέχεται, ἐὰν δὲ
σφὴξ ἢ μέλιττα, διαρρήξασα ἀποπέτεται. 7) Παρεσκευάσμεθα, ἐὰν μέν
τις εὖ ποιῇ, ἀντευποιεῖν, εἰ δὲ μή, ἀλέξασθαι. 8) Πῶς ἂν πορευθεῖησαν
οἱ στρατιῶται, εἰ μὴ τεταγμένοι κωλύσειαν ἀλλήλους, ὁ μὲν βαδίζων
τὸν τρέχοντα, ὁ δὲ τρέχων τὸν ἑστηκότα, ἡ δὲ ἅμαξα τὸν ἱππέα, ὁ δὲ
ὄνος τὴν ἅμαξαν, ὁ δὲ σκευοφόρος τὸν ὁπλίτην; εἰ δὲ καὶ μάχεσθαι δέοι,
πῶς ἂν οἱ οὕτως ἔχοντες μαχέσαιντο; 9) Μὴ κακολόγει τοὺς πλησίον·
εἰ δὲ μή, ἀκούσῃ, ἐφ' οἷς λυπηθήσῃ. 10) Διογένης ὁ Σινωπεὺς καίπερ
πενέστατος ὢν τὸν βίον ἔζη, ὃν ἡγεῖτο εὐδαιμονέστατον, καὶ οὐκ ἂν
ἠλλάξατο τὸν τῶν Περσῶν τε καὶ Μήδων πλοῦτον ἀντὶ τῆς ἑαυτοῦ
πενίας. 11) Γέλων τοῖς Ἕλλησιν ἐπὶ Πέρσας ἐβοήθησεν ἄν, εἰ μὴ
Τήριλλος, τύραννος ὢν Ἱμέρας, ὑπ' αὐτὸν τὸν χρόνον τοῦτον τριάκοντα
μυριάδας Φοινίκων τε καὶ Λιβύων καὶ ἄλλων ἐθνῶν ἐπὶ τὴν Σικελίαν
συνέλεξεν. 12) Χρημάτων ἕνεκα μηδένα θεῶν ὀμόσῃς, μηδ' ἂν εὐορκεῖν
μέλλῃς. 13) Ἡ τῶν θεῶν εὔνοια ἔσται μετὰ τῶν τὰ δίκαια ποιούντων,
εἴπερ τοῖς ἤδη γεγενημένοις περὶ τῶν μελλόντων τεκμαίρεσθαι χρή.
14) Οὕτως ἄριστα χρήσει τοῖς φίλοις, ἐὰν μὴ περιμένῃς τὰς παρ'
ἐκείνων δεήσεις, ἀλλ' αὐτεπάγγελτος αὐτοῖς ἐν τοῖς κοιροῖς βοηθῇς.
15) Εἰ τὸ συνεχῶς καὶ πολλὰ καὶ ταχὺ λαλεῖν τοῦ εὖ φρονεῖν ἦν, αἱ χε-
λιδόνες σωφρονέστεραι ἂν ἐλέγοντο ἡμῶν. 16) Εἴ τις καὶ διὰ βραχέων

διεξηγεῖσθαι βούλοιτο τοὺς ἀγῶνας τοὺς ὑπὸ τῶν Ἀθηναίων ὑπὲρ τῆς ἐλευθερίας τε καὶ τῶν δικαίων ἠγωνισμένους, ἀρχόμενος ἀπὸ τοῦ ἐπὶ Κόδρου πολέμου μέχρι εἰς ἐκείνους τοὺς χρόνους, ὅτε μετὰ τῶν ἄλλων Ἑλλήνων τὰ τῶν Περῶν στρατεύματα ἐνίκησαν, πολλοῦ ἂν χρόνου τε καὶ πόνου δέοιτο. 17) Τὸν εὐγενῆ νεανίσκον εἶναι δεῖ ἀνδρεῖον, εἴπερ εὖ μαχεῖσθαι μέλλει (cf. 131 Anm. 1). 18) Εἴ τις τὸν τῆς εὐκλείας ἔρωτα ἐκ τοῦ βίου ἐκβάλοι, τί ἂν τοῖς κάμνουσιν ἀγαθὸν ὑπολελειμμένον εἴη;

7. Temporalsätze

156. Die **Temporalsätze** werden eingeleitet durch die Konjunktionen
ἐπεί, ἐπειδή „nachdem, als",
ὡς, ὅτε, ὁπότε, ἡνίκα „als, wenn",
ἐπεὶ τάχιστα, ἐπειδὴ τάχιστα, ὡς τάχιστα, ἐπειδὴ πρῶτον „sobald als",
ἐξ οὗ, ἀφ' οὗ „seitdem"; ἐν ᾧ „während",
ἕως, ἔστε, μέχρι οὗ „solange (als), bis",
πρίν „ehe, bevor"; οὐ πρότερον πρίν, οὐ πρόσθεν πρίν „nicht eher als bis".

1. Temporalsätze stehen im **Indikativ,** wenn es sich um ein tatsächliches Ereignis handelt (Negation οὐ): Ἐπεὶ οἱ περὶ Ξενοφῶντα τὴν θάλατταν κατεῖδον, κραυγὴ πολλὴ ἐγένετο. Ἦν ποτε χρόνος, ὅτε οὐκ ἦν γένη θνητά. Οἱ Ἕλληνες ἐπορεύοντο, μέχρι σκότος ἐγένετο. Ἐν ᾧ ὡπλίζοντο, ἧκον οἱ σκοποί.

Anm. Das latein. **cum inversum** wird selten durch ὅτε oder ἡνίκα, meist parataktisch durch καί oder τε – καί ausgedrückt: Οὔπω ὁ ἥλιος κατέδυ καὶ ἦλθον παρὰ βασιλέως ἄγγελοι. Ἅμα τοῦτ' ἔλεγε καὶ ἀπήει. Ἤδη τε ἦν περὶ πλήθουσαν ἀγορὰν καὶ παρῆσαν οἱ φίλοι. Cf. auch 180, 1, Anm. 3; 199, 1.

2. Temporalsätze stehen im **Konjunktiv** mit ἄν (cf. 138, Anm. 2), Negation μή, wenn es sich um mehrfache, gedachte oder zukünftige Ereignisse handelt (Iterativ der Gegenwart und futurischer Fall). Mit einigen der genannten Konjunktionen wird die Modalpartikel ἄν regelmäßig verschmolzen: ὅταν, ὁπόταν, ἐπειδάν (ā), selten ἐπήν oder ἐπάν (ā). Μαινόμεθα πάντες, ὁπόταν ὀργιζώμεθα. Ὅταν ἀποθάνῃς, τάφος σε δέξεται. Ἕως ἂν ἐμπνέω, οὐ παύσομαι φιλοσοφῶν. Ἐπειδὰν ἅπαντα ἀκούσητε, κρίνατε.

3. Im Temporalsatz steht der Optativ bei Wiederholung in der Vergangenheit, selten bei potentialem Sinn (Negation μή). Οἱ ἱππεῖς ῥᾳδίως ἀπέφευγον, ὁπότε οἱ ὁπλῖται ἐπίοιεν. Cf. auch 135, 2 c.

4. Πρίν „ehe, bevor" wird nur dann wie die übrigen Temporalkonjunktionen konstruiert, wenn es von einem negativen Satze
abhängt; ist aber der Hauptsatz positiv, so wird es mit dem
Infin. (bzw. *Acc. c. Inf.*) verbunden: Οἱ Ἀθηναῖοι οὐ πρότερον
ἐνέδοσαν, πρὶν οἱ πελτασταὶ ἐσακοντίζοντες αὐτοὺς ἔτρεψαν.
Μὴ δικάσητε, πρὶν ἂν ἐμοῦ ἀκούσητε. Πολλοὶ πρὶν μὲν πεινῆν
ἐσθίουσι, πρὶν δὲ διψῆν πίνουσιν.

In den Fällen 2.—4. bezeichnet der (Konj. od. Opt.) Aor. die Vollendung, das Präs. die Nichtvollendung, ebenso wie bei den entsprechenden Formen der Bedingungssätze oben 152, 4 u. 5, die ja
ebenfalls temporalen Sinn enthalten.

157. 1) Τότε ὁ ἄρχων ἄρχει ἀληθῶς κατὰ δίκην, ὅταν αὐτὸς ἄρχηται ὑπὸ
τῶν νόμων. 2) Τήρης ὁ Θρᾷξ ὁπότε σχολάζοι καὶ μὴ στρατεύοιτο, ἔλεγε
τῶν ἱπποκόμων οἴεσθαι μηδὲν διαφέρειν. 3) Δαρείου ἐπὶ τὴν Αἴγυπτον
καὶ Ἑλλάδα στρατεύσεσθαι μέλλοντος, τοῖς παισὶν αὐτοῦ μεγάλη ἐγένετο στάσις περὶ τῆς ἡγεμονίας· ἔδει γὰρ βασιλέα πρὶν στρατεῦσαι κατὰ
τὸν Περσικὸν νόμον βασιλέα ἀποδεῖξαι. 4) Ἐπεὶ Ἀρχίδαμος ὁ Ἀγησι-
λάου νικήσας Ἀρκάδας τὴν λεγομένην ἄδακρυν μάχην, ληξάσης τῆς
μάχης, τρόπαιον ἐστήσατο, εὐθὺς οἴκαδε ἔπεμψε Δημοτέλη τὸν κήρυκα
ἀγγελοῦντα, ὅτι Λακεδαιμονίων μὲν οὐδεὶς τεθναίη, τῶν δὲ πολεμίων
παμπληθεῖς. 5) Ἕως ἂν σῴζηται τὸ σκάφος, χρὴ καὶ ναύτην καὶ κυβερ-
νήτην προθύμους εἶναι. 6) Τηρίβαζος, ὁ τῆς Ἀρμενίας ὕπαρχος, βασιλεῖ
φίλος ἦν, καὶ ὁπότε παρείη, οὐδεὶς ἄλλος βασιλέα ἐπὶ τὸν ἵππον ἀνέ-
βαλλεν. 7) Καὶ τὰ ἥδιστα τῶν βρωμάτων, ἐάν τις γεύηται πρὶν ἐπιθυμεῖν, ἀηδῆ φαίνεται, τοῖς δὲ κεκορεσμένοις καὶ βδελυγμίαν παρέχει.
8) Μηδεὶς μηδένα ὄλβιον κρινέτω, πρὶν ἂν αὐτὸν εὖ τελευτήσαντα ἴδῃ.
9) Λυκοῦργος οὐ πρότερον ἀπέδωκε τῷ πλήθει τοὺς νόμους, πρὶν ἐλθὼν
μετὰ τῶν κρατίστων εἰς Δελφοὺς ἐπήρετο τὸν θεόν, εἰ συμφέροι τοῖς
Σπαρτιάταις πείθεσθαι τοῖς νόμοις, οἷς αὐτὸς ἔθηκεν. 10) Εἴθε
μυρίας κατὰ γῆς ὀργυιὰς γενοίμην, πρὶν τὴν πατρίδα ἐπιδεῖν διεφθαρ-
μένην. 11) Οἱ κύκνοι ἐπειδὰν αἴσθωνται, ὅτι ἀποθνήσκειν αὐτοὺς δεῖ,
ᾄδουσι γεγηθότες, ὅτι παρὰ τὸν θεὸν ἀπιέναι μέλλουσιν, οὗ θεράποντές
εἰσιν. 12) Ἐν ταῖς εὐωχίαις Σωκράτης πίνειν οὐκ ἤθελεν, ὁπότε δ'
ἀναγκασθείη, πάντων κρείττων ἐγίγνετο καί, ὅπερ θαυμαστότατον
πάντων ἐστίν, οὐδεὶς οὔποτε τῶν ἀνθρώπων μεθύοντα αὐτὸν ἑόρακεν.
13) Μηδένα φίλον ποιοῦ, πρὶν ἂν ἐξετάσῃς, πῶς κέχρηται τοῖς πρότερον
φίλοις. 14) Μετὰ τὴν ἐν Ἰσσῷ μάχην Ἀλέξανδρος, ἕως μὲν ἡμέρα ἦν,
τοὺς φεύγοντας πολεμίους ἐδίωξεν, ὡς δὲ συνεσκόταζεν ἤδη, ἐπὶ τὸ
στρατόπεδον αὐτῶν ἀπετράπετο. 15) Ἐπεὶ διῆλθεν ἐνιαυτός, ἀφ' οὗ

Ἀγησίλαος ἐξέπλευσεν εἰς τὴν Ἀσίαν, Λύσανδρος εἰς Σπάρτην ἀπέπλευσεν. 16) Ἔως ἂν τὸ σῶμα ἔχωμεν καὶ ἡ ψυχὴ μετὰ τοιούτου κακοῦ συμπεφυρμένη ᾖ, οὐ μήποτε τὸ ἀληθὲς κτησώμεθα (*cf.* 137, Anm. 3). 17) Πολλοὶ εὐβουλότατοι εἶναι βουλόμενοι δοκεῖν οὐκ ἀξιοῦσιν ἀποχωρῆσαι τῶν ἅπαξ δοξάντων, ἀλλὰ τῇ γνώμῃ ἐμμένουσιν, ἔστ' ἂν ἀτυχίᾳ ἐγκυρήσωσιν. 18) Ὁπότε οἱ Ἀθηναῖοι τῆς εἰς Δῆλον θεωρίας ἄρξαιντο, νόμος ἦν μηδένα δημοσίᾳ ἀποκτιννύναι, πρὶν τὸ πλοῖον εἰς Δῆλον ἀφίκοιτο καὶ πάλιν εἰς Ἀθήνας ὀπίσω.

8. Relativsätze

158. 1. Solche **Relativsätze** (*cf.* 105–114), die
   a. die objektive Angabe eines Faktums enthalten oder
   b. eine Aufforderung oder einen Wunsch bezeichnen,
   werden wie selbständige Aussagesätze behandelt: Φαίδων παρεγένετο Σωκράτει ἐκείνῃ τῇ ἡμέρᾳ, ᾗ τὸ φάρμακον ἔπιεν. Κῦρος ἦρχε πολλῶν ἐθνῶν, ὧν οὐδ' ἂν τὰ ὀνόματα ἔχοι τις εἰπεῖν. Ὁρῶ σε διώκοντα ὧν μὴ τύχοις.

2. **Kausale** und **konsekutive** Relativsätze werden wie selbständige Aussagesätze behandelt (Negation οὐ): Θαυμαστὸν ποιεῖς, ὃς („weil du") τῆς σοφίας καταφρονεῖς. Αἱ Ἀργεῖαι τὴν μητέρα ἐμακάριζον, οἵων (= ὅτι τοιούτων) τέκνων ἔτυχεν. Τίς οὕτω μαίνεται, ὅστις οὐ βούλεται φίλος σοι εἶναι;

Anm. 1. Der **Ind. Fut.** bezeichnet in konsekutiven Relativsätzen eine Handlung, deren Eintritt oder Verwirklichung sich erwarten läßt, und ist durch „können" zu übersetzen: Παῖδές μοι οὔκ εἰσιν, οἵ με θεραπεύσουσιν.

Anm. 2. Besonders zu beachten sind folgende Ausdrücke, in welchen der Relativsatz den Modus und das Tempus des unabhängigen Aussagesatzes streng festhält:
εἰσὶν οἵ *sunt qui* „manche" (*cf.* 107),
οὐκ ἔστιν ὅστις, οὐδείς ἐστιν ὅστις *nemo est, qui* „keiner",
οὐκ ἔστιν ὅστις οὐ, οὐδείς ἐστιν ὅστις οὐ *nemo est, quin* „jeder",
τίς ἐστιν ὅστις *quis est, qui* „wer?",
οὐκ ἔστιν ὅπως *fieri non potest, ut* „es ist unmöglich ‚daß'", „auf keinen Fall"
οὐκ ἔστιν ὅπως οὐ *fieri non potest, quin* „es ist notwendig daß", „auf jeden Fall"
Cf. Οὐκ ἔστιν οὐδείς, ὅστις οὐχ αὐτὸν φιλεῖ. Τίς ὑμῶν οὕτως εὐήθης ἐστίν, ὅστις τοῖς τῶν κολάκων λόγοις πιστεύει; Οὐκ ἔστιν, ὅπως οὐ τὴν ἀρετὴν περὶ πλείστου ποιεῖσθε (bzw. ποιήσεσθε).

3. **Finale** Relativsätze stehen im **Ind. Fut.** (Negation μή): Δώσω ὑμῖν ἡγεμόνα, ὃς ὑμᾶς διὰ τῶν ὀρῶν ἄξει. Ὁ δῆμος τριάκοντα ἄνδρας εἵλετο, οἵ τοὺς πατρίους νόμους συγγράψουσιν.

4. **Hypothetische** Relativsätze, d. h. solche Relativsätze, die eine hypothetische Auflösung zulassen (ὅς oder ὅστις = εἴ τις), haben die Modi und Tempora der hypothetischen Vordersätze (Negation μή): Σοφὸς ἀνήρ, ἃ μὴ οἶδεν, οὐδ' οἴεται εἰδέναι. Ὅ τι ἂν συμβῇ, τλήσομαι. Τῷ ἀνδρί, ὃν ἂν ἕλησθε, πείσομαι. Ὀκνοίην ἂν εἰς τὰ πλοῖα ἐμβαίνειν, ἃ ἡμῖν δοίη (= εἰ δοίη πλοῖα, ὀκνοίην ἂν ἐμβαίνειν).

5. Unter den hypothetischen Relativsätzen sind die **iterativen** am häufigsten; es steht (Negation μή):

   a. der **Konj.** mit ἄν, wenn im regierenden Satze ein Haupt-tempus steht; (Iterativ der Gegenwart)

   b. der **Optativ ohne** ἄν, wenn im regierenden Satze ein **Neben-tempus** steht: (Iterativ der Vergangenheit) Ὅπου ἂν ὦμεν, ὑμῶν μεμνήμεθα. Οὗ Μίδας τῇ χειρὶ ἅψαιτο, ἐγίγνετο χρυσός.

159. 1) Ἰφικράτης ὅπου καθεύδοι, ἐν μὲν τῷ στρατοπέδῳ πῦρ νύκτωρ οὐκ ἔκαιε, πρὸ δὲ τοῦ στρατεύματος φῶς ἐποίει, ἵνα μηδεὶς λάθοι προσιών. 2) Οἱ Σκύθαι τοῖς βασιλεῦσιν εἰς τοὺς τάφους ἐνετίθεσαν, ἃ αὐτοῖς ἐν τῷ βίῳ φίλτατα καὶ ἥδιστα ἦν. 3) Ἡρακλῆς ἐν Ὀλυμπίᾳ φυτεῦσαι λέγεται τὴν ἐλαίαν, ἀφ' ἧς οἱ στέφανοι τοῖς ἀθληταῖς ἐδίδοντο. 4) Σω-κράτης ἐπεὶ τὸ κώνειον ἔμελλε πίεσθαι, τῶν ἀμφὶ Κρίτωνα ἐρομένων αὐτόν, τίνα τρόπον ταφῆναι θέλει, ἀπεκρίνατο· ὅπως ἂν ὑμῖν ᾖ ῥᾶστον. 5) Ἐν ταῖς εὐνομουμέναις πόλεσιν οἱ πολῖται αἱροῦνται νομοφύλακας, οἳ τοὺς μὲν τὰ νόμιμα ποιοῦντας ἐπαινέσονται, τοὺς δὲ παρανομοῦντας ζημιώσουσιν. 6) Ὅσῳ ἂν μᾶλλον ὁ τύραννος τοῖς πολίταις ἀπεχθάνηται, τοσούτῳ πλειόνων τε καὶ πιστοτέρων δορυφόρων αὐτῷ δεήσει. 7) Οὐδείς ἐστιν, ὅστις οὐχ ὁμολογεῖ (oder οὐκ ἂν ὁμολογοίη) τὴν ψυχὴν ἡγεμονι-κωτέραν τοῦ σώματος πεφυκέναι καὶ πλείονος ἀξίαν. 8) Χάριν εἰδῶμεν τῇ τοῦ θεοῦ φιλοφροσύνῃ, ὅς γε (*cf.* 105, Anm.) παντοδαπῶς οὐ μόνον τροφὴν παρέχει τοῖς ἀνθρώποις, ἀλλὰ καὶ ἡδονήν. 9) Ἐν παντὶ πράγ-ματι οἱ ἄνθρωποι τούτοις μάλιστα ἐθέλουσι πείθεσθαι, οὓς ἂν ἡγῶνται βελτίστους εἶναι· καὶ γὰρ ἐν νόσῳ, ὃν ἂν ἡγῶνται ἰατρικώτατον εἶναι, τούτῳ μάλιστα πείθονται. 10) Αἱ ἀγέλαι νέμονται μὲν χωρία, ἐφ' ὁποῖα ἂν αὐτὰς ἐφιῶσιν οἱ νομεῖς, ἀπέχονται δέ, ὧν ἂν αὐτὰς ἀπείργωσιν. 11) Ὅπου ἂν οἱ νόμοι μὴ ἰσχύωσιν, ἐνταῦθα πάντα λέλυται καὶ συγκέ-χυται καὶ ἡ πόλις γίγνεται τῶν κακίστων καὶ ἀναιδεστάτων. 12) Ἐπα-μεινώνδας τῷ ὑπασπιστῇ, ὃν χρήματα πολλὰ παρ' ἀνδρὸς αἰχμαλώτου εἰληφότα ᾔσθετο· Ἐμοὶ μέν, ἔφη, ἀπόδος τὴν ἀσπίδα, σαυτῷ δὲ πρίω καπηλεῖον, ἐν ᾧ καταζήσεις· οὐκέτι γὰρ ἐθέλεις κινδυνεύειν εἰς τῶν πλουσίων γεγονώς. 13) Ἐν τῇ πόλει χρὴ διδασκάλους εἶναι ἀρετῆς, οἵτινες τὰ δίκαια δείξουσι καὶ διδάξουσι καὶ τοὺς νέους ἐθιοῦσι ταῦτα ποιεῖν. 14) Οἱ ἄρχοντες, οἳ ὡς ἀληθῶς ἄρχουσιν, οὐδὲν ἄλλο σκοποῦσι διὰ νυκτὸς καὶ ἡμέρας ἢ τοῦτο, ὅθεν οἱ ἀρχόμενοι ὠφελήσονται. 15) Ἡ τῶν Ῥωμαίων σύγκλητος πρὸς Ἀννίβαν τὴν Ζάκυνθον πολιορκοῦντα πρέσβεις ἔπεμψεν, οἳ αὐτὸν πρῶτον μὲν τῶν συγκειμένων ὑπομνήσουσιν, ἐὰν δὲ μὴ πεισθῇ, εἰς Καρχηδόνα πλευσοῦνται.

160. 1) Οὐ φοβούμεθα, κἂν πάντας τοὺς ἐναντίους ἡμῶν συνιστῇς ἐφ᾽ ἡμᾶς. 2) Ἐμπεδοκλῆς ὁ φιλόσοφος τὴν αὐτῷ παραδιδομένην βασιλείαν παρητήσατο δῆλον ὅτι (142, Anm. 3) τὴν λιτότητα πλέον ἀγαπήσας. 3) Γέλωνος ἐπαγγελλομένου τοῖς Ἕλλησι πολλῷ στρατεύματι ἐπὶ τοὺς Πέρσας βοηθήσειν, ἐὰν αὐτῷ τῆς ἡγεμονίας τῆς κατὰ γῆν ἢ τῆς κατὰ θάλατταν παραχωρήσωσιν (= εἰ – παραχωρήσειαν), ἐκεῖνοι ὡς ἐπίκουρον μετὰ τοῦ στρατεύματος ἔρχεσθαι αὐτὸν ἐκέλευσαν, τὴν δ᾽ ἡγεμονίαν ἔσεσθαι τοῖς ἀνδρειοτάτοις. 4) Μάλιστα ἂν τὰς τῶν ἐχθρῶν ἐπιβουλὰς διακρούσαιο, εἰ φίλους ἀντὶ πολεμίων ποιήσαιο αὐτούς. 5) Σεμίραμις κατασκευάσασα ἑαυτῇ τάφον ἐπέγραψεν, ὅστις ἂν χρημάτων δεηθῇ βασιλεύς, διελόντα τὸ μνημεῖον, ὅσα βούλεται, λαβεῖν. Δαρεῖος οὖν διελὼν χρήματα μὲν οὐχ εὗρε, γράμμασι δ᾽ ἑτέροις ἐνέτυχε τάδε φράζουσιν· Εἰ μὴ κακὸς ἦσθα ἀνήρ, οὐκ ἂν νεκρῶν θήκας ἐκίνεις. 6) Εἴ τις νομίζει εἰς χρήματα κερδαλεώτερον εἶναι πόλεμον ἢ εἰρήνην, ἔγωγε οὐκ οἶδα, πῶς ἂν ἄμεινον ταῦτα κριθείη ἢ εἴ τις τὰ προγεγενημένα ἀνασκοπίη τῇ τῶν Ἀθηναίων πόλει πῶς ἀποβέβηκεν· εὑρήσει γὰρ τὸ παλαιὸν ἐν εἰρήνῃ μὲν πάνυ πολλὰ χρήματα εἰς τὴν πόλιν ἀνενεχθέντα, ἐν πολέμῳ δὲ ταῦτα πάντα καταδαπανηθέντα. 7) Ξενοφῶν καταλαβὼν πεσόντας τινὰς τῶν στρατιωτῶν ἠγνόει, ὅ τι τὸ πάθος εἴη (oder ἦν oder ἐστίν). ἐπειδὴ δὲ ἔλεξέ τις τῶν ἐμπείρων, ὅτι σαφῶς βουλιμιῶσι κἄν τι φάγωσιν ἀναστήσονται, περιιὼν περὶ τὰ ὑποζύγια, εἴ πού τι ὁρῴη βρωτόν, διεδίδου τοῖς βουλιμιῶσιν· ἐπειδὴ δέ τι ἐμφάγοιεν, ἀνίσταντο καὶ ἐπορεύοντο. 8) Ἐν τούτοις, ἃ ἂν φρόνιμοι γενώμεθα, ποιήσομεν, ὅ τι ἂν βουλώμεθα, καὶ ἅπαντες ἡμῖν ἐπιτρέψουσιν. 9) Εὐαγόρας ταῖς τοῦ σώματός τε καὶ ψυχῆς ἀρεταῖς τοσοῦτον διήνεγκεν, ὥστε, ὁπότε μὲν οἱ τότε βασιλεύοντες αὐτὸν ὁρῷεν, ἐκπλήττεσθαι καὶ φοβεῖσθαι περὶ τῶν ἀρχῶν· ὁπότε δὲ εἰς τοὺς τρόπους ἀποβλέψειαν, οὕτω σφόδρα ἐπίστευον, ὥστε, εἴ τις ἄλλος τολμῴη εἰς αὐτοὺς ἁμαρτεῖν, νομίζειν Εὐαγόραν ἐπίκουρον σφίσιν ἔσεσθαι. 10) Τελευτίας πρὸς Ἀμύνταν ἔπεμψε πρέσβεις, οἳ ἀξιώσουσιν αὐτόν τε καὶ ξένους μισθώσασθαι καὶ τοῖς πλησίον βασιλεῦσι χρήματα δοῦναι, ὥστε συμμάχους εἶναι, εἴπερ βούλοιτο τὴν ἀρχὴν ἀναλαβεῖν. 11) Λύσανδρος τούς τε φρουροὺς τῶν Ἀθηναίων καὶ εἴ τινά που ἄλλον ἴδοι Ἀθηναῖον ἀπέπεμπεν ἐς τὰς

Ἀθήνας εἰδώς, ὅτι ὅσῳ ἂν πλείους συλλεγῶσιν ἐς τὸ ἄστυ καὶ τὸν Πειραιᾶ, τοσούτῳ θᾶττον ἔνδεια τῶν ἐπιτηδείων ἔσται (oder ἔσοιτο). 12) Οἱ γαστρίμαργοι τὰ τυχόντα ἐσθίουσι καὶ πίνουσιν, ἕως ἂν ὑπερπλησθῶσιν. 13) Ἐὰν μὴ οὕτω διακεώμεθα τὰς γνώμας πρὸς ἀλλήλους, ὥστε ἐπικουρεῖν ἀλλήλοις, ἅττα ἂν δυνώμεθα, οὐκ ἔστιν ὅπως ἡδέως διάξομεν τὸν βίον. 14) Ἐπεὶ οἱ Ἀθηναῖοι συνθήκας ἐποιήσαντο πρὸς τοὺς Λακεδαιμονίους, ἐφ᾽ ᾧτε τὰ μακρὰ τείχη καθελεῖν καὶ καταλῦσαι τὴν δημοκρατίαν, Λύσανδρος συνεβούλευσεν αὐτοῖς χειροτονῆσαι τριάκοντα πολίτας, οἳ ἡγήσονται τῆς πολιτείας καὶ πάντα τὰ κοινὰ διοικήσουσιν. 15) Ἐὰν μὴ οἱ βασιλεῖς τε νῦν λεγόμενοι καὶ δυνάσται γνησίως τε καὶ ἱκανῶς φιλοσοφήσωσιν, οὐκ ἔστι κακῶν παῦλα ταῖς πόλεσιν. 16) Τοιαύτην ἕξομεν τὴν εἰρήνην, οἵανπερ ἂν τοῦ πολέμου ποιησώμεθα τὴν κατάλυσιν. 17) Τίς ὑμῶν οὕτως εὐήθης ἐστίν, ὅστις ἀγνοεῖ (cf. 158, 2) τὸν ἐκεῖθεν πόλεμον δεῦρο ἥξοντα, ἂν ἀμελήσωμεν; 18) Εἰκότως ταῦτα ἡγεῖ σὰ εἶναι, ὧν ἂν ἄρξῃς καὶ ἐξῇ σοι αὐτοῖς (cf. 111) χρῆσθαι, ὅ τι ἂν βούλῃ. 19) Πιστεύομαι ὑπὸ τῶν πολιτῶν· οὐ γὰρ ἄν με ἔπεμψαν πάλιν πρὸς ὑμᾶς. 20) Θεμιστοκλῆς τοῖς Ἀθηναίοις ἐπέταξε τοὺς τῶν Λακεδαιμονίων πρέσβεις μὴ ἀφεῖναι, πρὶν ἂν οἱ τῶν Ἀθηναίων πρέσβεις ἐκ Λακεδαίμονος πάλιν κομισθῶσιν. 21) Οἱ πλεονεκτοῦντες εἰς οὐδὲν ἄλλο βλέπουσιν ἢ ὅπως ὡς πλεῖστα τῶν ἀλλοτρίων κατασχήσουσιν. 22) Ὅσῳ ἂν πλείω σιτία τις παραθῆται, τοσούτῳ θᾶσσον κόρος ἐδωδῆς ἐμπεσεῖται.

VIII. DER INFINITIV (cf. 132)

161. Der Infinitiv ist ein **Verbalsubstantiv** sächlichen Geschlechts.
1. Seine **verbale** Natur zeigt sich darin, daß er
   a. den Kasus des Verbs regiert,
   b. nicht durch Adjektiva, sondern durch Adverbia näher bestimmt wird: „Das aufmerksame Lesen des Briefes" τὸ ἐπιμελῶς ἀναγιγνώσκειν τὴν ἐπιστολήν, „der häufige Gebrauch der Waffen" τὸ πολλάκις χρῆσθαι τοῖς ὅπλοις.
   c. aus dem Aktiv, Passiv und Medium gebildet wird,
   d. die Vollzugsstufen eines Vorganges bezeichnet (cf. 132),
   e. mit der Partikel ἄν verbunden, den Potentialis und Irrealis der unabhängigen Rede vertritt (cf. 170).
2. Die **nominale** Natur des Infinitivs zeigt sich darin, daß er durch den Artikel τό substantiviert wird und in allen Kasus wie ein gewöhnliches Substantiv verwandt werden kann.

162. 1. Über den **Kasus des Subjekts** beim Infinitiv gelten folgende Regeln:

a. Hat der Infinitiv sein **besonderes Subjekt,** so steht es im Akkusativ: Σωκράτης ἡγεῖτο τοὺς θεοὺς πάντα εἰδέναι. Οἱ Πέρσαι ἐφάνησαν, πρὶν τοὺς Ἕλληνας τὸν ποταμὸν διαβῆναι. Οἱ Ἕλληνες δεινῶς ἐχάρησαν ἐπὶ τῷ τὰς τῶν βαρβάρων ναῦς διεφθάρθαι.

b. Ist das Subjekt des Infinitivs **dasselbe** wie im regierenden Satz, so wird es nicht ausgedrückt: Ὁμολογῶ ἁμαρτεῖν *confiteor me peccasse.* Ὁμολογοῦμεν ἄδικοι περὶ ὑμᾶς γεγενῆσθαι. Οἱ στρατιῶται οὐκ ἔφασαν πορεύσεσθαι. Ἐπιμελεῖσθε τοῦ ὡς φρονιμώτατοι εἶναι.

Anm. 1. Wenn das Subjekt des Infinitivs betont ist, wird es ausgedrückt, auch wenn es mit dem Subjekt des regierenden Satzes übereinstimmt; es steht alsdann meist im Nom. (seltener im Akk.): Μένων ἔφασκεν αὐτὸς μὲν παραγενέσθαι, Κλεινίαν δὲ ἀποδημῆσαι. Οἶμαι καὶ ἐμὲ καὶ σὲ τὸ ἀδικεῖν τοῦ ἀδικεῖσθαι κάκιον ἡγεῖσθαι. Οἱ στρατηγοὶ Ἀλκιβιάδη ἔλεγον αὐτοὶ νῦν στρατηγεῖν, οὐκ ἐκεῖνον.

c. Kommt das Subjekt des Infinitivs im regierenden Satz als **Objekt** (im Akk., Dat. oder Gen.) vor, so wird es nicht besonders ausgedrückt: Οἱ πρέσβεις Κύρου ἐδέοντο μισθὸν τοῖς ναύταις δοῦναι. Κῦρος Κλεάρχῳ παρήγγειλεν ὡς τάχιστα εἰς Σάρδεις ἐλθεῖν. Μιλτιάδης τοὺς Ἀθηναίους ἔπεισε στρατεῦσαι ἐπὶ τοὺς Παρίους.

d. das allgemeine Subjekt „man" (τινα) fällt beim Infin. regelmäßig aus: Τὸν θάνατον δεδιέναι οὐ χρή (*cf.* 21, 6).

2. Das **Prädikatsnomen** (und Partizipium) beim Infinitiv richtet sich im Kasus nach seinem **Beziehungswort,** also zunächst nach dem Subjekt des Infinitivs: Πάντες ὁμολογοῦσι Περικλέα προστάτην τῆς πόλεως ὄντα τοῖς Ἀθηναίοις αἴτιον μεγίστων ἀγαθῶν γενέσθαι. Hat der Infinitiv kein besonderes Subjekt, so steht das Prädikatsnomen:

a. im **Nom.,** wenn es sich auf das **Subjekt** des regierenden Satzes bezieht: Πάντες ἄνθρωποι ὡς εὐδαιμονέστατοι γενέσθαι βούλονται. Μηδεὶς νομιζέτω τοὺς νόμους παραβὰς ἀζήμιος ἔσεσθαι. Ἄποικοι ἐκπέμπονται ἐπὶ τῷ ὅμοιοι τοῖς λειπομένοις εἶναι.

Anm. 2. Steht das Subjekt des regierenden Satzes nicht im Nom., sondern in einem andern Kasus, so richtet sich das Prädikatsnomen nach dem Kasus des Subjekts: Ἴσμεν πάντας τοὺς ἀνθρώπους ὡς εὐδαιμονεστάτους γενέσθαι βουλομένους.

b. im **Gen.** oder **Dat.** oder **Akk.**, wenn es sich auf einen im regierenden Satze stehenden **Gen.** oder **Dat.** oder **Akk.** bezieht: Οἱ Δακεδαιμόνιοι Κύρου ἐδέοντο ὡς προθυμοτάτου πρὸς τὸν πόλεμον γενέσθαι. Πᾶσι προσήκει χρηστοῖς ἀνδράσι γίγνεσθαι. Οἱ Θηβαῖοι τοὺς Ἀθηναίους ἔπεισαν ξυμμάχους σφίσι γενέσθαι. Diese Beziehung gilt nicht beim Genetiv mit ἐστίν: Ῥήτορός ἐστιν ἀληθινὸν εἶναι.

Anm. 3. Mit Beziehung auf einen G e n. oder D a t. im regierenden Satze kann das Prädikatsnomen auch im Akk. stehen: Ἔξεστιν ὑμῖν εὐεργέτας φανῆναι τῶν Δακεδαιμονίων.

c. im **Akk.**, wenn gar kein Beziehungswort da ist und man das unbestimmte Subjekt „man" (τινα, seltener τινας) ergänzen muß: Πρέπει κόσμιον (seltener κοσμίους) εἶναι. Δεινόν ἐστιν ἐλεύθερον ὄντα ὑπὸ δούλου ἄρχεσθαι (*cf.* 21, 6).

163. Die **Negation** beim Infinitiv ist μή: Οἱ αἰχμάλωτοι ἐδέθησαν τοῦ μὴ φεύγειν ἕνεκα. Οὐ steht nur dann, wenn der Infinitiv von einem Verbum des S a g e n s oder G l a u b e n s abhängt, vorausgesetzt, daß nicht die ganze S a t z f o r m (Imperativ, Optativ des Wunsches, hypothetischer Vordersatz u. ä.) die Negation μή verlangt: Νομίζω οὐ χείρων εἶναι τῶν ἄλλων. Οἱ πρέσβεις ἤγγειλαν βασιλέα ἀργύριον οὐ παρέξεσθαι. Νόμιζε μηδὲν τῶν ἀν꞉ꞅωπίνων βέβαιον εἶναι.

Anm. Οὐ steht beim Infin. nur in Abhängigkeit von den e i g e n t l i c h e n Verben des „Sagens" und „Glaubens"; nach Verben wie „v e r s p r e c h e n, e r w a r t e n, h o f f e n, s c h w ö r e n" u.ä. steht beim Infin. regelmäßig μή. Natürlich steht auch μή, wenn von einem Verbum des Sagens (Schreibens usw.) ein Infinitiv im Sinne eines V e r b o t e s abhängt (*cf.* 166 b, γ).

164. **Der Infinitiv mit dem Artikel** wird als Substantiv in allen Kasus gebraucht (Negation μή); sein S u b j e k t hat er im Akk. bei sich (162, a): Τὸ ἀδικεῖν μεῖζον κακόν ἐστι τοῦ (= ἢ τὸ) ἀδικεῖσθαι. Καλοῦμεν ἀκολασίαν τὸ ὑφ᾽ ἡδονῶν ἄρχεσθαι. Οἱ Ἀθηναῖοι πρὸς τὸν ποταμὸν ἠπείγοντο ἐπιθυμίᾳ τοῦ πιεῖν. Σπάρτη μεγάλη ηὔξηται τῷ τοὺς πολίτας καλῶς πείθεσθαι τοῖς νόμοις. Der substantivierte Infinitiv muß oft (bes. in Abhängigkeit von Präpositionen) durch K o n j u n k t i o n a l s ä t z e übersetzt werden:

τῷ dadurch, daß
ἀντὶ τοῦ anstatt daß, statt zu
ἐκ τοῦ infolge davon, daß
ἐπὶ τῷ, ἐπὶ τό, πρὸς τό zu dem Zweck, daß
εἰς τό hinsichtlich

περὶ τοῦ betreffs
ἐπὶ τῷ unter der Bedingung, daß
ὑπὲρ τοῦ dafür, daß; um zu
πλὴν τοῦ abgesehen davon, daß
πρὸς τῷ außer daß, abgesehen davon
διὰ τό deshalb, weil u. a.
Cf. Κροῖσος ἀντὶ τοῦ ἀρήγειν τοῖς συμμάχοις φεύγων ᾤχετο. Τὰ
ζῷα τὸ πείθεσθαι μανθάνει ἐκ τοῦ κολάζεσθαι. Διὰ τὸ ξένος
εἶναι οὐκ οἴομαι ἀδικηθῆναι. Προεῖπον ταῦτα οἱ ἔφοροι τοῦ μὴ
λύειν ἕνεκα τὰς σπονδάς.

Anm. 1. Zuweilen bezeichnet der bloße Genitiv des Infinitivs die Absicht
oder den Zweck, wozu sonst ἕνεκα *c. gen.* oder ἐπί, πρός *c. acc.* dient, z. B. Μίνως
τὸ ληστικὸν καθῆρει ἐκ τῆς θαλάττης τοῦ τὰς προσόδους μᾶλλον ἰέναι αὐτῷ
„damit die Tribute ihm besser eingingen".
Anm. 2. Der Infin. mit Artikel bildet zuweilen Ausrufe der Verwunderung
oder des Ärgers, z. B. Τῆς τύχης, τὸ ἐμὲ νῦν κληθέντα δεῦρο τυχεῖν „o des Miß-
geschicks, daß ich gerade jetzt hierher gerufen werde!"
Anm. 3. Infinitiv als Befehl in der Militärsprache und der Dichtung.

165. 1) Σωκράτης ἐνόμιζε τὸ μὲν μηδενὸς δεῖσθαι θεῶν εἶναι, τὸ δὲ ὡς
ἐλαχίστων (*sc.* δεῖσθαι) ἐγγυτάτω τοῦ θείου. 2) Βασιλεὺς αἱρεῖται
οὐκ ἐπὶ τῷ ἑαυτοῦ καλῶς ἐπιμελεῖσθαι, ἀλλ' ἐπὶ τῷ καλῶς ἄρχειν
τῶν ἑλομένων. 3) Εἰ καὶ οἱ ἀρετὴν ἀσκοῦντες στασιάζουσί τε περὶ
τοῦ πρωτεύειν ἐν ταῖς πόλεσι καὶ ἐκ τοῦ φθονεῖν ἑαυτοῖς μισοῦσιν
ἀλλήλους, τίνες ἔτι φίλοι ἔσονται; 4) Οἱ ἐν ταῖς ὀλιγαρχίαις καὶ ταῖς
δημοκρατίαις τῷ (oder διὰ τὸ) πρὸς ἀλλήλους φιλοτιμεῖσθαι τὰ κοινὰ
λυμαίνονται. 5) Μισθὸς ἄξιος τῆς ἀρετῆς ἐστι τὸ μὴ μετὰ τὸν θάνατον
ἀναιρεῖσθαι τὸ ὄνομα, ἀλλὰ σημεῖόν τι λείπεσθαι τῆς καλοκἀγαθίας.
6) Οἱ Ἕλληνες παιανίσαντες δρόμῳ ὥρμησαν ἐπὶ τοὺς πολεμίους· οἱ
δ' οὐκ ἐδέξαντο· οὐ γὰρ ἱκανῶς ὡπλισμένοι ἦσαν πρὸς τὸ εἰς χεῖρας
δέχεσθαι. 7) Ὁ τῶν Περσῶν βασιλεὺς οἰόμενος Τισσαφέρνην αἴτιον
εἶναι τοῦ κακῶς φέρεσθαι τὰ ἑαυτοῦ, Τιθραύστην καταπέμψας ἀπέ-
τεμεν αὐτοῦ τὴν κεφαλήν. 8) Μένων ὁ Θετταλὸς ᾤετο ἐπὶ τῷ κατερ-
γάζεσθαι ὧν ἐπιθυμοίη συντομωτάτην ὁδὸν εἶναι διὰ τοῦ ἐπιορκεῖν
τε καὶ ψεύδεσθαι καὶ ἐξαπατᾶν. 9) Ἀγησίλαος διὰ τὸ φιλόπονος εἶναι
πᾶν μὲν τὸ παρὸν ἡδέως ἔπινε, πᾶν δὲ τὸ συντυχὸν ἡδέως ἤσθιεν, εἰς
δὲ τὸ ἀσμένως κοιμηθῆναι πᾶς τόπος αὐτῷ ἱκανὸς ἦν. 10) Τί ἂν δικαιότερον μὲν εἴη τοῦ τοὺς κακῶς ποιοῦντας ἀλέξασθαι, κάλλιον δὲ τοῦ τοῖς
φίλοις ἑκόντα καὶ ἄσμενον βοηθῆσαι; 11) Οἱ Θηβαῖοι ἐν Λεύκτροις
τὴν καλλίστην νίκην νικήσαντες καὶ ἐξ αὐτῆς τὴν μεγίστην δόξαν
κτησάμενοι οὐδὲν βέλτιον ἔπραττον τῶν νικηθέντων ἐναντίων διὰ τὸ

τῇ εὐπραγίᾳ χρῆσθαι μὴ δύνασθαι. 12) Δαρεῖος τοῦ τὴν ὁδὸν ὡς τάχιστα διελθεῖν ἕνεκα τοὺς ἀσθενοῦντας τῶν στρατιωτῶν κατέλιπεν, ὅπερ οὐκ ἂν ἐποίησεν, εἰ μὴ ἐφοβεῖτο, μὴ οἱ Σκύθαι λύοιεν τὴν γέφυραν, ᾗ ἔζευξε τὸν Ἴστρον. 13) Τὸ ἀεὶ περὶ τὴν ἀρετὴν φιλοπονεῖν καὶ τὸν αὑτοῦ βίον σωφρόνως οἰκονομεῖν τὰς τέρψεις βεβαιοτάτας ἀποδίδωσιν. 14) Ἰατροὶ δεινότατοι ἂν γένοιντο, εἰ ἐκ παίδων ἀρξάμενοι πρὸς τῷ μανθάνειν τὴν τέχνην ὡς πλείστοις τε καὶ πονηροτάτοις σώμασιν ὁμιλήσειαν καὶ αὐτοὶ πάσας νόσους κάμοιεν. 15) Οἱ τὰ θηρία θηρῶντες ἐλπίδι τοῦ λήψεσθαι ἡδέως μοχθοῦσιν. 16) Περικλῆς πρὸ τοῦ δημηγορεῖν τοῖς θεοῖς ηὔχετο μηδὲν ῥῆμα ἀλλότριον τῶν πραγμάτων ἑαυτῷ ἐπελθεῖν. 17) Ἀγησίλαος οἴκαδε ἀπεχώρει ἑλόμενος ἀντὶ τοῦ μέγιστος εἶναι ἐν τῇ Ἀσίᾳ οἴκοι κατὰ τοὺς νόμους ἄρχειν τε καὶ ἄρχεσθαι. 18) Κῦρος παῖς ἔτι ὢν ὁπότε ὑπ᾽ ἄλλων ἐρωτῷτο, ταχὺ ἀπεκρίνετο διὰ τὸ ἀγχίνους εἶναι. 19) Φίλιππος ὁ Μακεδὼν ηὐξήθη τῷ ἐξαπατῆσαι καὶ προσλαβεῖν τὴν ἄνοιαν πάντων, ὅσοι αὐτῷ ἐχρῶντο καὶ ἠγνόουν αὐτόν.

166. Der Infinitiv ohne Artikel steht:

   a. als **Subjekt** bei den unpersönlichen Verben und Ausdrücken der Angemessenheit, Nützlichkeit, Möglichkeit, Notwendigkeit:
ἔστι (ἔξεστι, πάρεστι) „es ist möglich"; πρέπει, προσήκει „es geziemt sich"; χρή, δεῖ „es ist nötig, man muß"; δοκεῖ „es scheint gut, man beschließt"; συμβαίνει „es ereignet sich" u. ä.;
δίκαιόν ἐστι, αἰσχρόν (καλόν, ῥᾴδιόν, ἐπιεικές, εἰκός usw.) ἐστι, δυνατόν und ἀδύνατόν ἐστι, οἶόν τέ ἐστι u. ä.;
ἀνάγκη (ὥρα, καιρός, ἔργον usw.) ἐστί u. a.

   b. als **Objekt:**

     α. bei **Hilfsverben,** d. h. solchen Verben, welche für sich allein kein vollständiges Prädikat abgeben, wie: „können, pflegen, wagen, suchen, versuchen, gewöhnen, sich gewöhnen, lehren, lernen, verstehen, sich scheuen" (148, Anm. 4) u. ä.:

Anm. 1. Merke ἔχειν m. Inf. „imstande sein, können": Τὸ μέλλον οὐκ ἔχω μαθεῖν. Φαίνεσθαι, δοκεῖν, ἐοικέναι m. Inf. „scheinen, daß" (oder „als ob"), cf. 180, 1, Anm. 2; προσποιεῖσθαι m. Inf. „sich stellen, als ob".

     β. bei den **Verbis voluntatis** und den Verben mit **finalem** Sinne, wie: wollen, wünschen, fordern, verlangen, überreden, auftragen, befehlen, beschließen, raten, ermahnen, antreiben, erlauben, machen, bewirken, – sich hüten, sich weigern, verbieten, hindern" u.ä. (*cf.* jedoch § 148, b): Σωκράτης προέτρεπε τοὺς συνόντας ἀσκεῖν ἐγκράτειαν. Συμβουλεύω ὑμῖν γνῶναι ὑμᾶς αὐτούς. Αἱ ἡδοναὶ πείθουσι τὴν ψυχὴν μὴ σωφρονεῖν. Πάντες αἰτοῦνται τοὺς θεοὺς τἀγαθὰ διδόναι. Ἡ ἐγκράτεια πάντων μάλιστα τοὺς ἔχοντας ἥδεσθαι ποιεῖ.

γ. bei den Verben des **Sagens** und **Meinens,** und zwar nicht nur, wenn eine subjektive Ansicht oder Absicht ausgesagt, sondern auch, wenn ein Gebot oder eine Aufforderung bezeichnet wird. Demnach kann der Satz Ὁ ἄγγελος εἶπε τοὺς στρατιώτας περιμένειν τὸν βασιλέα bedeuten: „daß die Soldaten den König erwarteten" oder „die Soldaten sollten (möchten) den König erwarten". Βασιλεὺς τότε ἔγραψε πάσας τὰς ἐν τῇ Ἑλλάδι πόλεις αὐτονόμους εἶναι. Ξενοφῶν ἐκήρυξε τοὺς στρατιώτας τὰ ὅπλα λαβόντας ἐξιέναι. Über ὅτι und ὡς bei den Verben des Sagens und Meinens *cf.* 142.

Anm. 2. Bei ἐλπίζειν „hoffen", προσδοκᾶν „erwarten", ὑπισχνεῖσθαι „versprechen", ἐπαγγέλλεσθαι „sich erbieten", ἀπειλεῖν „drohen", ὀμνύναι „schwören" steht meistens der Inf. Fut., wenn die abhängige Aussage in die Zukunft fällt (Negation μή, *cf.* § 163, Anm.): Οἱ ἔφηβοι ὤμοσαν τὴν τάξιν μὴ λείψειν (aber ὁ μάρτυς ὤμοσε τἀληθῆ εἰρηκέναι). Nach ὀμνύναι und ὑπισχνεῖσθαι steht häufig die Beteuerung ἦ μήν.

Anm. 3. Unabhängig bezeichnet der *Acc. c. inf.* oft einen affektvollen Ausruf: Φεῦ, ἐμὲ παθεῖν τάδε.

c. zur Bezeichnung des **Zwecks** bei den Verben „geben, nehmen, überlassen, wählen, bestimmen": Οἱ Λακεδαιμόνιοι τοῖς Αἰγινήταις ἔδοσαν Θυρέαν οἰκεῖν. Περικλῆς ἡρέθη λέγειν ἐπὶ τοῖς τεθνεῶσιν. Παρέχω ἐμαυτὸν τῷ ἰατρῷ τέμνειν.

Anm. 4. Bei den Verben „schicken, gehen, kommen" u.ä. wird der Zweck meist durch das Part. Fut. bezeichnet (*cf.* § 177, e).

d. zur näheren Bestimmung bei **Adjektiven,** wie „fähig, geeignet, würdig, leicht, angenehm, schön" (und deren Gegenteil): Δεινὸς λέγειν, ἕτοιμος βοηθεῖν, φοβερὸς ὁρᾶν, ἡδὺς ἀκούειν, ἄξιος ἐπαινέσαι u.ä. Ἀκολασία εὐπετής ἐστι κτήσασθαι. Hierbei meist *Inf. act.* (*med.*), aber der passive Infinitiv muß stehen, wenn Verbindung mit ὑπό vorliegt: Ἡ χώρα ἀξία ἐστὶν ὑπὸ πάντων ἀνθρώπων ἐπαινεῖσθαι.

167. Persönliche Konstruktion (also der **Nom. c. inf.**) tritt in folgenden Fällen ein:

a. stets bei δοκῶ und ἔοικα „es scheint, daß ich"; ἐπίδοξός εἰμι „es ist wahrscheinlich, daß ich"; κελεύομαι „man befiehlt mir"; οὐκ ἔῶμαι und κωλύομαι „man verbietet mir"; bei den Passiven der Verba **„glauben, meinen"**: Ὁ πόλεμος ἐπίδοξός ἐστι πρὸς ἡμᾶς ἥξειν. Οἱ Φοίνικες νομίζονται εὑρεῖν τὰ γράμματα.

b. stets bei πολλοῦ, ὀλίγου (μικροῦ), τοσούτου δέω „es fehlt viel, wenig, so viel daran, daß ich" (*cf.* 150, b): Οἱ στρατιῶται ὀλίγου ἐδέησαν φυγεῖν.

c. oft bei den Passiven der Verba **„sagen, melden, zugestehen"**; bei συμβαίνει „es ereignet sich"; bei den adjektivischen Ausdrücken δίκαιον, ἐπιτήδειον, ἱκανόν, ἀναγκαῖον usw. εἶναι: Ὑμεῖς δίκαιοί ἐστε ὑπὸ πάντων εὖ πάσχειν. Περικλῆς, ὅτε δημηγοροίη, ἐλέγετο βροντᾶν καὶ ἀστράπτειν. Πολλή τις ἀλογία ξυμβαίνει γίγνεσθαι.

168. 1) Οἱ Θηβαῖοι ὀλίγου ἐδέησαν καὶ τὴν τῶν Λακεδαιμονίων πόλιν ἑλεῖν, εἰ μὴ Ἐπαμεινώνδας ἐφοβεῖτο, μὴ πάντες οἱ Πελοποννήσιοι συστάντες ὑπὲρ Σπάρτης μαχέσαιντο. 2) Οἱ πολέμιοι ἐπίδοξοί εἰσι ποιήσειν, ἃ ἡμεῖς ἀξιοῦμεν, οὐ γὰρ ἂν παρεῖχον ἑαυτοὺς εἰς λόγους ἀφικέσθαι. 3) Περικλῆς οὕτω δεινὸς ἦν λέγειν, ὥστε ἐλέγετο βροντᾶν καὶ ἀστράπτειν, ὅτε δημηγοροίη. 4) Πολλάκις ψευδόμεθα τῶν ἐλπίδων καὶ ὁ πολλοῖς βοηθὸς γενόμενος ῥᾷστα ἂν συμβαίη αὐτὸς αὖ δεῖσθαι τῆς τῶν ἑτέρων βοηθείας. 5) Ὁ φόνον ἐξειργασμένος δίκαιός ἐστι καὶ αὐτὸς ἀποθανεῖν. 6) Λέγεται Ἰξίονα διὰ τὸ τῶν ἡμαρτημένων μέγεθος ὑπὸ Διὸς τροχῷ προσδεθέντα ἐν Ἅιδου αἰώνιον τιμωρίαν ἔχειν (oder Ἰξίων λέγεται ... προσδεθείς ...). 7) Ὁμολογεῖται τοὺς Ἕλληνας τοὺς Κύρῳ ἐπ' Ἀρταξέρξην συστρατευομένους ἐν τῇ ἐν Κουνάξοις μάχῃ κρατῆσαι τῆς βασιλέως δυνάμεως (oder Οἱ Ἕλληνες ὁμολογοῦνται ... συστρατευόμενοι ...). 8) Ἐν ᾧ οἱ πολέμιοι ἠγγέλλοντο μὲν προσιέναι, παρῆσαν δὲ οὐδέπω, ἐν τούτῳ Κῦρος τὰ μὲν σώματα τῶν στρατιωτῶν ἤσκει εἰς ἰσχύν, τὰς δὲ ψυχὰς ἔθηγεν εἰς τὰ πολεμικά. 9) Οἱ τετρακόσιοι καταλύσαντες τὸν δῆμον τοὺς μὲν ἔδησαν, τοὺς δὲ μετέστησαν, τοὺς δὲ ἀπέκτειναν οὐ πολλούς, οἳ ἐδόκουν ἐπιτήδειοι εἶναι ὑπεξαιρεθῆναι. 10) Κατὰ τὸν μέγαν λοιμὸν τῇ γυναικὶ τῇ Ἀρχιτέλους τοῦ ἀρεοπαγίτου ἔδοξέ ποτε Τόξαρις ὁ Σκύθης, ὃς ἐν Ἀθήναις ἀποθανεῖν καὶ τεθάφθαι ἐνομίζετο, ἐπιστὰς προστάξαι τοῖς Ἀθηναίοις εἰπεῖν, ὅτι ἐλευθερωθήσονται τοῦ λοιμοῦ, ἐὰν τοὺς στενωποὺς πολλῷ οἴνῳ ῥάνωσιν. 11) Ὑπὸ πάντων ὁμολογεῖται Ἀλκαῖος (oder Ἀλκαῖον) καὶ Σαπφὼ τῇ μελῶν ποιήσει Λέσβῳ τῇ νήσῳ μεγίστην δόξαν περιποιῆσαι. 12) Λέγεται Ἀλκιβιάδης (oder Ἀλκιβιάδην), πρὶν εἴκοσιν ἐτῶν εἶναι, Περικλεῖ, ἐπιτρόπῳ μὲν ὄντι ἑαυτοῦ, προστάτῃ δὲ πόλεως, διαλεχθῆναι περὶ νόμων.

169. 1) Λέγουσί τινες Θεμιστοκλέα ἑκούσιον φαρμάκῳ ἀποθανεῖν ἀδύνατον νομίσαντα εἶναι ἐπιτελέσαι βασιλεῖ, ἃ ὑπέσχετο. 2) Τισσαφέρνης ὤμοσεν Ἀγησιλάῳ, εἰ σπείσαιτο, διαπράξεσθαι τὰς Ἑλληνίδας ἐν τῇ Ἀσίᾳ πόλεις ἀφεθῆναι αὐτονόμους. 3) Ἀγησίλαος, ὅτ' ἦλθεν αὐτῷ ἐπιστολὴ παρὰ βασιλέως, ταύτην μὲν οὐκ ἐδέξατο, τῷ δὲ φέροντι εἶπεν ἀπαγγεῖλαι βασιλεῖ, ὡς ἰδίᾳ μὲν πρὸς αὐτὸν οὐδὲν δέοι ἐπιστολὰς πέμπειν, ἢν δὲ φίλος τῇ Λακεδαίμονι καὶ τῇ Ἑλλάδι εὔνους ὢν φαίνηται, καὶ αὐτὸς φίλος αὐτῷ ἔσεσθαι. 4) Ἐπαμεινώνδας πολλὰ τοὺς Θηβαίους εὐεργέτησεν· ἀντὶ γὰρ ἀδυνάτων καὶ ἄλλοις ὑπηκόων πρωτεύειν αὐτοὺς ἐποίησεν ἐν τοῖς Ἕλλησι καὶ τῆς ἡγεμονίας ἀντέχεσθαι. 5) Χαιρεφῶντός ποτε ἐπερομένου ἐν Δελφοῖς περὶ Σωκράτους, πολλῶν παρόντων ἀνεῖλεν ὁ Ἀπόλλων οὐδένα εἶναι ἀνθρώπων αὐτοῦ οὔτε δικαιότερον οὔτε σωφρονέστερον. 6) Οἱ Ἕλληνες ἐπηγγείλαντο Ἀριαίῳ εἰς τὸν θρόνον τὸν βασίλειον καθιεῖν αὐτόν. 7) Ἡ τῶν Ῥωμαίων σύγκλητος ἐψηφίσατο τοὺς αἰχμαλώτους, οὓς ἄνευ λύτρων ἀφῆκεν ὁ Πύρρος, πάντας ἀτίμους εἶναι, ὅτι ὅπλα ἔχοντες ἑάλωσαν, μηδὲ ἐντίμους γενέσθαι, πρὶν ἕκαστος αὐτῶν δύο πολεμίους ἀποκτείναι καὶ συλῆσαι. 8) Ἆρ' οἴει τὰς πάντων τῶν ἀνθρώπων δυνάμεις συμπάσας ἱκανὰς εἶναι χειμῶνα γιγνόμενον ἐπισχεῖν ἢ κωλῦσαι πόλεις σεισμοῖς ἀνατρέπεσθαι καὶ χώρας ἐρημοῦσθαι; 9) Σωκράτης ἔλεγεν αὐτὸς (*cf.* 162, Anm. 1) μὲν ἐσθίειν, ἵνα ζώῃ, τοὺς δὲ λοιποὺς ἀνθρώπους ζῆν, ἵνα ἐσθίοιεν. 10) Ῥηγοῦλος τῇ συγκλήτῳ συνεβούλευσε μὴ ποιήσασθαι εἰρήνην πρὸς τοὺς Καρχηδονίους· ἐκείνους μὲν γὰρ ταπεινωθέντας τοσαύταις συμφοραῖς ἀπογνῶναι ἤδη ἑαυτῶν· αὐτὸς δὲ οὐκ ἔφη τοσούτου ἄξιος εἶναι τῇ πόλει, ὥστε τοὺς Ῥωμαίους ἕνεκα ἑαυτοῦ μόνου τῆς κοινῆς σωτηρίας ἀμελεῖν. 11) Ἀνήρ τις Ἕλλην ἐρωτηθείς, πότερον Κροῖσος βούλοιτο ἂν εἶναι ἢ Σωκράτης, ζῶν μὲν ἂν ἔφη προαιρεῖσθαι εἶναι Κροῖσος, τελευτῶν δὲ Σωκράτης. 12) Νόμος τῶν Ἀθηναίων ἦν τὸν τοὺς γονέας τύψαντα ἢ μὴ τρέφοντα ἢ οἴκησιν καὶ τὰ ἐπιτήδεια μὴ παρέχοντα ἄτιμον εἶναι. 13) Ἀτέας ὁ Σκύθης Ἰσμηνίαν, ὃς ἐλέγετο αὐλητὴς τῶν τότε ἄριστος εἶναι, αἰχμάλωτον λαβὼν ἐκέλευσεν αὐλῆσαι· τῶν οὖν ἄλλων θαυμαζόντων αὐτὸν Ἀτέας ὤμοσεν αὐτὸς ἥδιον ἀκούειν τοῦ ἵππου χρεμετίζοντος. 14) Οἱ Πλαταιεῖς ἔφασαν μόνοι τῶν Βοιωτῶν οὐ μηδίσαι καὶ τούτῳ μάλιστα ἠγάλλοντο. 15) Ἀρίστων, ὁ τῶν Λακεδαιμονίων βασιλεύς, πολλῶν ἀκουόντων εἰπὼν Δημάρατον ἑαυτοῦ οὐκ εἶναι, μετ' οὐ πολὺν χρόνον αὐτὸς ἔγνω ἐκεῖνον τὸν λόγον ἀνοίᾳ ἐκβαλών. 16) Μὴ κατόκνει μακρὰν ὁδὸν πορεύεσθαι πρὸς τοὺς διδάξειν τι χρήσιμον ἐπαγγελλομένους· αἰσχρὸν γὰρ τοὺς μὲν (*cf.199,3 Anm.* 2) ἐμπόρους μακρὰ πελάγη διαπερᾶν ἕνεκα τοῦ πλείω ποιῆσαι τὴν

215

ὑπάρχουσαν οὐσίαν, τοὺς δὲ νεωτέρους μηδὲ τὰς κατὰ γῆν πορείας ὑπομένειν ἐπὶ τῷ βελτίω καταστῆσαι τὴν αὑτῶν διάνοιαν. 17) Εἴ τις ἐν θεάτρῳ ἀποκηρύσσοι ἀνίστασθαι τοὺς εὖ φρονοῦντας καὶ δικαίους, ἆρ' οὐκ ἂν ἅπαντες ἀνασταῖεν; 18) Ὅτε Θησεὺς ἐξ Ἀθηνῶν ἀπέπλει ὡς τοὺς δὶς ἑπτὰ νεανίας εἰς τὴν Κρήτην ἄξων, οἱ Ἀθηναῖοι Ἀπόλλωνι, εἰ σωθεῖεν, ἑκάστου ἐνιαυτοῦ θεωρίαν εἰς τὴν Δῆλον ἀνάξειν ηὔξαντο.

170. Die Partikel ἄν tritt zum Infinitiv, wenn in unabhängiger Rede statt desselben entweder der **Potentialis** oder der **Irrealis** stehen würde: Νομίζω τοῦτο οὐκ ἂν ἀληθὲς εἶναι (direkt τοῦτο οὐκ ἂν ἀληθὲς εἴη). Κῦρος νομίζεται, εἰ μὴ ἀπέθανεν, ἄριστος ἂν γενέσθαι ἄρχων. 1) Σέλευκος ἔλεγεν, εἰ οἱ πολλοὶ τὴν βασιλείαν γνοῖεν ὡς πολλὰς φροντίδας καὶ πόνους καὶ ἀσχολίας ἔχει καὶ ὡς ἐργῶδές ἐστι μόνον τὸ γράφειν καὶ ἀναγιγνώσκειν τοσαύτας ἐπιστολάς, οὐκ ἂν ἑλέσθαι (αὐτοὺς) διάδημα ἐρριμμένον. 2) Εἰκότως ἄν τις φαίη, εἰ μὴ Πάρις ἥρπασεν Ἑλένην, τὸν τῶν Ἑλλήνων καὶ Τρώων πόλεμον οὐκ ἂν γενέσθαι. 3) Οἱ Κορίνθιοι καὶ Ἀργεῖοι ἦλθον ἐπὶ Τεγέαν νομίζοντες, εἰ ταύτην τὴν πόλιν ἕλοιεν, ἅπασαν ἂν ἔχειν τὴν Πελοπόννησον. 4) Οἱ Πέρσαι ᾤοντο τοὺς ἀχαρίστους καὶ περὶ τοὺς θεοὺς ἀμελέστατα ἂν ἔχειν. 5) Ἀγαθὸν ἰατρὸν νομίζω οὐκ ἂν ἐᾶσαι τὸν νοσοῦντα ἐμπίπλασθαι, ὧν ἐπιθυμεῖ. 6) Ἐτεοκλῆς ὁ Λάκων ἔλεγε τὴν Σπάρτην οὐκ ἂν ἱκανὴν εἶναι δύο Λυσάνδρους ὑπομεῖναι. 7) Ἐγὼ τοιοῦτον ἐμαυτὸν ἐν ταῖς τῆς πόλεως συμφοραῖς παρέσχον, ὥστε εἰ πάντες τὴν αὐτὴν γνώμην ἔσχον ἐμοί, μηδένα ἂν ὑμῶν μηδεμιᾷ κεχρῆσθαι συμφορᾷ. 8) Οἱ Ἀθηναῖοι ταῖς συμμαχίσι πόλεσι τοὺς φόρους τάξαι ἐθέλοντες Ἀριστείδην, ἄνδρα πενέστατον, κατέστησαν οἰόμενοι οὐδένα ἂν δικαιότερον τάξαι.

171. Absolut steht der Infinitiv (oft mit vorgesetztem ὡς = ὥστε, cf. 150) in Redensarten wie:
ὀλίγου δεῖν, μικροῦ δεῖν „wenig gefehlt, beinahe",
ὡς σχεδὸν εἰπεῖν „um es angenähert zu sagen"
(ὡς) ἐμοὶ δοκεῖν „wie mir scheint, nach meiner Meinung",
(ὡς) συνελόντι (ἁπλῶς) εἰπεῖν „um es kurz zu sagen" (58, b),
ὡς ἔπος εἰπεῖν „so zu sagen", ὡς εἰκάσαι „wie zu vermuten ist",
τὸ νῦν εἶναι „für jetzt, für den Augenblick",
τὸ κατὰ τοῦτο εἶναι „in dieser Beziehung",
τὸ ἐπ' ἐμοὶ εἶναι „soviel an mir liegt" u. ä.
Anm. Häufig steht ἑκὼν εἶναι „freiwillig" für das einfache ἑκών.

172. 1) Οἱ Πέρσαι εἴ τι τοῦ βασιλέως δέοιντο, τοὺς παῖδας ἐκέλευον Κύρου δεῖσθαι διαπράξασθαι σφίσιν. 2) Ἐν τοῖς τῶν Σπαρτιατῶν συσσιτίοις καὶ οἱ παῖδες παρῆσαν καὶ εἰθίζοντο παίζειν ἄνευ φλυαρίας καὶ σκώπτειν καὶ σκωπτόμενοι μὴ δυσχεραίνειν. 3) Οἱ Λακεδαιμόνιοι χρυσῶσαι βουλόμενοι τὸ πρόσωπον τοῦ ἐν Ἀμύκλαις Ἀπόλλωνος ἐπήροντο τὸν θεόν, ὅπου χρυσίον πρίαιντο· ὁ δ' αὐτοὺς ἐκέλευσε παρὰ Κροῖσον τὸν Λυδὸν πορευθέντας πρίασθαι παρ' ἐκείνου. 4) Οὐ μόνον ὡς ἐμοὶ δοκεῖν πονηρός ἐστιν ὁ τὸν ἕτερον ἀδικῶν, ἀλλὰ καὶ ὁ ἐπινοῶν. 5) Ἀλέξανδρος ὡς ἔπος εἰπεῖν τὴν οἰκουμένην ὅλην ὑφ' ἑαυτῷ ποιήσασθαι διενοεῖτο. 6) Ὡς ἡδέα ἐστὶ τὰ δένδρα ἰδεῖν καρπῶν γέμοντα καὶ αἱ ἄμπελοι, ἐξ ὧν πέπειροι βότρυες κρέμανται διάφοροι τὰ χρώματα καὶ ἥδιστοι γεύεσθαι. 7) Ὅτε Καῖσαρ ἐπερχόμενος ἠγγέλθη (cf. 180 2 c.), Ἀριοούιστος πρέσβεις πέμψας προεῖπε, τὸ νῦν εἶναι, ἐπεὶ Καίσαρα πρὸς αὐτὸν ἐλθεῖν (cf. 185, Anm. 1), οὐ φεύγειν τὸ εἰς λόγους ἀφικέσθαι· ὡς γὰρ εἰκάσαι, οὐ σφαλερὸν εἶναι τὸ συνελθεῖν. 8) Γήλοφός τις μέσος ὀλίγου δεῖν ὢν τοῖν στρατοπέδοιν ἱκανώτατος εἶναι ἐδόκει συνελθεῖν. 9) Πλάτων λέγει ἐσχάτης ἀδικίας εἶναι δίκαιον δοκεῖν μὴ ὄντα. 10) Τί ἂν οἴει γενέσθαι, εἰ τὼ χεῖρε, ἃς ὁ θεὸς ἐπὶ τὸ συλλαμβάνειν ἀλλήλαις ἐποίησεν, ἀφεμένω τούτου τράποιντο πρὸς τὸ διακωλύειν ἀλλήλω, ἢ εἰ τὼ πόδε θείᾳ μοίρᾳ πεποιημένω πρὸς τὸ συνεργεῖν ἀλλήλοιν, ἀμελήσαντε τούτου ἐμποδίζοιεν ἀλλήλω; 11) Κῦρος τῶν μεθ' ἑαυτοῦ προθύμως ἐπυνθάνετο, ποίοις οὐ χρὴ θηρίοις πελάζειν καὶ ποῖα χρὴ θαρροῦντα διώκειν. 12) Πολλοῖς οὐκ ἤρκεσε μετρίαν οὐσίαν ἔχουσι (oder ἔχοντας) ζῆν ἡδέως, ἐπιθυμήσαντες δὲ κύριοι εἶναι τῆς μεγίστης καὶ ὧν εἶχον ἀπέτυχον. 13) Κάλλιστα πειράσῃ τῶν φίλων, ἐὰν αὐτῶν μὴ δεόμενος προσποιῇ δεῖσθαι. 14) Οἱ Λακεδαιμόνιοι προεῖπον, εἰ οἱ Ἀθηναῖοι τὸ περὶ Μεγαρέων ψήφισμα καθέλοιεν, πόλεμον οὐκ ἂν γίγνεσθαι. 15) Τοῖς μὲν ἀνθρώποις προσήκει ἠδικημένοις (oder ἠδικημένους cf. 162, Anm. 3) συγγνῶναι, θηρίων δ' ἐστὶ δηχθέντα ἀντιδάκνειν καὶ ἠδικημένα ἀνταδικεῖν. 16) Κῦρος τὴν Λυκαονίαν ὡς πολεμίαν χώραν (οὖσαν) τοῖς Ἕλλησιν ἐπέτρεψε διαρπάσαι. 17) Τοῖς θεοῖς εὐχόμεθα γίγνεσθαι ἡμῖν δικαίοις καὶ πιστοῖς εἶναι τε καὶ φαίνεσθαι. 18) Περικλῆς ᾑρέθη εἰπεῖν ἐπὶ τοῖς ἐν τῷ πρώτῳ ἔτει τοῦ Πελοποννησιακοῦ πολέμου δημοσίᾳ θαπτομένοις. 19) Λυπηρότερον ἐκ βασιλέως ἰδιώτην φανῆναι ἢ ἀρχὴν μὴ βασιλεῦσαι. 20) Πᾶσιν, ὅσοι ἐπεχείρησαν πρὸς βασιλέα μέγαν πολεμεῖν, συνέπεσεν ἐξ ἀδόξων μὲν γενέσθαι λαμπροῖς, ἐκ πενήτων δὲ πλουσίοις. 21) Ἀκριβῶς σκοπήσας εὑρήσεις πολλοὺς τυράννους διεφθαρμένους ὑφ' ἑταίρων τῶν μάλιστα δοκούντων φίλων εἶναι. 22) Πολλοὶ ἤδη τῶν γυναικῶν καὶ υἱέων καὶ παιδικῶν ἀποθανόντων ἑκόντες ἠθέλησαν εἰς Ἅιδου ἐλθεῖν καὶ ταῦτα ἐλπίζοντες ὄψεσθαι ἐκεῖ ὧν ἐπεθύμουν. 23) Οἱ ἰατροὶ

217

τῷ νοσοῦντι τὰ πικρὰ τῶν φαρμάκων διδόασι πιεῖν τὴν κύλικα μέλιτι περιχρίσαντες. 24) Μεγάλοις γράμμασιν ἀναγεγραμμένοι οἱ νόμοι ἐν Ἀθήναις πᾶσι προέκειντο ἀναγιγνώσκειν κελεύοντες, ὅ τι ποιεῖν καὶ ὅτου ἀπέχεσθαι χρή. 25) Ἡδύ ἐστι μεμνῆσθαι τῶν πόνων σεσωσμένον. 26) Ἀριστείδης ὁ Λοκρός, ὃς ἀπέθανε δηχθεὶς ὑπὸ γαλῆς, ἤδη ὢν πρὸς τῷ τελευτᾶν εἶπε· Πολὺ ἂν ἥδιον ἦν μοι τελευτῆσαι δηχθέντι ὑπὸ λέοντος ἢ παρδάλεως.

IX. DAS PARTIZIP

173. Das Partizip ist ein **Verbalnomen** mit drei Geschlechtern.
1. Seine **verbale** Natur zeigt sich darin, daß es
   a. den Kasus des Verbs regiert: Οἱ τὴν χώραν ἐνοικοῦντες „die Bewohner des Landes",
   b. nicht durch Adjektiva, sondern durch Adverbia näher bestimmt wird: Οἱ δικαίως κρίνοντες „die gerechten Richter",
   c. aus dem Aktiv, Passiv und Medium gebildet wird,
   d. die Vollzugsstufen eines Vorganges bezeichnet (cf. 133),
   e. mit der Partikel ἄν verbunden, den Potentialis und Irrealis der unabhängigen Rede vertritt (§ 181).
2. Die **nominale** Natur des Partizips zeigt sich darin, daß es wie ein Adjektiv dreier Endungen attributiv und prädikativ gebraucht und durch Vorseztung des Artikels auch substantiviert werden kann (cf. 14).

174. Die **Negation** beim Partizip ist οὐ: Οἱ Ἀθηναῖοι θάνατον κατέκριναν τῶν στρατηγῶν τῶν οὐκ ἀνελομένων τοὺς ἐκ τῆς ναυμαχίας. – Μή steht nur:
1. wenn das Partizip finalen oder hypothetischen Sinn hat: Ὁ μὴ ἀδικῶν οὐδενὸς δεῖται νόμου. Τίς ἂν πόλις ὑπὸ μὴ πειθομένων ἁλοίη;
2. wenn das Partizip zu einem solchen Satze gehört, der selbst durch μή verneint werden müßte: Ψηφίσασθε τὸν πόλεμον μὴ φοβούμενοι τὸν αὐτίκα κίνδυνον. Χρὴ τὸν ἀγαθὸν πολίτην ἀληθεύειν μὴ δεδιότα τοὺς ἀντεροῦντας.

175. Das Partizip kann im Griechischen in dreifacher Weise gebraucht werden: 1. attributiv (cf. 176), 2. adverbial (cf. 177ff.), 3. prädikativ (§ 180ff.).

A. Das Partizip attributiv gebraucht

176. 1. Das Partizip kann wie ein Adjektiv **attributiv** mit einem Substantiv verbunden und im Deutschen durch einen Relativsatz ausgedrückt werden: Γράφων παῖς oder παῖς γράφων „ein schreibender Knabe = ein Knabe, der schreibt"; ὁ γράφων παῖς oder ὁ παῖς ὁ γράφων „der schreibende Knabe = der Knabe, der schreibt". Νόμους γεγραμμένους Λυκοῦργος οὐκ ἔθηκεν. Ὁ ὑπάρχων τῇ πόλει κίνδυνος, οἱ ἐκπλέοντες ἐκ τοῦ λιμένος ἔμποροι, ὁ στρατηγὸς ὁ πρὸς τὸν πόλεμον αἱρεθείς. *Cf.* 7, Anm. 1.

Anm. 1 Attributive Partizipien sind auch καλούμενος, λεγόμενος, ὀνομαζόμενος „sogenannt", welche gewöhnlich hinter der gegebenen Bezeichnung stehen: Ἡ Ὑρκανία καλουμένη θάλασσα, ἡ Μίδου καλουμένη κρήνη.

2. Durch den Artikel **substantiviert** (*cf.* 14), hat das Partizip
   a. individuelle Bedeutung (Negation οὐ): Ὁ λέγων der (jetzt) Redende, der Redner in seiner bestimmten Sache"; οἱ γραψάμενοι τὸν Σωκράτην.
   b. generelle Bedeutung (Negation μή): Ὁ λέγων „jeder Redner", οἱ πολιτευόμενοι „Staatsmänner", ὁ βουλόμενος „jeder, der will", ὁ τυχών „der erste beste" (*cf.* 3).

Anm. 2. Substantivierte Partizipien entsprechen der deutschen Wendung **„derjenige, welcher"**: Οἱ τὰ πονηρὰ ποιοῦντες τοῖς τὰ τοιαῦτα μισοῦσιν ἐχθροὶ γίγνονται. Die deutschen Ausdrücke „ein Mensch, welcher; Leute welche; ein solcher, welcher; Dinge, welche" werden durch das Partizip mit dem Artikel übersetzt: Εἰσὶν οἱ οἰόμενοι „es gibt Leute, welche glauben". Ὁ ἀδικηθεὶς ῥᾳδίως εὑρίσκεται τοὺς βοηθήσοντας (*cf.* 158, Anm. 1). Ἐνῆσαν ἐν τῇ χώρᾳ οἱ ἐργασόμενοι. Τί ἐρωτᾷς τὰ οὐδέν σοι προσήκοντα;
Anm. 3. Das sächliche Partizip findet sich nicht selten als abstraktes Verbalsubstantiv in der Bedeutung eines Infinitivs gebraucht, z. B. τὸ νοσοῦν = τὸ νοσεῖν „das Kranksein", τὸ δεδιός „das Fürchten", τὸ βουλόμενον „der Wille", τὸ ἡσυχάζον τῆς νυκτός „die Stille der Nacht" u. a.

B. Das Partizip adverbial gebraucht

177. Das Partizip vertritt im Griechischen wie im Lateinischen sehr oft **adverbiale Nebensätze** (**Konjunktionalsätze**), indem es sich entweder an ein Nomen des regierenden Satzes anschließt (**Participium coniunctum**) oder, falls kein solches Beziehungswort vorhanden ist, für sich allein gebraucht wird (**Participium absolutum**).

I. Das **Participium coniunctum** steht:

a. **temporal** („als, da, wenn = dann wann, während, nachdem"): Οἱ ἱππεῖς διώκοντες οὐδένα τῶν πολεμίων κατέλαβον. Ὁ ξένος ταῦτ᾽ εἰπὼν ἀνέστη. Der temporalen Bedeutung steht die **modale** („indem", negativ „ohne zu") nahe: Ταῦτ᾽ εἶπε γελῶν oder οὐκ αἰσχυνόμενος.

Anm. 1. Den deutschen Adverbien „anfangs" und „zuletzt, am Ende" entsprechen die Partizipien ἀρχόμενος und τελευτῶν: Οἱ λῃσταὶ τελευτῶντες ἀπηλλάγησαν. Über ἔχων, λαβών, ἄγων, φέρων, χρώμενος „mit" cf. 88. λαθών heimlich, φθάσας eher, χαίρων ungestraft.

b. **kausal** („weil, da"): Οἱ Ἕλληνες μάλα ἠθύμουν φοβούμενοι μὴ οὐκ ἔχοιεν τὰ ἐπιτήδεια.

c. **hypothetisch** („wenn") (Negation μή): Οὐκ ἂν δύναιο μὴ καμὼν εἰδαιμονεῖν.

d. **konzessiv** („obgleich, wiewohl, auch wenn"): Πολλοὶ γιγνώσκοντες τὰ κακά, ὅτι κακά ἐστιν, ἐπιθυμοῦσιν αὐτῶν.

e. **final** („damit, um zu"), nur Partiz. **Fut.**, oft mit der Partikel ὡς (Negation μή): Ἀρταξέρξης συνελάμβανε Κῦρον ὡς ἀποκτενῶν. Am häufigsten steht dieses Partiz. bei den Verben der Bewegung „gehen, kommen, schicken, berufen" und bei „sich rüsten" (παρασκευάζεσθαι): Κορίνθιοι ἔπεμψαν κήρυκα πόλεμον Κερκυραίοις προεροῦντα. Ὁ βάρβαρος ἐπὶ τὴν Ἑλλάδα ἦλθε δουλωσόμενος. Οἱ Ἀθηναῖοι παρεσκευάζοντο ὡς πολεμήσοντες.

II. Der Grieche hat zwei absolute Partizipialkonstruktionen, den absoluten Genitiv und den absoluten Akkusativ.

1. Der **Genitivus absolutus,** welcher dem latein. *Ablativus absolutus* entspricht, kann, wie das *Part. coniunctum*, temporale, modale, kausale, hypothetische und konzessive (nicht aber finale) Bedeutung haben und auch durch dieselben Partikeln (ἄτε, ὡς, καίπερ usw.) näher bestimmt werden: Αἱ μέλιτται διαφθαρέντος τοῦ βασιλέως διασκεδάννυνται. Θεοῦ διδόντος οὐδὲν ἰσχύει φθόνος. Οἱ Ἀθηναῖοι ἐς Ἰωνίαν ὡς οὐχ ἱκανῆς οὔσης τῆς Ἀττικῆς ἀποικίας ἐξέπεμψαν. Οὐκ ἂν ἦλθον δεῦρο ὑμῶν μὴ κελευσάντων.

Anm. 2. Das Subjekt wird beim *Gen. absol.* zuweilen weggelassen: a. wenn es sich aus dem Zusammenhange leicht ergänzen läßt: Ἤδη ἐν τῷ σταθμῷ ὄντων (sc. αὐτῶν) ἦλθεν ὁ σατράπης. b. in Ausdrücken wie ὕοντος „da es regnete": ἀγγελθέντος, ἀγγελθέντων, σημανθέντων „nachdem gemeldet war, daß" (*nuntiato*); οὕτως ἐχόντων (*sc.* τῶν πραγμάτων) „unter solchen Umständen" u.ä.

Anm. 3. Bei dem Prädikatsnomen im *Gen. absol.* darf ὤν nicht ausgelassen werden: *Pericle duce* Περικλέους ἡγεμόνος ὄντος. Ausgenommen sind ἑκών freiwillig" und ἄκων „widerwillig": Ταῦτ' ἐποίησας τῶν γονέων ἀκόντων *invitis parentibus.*

Anm. 4. Der *Gen. absol.* ist zu vermeiden, wenn sich ein Gedanke durch das *Part. coniunctum* ausdrücken läßt: *Cyrus collecto exercito* Miletum oppugnare coepit Κῦρος στράτευμα συλλέξας (nicht στρατεύματος συλλεγέντος) Μίλητον ἐπολιόρκει.

2. Der **Accusativus absolutus** steht:

    a. von unpersönlichen Verben und Ausdrücken:

        ἐξόν, παρόν da (wenn, obgleich) es freisteht oder freistand;

        προσῆκον weil es sich geziemt oder geziemte;

        τυχόν obwohl es sich trifft (traf)

        μέλον obwohl einer dafür zu sorgen hätte

        γενόμενον ἐπ' ἐμοί obwohl es in meiner Hand lag

        δέον und χρεών da es notwendig ist oder war;

        δόξαν da es gut scheint, nachdem man beschlossen hatte;

        παρασχόν, παρέχον da sich die Gelegenheit bot;

        δίκαιον ὄν, οἷόν τε ὄν, ἄδηλον ὄν, χρεών u.ä.

    b. von passiven Partizipien:

        εἰρημένον da es angesagt ist oder war, δεδογμένον αὐτοῖς da von ihnen beschlossen war u.ä., Pz. Aorist Pass. seltener absolut gebraucht

    c. bei der Partikel ὡς (ὥσπερ) zur Bezeichnung des subjektiven Grundes oder in der Bedeutung „als ob, wie wenn" (178, c) = *Gen. absol.* Σωκράτης ηὔχετο πρὸς τοὺς θεοὺς ἁπλῶς τἀγαθὰ διδόναι ὡς τοὺς θεοὺς κάλλιστα εἰδότας, ὁποῖα ἀγαθά ἐστιν (= ὡς τῶν θεῶν κάλλιστα εἰδότων).

Anm. 5. Mehrere Partizipialkonstruktionen dürfen hintereinander an einen Hauptsatz geknüpft werden. Dieselben stehen unverbunden nebeneinander, wenn sie zu dem Hauptsatze in verschiedenartiger Beziehung stehen; sie werden jedoch durch καί verbunden, wenn sie unter sich gleichartig (gleichwertig) sind: Ἀρχέλαος τὸν θεῖον μεταπεμψάμενος ξενίσας καὶ καταμεθύσας ἐμβαλὼν εἰς ἅμαξαν νύκτωρ ἐξαγαγὼν ἀπέσφαξε καὶ ἠφάνισεν.

178. Dem appositiven wie dem absoluten Partizip wird oft noch eine Partikel beigegeben, um die Art der Beziehung zum Hauptsatze bestimmter hervorzuheben.

    a. Zum temporalen Partiz. können die Partikeln ἅμα „zugleich, während", μεταξύ „inzwischen, mitten in, noch wäh-

rend", αὐτίκα und εὐθύς „sogleich, unmittelbar nach"
treten: Οἱ Ἕλληνες ἐμάχοντο ἅμα πορευόμενοι. Τοῖς καλοῖς
εὐθὺς ἰδόντες εὖνοι γιγνόμεθα. Ὁ μάρτυς λέγων μεταξὺ ἐσιώ-
πησεν. Nach einem temporalen Partiz. kann der Hauptsatz durch
τότε, εἶτα, ἔπειτα, οὕτως hervorgehoben werden: Ὁ λοχαγὸς
καταλιπὼν φρουρὰν οὕτως ἐπ᾽ οἴκου ἀνεχώρησεν.

b. Zum konzessiven Partiz. tritt hervorhebend καί, καίπερ, καὶ
ταῦτα, negativ οὐδέ: Συμβουλεύω σοι καίπερ νεώτερος ὤν. Πολλοὶ τότε καίπερ οὐκ ἀδικοῦντες ἀπέθανον. Ὅμως „dennoch"
gehört eigentlich zum Hauptverbum, wird aber oft vor das
Partiz. gestellt: Σωκράτης ὅμως χρηστότατος ὢν φάρμακον ἔπιεν.

c. Zum kausalen Partizip hinzugefügt, bezeichnet

   1. ἅτε, ἅτε δή den tatsächlichen (objektiven) Grund: Οἱ ἄνθρωποι ἀποθνήσκουσιν ἅτε θνητοὶ ὄντες.

   2. ὡς, ὥσπερ den aus dem Sinne des handelnden Subjekts gespro-
   chenen (subjektiven) Grund: Κῦρος τὴν πόλιν τοῖς στρατιώταις διαρπάσαι ἐπέτρεψεν ὡς πολεμίαν οὖσαν „weil sie feindlich
   wäre" = „weil sie, wie er sagte (meinte), feindlich war".
   Übrigens hat ὡς beim Partiz. oft auch den Sinn, „als ob, wie
   wenn": Πολλοὶ τὸν θάνατον δεδίασιν ὡς εὖ εἰδότες ὅτι μέγιστον τῶν κακῶν ἐστιν.

d. ὡς beim finalen Partizip, cf. 177, I, e.

179. 1) Δημοσθένης ἔλεγε πολιτείας ψυχὴν εἶναι τοὺς νόμους· ὥσπερ γὰρ
τὸ σῶμα ἐστερημένον ψυχῆς πίπτει, οὕτω καὶ πόλις μὴ ὄντων νόμων
καταλύεται. 2) Ἀλκιβιάδης τὰ Ὀλύμπια ἅρματι νικήσας τῷ Ὀλυμπίῳ
Διὶ θύσας πάντας τοὺς ἐν Ὀλυμπίᾳ παρόντας Ἕλληνας εἱστίασεν.
3) Ἀριστείδης διώκων ἐχθρὸν ἐν δικαστηρίῳ, τῶν δικαστῶν μετὰ
τὴν κατηγορίαν οὐ βουλομένων ἀκούειν τοῦ κινδυνεύοντος, ἀλλὰ κελε-
υόντων εὐθὺς ψηφίσασθαι, τῆς ἕδρας ἀναπηδήσας τῷ κρινομένῳ συνι-
κέτευεν, ὅπως ἀκούσειαν ἐκείνου. 4) Μετὰ τὴν ἐν Ἰσσῷ μάχην Ἀλέξανδρος εὐθὺς ἀποδυσάμενος τὰ ὅπλα πρὸς τὸ λουτρὸν ἐβάδιζε λέγων·
Ἴωμεν ἀπολουσόμενοι τὸν ἀπὸ τῆς μάχης ἱδρῶτα. 5) Οὐ τῷ αὐτῷ
τρόπῳ οἱ ἄνθρωποι χρῶνται πρός τε τοὺς εὐεργετήσαντας καὶ πρὸς
τοὺς ἀδικήσαντας, ἀλλὰ τῆς μὲν ἀδικίας καὶ ἄκοντες ὑπομιμνήσκονται,
τῆς δὲ χάριτος καὶ ἑκόντες ἐπιλανθάνονται. 6) Πολλοὶ τῶν νέων ἅμα
ἀποτιθέμενοι τὰ παιδικὰ ἱμάτια καὶ τὸ αἰδεῖσθαι καὶ φοβεῖσθαι
συναποτίθενται. 7) Ὁ μὴ εἰδώς, ὅ τι ἡ γῆ φέρειν δύναται, οὐδ᾽ ἂν
εἰδείη, ὅ τι σπείρειν δεῖ. 8) Παῖδες, καίπερ χρηστοὶ ὄντες τὰ ἤθη,
ἔστιν ὅτε νουθετητέοι, ἐπεὶ ῥᾷστα συμβαίνει ἀμελεῖν αὐτοὺς τῶν

δεόντων. 9) Ἀλέξανδρος εὐθὺς βασιλεύσας Στάγειρον, τὴν Ἀριστοτέλους πατρίδα, ἀνῳκοδόμησε καθαιρεθεῖσαν ὑπὸ Φιλίππου ἐπὶ τοὺς Θρᾷκας πολεμοῦντος. 10) Πριήνης ποτέ, τῆς Ἀσίας πόλεως, ὑπὸ τῶν πολεμίων ἁλούσης οἱ μὲν ἄλλοι τῶν πολιτῶν ἔφευγον χρυσὸν φέροντες καὶ ἄργυρον καὶ εἴ τι ἄλλο ἔχοιεν πολυτελές, Βίας δὲ ὁ φιλόσοφος οὐδὲν ἔχων ἐξῄει. 11) Ἀριοούιστος ἅτε φοβούμενος, μὴ ὑπὸ τῶν Ῥωμαίων ἐπιβουλεύοιτο, ἀπήγγειλε Καίσαρα μὴ ἥκειν (cf. 166, γ und 180, 2, c) ἔχοντα πεζούς. 12) Ἡμεῖς οἱ Πλαταιεῖς ἥκομεν παρ' ὑμᾶς ὡς ἀμυνοῦντες ἀνὰ κράτος καὶ τὰ μέγιστα βλάψοντες τοὺς καταστρέψεσθαι ὑμᾶς μέλλοντας. 13) Μιλτιάδης πολλοῦ ἐδέησεν ἐπιθυμεῖν τῆς τυραννίδος· ἐξὸν γὰρ συμβοηθοῦντος Δαρείου τῆς Χερρονήσου κατέχειν τὴν ἀρχήν, τὴν τῆς Ἑλλάδος ἐλευθερίαν προείλετο τῆς ἑαυτοῦ ἀρχῆς. 14) Ἀλέξανδρος μέλλων τὴν ἐπὶ Γρανίκῳ μάχην μάχεσθαι παρεκάλει τοὺς Μακεδόνας ἀφθόνως δειπνεῖν καὶ πάντα φέρειν εἰς μέσον ὡς αὔριον δειπνήσοντας ἐκ τῶν πολεμίων. 15) Κικέρων τρία καὶ ἑξήκοντα ἔτη γεγονὼς κελεύσαντος Ἀντωνίου ἀνῃρέθη. 16) Ἀγησίλαος ἀγγελθέντων, ὅτι ἐν τῇ ἐν Κορίνθῳ μάχῃ μύριοι τῶν πολεμίων ἀπέθανον, οὐκ ἐφήσθη, ἀλλ' εἶπε· φεῦ τῆς Ἑλλάδος, ἐπεὶ οἱ νῦν τεθνεῶτες ζῶντες ἱκανοὶ ἂν ἦσαν πάντας τοὺς βαρβάρους μαχόμενοι νικᾶν. 17) Ἐν Θεράπναις τῆς Λακωνικῆς Ἑλένῃ τε καὶ Μενελάῳ ἅγιαι θυσίαι ἀπετελοῦντο οὐχ ὡς ἥρωσιν οὖσιν, ἀλλ' ὡς θεοῖς. 18) Εἰσὶν οἳ καίπερ οὐ σφόδρα ἠδικημένοι ὅμως εὐθὺς εἰς ὀργὴν οὕτω δεινὴν καθίστανται, ὥστε τὸν ἀδικήσαντα τιμωρεῖσθαι πάντα τρόπον σπεύδουσιν. 19) Οἱ ἐν Ἅιδου δικασταὶ τοὺς πονηροὺς ἔπεμπον εἰς τὸν τῶν ἀσεβῶν χῶρον (ὡς) κατὰ λόγον τῆς ἀδικίας κολασθησομένους. 20) Ἀγησίλαος παρακαλούμενος ἀκοῦσαι τοῦ μιμουμένου τὴν τῆς ἀηδόνος φωνήν· Αὐτῆς, ἔφη, πολλάκις ἀκήκοα. 21) Πρὸς τὴν πονηρίαν ἁμιλλητέον ἡμῖν ἐστιν ἄλλως τε καὶ προσῆκον ἡμῖν βελτίστοις ἁπάντων τῶν ἀνθρώπων εἶναι. 22) Ἐάν τι ἐνοχλῇ ἡμῖν (oder ἡμᾶς), δεόμεθα τοῦ παύσοντος. 23) Οἱ Ἀθηναῖοι ἀπέπλευσαν πρὸς τὸ ἄλλο στρατόπεδον οὐδὲν πράξαντες. 24) Οἱ Συρακόσιοι ἀλλήλοις παρεκελεύοντο κραυγῇ πολλῇ χρώμενοι ἀδύνατον ὂν ἐν νυκτὶ ἄλλῳ τῳ σημῆναι. 25) Φόβος θανάτου μάλιστα τοὺς γέροντας θορυβεῖ ὥσπερ ἐπιλελησμένους, ὅτι ἑκάστῳ θνητῷ εἵμαρται ἀποθανεῖν.

C. Das Partizip prädikativ gebraucht

180. Prädikativ (d. h. als Ergänzung eines verbalen Prädikats) steht das Partizip:

1. auf das **Subjekt** des Satzes bezogen:

a. bei dem Verbum **„sein"** (εἶναι) zur nachdrucksvollen Umschreibung: Ἔστι τοῦτο οὕτως ἔχον. Ἔστι ταῦτα τὴν ῥαθυμίαν ὑμῶν ἐπαυξάνοντα. Ἦν Περικλέους γνώμη νενικηκυῖα. *Cf.* 130, Anm. 1.

b. bei folgenden Verben, die ein **näher bestimmtes Sein** bezeichnen und im Deutschen durch **Adverbia** ausgedrückt zu werden pflegen.

τυγχάνειν zufällig (gerade, eben) sein,

διαγίγνεσθαι, διατελεῖν, διάγειν, διαμένειν fortwährend (immerfort) sein,

λανθάνειν verborgen (heimlich, unbemerkt) sein: τινά (44, c),

φαίνεσθαι, φανερὸν εἶναι, δῆλον εἶναι offenbar (klar sein),

οἴχεσθαι fort (weg) sein,

φθάνειν voraus (eher, früher als) sein: τινά (44, c),

ὑπάρχειν der erste (zuerst) sein:

Κλέαρχος τότε τὰς τάξεις ἐπισκοπῶν ἐτύγχανεν. Οἱ Ἕλληνες ἑπτὰ ἡμέρας μαχόμενοι διετέλεσαν. Ὁ δοῦλος ἔλαθε τὸν δεσπότην ἀποδράς. Ἡ ψυχὴ φαίνεται ἀθάνατος οὖσα. Οἱ ἱππεῖς ᾤχοντο ἐλαύνοντες „waren fortgeritten"; οἴχεται πλέων „er ist weggesegelt". Οἱ Ἕλληνες ἔφθασαν τοὺς πολεμίους ἐπὶ τὸ ἄκρον ἀναβάντες „waren früher auf dem Gipfel als die Feinde". Σὺ ὑπῆρξας κακῶς ἡμᾶς ποιῶν.

Anm. 1. Der Aorist von λανθάνειν und φθάνειν wird regelmäßig mit dem Part. Aor. verbunden.

Anm. 2. Φαίνεσθαι c. *Inf.* „scheinen", c. *Part.* „offenbar sein". Δοκεῖν „scheinen" stets c. *Inf.* Ἐοικέναι wird bald mit dem Inf., bald mit dem Dat. des Partizips verbunden: Ἔοικας ὁμολογεῖν oder ὁμολογοῦντι (eig. „du gleichst einem Zugestehenden"). Δῆλον εἶναι, φανερὸν εἶναι werden entweder persönlich mit dem Part. oder unpersönlich mit ὅτι konstruiert.: Δῆλοί ἐστε ψευδόμενοι oder δῆλόν ἐστιν, ὅτι ψεύδεσθε.

Anm. 3. Οὐκ ἂν φθάνοις c. *Part.* bezeichnet eine nachdrückliche Aufforderung: οὐκ ἂν φθάνοις λέγων „sage mir sofort" (eig. „du würdest nicht zu frühe sagen"). Οὐ φθάνω c. *Part.* und folgenden καί entspricht dem deutschen „kaum – als": Οὐκ ἔφθη τοῦτ' εἰπὼν καὶ εὐθὺς ἐγέλασαν πάντες *vix dixerat, cum omnes riserunt* (156, 1, Anm.).

c. bei **„aushalten, ausdauern"** (ἀνέχεσθαι, καρτερεῖν, ὑπομένειν), **„müde werden, ermatten"** (κάμνειν, ἀπαγορεύειν), **„auf-**

hören" (παύεσθαι, λήγειν) : Τίς ἂν καρτερήσειε τοιαῦτα ἀκούων; Μὴ ἀποκάμῃς φίλον ἄνδρα εὐεργετῶν. Οἱ Δακεδαιμόνιοι οὐκ ἐπαύσαντο τὰς πόλεις κακῶς ποιοῦντες.

Anm. 1. Ἀνέχεσθαι hat in der Bedeutung „ertragen" das Objekt meist im **Gen. c. partic.** (selten im Acc. c. partic). bei sich: Οἱ βάρβαροι τῶν Ἑλλήνων τὴν χώραν πορθούντων ἠνείχοντο.

Anm. 2. Bei παύω „ich bringe zum Aufhören" steht der **Acc. c. part.**: Παύσω ὑμᾶς γελῶντας „ich werde eurem Lachen ein Ende machen". Bei ἄρχεσθαι „anfangen" steht der **Infin.**: Οἱ ἱππεῖς τοῖς Ἕλλησιν ἐπιθέσθαι ἤρξαντο. Das Part. steht nur, wenn ἄρχεσθαι bedeutet „noch im Anfange einer Tätigkeit stehen".

d. bei „**recht tun, unrecht tun**" (εὖ ποιεῖν, καλῶς ποιεῖν, ἀδικεῖν, ἁμαρτάνειν u. ä.), „**übertreffen, nachstehen**" (νικᾶν, κρατεῖν, ἡττᾶσθαι): Ἀδικεῖτε πολέμου ἄρχοντες. Εὖ ἐποιήσατε ἀφικόμενοι. Πάντας πειρᾶσθε νικᾶν εὖ ποιοῦντες.

2. auf das **Subjekt** oder das **Objekt** des Satzes bezogen:

a. bei den Verben der **Affekte** (62, 4):

sich freuen (χαίρειν, ἥδεσθαι); **zufrieden sein** (ἀγαπᾶν); **unwillig, unzufrieden sein** (ἀγανακτεῖν, ἄχθεσθαι, χαλεπῶς φέρειν);

zürnen (ὀργίζεσθαι); **sich betrüben** (λυπεῖσθαι, ἀλγεῖν); **bereuen** (μεταμέλεσθαι); **sich schämen** (αἰσχύνεσθαι) u. ä.:

α. auf das **Subjekt** bezogen: Οἱ θεοὶ ἥδονται τιμώμενοι ὑπὸ τῶν ἀνθρώπων. Φαρνάβαζος χαλεπῶς ἔφερε τῆς Αἰολίδος ἀπεστερημένος. Οἱ ἄνθρωποι μᾶλλον ὀργίζονται ἀδικούμενοι ἢ βιαζόμενοι.

β. auf das **Objekt** bezogen: Οἱ ἀγαθοὶ χαίρουσι τῇ πατρίδι εὖ πραττούσῃ. Οἱ Ἀθηναῖοι ἤχθοντο τοῖς Λακεδαιμονίοις τὰς σπονδὰς λύσασιν.

Anm. 1. Statt der Partizipialkonstruktion kann bei den Verben der Affekte auch ein Satz mit ὅτι oder εἰ stehen. *Cf.* 142, c und Anm.

Anm. 2. Neben μεταμέλομαι „ich bereue" besteht auch das unpersönliche μεταμέλει μοι (**c. Dat. partic.**): Μεταμελόμεθα ταῦτα ποιήσαντες = μεταμέλει ἡμῖν ταῦτα ποιήσασιν.

Anm. 3. Αἰσχύνεσθαι *c. Part.* „sich einer **vollendeten Handlung schämen**", aber *c. Inf.* „**Anstand nehmen, sich scheuen**", etwas zu tun: Οἱ στρατιῶται ᾐσχύνθησαν τὸν στρατηγὸν προδόντες „verraten zu haben", aber προδοῦναι „zu verraten".

b. bei den Verben der sinnlichen und geistigen **Wahrnehmung** und **Erkenntnis**:

sehen (ὁρᾶν), **hören** (ἀκούειν), **erfahren** (πυνθάνεσθαι),

merken, wahrnehmen (αἰσθάνεσθαι, μανθάνειν),
finden, antreffen, ertappen (εὑρίσκειν, καταλαμβάνειν, φωρᾶν),
erkennen (γιγνώσκειν),
wissen (εἰδέναι, ἐπίστασθαι, – ἀγνοεῖν „nicht wissen"),
sich erinnern (μιμνήσκεσθαι, μεμνῆσθαι), **vergessen** (ἐπιλανθάνεσθαι) u. ä.:

α. auf das Subjekt bezogen: Ὁρᾶτε ὑπὸ τοῦ προδότου ἐξα-
πατηθέντες. Ἀλέξανδρος ἔγνω ἀδύνατος ὢν τὸν ποταμὸν
διαβῆναι. Μέμνησο ἄνθρωπος ὤν. Οἱ φύλακες ὤφθησαν διαλεγόμενοι ἀλλήλοις. Αἰσθάνομαι εἰς κατηγορίας ἐμπεπ-
τωκώς (oder ἐμπεσούμενος).

β. auf das Objekt bezogen: Οἶδα τοὺς ἀνθρώπους θνητοὺς
ὄντας. Ὁρῶ τὸν πόλεμον πολλῶν κακῶν αἴτιον γεγενη-
μένον. Οἱ Ἕλληνες ἔμαθον Κῦρον τεθνηκότα. Κατέλαβον τὴν γυναῖκα περιπατοῦσαν.

Anm. 1. Statt der Partizipialkonstruktion kann bei diesen Verben meist auch
ein Satz mit ὅτι stehen. *Cf.* 142, b und Anm. Bei dem ὅτι-Satz wird mehr
Nachdruck auf den Sachverhalt, bei der Partizipialkonstruktion auf die Wahrnehmung gelegt; der Infinitiv (Anm. 5) bezeichnet Absicht oder Fähigkeit.

Anm. 2. Wie ὁρᾶν, so wird auch περιορᾶν „zulassen, dulden" mit Part.
(seltener = ἐᾶν mit Inf.) verbunden: Οἱ βάρβαροι τὴν χώραν πορθουμένην
περιεῖδον. Bei σύνοιδα ἐμαυτῷ „ich bin mir bewußt" kann das Part. im
Nom. oder im **Dat.** stehen: Σωκράτης συνῄδει ἑαυτῷ οὐδὲν ἐπιστάμενος oder
ἐπισταμένῳ.

Anm. 3. Ἀκούειν, αἰσθάνεσθαι, πυνθάνεσθαι werden konstruiert:
a. mit *Gen. partic.* bei unmittelbarer eigener Wahrnehmung;
b. mit *Acc. partic.*, wenn die Erkenntnis auf der Mitteilung einer sichern
   Tatsache beruht;
c. mit *Acc. c. Inf.*, wenn die Erkenntnis auf einem bloßen Gerüchte beruht.
Also: Ἀκούω σου ᾄδοντος „ich höre dich singen"; ἀκούω σε ᾄδοντα „ich
höre von andern als Tatsache, daß du singst"; ἀκούω σε ᾄδειν „ich höre als
Gerücht, daß du singst".

Anm. 4. Αἰσθάνεσθαι „meinen" und γιγνώσκειν „urteilen" werden mit dem
Inf. (bzw. *Acc. c. Inf.*) verbunden.

Anm. 5. Den Inf. verlangen (166, b, α) die Verba:

γιγνώσκειν beschließen	
μανθάνειν lernen	
εἰδέναι, ἐπίστασθαι verstehen	etwas zu tun.
μεμνῆσθαι gedenken, bedacht sein	
ἐπιλανθάνεσθαι vergessen	

Ἀγησίλαος ἔγνω πορεύεσθαι ἐπὶ τῆς Φρυγίας. Σὺ μὲν δεινῶς ψεύδεσθαι οἶσθα,
ἐγὼ δὲ μέμνημαι ἀεὶ ἀληθεύειν.

c. bei den **kausativen** Verben der **Wahrnehmung:**
zeigen, dartun, nachweisen, beweisen (δεικνύναι, ἀποδεικνύναι, δηλοῦν, δῆλον ποιεῖν, φαίνειν, ἀποφαίνειν); **darstellen,**
etwas **tun lassen,** z. B. in einer Schrift (ποιεῖν = *facere*);
überführen (ἐλέγχειν, ἐξελέγχειν),
melden (ἀγγέλλειν, meist mit ὅτι oder *Inf.*):

α. auf das Subjekt bezogen: Οἱ Θηβαῖοι ἔδειξαν ἑτοῖμοι
ὄντες ἀμύνεσθαι. Εὐθὺς ἐλεγχθήσεσθε ἐψευσμένοι. Ὁ
βασιλεὺς ἠγγέλθη τετελευτηκώς.

β. auf das Objekt bezogen: Ἐπιδείξω τοῦτον παραβάντα
τοὺς νόμους. Οἱ ποιηταὶ τοὺς θεοὺς ποιοῦσι διαλεγομένους
τοῖς ἀνθρώποις. Ὁ ἱππεὺς τοὺς πολεμίους ἤγγειλε προσιόν-
τας.

181. Die Partikel ἄν tritt zum **Partizip,** wenn in unabhängiger Rede
statt desselben entweder der **Potentialis** oder der **Irrealis** stehen
würde: Οἶδα ταῦτα οὐκ ἂν ἀληθῆ ὄντα (direkt ταῦτα αὐκ ἂν ἀληθῆ
εἴη). Κῦρος εἰ μὴ ἀπέθανεν, ἄριστος ἂν ἄρχων γενόμενος φανερός
ἐστιν. Ἴσμεν Σωκράτην ῥᾳδίως ἂν ἀφεθέντα ὑπὸ τῶν δικαστῶν,
εἰ καὶ μετρίως αὐτοὺς ἐκολάκευσεν.

182. 1) Οἱ Βαβυλώνιοι ἐπεὶ ἔμαθον προδεδομένοι (oder ὅτι προὐδέδοντο),
ἀντέχοντες ἐπαύσαντο οἰόμενοι τῶν Περσῶν οὐκέτι κρατήσειν, οὐδ’ εἰ
ἀνδρειότατα μάχοιντο· συνέβη δὴ τὴν Βαβυλῶνα τὸ δεύτερον ἁλῶναι.
2) Οἱ Σκύθαι, οἳ ἔφθασαν Δαρεῖον εἰς τὸν Ἴστρον ἀφικόμενοι, παρεκε-
λεύσαντο τοῖς Ἴωσι λῦσαι τὴν γέφυραν. 3) Ἀλέξανδρος Ἀριστοτέλη διὰ
παντὸς τοῦ βίου φιλῶν τε καὶ θεραπεύων διετέλει. 4) Οὐχ ἡμῖν μόνοις
γεγονότες δῆλοί ἐσμεν, ἀλλὰ καὶ τοῖς πλησίον, ἵνα βοήθειά τις γίγνηται
αὐτοῖς ἀφ’ ἡμῶν καὶ ὠφέλεια. 5) Τοὺς ἀνθρώπους μιμεῖσθαι χρὴ τὰς
τοῦ θεοῦ εὐεργεσίας καὶ ἥδεσθαι τοῖς δεομένοις μεταδιδόντας ἧς
ἔχουσιν ἀφθονίας. 6) Πλάτων ἰδὼν τοὺς Ἀκραγαντίνους οἰκοδομοῦντας
πολυτελῶς καὶ τρυφερῶς δειπνοῦντας εἶπε τοὺς Ἀκραγαντίνους οἰκο-
δομεῖν μὲν ὡς ἀεὶ βιωσομένους, δειπνεῖν δὲ ὡς αὔριον τελευτήσοντας.
7) Οἱ Ἐπιδάμνιοι ἐλθόντες ἐς τὴν Κόρινθον κατὰ τὸ μαντεῖον παρέδοσαν τὴν ἀποικίαν τόν τε οἰκιστὴν τῆς σφετέρας πόλεως ἀποδεικνύντες
ἐκ Κορίνθου ὄντα καὶ τὸ χρηστήριον δηλοῦντες καὶ ἐδέοντο μὴ σφᾶς
περιορᾶν διαφθειρομένους, ἀλλ’ ἐπαμῦναι. 8) Διὰ παντὸς τοῦ βίου τὴν
ἀλήθειαν οὕτω φαίνου προτιμῶν, ὥστε πιστοτέρους εἶναι τοὺς σοὺς
λόγους ἢ τοὺς τῶν ἄλλων ὅρκους. 9) Τὰς μελίττας ὁρῶμεν ἐφ’ ἅπαντα
μὲν τὰ ἄνθη καθιζανούσας, ἀφ’ ἑκάστου δὲ τὰ βέλτιστα λαμβανούσας.

10) Οὐδεὶς ὑμῶν ἐστιν, ὅστις ἀγνοεῖ τὴν τῶν Περσῶν δύναμιν τηλικαύτην τὸ μέγεθος γεγενημένην, διότι μᾶλλον τῶν ἄλλων ἐθνῶν τοὺς βασιλέας τιμῶντες διατελοῦσιν. 11) Οἱ Ἀθηναῖοι ἀκούσαντες τὸν Ἄθω διορυσσόμενον καὶ τὸν Ἑλλήσποντον ζευγνύμενον οὔτε κατὰ γῆν οὔτε κατὰ θάλασσαν σωτηρίαν σφίσιν εἶναι ἡγοῦντο. 12) Κἂν ἀνθρώπους λανθάνωμεν ἁμαρτόντες, ἀλλὰ τὸν θεόν γε οὐ λήσομεν. 13) Εὖ (oder καλῶς) ποιεῖς θεραπεύων τὸ γῆρας, εἰς ὅπερ πάντες ἀφιξόμεθα, ἐὰν ἄρα ζῶντες διαγιγνώμεθα. 14) Φωκίων οὔτε γελῶν ἑωρᾶτο οὔτε κλαίων οὔτε λουόμενος ἐν βαλανείῳ δημοσίῳ οὔτε ἔχων τὴν χεῖρα ἐκτὸς τῆς περιβολῆς, ὅτε τύχοι (cf. 153) περιβεβλημένος. 15) Σύλλας ἐν τῇ ἐν Ὀρχομενῷ μάχῃ αἰσθόμενος τῶν Ῥωμαίων ἡττωμένων καὶ φευγόντων, ἀποπηδήσας τοῦ ἵππου καὶ σημεῖον ἁρπάσας ἐωθεῖτο διὰ τῶν φευγόντων εἰς τοὺς πολεμίους βοῶν· Ἐμοὶ μὲν ἐνταῦθα καλόν, ὦ Ῥωμαῖοι, τελευτᾶν, ὑμεῖς δὲ τοῖς πυνθανομένοις ποῦ προδεδώκατε Σύλλαν, μέμνηθε φράζειν ὅτι ἐν Ὀρχομενῷ. 16) Ὅστις τοὺς ἑαυτοῦ παῖδας οὕτω πεπαίδευκεν, ὥστε ἐναντίον ἑαυτοῦ ἐξαμαρτάνοντας μὴ αἰσχύνεσθαι, οὗτος εἰκότως οὐδ᾽ αὐτὸς τὸν ἑαυτοῦ πατέρα ᾐσχύνθη· εἰ γὰρ ἔμαθεν ἐκεῖνον τιμᾶν, καὶ ἂν ἠξίου τούτους αὐτὸν τιμᾶν τε καὶ φοβεῖσθαι. 17) Φωκίων ποτὲ ἐπεὶ λέγων τὴν γνώμην πρὸς τὸν δῆμον εὐδοκίμει καὶ πάντας ὁμαλῶς ἑώρα τὸν λόγον ἀποδεχομένους, ἐπιστραφεὶς πρὸς τοὺς φίλους εἶπεν· ἆρα μὴ κακόν τι λέγων ἐμαυτὸν λέληθα; 18) Οἱ Λακεδαιμόνιοι λαβόντες Παυσανίαν τὸν βασιλέα προδιδόντα τὴν Ἑλλάδα τοῖς Πέρσαις, ἐπειδὴ ἔφθη αὐτοὺς φυγὼν εἰς τὸ τῆς Χαλκιοίκου ἱερόν, ἀποικοδομήσαντες τὴν θύραν καὶ ἀποσκευάσαντες τὸν ὄροφον καὶ κύκλῳ περιστρατοπεδεύσαντες οὐ πρότερον ἀπεχώρησαν, πρὶν λιμῷ αὐτὸν ἀπέκτειναν. 19) Κίμων ἐν τοῖς κήποις οὐδένα τῶν καρπῶν φύλακα ἔταττεν, ὥστε τὸν βουλόμενον τῶν πολιτῶν λαμβάνειν, εἴ τινος τυγχάνοι δεόμενος. 20) Σιμωνίδης ἔλεγεν οὐδέποτε μὲν ἑαυτῷ μεταμελῆσαι σιγήσαντι, πολλάκις δὲ φθεγξαμένῳ. 21) Ἡρακλῆς οὐκ ἔφθη ἐνδὺς τὸν χιτῶνα, ὃν Ἰόλη ἔλαθε φαρμάκῳ χρίσασα, καὶ εἰς μεγίστην συμφορὰν ἐνέπεσεν αἰσθόμενος τοῦ φαρμάκου εὐθὺς εἰσδυομένου εἰς τὰς σάρκας. 22) Οἱ Ῥηγῖνοι ἠχθέσθησαν ὁρῶντες τὰ Διονυσίου, τοῦ Συρακοσίων τυράννου, αὐξανόμενα καὶ μεμνημένοι τῶν Ναξίων τε καὶ Καταναίων, συγγενῶν ὄντων, ὑπ᾽ αὐτοῦ ἐξηνδραποδισμένων ἐφοβοῦντο μὴ τὸ αὐτὸ πάθοιεν. 23) Ῥᾳδίως εὑρήσομεν τοὺς πλείστους ὥσπερ τῶν σιτίων τοῖς ἡδίστοις μᾶλλον ἢ τοῖς ὑγιεινοτάτοις χαίροντας, οὕτω καὶ τῶν φίλων τοῖς συνεξαμαρτάνουσι πλησιάζοντας, ἀλλ᾽ οὐ τοῖς νουθετοῦσιν. 24) Ἀννίβας καίπερ νικηθεὶς καὶ φυγὼν οὐκ ἐπελάθετο τοῦ ὅρκου, οὗ παῖς ὢν ὤμοσε, διὰ παντὸς τοῦ βίου μὴ παύσεσθαι πολεμικῶς ἔχων

πρὸς τοὺς ῾Ρωμαίους. 25) Εἴθε πρὸς τέλος τοῦ βίου ἀφικόμενοι μὴ συνειδείημεν ἡμῖν αὐτοῖς μάτην βεβιωκότες (oder βεβιωκόσιν). 26) Ἐπεὶ οἱ βάρβαροι δῆλοι ἦσαν οὐκ ἂν παυόμενοι θρασέως καὶ πολεμικῶς ἔχοντες, εἰ μὴ νικηθεῖεν μάχην κυρίαν, Ἱέρων στρατεύσας οὕτω διέφερε μαχόμενος, ὥστε ἐπανελθὼν εἰς τὰς Συρακούσας ὑπὸ πάντων προσηγορεύθη βασιλεύς. 27) Διογένης εὐπρεποῦς τινος μειρακίου ἀκούσας ἀπρεπῶς λαλοῦντος εἶπεν· Ἆρα οὐκ αἰσχύνῃ ἐξ ἐλεφαντίνου κολεοῦ ἕλκων μολύβδινον ξίφος; 28) Πυθαγόρας ὁ Σάμιος πρῶτος ἐν τοῖς Ἕλλησιν ἐτόλμησε λέγειν, ὅτι τὸ μὲν σῶμα ἀποθανεῖται, ἡ δέ ψυχὴ ἀναπετομένη οἰχήσεται, ἅτε ἀθάνατος οὖσα καὶ ἀγήρως. 29) Τίθεται ὁμολογῶν, ὅστις οὐκ ἀποκρίνεται. 30) Πρόκλος, ἀνὴρ ἐπιφανής, διωμόσατο ῾Ρωμύλον ἰδεῖν εἰς οὐρανὸν σὺν τοῖς ὅπλοις ἀναφερόμενον καὶ φωνῆς ἀκοῦσαι αὐτοῦ λέγοντος ἤδη ὄνομα ἔχειν Κυρῖνον. 31. Ἡ θάλασσα ἐπῆλθε καὶ τοὺς ἀνθρώπους διέφθειρεν, ὅσοι μὴ ἐδύναντο φθῆναι πρὸς τὰ μετέωρα ἀποδραμόντες. 32) Ὅπου ὁ κράτιστος μάλιστα πλεονεκτῶν φαίνεται, ἐνταῦθα πάντες φανεροί εἰσι προθυμότατοι ἀγωνιζόμενοι. 33) Αἱ ἐπιθυμίαι οὐ λήγουσιν αἰκιζόμεναι τὰ τῶν ἀνθρώπων σώματα καὶ τὰς ψυχάς, ἔστ᾽ ἂν ἄρχωσιν αὐτῶν. 34) Οἱ Λακεδαιμόνιοι ὡς ᾔσθοντο τειχιζόντων τῶν Ἀργείων, ἐστράτευσαν ἐς τὸ Ἄργος. 35) Προσήκει τοῖς ἄρχουσι πόλιν δυστυχοῦσαν παύειν. 36) Ἐπιόντος τοῦ θανάτου ἐπὶ τὸν ἄνθρωπον τὸ ἀθάνατον μέρος αὐτοῦ σῶν καὶ ἀδιάφθορον οἴχεται ἀπιόν. 37) Κῦρος ὁ νεώτερος, εἴ τις καὶ ἄλλος, ἠπίστατο χάριν εἰδέναι τε καὶ ἀποδοῦναι. 38) Οἱ Ἕλληνες ἑπτὰ ἡμέρας, ὅσασπερ ἐπορεύθησαν διὰ τῶν Καρδούχων, πάσας μαχόμενοι διετέλεσαν. 39) Οἱ Πέρσαι ἡττηθέντες ἐν Μαραθῶνι περιέπλευσαν Σούνιον τὴν ἄκραν βουλόμενοι φθῆναι τοὺς Ἀθηναίους ἀφικόμενοι ἐς τὸ ἄστυ.

X. VERBALADJEKTIVE

183. 1. Die Verbaladjektiva auf τός haben
   a. die Bedeutung eines Partiz. Perf. Pass.: κρυπτός „verborgen", ποιητός „gemacht";
   b. sie bezeichnen, was gewöhnlicher ist, eine Möglichkeit: ὁρατός „sichtbar", διδακτός lehrbar"; negativ: ἀόρατος, δύσβατος „schwer gangbar".

2. Die Verbaladjektiva auf τέος entsprechen als *Participia necessitatis* dem latein. Gerundivum: λυτέος *solvendus*, πρακτέος *faciendus*. Über ihre Konstruktion ist zu merken:

a. die Person, die etwas tun muß, steht im Dativ (cf. 57);
b. die von intransitiven Verben gebildeten Verbaladjektiva können nur unpersönlich konstruiert werden: Πᾶσι μεθεκτέον ἐστὶ τῶν πραγμάτων.
c. die von transitiven Verben gebildeten Verbaladjektiva werden sowohl persönlich als auch unpersönlich konstruiert: Ἡ ἀρετὴ πᾶσι τοῖς ἀνθρώποις ἀσκητέα ἐστίν oder τὴν ἀρετὴν πᾶσι τοῖς ἀνθρώποις ἀσκητέον ἐστίν.

Anm. 1. Von solchen Verben, welche im Medium eine andere Bedeutung haben als im Aktiv, kann das Verbaladjektiv beide Bedeutungen haben: Πειστέον ἐστίν „man muß überreden" oder „man muß gehorchen".

Anm. 2. In auffallender Weise steht bei der unpersönlichen Konstruktion die handelnde Person zuweilen im Akk., indem dem Redenden die Konstruktion des unpersönlichen Verbums δεῖ vorschwebt, z.B. Οὐ δουλευτέον τοὺς νοῦν ἔχοντας τοῖς κακῶς φρονοῦσιν (= οὐ δεῖ δουλεύειν τοὺς νοῦν ἔχοντας τοῖς κ. φρονοῦσιν). Τὸν βουλόμενον εὐδαίμονα εἶναι σωφροσύνην διωκτέον ἐστίν.

184. 1) Φωκίων κατὰ τὰς στρατείας ἀεὶ γυμνὸς ἐβάδιζεν, εἰ μὴ ψῦχος ὑπερβάλλον εἴη καὶ δυσκαρτέρητον, ὥστε τοὺς στρατιώτας παίζοντας Φωκίωνα ἐνδεδυμένον σύμβολον μεγάλου χειμῶνος ποιεῖσθαι. 2) Τοῖς ἀνθρώποις πάντα μὲν ἔμοιγε δοκεῖ τὰ καλὰ καὶ τὰ ἀγαθὰ ἀσκητέα εἶναι, μάλιστα δὲ σωφροσύνη. 3) Κλεάνθης σιωπήσας ποτέ, ἐπεί τις ἠρώτησε· Τί σιωπᾷς; καὶ μὴν γλυκὺ τὸ διαλέγεσθαι τοῖς φίλοις· Γλυκὺ μέν, ἔφη, ὅσῳ δὲ γλυκύτερον, τοσούτῳ μᾶλλον παραχωρητέον τοῖς φίλοις. 4) Ἡ ἀρετὴ αὐτῷ σοι πρῶτον ἐργαστέα ἐστιν (oder τὴν ἀρετὴν ... ἐργαστέον ἐστίν), εἰ ἄλλῳ τινὶ μεταδώσειν αὐτῆς μέλλεις. 5) Οὐκ ἀναιρετέον τὴν φιλοσοφίαν (oder οὐκ ἀναιρετέα ἡ φιλοσοφία), διότι ἔνιοι τῶν προσποιουμένων αὐτῆς ἐμπείρων εἶναι πονηροὺς ἑαυτοὺς παρέχουσιν. 6) Μᾶλλον ἐπαινετέος καὶ θαυμαστέος ἐστὶν ὁ μετὰ πενίας ἢ ὁ μετὰ πλούτου τὸ γῆρας εὐκόλως φέρων. 7) Οὔτε ἐξ ἱεροῦ βωμὸν οὔτε ἐκ τῆς ἀνθρωπίνης φύσεως ἀφαιρετέον τὸν ἔλεον. 8) Ἐν ταῖς δυσπραγίαις ἡμῖν ἐπιδεικτέον ἐστίν, ὅτι ἄμεινον τῶν ἄλλων τεθράμμεθα καὶ πρὸς ἀρετὴν πεπαιδεύμεθα. 9) Ἅπαντα ἐπιμελείᾳ καὶ πόνῳ ἁλωτὰ γίγνεται. 10) Σωκράτης δι' ὅλου τοῦ βίου τὰ μὲν μαθητὰ ἐμάνθανε, τὰ δ' εὑρετὰ ἐζήτει, τὰ δ' εὐκτὰ παρὰ θεῶν ᾐτεῖτο.

XI. ORATIO OBLIQUA

185. Für die Verwandlung der direkten Rede in die **oblique** gelten folgende Regeln:
1. **Hauptsätze:**
   a. Aussagesätze stehen im Inf. (bzw. *Acc. c. inf.*) oder werden durch ὅτι und ὡς eingeleitet.
   b. Begehrungssätze, die einen Befehl, Aufforderung oder Wunsch enthalten, stehen stets im Infinitiv.
   c. Eigentliche Fragen werden als indirekte Fragesätze (*cf.* 144), rhetorische Fragen als Aussagesätze behandelt.
2. **Nebensätze** behalten die Modi und Tempora der direkten Rede bei. Wenn aber die *Or. obliqua* von einem Nebentempus abhängt, so können die Indikative (mit Ausnahme des Irrealis und Potentialis) und die Konjunktive in den **Optativ** verwandelt werden. *Cf.* 132, Anm. 2; 140, 2.

Anm. 1. Nicht selten treten Nebensätze in die Infinitivkonstruktion. Umgekehrt stehen solche Hauptsätze, die mit γάρ, οὖν, δέ angeknüpft sind, zuweilen in dem sogen. *Optativus orationis obliquae :* Οἱ Πλαταιεῖς ἀπεκρίναντο, ὅτι ἀδύνατα σφίσιν εἴη ποιεῖν, ἃ προκαλεῖται, ἄνευ Ἀθηναίων· παῖδες γὰρ σφῶν καὶ γυναῖκες παρ' ἐκείνοις εἴησαν.
Anm. 2. Solche relativen und temporalen Nebensätze, die direkt durch den Ind. eines Nebentempus ausgedrückt sein würden, bleiben in der *Or. obl.* regelmäßig unverändert, weil nur so eine früher vergangene Handlung bestimmt als vergangen bezeichnet werden kann: Ἐκέλευσέ με τὴν ἐπιστολὴν δοῦναι, ἣν ἔγραψα οἴκαδε „geschrieben hätte".
Anm. 3. Eine streng durchgeführte *Oratio obliqua* liebt der Grieche nicht, er geht deshalb gerne in die direkte Rede über, z.B. Κῦρος ἀπεκρίνατο, ὅτι ἀκούοι Ἀβροκόμαν ἐπὶ τῷ Εὐφράτῃ ποταμῷ εἶναι· πρὸς τοῦτον οὖν ἔφη („fuhr er fort") βούλεσθαι ἐλθεῖν· κἂν μὲν ᾖ ἐκεῖ, τὴν δίκην ἔφη χρῄζειν ἐπιθεῖναι αὐτῷ, ἢν δὲ φύγῃ, ἡμεῖς ἐκεῖ πρὸς ταῦτα βουλευσόμεθα.

Solon sagte zu Kroisos, es sei nicht möglich, jemanden glücklich zu preisen, ehe man sein Lebensende gesehen; denn solange (derselbe) lebe, sei zu befürchten, daß er noch in Unglück gerate. Er selbst habe viele Menschen kennengelernt, die, obgleich sie in ihrem ganzen früheren Leben glücklich geschienen, gerade am

Σόλων Κροίσῳ οὐκ ἔφη ἐξεῖναι εὐδαιμονίζειν οὐδένα, πρὶν ἄν τις ἴδῃ (oder πρίν τις ἴδοι) αὐτοῦ τέλος τοῦ βίου· κίνδυνον γὰρ εἶναι, ἕως ἂν ζῇ (oder ἕως ζώῃ), μὴ περιπίπτοι συμφοραῖς. Αὐτὸς γὰρ (ἔφη) εἰδέναι πολλοὺς ἀνθρώπους, οἳ καίπερ διὰ παντὸς τοῦ πρότερον βίου εὐτυχεῖν φαινόμενοι περὶ αὐτὴν τὴν τοῦ βίου τελευτὴν τὰ

Schluß ihres Lebens das traurigste Schicksal erlitten hätten. Nicht einmal für den reichsten möchte er ihn halten, vorausgesetzt, daß (jener) nicht auch die Weisheit sehr hoch schätze; denn nicht diejenigen, die das meiste besäßen, sondern die, welche die Weisheit am höchsten achteten, seien für die reichsten anzusehen.

ἔσχατα ἔπαθον. Καὶ αὐτὸν οὐδ᾽ ἂν πλουσιώτατον εἶναι νομίζειν, εἴπερ μὴ καὶ τὴν σοφίαν περὶ πλείστου ποιοῖτο. Καὶ γὰρ οὐ τοὺς τὰ πλεῖστα κεκτημένους, ἀλλὰ τοὺς τὴν σοφίαν περὶ πλείστου ποιουμένους πλουσιωτάτους εἶναι νομιστέους.

186. 1) Οἱ Θηβαῖοι εὐθὺς μετὰ τὴν ἐν Λεύκτροις τῆς Θεσπικῆς μάχην ἔπεμψαν εἰς Ἀθήνας ἄγγελον ἐστεφανωμένον καὶ ἐκέλευσαν βοηθῆσαι λέγοντες, ὡς νῦν ἐξείη Λακεδαιμονίους τιμωρήσασθαι πάντων, ὅσων ἐποίησαν αὐτούς. 2) Θρᾷττά τις Θαλῆν ἀποσκῶψαι λέγεται, ὅτι τὰ μὲν ἐν οὐρανῷ προθυμοῖτο εἰδέναι, τῶν δὲ παρὰ πόδας ἀμελοίη. 3) Οἱ μετὰ Ξενοφῶντος προεῖπον, ἐάν τις μείνῃ ἢ ἀπολίπῃ τὸ στράτευμα, πρὶν ἅπαντας ἐν ἀσφαλεῖ εἶναι, κρίνεσθαι αὐτὸν ὡς ἀδικοῦντα· λέγειν δ᾽ ἐπιχειροῦντός τινος, ὡς δίκαιον εἴη ἀπιέναι τὸν βουλόμενον, οἱ στρατιῶται οὐκ ἠνείχοντο, ἀλλ᾽ ἠπείλουν αὐτῷ, εἰ λάβοιεν ἀποδιδράσκοντα, ὅτι τὴν δίκην ἐπιθήσοιεν. 4) Ἅμ᾽ ἡλίῳ ἀνίσχοντι ἦλθον ἄγγελοι παρ᾽ Ἀριαίου λέγοντες, ὅτι Κῦρος μὲν τέθνηκεν, Ἀριαῖος δὲ ταύτην μὲν τὴν ἡμέραν περιμενεῖ τοὺς Ἑλληνικοὺς μισθοφόρους, τῇ δ᾽ ἄλλῃ στρατεύσεσθαι ἐπ᾽ Ἰωνίας, ὅθενπερ ἦλθεν. 5) Ἡρακλῆς πορευόμενος ἐπὶ τὸν ἐν Νεμέᾳ λέοντα ἦλθε πρὸς ξένον καὶ ἐπέτρεψεν αὐτῷ εἰς ἡμέραν τηρεῖν τριακοστὴν καὶ ἐὰν μὲν ἀπὸ τῆς θήρας σῶς ἐπανέλθῃ, Διὶ σωτῆρι θύειν, ἐὰν δ᾽ ἀποθάνῃ, τότε ὡς ἥρωι ἐναγίζειν. 6) Θηραμένης εἶπεν, ὅτι οὐδὲν αὐτῷ μέλοι τοῦ τῶν πολιτῶν θορύβου, ἐπειδὴ πολλοὺς Ἀθηναίων εἰδείη τοὺς τὰ ὅμοια πράττοντας αὐτῷ. 7) Σωκράτης ἐρωτησάντων τῶν φίλων, τίνα τρόπον θάψειαν αὐτόν, ἔφη· ὅπως ἂν ἐθέλωσιν, ἐάνπερ γε λάβωσιν αὐτὸν καὶ μὴ ἐκφύγῃ αὐτούς. 8) Κροῖσος ἠρώτησε Σόλωνα, τίς πάντων ὅσων ἔγνω εὐδαιμονέστατος εἶναι φαίνοιτο (oder φαίνεται), ἡγούμενος δηλονότι οὐδένα ἄξιον ἂν (cf. 170) εἶναι προκρίνειν ἑαυτοῦ. Ὁ δὲ Σόλων οὐκ ἔφη ἐξεῖναι εὐδαιμονίζειν οὐδένα, πρίν ἂν τις ἴδῃ αὐτοῦ τέλος τοῦ βίου. Κίνδυνον γὰρ εἶναι (oder κίνδυνος γὰρ εἴη, (cf. 185, Anm. 1), ἕως ἂν ζῇ, μὴ περιπίπτῃ συμφοραῖς. Αὐτὸς γὰρ ἔφη εἰδέναι πολλοὺς ἀνθρώπους, οἳ, καίπερ διὰ παντὸς τοῦ πρότερον βίου εὐτυχεῖν φαινόμενοι, περὶ αὐτὴν τὴν τελευτὴν τοῦ βίου τὰ ἔσχατα ἔπαθον. Ταῦτα δ᾽ ἀκούσας ὁ βασιλεὺς ἠρώτησεν, εἰ αὐτὸν μηδὲ πλουσιώτατον εἶναι νομίζοι. Σόλων δ᾽ ἀπεκρίνατο οὐδὲ τοῦτο ἂν ὁμολογῆσαι, ἐάνπερ μὴ τὴν σοφίαν περὶ πλείστου ποιῆται, καὶ ἐδίδαξεν οὐ τοὺς τὰ πλεῖστα κεκτημένους, ἀλλὰ τοὺς τὴν σοφίαν περὶ πλείστου ποιουμένους πλουσιωτάτους εἶναι νομιστέους.

XII. PARTIKELN

A. Partikeln in direkten Fragen

187. 1. Die direkten Fragen sind Hauptsätze und stehen:

a. im Indikativ wie im Deutschen, z. B. Τίς ἀδικεῖ ὑμᾶς; Ποῦ ἐμαχέσαντο οἱ Ἕλληνες; *Cf.* 135, 1 c. τίς οὐκ ἀκήκοε;

b. im *Coniunctivus dubitativus* (1. Pers.), z. B. Τί φῶ; Τί δρῶμεν; Ποῖ τράπωμαι; *Cf.* 137, b.

c. im Optativ mit ἄν, z. B. Πόσα ἄν μοι χρήματα δοίης; Πῶς ἂν σωθείημεν;

d. im Ind. Imperfekt oder Aorist mit ἄν als Potentialis der Vergangenheit oder Irrealis, z. B. Τίς ἂν ᾤετο wer hätte wohl geglaubt? *Cf.* 135, 2.

2. Die in direkten Fragen gebräuchlichen Partikeln sind:

a. ἆρα (lat. **-ne**); viel stärker ἦ „wirklich" (z. B. ἦ τοῦτο λέγεις;).

b. οὐ, ἆρ᾽ οὐ (lat. **nonne**); viel stärker ἄλλο τι ἤ (eig. „ist es etwas anderes als?"); οὐκοῦν **nonne igitur** (*Cf.* 199, 5). (Die Antwort „ja" wird erwartet)

c. ἆρα μή oder μή oder μῶν (lat. **num**). (Die Antwort „nein" wird erwartet)

d. πότερον – ἤ oder πότερα – ἤ lat. (**utrum – an);** – „oder nicht" in Doppelfragen ἢ οὐ oder ἢ μή (*cf.* 144). κᾆτα und κἄπειτα leiten Fragen ein, die Überraschung, Ironie und Unwillen ausdrücken.

Anm. 1. Sehr oft läßt der Grieche in der einfachen direkten Frage die Partikel ἆρα und in der Doppelfrage die Partikel πότερον weg, bezeichnet also die Frage bloß durch den Ton, wie auch der Deutsche.

Anm. 2. οὐκοῦν οὐ – Antwort „nein"
μῶν οὐ – Antwort „ja"

188. Will man eine Frage mit „ja" oder „nein" beantworten, so geschieht dies:

a. durch Wiederholung des Wortes, worauf hauptsächlich die Frage gerichtet ist (mit oder ohne bekräftigende Adverbien),

z. B. Λέγεις οὖν τοῦτο οὕτως ἔχειν; Λέγω oder οὕτω δὴ ἔχει.
Ἆρα ὁ στρατηγὸς ἐκέλευσε τοῦτο; Στρατηγός oder ἐκέλευσεν.

b. durch φημί *aio*, οὔ φημι *nego*, ἔστιν οὕτως, ἔστι ταῦτα, ἀληθῆ
   λέγεις, ὁμολογῶ, ἔγωγε, οὐκ ἔγωγε, τί οὐ μέλλει; οὐκ ἔστιν

c. durch Adverbien, wie ναί „ja", οὔ „nein", ναὶ τὸν Δία, πάνυ
   γε, πάνυ μὲν οὖν, κάρτα γε, ὀρθῶς γε, κομιδῇ, μάλα, μάλιστα,
   παντάπασί γε, καλῶς γε, οὐ δῆτα, οὐδαμῶς, οὐ μὰ Δία, ἥκιστά
   γε, πῶς οὔ; πῶς δ᾽ οὔ; πῶς γὰρ οὔ;

Anm. Oft tritt an die Stelle der Antwort ja oder nein gleich die Angabe
des Grundes, warum man zustimmt oder ablehnt (Begründung wird mit γάρ
gekennzeichnet), z. B. Ὁμολογεῖς περὶ ἐμὲ ἄδικος γεγενῆσθαι; Ἤλπιζον γὰρ
λήσειν „ja, denn ich hoffte, dir unbemerkt zu bleiben". Σὺ ἐτόλμας τούσδε τοὺς
νόμους ὑπερβαινειν; Μᾶλλον γὰρ ἐφοβούμην Δία ἢ σέ „ja, ich hab's gewagt; denn
mehr fürchtete ich den Zeus als dich". – ἢ οὔ; ἢ μή; = oder nicht?

189. 1) Ἆρ᾽ ὄναιτο ἂν ἄνθρωπος καὶ τοῦ μεγίστου πλούτου νοῦν μὴ ἔχων;
2) Θεμιστοκλῆς ἐρωτηθείς, πότερον Ἀχιλλεὺς μᾶλλον βούλεται εἶναι
ἢ Ὅμηρος· ἀλλὰ σὺ αὐτός, ἔφη, πότερον ἐθέλοις ἂν εἶναι ὁ νικῶν
Ὀλύμπια ἢ ὁ κηρύσσων τοὺς νικῶντας; 3) Εἴ τις ἔροιτό σε, εἰ οἴει
ἑκάστῳ ἀνθρώπῳ τὸν χρυσὸν χρήσιμον εἶναι, ἆρ᾽ ἂν φαίης; 4) Πότερον
μᾶλλον τῇ ὀδύνῃ μαχούμεθα καὶ ἀντιτενοῦμεν, ὅταν ὑπὸ πολλῶν ὁρώ-
μεθα ἢ ὅταν μόνοι ἐν ἐρημίᾳ ὦμεν; 5) Ἆρ᾽ οὐκ ἂν κακῶς στρατιὰ
μαχέσαιτο, εἰ οἱ στρατιῶται μὴ τεταγμένοι τοῖς ἄρχουσιν ἕποιντο;
6) Ἦ οὕτως εἶ σοφός, ὥστε λέληθέ σε, ὅτι ἡ πατρὶς μητρός τε καὶ
πατρὸς καὶ τῶν ἄλλων προγόνων ἁπάντων τιμιώτερόν ἐστι καὶ σεμνότερον; 7) Ἆρα μὴ τολμήσεις βλασφημῆσαι εἰς τοὺς παιδεύοντας καὶ
φιλοσοφοῦντας; 8) Σωκράτης πρὸς Ἰσχόμαχον εἶπεν· (ἆρα) μή σε
κατακωλύω ἀπιέναι ἤδη βουλόμενον; Ἥκιστά γε, ἔφη, ἐπεὶ οὐ μὴ
ἀπέλθω (*cf.* 137, Anm. 3), πρὶν ἂν πάντα σου ἀκούσω. 9) Πιττακὸς
κελευσθεὶς ὑπὸ Κροίσου εἰπεῖν ἀρχὴν ὧν (= τούτων, ἃς) εἶδε κρατίστην,
ἀπεκρίνατο· ἆρα νομίζωμεν ἄλλην τινὰ κρείττω εἶναι τῆς τῶν νόμων;
10) Πλάτων ὁπότε ἀνθρώποις ἀσχημονοῦσι παραγένοιτο, ἀπιὼν ἔλεγε
πρὸς ἑαυτόν· ἆρα μὴ ἐγὼ τοιοῦτος; 11) Διὰ τί Ὅμηρον οἴει τὸν Ἀγαμέμνονα προσαγορεῦσαι ποιμένα λαῶν; ἆράγε (oder ἄλλο τι ἢ) ὅτι καὶ
τὸν στρατηγὸν ἐπιμελεῖσθαι δεῖ, ὅπως οἱ στρατιῶται σῶοί τε ἔσονται
καὶ τὰ ἐπιτήδεια ἕξουσιν; 12) Ἆρ᾽ οὐκ ἂν Ἀννίβας τοῖς Ῥωμαίοις
πολεμῶν νικῆσαι φαίνεται, εἰ μὴ τῷ τῶν οἴκοι ἐναντίων φθόνῳ ἐκω-
λύετο;

B. Negationen

190. Die gewöhnliche Negation ist οὐ (οὔτε, οὐδέ, οὐδείς, οὔποτε usw.); aber μή (μήτε, μηδέ, μηδείς, μήποτε usw.) steht:

a. in Hauptsätzen, die ein Verbot, eine Aufforderung, einen Wunsch ausdrücken, und in Fragesätzen (mit Indik. oder Opt. mit ἄν), auf die „nein" als Antwort erwartet wird: Μὴ σύ γε τοῦτο δράσεις; du willst dies doch nicht etwa tun?

b. in folgenden Arten von Nebensätzen:
   α. in Finalsätzen (cf. 148), auch beim *Part. fut.*, wenn es einen Finalsatz vertritt (cf. 177, I, e);
   β. in hypothetischen und konzessiven Sätzen (cf. 152 und 154);
   γ. in hypothetischen und finalen Relativsätzen (cf. 158, 3–5)
   δ. in nichtindikativischen Temporalsätzen der 156, 2 u. 3 beschriebenen Art.

c. bei einem Teil der Infinitive und Partizipien, worüber cf. 163 u. 174.

Anm. 1. Gehört die Negation nur zu einem einzelnen Begriff im Satz, so wird auch in Fällen, wo man sonst μή erwarten würde, οὐ gesetzt: Αἱ πόλεις ἔστωσαν κόσμιαι οὐκ ἀναθήμασιν, ἀλλὰ ταῖς τῶν πολιτῶν ἀρεταῖς.

Anm. 2. Die Negation οὐ verwächst mit folgenden Verben zu einem Begriffe: οὐ φημι *nego* „ich sage, daß nicht", οὐ κελεύω / οὐκ ἐῶ *veto* } „ich verbiete, ich lasse nicht zu", οὐκ ἐθέλω „ich weigere mich", οὐ νομίζω „ich glaube, daß nicht", οὐκ ἀξιῶ „ich fordere, daß nicht", οὐ δίδωμι „ich schlage ab", οὐ προσποιοῦμαι = *dissimulo*.

Anm. 3. In indirekten Fragesätzen kann bei εἰ „ob" οὐ oder μή stehen, z. B. Ἐρωτᾷς, εἰ οὐ καλή μοι δοκεῖ εἶναι ἡ ῥητορική. Ἠρώτων αὐτόν, εἰ μηδὲν φροντίζει τῶν παρόντων. Σκοπῶμεν, εἰ πρέπει ἢ οὔ. Σκοπεῖτε, εἰ δίκαια λέγω ἢ μή.

191. Zwei Negationen heben sich im Griechischen nur dann auf:

a. wenn das einfache οὐ oder μή hinter einer zusammengesetzten Negation steht: οὐδεὶς οὐ *nemo non* „jeder".

b. wenn οὐ auf μή oder μή auf οὐ folgt (cf. 193).

Wenn dagegen eine zusammengesetzte Negation auf eine andere einfache oder zusammengesetzte Negation der gleichen Art folgt, so heben sich die Negationen nicht auf; vielmehr hat der Grieche eine Vorliebe für derartige **Häufung der Negationen:** Τοῦτ' οὐκ οἶδεν οὐδείς. Ἄνευ σοφίας οὐδεὶς οὐδέποτε εἰς οὐδὲν οὐδενὸς ἄξιος γενήσεται. Μὴ βλάπτε μηδένα μηδέν.

192. Nach den Verben mit negativem Sinne:
widersprechen (ἀντιλέγειν, *aor.* ἀντειπεῖν),
sich widersetzen (ἐναντιοῦσθαι, ἀντέχειν),
verbieten (ἀπαγορεύειν, *aor.* ἀπειπεῖν),
abhalten, hindern (εἴργειν, κωλύειν, ἐμποδὼν εἶναι),
sich hüten (φυλάττεσθαι, εὐλαβεῖσθαι),
unterlassen, vermeiden (ἀπέχεσθαι, φεύγειν),
zweifeln (ἀμφισβητεῖν, ἀπιστεῖν), **leugnen, sich weigern** (ἀρνεῖσ-θαι) u. ä.

steht bei dem abhängigen Infinitiv die Negation μή, die im Deutschen unübersetzt bleibt: Οἱ Κερκυραῖοι κήρυκα ἔπεμψαν ἀπεροῦντα μὴ πλεῖν. Τί ἀμφισβητεῖτε μὴ ἀληθῆ λέγειν ἐμέ; Ἀπέσχοντο μὴ ἐπὶ τὴν ἑκατέρων γῆν στρατεῦσαι.

Anm. 1. Nach κωλύειν und ἐμποδὼν εἶναι wird μή beim abhängigen Inf. oft, bei οὐκ ἐᾶν „verbieten" stets weggelassen.

Anm. 2. Bei den Verben „widersprechen, zweifeln, leugnen" steht auch in einem Aussagesatze mit ὡς, ὅτι ein pleonastisches οὐ: Πολλοὶ ἀντέλεγον, ὡς οὐκ ἄξιον εἴη ἀπιέναι.

Sind diese Verba selbst (direkt od. dem Sinne nach, z. B. Frage) negiert, so steht bei dem abhängigen Infinitiv μὴ οὐ (seltener μή allein): Οὐδὲν ἡμῖν ἐμποδὼν ἂν εἴη μὴ οὐκ ἀνδρειότατα μαχέσασθαι. Οὐκ ἀρνοῦμαι μὴ οὐκ ἐπίστασθαι τὰ δίκαια.

Anm. 3. Nach den verneinenden Ausdrücken „nicht können, nicht dürfen, es ist nicht möglich, es ist nicht recht, es ist schimpflich = nicht schön" (οὐ δύνασθαι, ἀδύνατον εἶναι, οὐχ οἷόν τε εἶναι, οὐ συγχωρεῖ, οὐδεμία μηχανή ἐστιν, αἰσχρόν [= οὐ καλόν] ἐστιν, ἄλογόν ἐστιν, οὐ προσδοκία ἐστὶν u. ä.) steht beim abhängigen Infin., wenn derselbe wirklich verneint werden soll, meist nicht μή, sondern μὴ οὐ: Ξέρξης οὐκ ἐδύνατο μὴ οὐ θαυμάζειν τὴν τῶν Ἑλλήνων ἀνδρείαν. Οὐ δίκαιόν ἐστι τοῖς ἀδικουμένοις μὴ οὐ βοηθεῖν. Πᾶσιν αἰσχύνη ἦν μὴ οὐ συσπουδάζειν.

193. Die Verbindung οὐ μή steht:
a. mit *Coni. aor.* (selten *Ind. fut.*) in der Bedeutung „gewiß nicht" zur Verneinung einer zukünftigen Handlung (*cf.* 137, Anm. 3);
b. mit der 2. Pers. *Ind. fut.* zur Bezeichnung eines strengen Verbotes: Οὐ μὴ λαλήσεις = ich will nicht hoffen, daß du schwatzest!" (*cf.* 131 c)

Dagegen steht die Verbindung μὴ οὐ:
a. mit dem Konj. oder Opt. bei den Ausdrücken der Furcht (*cf.* 148, b, β.);
b. mit dem Konj. zur Bezeichnung einer Besorgnis (*cf.* 137, Anm. 3);
c. beim Infin. nach negativen Ausdrücken (*cf.* 192).

194. Nein; denn οὐδείς, μηδείς (aus οὐδ᾽ – εἷς, μηδ᾽ – εἷς entstanden) heißt „nicht einmal einer, kein einziger", ist also ein stark betonter Begriff, z. B. Οὐδεὶς τὴν εἱμαρμένην ἐκφεύξεται. Οὐδεὶς τῶν στρατιωτῶν ηὐτομόλησε πρὸς τοὺς πολεμίους. Das unbetonte „kein" wird durch die einfache Negation οὐ oder μή übersetzt, z. B. Οὐκ ἔχω κῆπον „ich habe keinen Garten". Οὐκ ἀντιλέγω „ich erhebe keinen Widerspruch". Οὐ παιδάρια, ἀλλ᾽ ἄνδρες ἐστέ „ihr seid keine Kinder, sondern Männer".

Anm. Οὐδέν, wie auch οὔτι, als Adverbien gebraucht, sind verstärkte Negationen „in keiner Hinsicht, durchaus nicht" = οὐδαμῶς, z. B. Οὐδὲν δεῖ ταῦτα φοβεῖσθαι. Zum Ausdruck der festen Überzeugung dient οὗτοι „wahrlich nicht, gewiß nicht". Von andern Negationen merke: οὐδέποτε „niemals" (von jeder Zeit gesagt), aber οὐδεπώποτε „noch niemals" (von der Vergangenheit); οὔπω, οὐδέπω „noch nicht"; οὐδείς πω „noch keiner"; οὐκέτι „nicht mehr"; οὐδὲν ἔτι „nichts mehr"; οὐδαμοῦ oder οὐδαμῇ „nirgends"; οὐδὲν ἧττον „nichtsdestoweniger".

195. 1) Μόνον οὐ (= *tantum non*) „beinahe" und ὅσον οὐ „fast schon", z. B. Μόνον οὐκ αὐτὸν ἐν ταῖς ἀγκάλαις περιέφερεν „nur das fehlte, daß er ihn nicht auf den Armen umhertrug = beinahe trug er ihn umher". Ἐλέγετο, ὅτι Πῶλος ὅσον οὐ παρείη ἤδη εἰς Ἑλλήσποντον. 2) Οὐχ ὅτι – ἀλλὰ καί oder μὴ ὅτι – ἀλλὰ καί „nicht nur – sondern auch" (eig. ich will nicht sagen, daß – sondern auch), z. B. Ὁ Ἀρχέδημος τῷ Κρίτωνι ἡδέως ἐχαρίζετο, καὶ οὐχ ὅτι μόνος ὁ Κρίτων ἐν ἡσυχίᾳ ἦν, ἀλλὰ καὶ οἱ φίλοι αὐτοῦ. Μὴ ὅτι θεός, ἀλλὰ καὶ ἄνθρωποι ἀγαθοὶ οὐ φιλοῦσι τοὺς ἀπιστοῦντας. Entsprechend dem lat. *non modo – sed ne – quidem* heißt μὴ ὅτι – ἀλλ᾽ οὐδέ bei gemeinschaftlichem Prädikat „nicht nur nicht – sondern nicht einmal", z. B. Διὰ τὸν χειμῶνα μὴ ὅτι ἀναιρεῖσθαι τοὺς ἄνδρας, ἀλλ᾽ οὐδὲ πλεῖν δυνατὸν ἦν. Wenn beide Sätze ihr besonderes Prädikat haben, wird „nicht nur nicht – sondern nicht einmal" durch οὐχ ὅπως – ἀλλ᾽ οὐδέ übersetzt. 3) Οὐχ ὅπως – ἀλλὰ καί „nicht nur nicht – sondern auch", z. B. Οὐχ ὅπως χάριν αὐτοῖς ἔχεις, ἀλλὰ καὶ ἀντιπράττεις. 4) Οὐδὲ – μὴ ὅτι (ohne eigenes Prädikat auch μή τί γε) „nicht einmal – geschweige denn". 5) Οὐ μὴν ἀλλά oder οὐ μέντοι ἀλλά „indessen, dessenungeachtet", z. B. Ὁ ἵππος μικροῦ ἐκεῖνον ἐξετραχήλισεν, οὐ μὴν ἀλλ᾽ ἐπέμεινεν ὁ Κῦρος „das Pferd hätte ihn beinahe abgeworfen, doch (es warf ihn) nicht (ab), sondern, d. h. indessen Kyros blieb sitzen".

196. 1) Σόλων τοῖς αἰσχρῶς βιοῦσιν ἀπεῖπε μὴ δημηγορεῖν oder Σόλων τοὺς αἰσχρῶς βιόντας οὐκ εἴα δημηγορεῖν. 2) Ἀλέξανδρος ἐρωτηθείς, πῶς κύριος ἐγένετο τῆς τε Ἑλλάδος καὶ Ἀσίας, ἀποκρίνασθαι λέγεται·

οὐδὲν οὐδεπώποτε ἀναβαλόμενος. 3) Ὥσπερ ὁ κάπνος ἐπιδάκνων τοὺς
ὀφθαλμοὺς κωλύει τὰ ἐν τοῖς ποσὶ κείμενα μὴ βλέπειν, οὕτως ὁ θυμὸς
ἐπαιρόμενος τῷ λογισμῷ ἐπισκοτεῖ. 4) Οἱ σοφισταὶ οὐκ ἔφασαν μὲν
δεῖσθαι χρημάτων καὶ τὸν πλοῦτον ἐκάλουν χρυσίδιον καὶ ἀργυρίδιον,
μικροῦ δὲ κέρδους ὀρεγόμενοι μόνον οὐκ ἀθανάτους ὑπισχνοῦντο τοὺς
συνόντας ποιήσειν. 5) Πραξιθέα, ἡ Ἐρεχθέως γυνή, οὐκ ἠρνεῖτο τὴν
θυγατέρα μὴ οὐ προέσθαι ὑπὲρ τῆς κοινῆς σωτηρίας λέγουσα, ὅτι ἀντὶ
μιᾶς ψυχῆς οὐκ ἔσθ' ὅπως οὐ (cf. 107, 1) τὴν πόλιν σώσει. 6) Μετὰ
τὴν Σικελικὴν ἧτταν οἱ Ἀθηναῖοι οὐδ' αὐτοὶ ἀντέλεγον τὰ ἑαυτῶν μὴ
οὐ κακῶς ἔχειν. 7) Λίχας ὁ Τεγεάτης ἐν τῇ αὐλῇ φρέαρ βουλόμενος
ποιήσασθαι ὀρύσσων ἐπέτυχε σορῷ ἑπταπήχει· ἀπιστῶν δὲ μὴ μείζονας
μηδέποτε ἀνθρώπους τῶν τότε γενέσθαι, ἀνέῳξεν αὐτὴν καὶ τὸν νεκρὸν
εἶδε μήκει ἴσον ὄντα τῇ σορῷ. 8) Οὐδεὶς οὐδεπώποτε ἀντεῖπε τούτους
πάντας τοὺς νόμους, οὓς οὐδείς ἐστιν ὅστις οὐκ οἶδε πολὺν ἤδη χρόνον
κειμένους, μὴ οὐ καλῶς τε ἔχειν καὶ συμφέροντας εἶναι ἡμῖν. 9) Πρὸ
τῆς ἐν Σαλαμῖνι ναυμαχίας δόξαν (cf. 177, II, 2 a) μὴ καταμεῖναι
ἐνταῦθα, ἀλλὰ πλεῦσαι εἰς τὸν Ἰσθμόν, Μνησίφιλος πρὸς Θεμιστοκλέα
εἶπεν· Ἐὰν οἱ Ἕλληνες ἐντεῦθεν ἀποπλεύσωσιν, ἀπόλωλεν ἡ Ἑλλάς·
οὐδεὶς γὰρ τῶν ἀνθρώπων τὴν στρατιὰν δυνήσεται κατέχειν μὴ οὐ
διασκεδασθῆναι. 10) Οἱ Ἀθηναῖοι καὶ οἱ Λακεδαιμόνιοι ἐν τῷ Πελοπον-
νησιακῷ πολέμῳ σπονδὰς ποιησάμενοι καὶ ὀμόσαντες ἐπὶ πεντήκοντα
ἔτη μὴ πολεμήσειν ἀλλήλοις, ἐπὶ ἓξ ἔτη καὶ δέκα μῆνας ἀπέσχοντο μὴ
στρατεῦσαι ἐπὶ τὴν ἑκατέρων γῆν. 11) Ὅτε οἱ Ἕλληνες οἱ Κύρῳ
συστρατευόμενοι οὐκ ἔφασαν ἰέναι τοῦ πρόσω, Κλέαρχος τοὺς ἑαυτοῦ
στρατιώτας ἐβιάζετο ἰέναι· οἱ δὲ λίθοις αὐτὸν ἔβαλον, ἐπεὶ ἤρξατο
προϊέναι, καὶ μικρὸν ἐξέφυγε μὴ καταπετρωθῆναι. 12) Οὐκ ἔστιν
οὐδεὶς τῶν θνητῶν, ὅστις οἶδεν (cf. 158, Anm. 2), εἰ τὴν αὔριον ἡμέραν
ἔτι βιώσεται. 13) Παρὰ τοῖς Αἰγυπτίοις τοῖς μὲν υἱέσιν ἀνάγκη οὐκ
ἦν θρέψαι τοὺς γονέας μὴ βουλομένοις, ταῖς δὲ θυγατράσι πᾶσα ἀνάγκη
ἦν καὶ μὴ βουλομέναις. 14) Ὁ μὴ ἔχων πολλὰ οὐκ ἂν πολλὰ διδοίη.
15) Ὁ νόμος λέγει· ὅ τι μὴ κατέθου (oder ὅ τι ἂν μὴ καταθῇ), μὴ
λάμβανε. 16) Ὁ θεὸς οὐδαμῇ οὐδαμῶς εἰς οὐδένα ἄδικος, ἀλλ' ὡς
οἷόν τε δικαιότατος καὶ οὐκ ἔστιν αὐτῷ ὁμοιότερον οὐδὲν ἢ ὅστις ἂν
καὶ αὐτὸς γένηται ὡς δικαιότατος. 17. Τίς ἂν τολμήσαι ἀντειπεῖν μὴ
οὐχὶ τὸν πλεῖστα καὶ πονοῦντα καὶ ὠφελοῦντα τὸ κοινὸν τοῦτον καὶ
μεγίστων ἀξιοῦσθαι; 18) Ξενοφῶν εἶπεν· ὦ ἄνδρες φίλοι, τοῖς θεοῖς
οὐδὲν ἂν ἔχοιμεν μέμψασθαι τὸ μὴ οὐ μέχρι τοῦδε πάντα, ὅσα εὐχόμεθα,
καταπεπραχέναι. 19) Τίνος ἂν δεοίμεθα μὴ οὐχὶ πάμπαν εὐδαίμονες
εἶναι, ἐάνπερ μὴ ἀποσχώμεθα μὴ οὐ χρήσασθαι ἐγκρατείᾳ καὶ σωφρο-

σύνη; 20) Σωκράτης μόνος τῶν πρυτάνεων ἠναντιώθη τοῖς Ἀθηναίοις μηδὲν ποιεῖν παρὰ τοὺς νόμους. 21) Ἀστυάγης, ὁπότε δέοιτο αὐτοῦ ὁ Κῦρος, οὐκ ἠδύνατο ἀντέχειν μὴ οὐ χαρίζεσθαι. 22) Αἰσχίνης πάσχειν ὁτιοῦν (cf. 107, 3, Anm.) ᾑρεῖτο μᾶλλον ἢ Φιλίππῳ τι ποιῆσαι μὴ πρὸς ἡδονήν. 23) Οἱ στρατιῶται μισθοῦ ἐνδείᾳ ἀχθόμενοι οὐκ ἔφασαν ἰέναι, ἐὰν μὴ τὰ χρήματα (cf. § 4, 2) αὐτοῖς δοθῇ (oder εἰ μὴ – δοθείη). 24) Κριτίας ὠμότατος ὢν τῶν τριάκοντα Θηραμένει ἀντεῖπεν, ὅτι οὐκ ἐγχωροίη τοῖς πλεονεκτεῖν βουλομένοις μὴ οὐκ ἐκποδὼν ποιεῖσθαι τοὺς ἱκανωτάτους διακωλύειν.

197. „Und nicht" (oder „noch auch") *neque* heißt καὶ οὐ (καὶ μή), wenn das vorausgehende Glied positiv ist; dagegen οὐδέ (μηδέ), wenn ein negatives Glied vorausgeht: Φιλῶ τὴν πατρίδα καὶ τῶν τῆς πόλεως οὐκ ἀμελῶ. Ἐμμενοῦμεν τῇ συμμαχίᾳ καὶ οὐ παραβησόμεθα τέχνῃ οὐδὲ μηχανῇ οὐδεμιᾷ. – Οὐδέ (μηδέ) heißt auch „nicht einmal, auch nicht" *ne – quidem*.

οὔτε – οὔτε (μήτε – μήτε) „weder – noch" *neque – neque ;*

οὔτε – τέ „einerseits nicht – andererseits aber" *neque – et ;*

οὔτε – οὐδέ „weder – noch auch" (steigernd);

οὐδέ – οὐδέ „nicht einmal – noch auch".

198. 1) Καλῶς ἐποίησας νῦν ἤδη ἐλθὼν καὶ οὐ περιμείνας τὸν χρόνον, ὁπότε ἡ ἄφιξίς σου ἐφάνη ἂν βίᾳ γενέσθαι. 2) Τῶν στρατιωτῶν τινες ὑπολειφθέντες καὶ οὐ δυνάμενοι εὑρεῖν τὸ ἄλλο στράτευμα πλανώμενοι ἀπώλοντο. 3) Γέλως μὴ πολὺς ἔστω μηδὲ ἀνειμένος. 4) Διογένης καίπερ πενέστατος ὢν τὸν βίον ἔζη, ὃν ἡγεῖτο εὐδαιμονέστατον, καὶ οὐκ ἂν ἠλλάξατο τὸν βασιλέως πλοῦτον ἀντὶ τῆς ἑαυτοῦ πενίας. 5) Τιμόθεος τοῖς Ἀθηναίοις πολλὰς πόλεις ἐκτήσατο οὐ δαπάναις μεγάλαις οὐδὲ τοὺς ὑπάρχοντας συμμάχους λυμηνάμενος. 6) Οὐχ ἡγοῦμαι Ἀλέξανδρον μεῖναι ἂν ἀτρεμοῦντα ἐπ' οὐδενὶ τῶν ἤδη κεκτημένων, οὐδ' εἰ τὴν Εὐρώπην τῇ Ἀσίᾳ προσέθηκεν οὐδ' εἰ τὰς Βρεττανῶν νήσους τῇ Εὐρώπῃ. 7) Τῇ τῶν Ἀθηναίων πόλει πολλάκις οὕτω μετεμέλησε τῶν κρίσεων τῶν μετ' ὀργῆς καὶ μὴ μετ' ἐλέγχου γενομένων, ὥστε μετ' οὐ πολὺν χρόνον παρὰ τῶν ἐξαπατησάντων δίκην λαβεῖν ἐπεθύμησεν. 8) Οἱ τῇ πόλει ἐπιστατοῦντες παρακελευέσθων τοῖς πολίταις ὁμοφρονεῖν καὶ μὴ διαφέρεσθαι ἐπὶ μικρῶν. 9) Οἱ πάλαι Ἕλληνες ᾤοντο τοὺς θεοὺς ἅτε πάντα προειδότας ἀνθρώποις σημαίνειν, ἃ (oder τί) ποιεῖν δεῖ καὶ ἃ (oder τί) μή, φήμας τε καὶ ἐνύπνια καὶ οἰωνοὺς πέμποντας ἀγγέλους. 10) Εἰ πάντες οἱ παιδεύειν ἐπιχειροῦντες τὰ ἀληθῆ ἔλεγον καὶ μὴ μείζους τὰς ὑποσχέσεις ἐποιοῦντο ὧν (= τούτων ἃς) ἐπιτελεῖν δύνανται, οὐκ ἂν κακῶς ἤκουον ὑπὸ τῶν ἰδιωτῶν.

C. Koordinierende Konjunktionen

Vorbemerkung. Diejenigen Konjunktionen, welche nicht im Anfange des Satzes, sondern an zweiter Stelle stehen oder sich enklitisch an ein Wort anschließen, sind im folgenden durch ein Sternchen (*) bezeichnet.

199. 1. **Kopulative Konjunktionen:**

καί „und, auch, sogar" *et, etiam*. Nach Ausdrücken der Gleichheit bedeutet καί „wie" *atque (cf. 55)*: Παραπλήσια οἱ Ἀθηναῖοι ἔπαθον ἐν Συρακούσαις καὶ ἔδρασαν αὐτοὶ ἐν Πύλῳ. Nach vorausgehendem οὔπω, ἤδη u. ä. entspricht καί dem latein. *cum inversum (cf.* 156, Anm.; 180, 1, Anm. 3): Ἤδη ἦν περὶ πλήθουσαν ἀγορὰν καὶ ἔρχονται παρὰ βασιλέως κήρυκες. Bei Aufzählungen wird καί vor jedem Gliede wiederholt *(Polysyndeton)*: Σπιθριδάτης Ἀγησιλάῳ ἑαυτὸν καὶ τὴν γυναῖκα καὶ τὰ τέκνα καὶ τὴν δύναμιν ἐνεχείρισεν. In Vergleichungen steht καί meist zweimal, nämlich sowohl im demonstrativen als auch im relativen Satze: Δεῖ ὑμᾶς ὥσπερ καὶ τιμῶν μεθέξετε, οὕτω καὶ τῶν κινδύνων μετέχειν. In der Erzählung steht καί oft im Satzanfang im Sinne des deutschen „da", um den Fortschritt der Handlung zu bezeichnen.

καὶ – δέ „und sogar, und auch" *atque etiam, quin etiam* (δέ dient zur Satzverbindung, καί steigert): Δαρεῖος Κῦρον σατράπην ἐποίησε καὶ στρατηγὸν δὲ ἀπέδειξεν. Καὶ μὴν καί „und vollends auch".

τε* „und" *que* verbindet meist Sätze, nicht einzelne Begriffe.

καί–καί, τε*–καί, τε*–τε* „sowohl – als auch" *et–et*.

Ἄλλα τε καί *cum alia tum*, ἄλλοι τε καί *cum alii tum*: Ὁ βασιλεὺς ἄλλα τε εἶπε καὶ τάδε. Τὸ φυλάττεσθαι ἄλλοις τε συμφέρει καὶ τοῖς στρατηγοῖς. Ἄλλως τε καί (eig. „sowohl in anderer Hinsicht – als auch") „zumal, besonders" *praesertim*: Οὐδὲν κτῆμα ἀνδρί, ἄλλως τε καὶ ἄρχοντι, κάλλιόν ἐστι δικαιοσύνης.

τοτὲ μέν – τοτὲ δέ „bald – bald" *tum – tum*.

ὁμοίως – ὡς (oder ὥσπερ) „ebenso – wie (als)" *tam – quam*.

τοῦτο μέν – τοῦτο δέ
τὸ μέν – τὸ δέ *(cf.* § 1) } „teils – teils" *partim – partim*.

οὐ μόνον – ἀλλὰ καί „nicht nur – sondern auch" *non solum – sed etiam*.

μὴ ὅτι – ἀλλὰ (καί) „nicht nur – sondern auch".

μὴ ὅτι – ἀλλ' οὐδέ „nicht nur nicht – sondern nicht einmal" *(cf.* 195).

2. **Disjunktive Konjunktionen:**

ἤ „oder" *vel, aut.*

ἤ – ἤ „entweder – oder" *vel – vel, aut – aut.*

Anm. 1. Nach Komparativen und nach Begriffen der Verschiedenheit heißt ἤ vergleichend „als": Οὐδὲν κρεῖττον ἢ φίλος σαφής. Ἄλλο τι ἔδρασας ἢ τὸ κεκελευσμένον. Nach πλέον (kontr. πλεῖν) und ἔλαττον, μεῖον kann ἤ vor Zahlangaben **fehlen**: ἔτη γεγονὼς πλεῖν ὀγδοήκοντα *plus octoginta annos natus.*

Anm. 2. Wie im Latein. der Satz: „Themistokles war mehr schlau als gerecht" zu übersetzen ist *Themistocles fuit callidior quam iustior* (= *magis callidus quam iustus*) so auch im Griechischen: Θεμιστοκλῆς ἦν πανουργότερος ἢ δικαιότερος (= πανοῦργος μᾶλλον ἢ δίκαιος).

εἴτε – εἴτε (ἐάντε – ἐάντε) *sive – sive* (*cf.* 152, Anm. 3).

3. **Adversative Konjunktionen:**

ἀλλά „aber, indessen, sondern" *sed, at*, den Gegensatz oder Kontrast bezeichnend; – bei Aufforderung „nun denn, wohlan denn"; in Antworten „nun gut".

εἰ μή – ἀλλά (ἀλλά γε) „wenn nicht – so doch" *si non – at;* ἀλλ᾽ οὐ „aber nicht" oder „und nicht vielmehr" *ac non;* οὐ μὴν ἀλλά „jedoch, indessen" *verumtamen* (*cf.* unten); ἀλλ᾽ ἤ nach Negationen „außer": Ἀργύριον οὐκ ἔχω ἀλλ᾽ ἢ μικρόν.

δέ* „aber" *autem*, schwächer als ἀλλά und vielfach nur fortführend („und"). Μᾶλλον δέ „oder vielmehr" *vel potius.* μέν* (abgeschwächt aus μήν) hat ursprünglich versichernden Sinn „wahrlich, gewiß" (πάνυ μὲν οὖν und μάλιστα μὲν οὖν „ganz gewiß", οὐ μὲν οὐκ „gewiß nicht" u. ä.); aber meist steht es in gegensätzlichem Bezuge zu δέ: μέν* – δέ* „zwar – aber, einerseits – andrerseits": Ὁ μὲν βίος βραχύς, ἡ δὲ τέχνη μακρά.

Anm. 1. Μέν und δέ stehen hinter den entgegengesetzten Begriffen; aber bei Nomina mit dem Artikel treten sie gleich hinter den Artikel: Τὸ μὲν ὠφέλιμον καλόν, τὸ δὲ βλαβερὸν αἰσχρόν. Hängt ein Nomen von einer Präposition ab, so stehen μέν und δέ oft gleich hinter der Präposition (*cf.* 79, 3).

Anm. 2. Oft ordnet der Grieche zwei Sätze durch μέν – δέ einander bei **(Parataxis)**, wo der Deutsche einen Nebensatz mit der Adversativ-Konjunktion „während" gebraucht **(Hypotaxis)**: Αἰσχρόν ἐστιν, εἰ ἐγὼ μὲν τοὺς πόνους ὑπομένω, ὑμεῖς δὲ μηδὲ τοὺς λόγους μου ἀνέχεσθε.

μήν* entweder versichernd „fürwahr, gewiß" (bes. ἦ μήν *c. Inf. fut.* bei Schwüren: Ὤμοσεν ἦ μὴν ἀποδώσειν τὸ ἀργύριον), oder adversativ „jedoch": Τοῦτο ἐκείνοις ἦν ἥδιστον, ἡμῖν γε μὴν ὡς χαλεπώτατον. Οὐ μήν „jedoch nicht" *neque vero;* οὐ μήν ἀλλά „jedoch, indessen" *verumtamen* (*cf.* 195, 4); ἀλλά μήν und καί μήν entweder „aber doch, nun aber" *at vero, atqui* (bes. im Untersatze von Schlüssen) oder „aber vollends, ferner aber" *iam vero.*

μέντοι*, verstärktes μήν, hat gleichfalls bald versichernde Kraft (bes. in Antworten), bald steht es adversativ „freilich, indessen" (bes. bei Einwürfen und Einwendungen). Οὐ μέντοι „jedoch nicht" *neque tamen.*

αὖ* „hinwiederum, anderseits, dagegen" *rursus.*

καίτοι „und doch, indessen, gleichwohl aber" *atqui, quam-quam* (*correctivum*): Οὗτοί εἰσι λόγοι τῶν φθονούντων· καίτοι οὐ δικαίως μοι φθονοῦσιν. Καίτοι τί φημι *quamquam quid loquor?*

ὅμως (verstärkt ἀλλ' ὅμως, ὅμως γε) „dennoch" *tamen,* meist nach Konzessivpartikeln oder konzessiven Partizipien (*cf.* 178, b).

$$\left.\begin{array}{l} \text{οὐ τοσοῦτον – ὅσον} \\ \text{οὐχ οὕτως – ὡς} \end{array}\right\} \text{„nicht sowohl– als vielmehr"} \left\{\begin{array}{l} \textit{non tam} \\ \textit{– quam} \end{array}\right.$$

4. Kausale Konjunktionen:

γάρ* „denn" *nam, enim* steht: a. begründend „denn"; b. erklärend „nämlich", bes. nach Demonstrativen, welche eine angekündigte Auseinandersetzung einführen, und nach den elliptischen Ausdrücken τεκμήριον δέ (*sc.* τόδε ἐστίν), σημεῖον δέ, μαρτύριον δέ, δῆλον δέ, τὸ δὲ μέγιστον u.ä.; c. in lebhaften Fragen „denn": τίς γάρ *quisnam?* τί γάρ „wieso denn?" πῶς γάρ οὐ; „wieso denn nicht?" d. in Antworten so, daß es sich auf ein vorher zu ergänzendes „ja" oder „nein" bezieht: Ἆρα τοῖς πολεμίοις τὴν πόλιν παραδώσομεν; ἀνάγκη γάρ „ja, denn es ist unvermeidlich".

Anm. 1. Γάρ kann dem Satze, den es begründen soll, auch vorangehen = „ja": Ὦ πολῖται, πολλοὶ γάρ ἡμῶν τεθνᾶσι, τὸν πόλεμον παῦσαι ἡμᾶς χρή. *Cf.* auch 188, Anm.

Anm. 2. Καὶ γάρ im Satzanfang heißt teils bloß „denn" *etenim,* teils „denn auch" *nam etiam* (= καὶ γάρ καί). Ἀλλά γάρ „aber ja, aber freilich" *atenim* führt einen Einwurf ein („aber, höre ich sagen; aber, wendet man ein"u.ä. Οὐ γάρ ἀλλά (elliptisch) „freilich, indessen" (*cf.* οὐ μὴν ἀλλά 195,4). Über εἰ γάρ *utinam cf.* 138).

5. Konklusive (oder folgernde) Konjunktionen:

οὖν* „daher, folglich, also" *itaque, igitur, ergo.* In Antworten und vielen Verbindungen hat es bestätigende Kraft „aller-

dings, in der Tat": πάνυ μὲν οὖν „ganz gewiß, sicherlich";
καὶ γὰρ οὖν (im Satzanfang) „daher denn auch, denn ja auch";
δ' οὖν* „gewiß, sicherlich, sicher aber ist, daß", im Gegensatz
zu dem nur Vermuteten das Gewisse einführend; γοῦν*
(entst. aus γε οὖν) „wenigstens, jedenfalls" *certe*, besonders bei Einführung einer gewichtigen Autorität oder eines
schlagenden Beispiels = *quidem* : Οὐ πάντες οἱ πλούσιοι εὐτυχοῦσι·
Κροῖσος γοῦν ἀτυχέστατος ἀπέβη. Unterscheide οὔκουν „also
nicht, gewiß nicht" *non igitur*, *neutiquam* und οὐκοῦν, welches entweder behauptend „also, demnach" *ergo*, *igitur* oder
häufiger fragend „also nicht" *nonne igitur* bedeutet.

Anm. 1. Nach Parenthesen nimmt οὖν den unterbrochenen Faden wieder
auf = *igitur* „also, wie gesagt".
Anm. 2. Relativa mit dem Suffix οὖν sind nachdrückliche Indefinita:
ὁστισοῦν „jeder beliebige" (*cf.* 107, 3. Anm.), οὐδ' ὁτιοῦν „gar nichts".

ἄρα* „also, folglich" *ergo*, *igitur* steht bei logischen Schlüssen;
in der Bedeutung „natürlich" *scilicet*, *nimirum* weist es auf
etwas Offenbares oder unmittelbar sich Ergebendes hin. Εἰ
ἄρα, ἐὰν ἄρα „wenn etwa, wenn nämlich"; εἰ μὴ ἄρα *c. ind.*
„es müßte denn sein, daß" *nisi forte* (*cf.* 152).
τοίνυν* „demnach, somit", oft als bloße Übergangspartikel
von δέ kaum unterschieden. Stärker sind die an der Spitze des
Satzes stehenden τοιγαροῦν und τοιγάρτοι „darum also, daher denn." Auch δή hat nicht selten folgernde Kraft = *ergo*,
igitur.

6. Hervorhebende Partikeln:

γε* (enklitisch) „wenigstens, eben" *quidem*, im Deutschen
meist nur durch nachdrückliche Betonung des betreffenden
Wortes auszudrücken: ἔγωγε *equidem*; εἰκότως γε „ganz natürlich"; πάνυ γε „sicherlich, durchaus". Χαλεπόν γε ἐλέγξαι σε,
ὦ Σώκρατες. – Ἀλλά – γε „doch wenigstens, jedenfalls":
Ἢν μὲν δυνώμεθα, καλῶς νικήσωμεν· εἰ δὲ μή, ἀλλὰ καλῶς
γε ἀποθάνωμεν.
περ* (enklitisch) „gerade, eben" *quidem*, in Prosa nur in Verbindung mit Relativen und Konjunktionen: ὅσπερ „eben der,
welcher", ὥσπερ, εἴπερ „wenn anders" *siquidem*, ἐπειδήπερ
quando-quidem.
δή* a. ursprünglich temporal „schon, eben" = ἤδη: πάλαι
δή „schon lange", νῦν δή „eben jetzt"; daher bei Aufforderun-

gen und Befehlen auf sofortige Ausführung dringend =
„doch": λέγε δή „so sprich doch"; ἄγε δή, φέρε δή „wohlan
denn!" b. hervorhebend = „offenbar, natürlich" (eine
Aussage als klar und unbestreitbar bezeichnend): Δῆλα δὴ καὶ
ταῦτα. Νῦν λυπεῖσθε δή. c. folgernd = „also, daher".

δήπου* „doch wohl" *opinor*, oft ironisch.

δῆτα* „allerdings, doch wirklich" (stärker als δή): οὐ δῆτα
„gewiß nicht"; τί δῆτα „was denn nur?"

δῆθεν „scheinbar, angeblich" (oft ironisch); seltener = δή
„offenbar".

ἦ „wahrlich": ἦ καλῶς λέγεις. Am häufigsten in der Schwur-
formel ἦ μήν (*cf.* oben).

τοι* (enklitisch) bekräftigend „gewiß, ja doch" steht besonders in Sentenzen und hinter Negationen oder Partikeln:
Πείθου, τὸ γάρ τοι πείθεσθαι καλόν. Οὔτοι „wahrlich nicht";
ἐγώ τοι „ich gewiß". Über καίτοι und μέντοι *cf.* oben.

ναί „ja" (in Antworten).

νή *c. acc.* ist affirmative Schwurpartikel: νὴ Δία „bei Zeus!"

μά *c. acc.* ist negative Schwurpartikel: μὰ Δία oder οὐ μὰ Δία
„nein bei Zeus!" Aber ναὶ μά *c. acc.* hat positiven Sinn:
ναὶ μὰ τοὺς θεούς „wahrhaftig bei den Göttern! *Cf.* 44, Anm. 4.

INDICES

(Die Zahlen bezeichnen die Paragraphen)

1. DEUTSCHES WORTVERZEICHNIS

A

Absichtssätze 148, 149; 164, Anm. 1; 166, c, Anm.; 177 I, e.

Absoluter Genitiv 175; 177, II, 1; absol. Partizipialkonstruktion 177, II, 2; absol. Akk. 177, II, 2; absol. Inf. 171.

Abstrakta ohne Artikel 6, 1; im Plur. 27.

Accusativus c. infin. 166 ff.; bei πρίν 156, 4; bei ὥστε 150, 2.

Adiectiva verbalia 183; auf ικός mit Gen. 70, f.

Adjektiva, Stell. 7; prädikatives Adj. 13; das prädikat. Adj. steht im Neutrum 25, 2; im Neutrum Plur., wenn ein Inf. oder ein ganzer Satz Subjekt ist 25, 5; Substantiva als Adj. gebr. 31; mit Akk. des Bezuges 49; Adj. subst. gebr. 14, 1; 26, 3. Adj. statt deutscher Adverb. 32. Adj. beigeordnet oder eingeordnet 33.

Adverbia bei εἶναι oder γίγνεσθαι als Prädikat 20; durch Artikel substantiviert oder attributiv 11 u. 12; mit Gen. 71; deutsche Adv. durch griech. Adj. 32.

Adversative Konjunktionen 199, 3.

Affekt, *cf.* Gemütsstimmung.

Akkusativ, Gebrauch u. Syntax 40–52. Griech. Akk. 49. Akk. der Beziehung 49. Akk. der Ausdehnung auf die Frage „wie lang? wie hoch?" usw. 51, 1; bei Zeitbestimmungen 72. Akk. bei „sich erinnern, vergessen" 74, 4, Anm. 2; statt des lat. *genitivus* oder *abl. qualitatis* 49, Anm. 1; absol. Akk. 177 II, 2; adverbialer Akk. 52. Akk. des innern Objekts 41. Akk. des Weges bei den Verb. des Gehens, Reisens u. Führens 46, a; doppelter Akk. 47; vgl. *Accusativus*

Aktivum 118 u. 123; intransitive Aktiva statt eines Passivs 120, c; Aktiv hat kausative Bed. 118, b.

als beim Komparativ 199, 2; ausgel. bei πλέον, ἔλαττον etc. 199, 2, Anm. 1; durch den Gen. ersetzt 74; durch οἷος, ὅσος etc. übersetzt 113; bei der Apposition 28; 177, 2, Anm. 3; nach Adj. u. Adv. der Ähnlichkeit u. Gleichheit 199, 1; als, Temporalkonj. 156; als ob 178, c; „als daß" nach Kompar. 150 2 c

alt, ausgedrückt 51, 2.

Anastrophe 78.

anfangen durchs Imperf. ausgedrückt 128 Anm. 1 s. ἄρχειν.

Anführungszeichen ὅτι 142, Anm. 2.

ankommen mit εἰς 85.

Antizipation od. Prolepsis 141.

Antwort bei Fragen 188.

Aorist, Gebrauch, 125; 129; bezeichnet den Eintritt der Handlung 125, Anm.; 129. Bed. des Ind. Aor. 129. Bed. der Nebenmodi 132. Gnomischer Aor. 127. Ind. Aor. mit ἄν zur Bezeichn. der Wiederholung 135, 2 c; als Potentialis d. Vergangenheit 135, 2 a; 152, 3. Ind. Aor. bei unerfüllbaren Wünschen 138, a; bei τί οὐ 129, Anm.; in hypothetischen Sätzen 152; der Konj. mit οὐ μή 137, Anm. 3. Inf. Aor. mit ἄν 170; 166, Anm. 2.

Apodosis 152.

Apposition, Stell. 5, 5; relative und adverbiale Appos. 28; partitive Appos. 29. Kongruenz der Appos. 17, 11; steht im Gen. bei einem Possessivpronomen 17, 12. Appos. im Nom. statt eines deutschen Relativsatzes 37. Apposition eines Pron. *possess.* 10, 4; bei ὄνομα,

2. GRIECHISCHES WORTVERZEICHNIS

ἀγωνίζεσθαι konstr. 60.
ἀδελφός ohne Artikel 6, 4.
ᾄδης: ἐν u. εἰς ᾄδου 66, 2.
ἀδικεῖν mit Akk. 44, a; hat Perfektbed.
126; mit Partiz. 180, d. ἀδικήσομαι
passivisch 120, Anm. 4.
ἀδύνατος mit Inf. 166, d; ἀδύνατον μὴ οὐ
192.
ἀηδής mit Inf. 166, d.
ἀθροίζεσθαι εἰς 85.
ἀθυμεῖν konstr. 62.
αἰδεῖσθαι mit Akk. 44, d; mit μή od. μὴ
οὐ beim Inf. 192.
῾Αιδης: ἐν u. εἰς ῾Αιδου 66, 2.
αἴρειν intrans. 118, a.
αἱρεῖν mit *Gen. criminis* 74, 5; αἱρεῖν u.
αἱρεῖσθαι 123, b; mit doppeltem Akk.
43.
αἰσθάνεσθαι mit Gen. 74, 4; mit Part.
180, 2, b. Bed. des Präs. 126.
αἰσχρὸν μὴ οὐ 192. αἰσχρὸν ἦν 135, a; αἰσχρόν ohne ἐστί 19; mit Infin. 166, a;
mit εἰ oder ὅτι 146, Anm.
αἰσχύνεσθαι mit Akk. 44, d; mit Dat. der
Ursache oder ἐπί 62; mit Inf. oder
Part. 180, 2, a; mit ὅτι od. εἰ 146.
Anm.; mit μὴ οὐ 192.
αἰτεῖν und αἰτεῖσθαι mit doppeltem Akk.
47; mit Infin. 166, b β; im Passiv konstr. 120.
αἰτιᾶσθαι konstr. 74; mit Passivbed. 122.
αἴτιος mit Gen. 70; 59, Anm. 2; mit Inf.
166, d.
ἀκολουθεῖν m. Dat. 54.
ἀκούειν mit Gen. oder Akk. 74, 4; ἀκούειν
τί τινος 74, 4, Anm. 1; mit Inf. oder
Partiz. 180, 2, b; Bed. des Präsens 126;
mit Prolepsis 141; ἀκούειν ὑπό τινος
120, c. Passiv zu „nennen" 44, Anm.
1; 38; εὖ (κακῶς) ἀκούειν ὑπό τινος
120, c.
ἀκούσιος für deutsches Adv. 32.
ἀκρατής m. Gen. 70.
ἀκροᾶσθαι mit Gen. 74, 4.
ἀκρόπολις ohne Artikel 6, Anm.
ἄκρος Stell. u. Bed. 9, 2.
ἄκων für deutsches Adv. 32.
ἀλγεῖν konstr. 44, d.

ἀλείφεσθαι „sich salben" 123, a.
ἁλίσκεσθαι mit Gen. 74, 5; mit Part. 180,
2, c.
ἀλλά 199, 3; ἀλλὰ γάρ 199, 4; ἀλλὰ δή
199, 6; οὐ γὰρ ἀλλά 199, 4; ἀλλά γε
199, 6; ἀλλ᾽ οὖν 199, 5; 199, 3; ἀλλ᾽
οὐ, ἀλλὰ μή 199, 3; ἀλλὰ μήν 199, 3;
ἀλλ᾽ ἤ „außer" 199, 3; οὐ μόνον–ἀλλὰ
καί 199, 1; οὐ μὴν ἀλλά 195.
ἀλλάττεσθαι konstr. 74.
ἀλλήλων Gebrauch 99.
ἄλλος mit Gen. 70; mit Artikel 9, 1; εἴ
τις καὶ ἄλλος 199, 1; ἄλλος ἤ 199, 2;
ἄλλο τι ἤ 187; τὰ ἄλλα adverb. Akk.
52; ἄλλος ἄλλον 116.
ἄλλως τε καί 199, 1.
ἅμα mit Dat. 83; beim Partiz. 178, a.
ἀμαθής mit Gen. 70.
ἁμαρτάνειν konstr. 74; mit Partiz. 180, 1 d.
ἀμείβεσθαι konstr. 74.
ἀμελεῖν mit Gen. 74; bildet ein pers.
Passiv 120.
ἀμήχανος mit Infin. 166, d; ἀμήχανον εἶναι
persönl. od. unpers. konstr. 167, c.
ἁμιλλᾶσθαι konstr. 60.
ἀμνημονεῖν mit Gen. 74.
ἀμνήμων mit Gen. 70.
ἄμοιρος mit Gen. 70.
ἄμπελος kollektivisch 26.
ἀμύνειν Akt. und Med. 123, b; konstr.
44, Anm. 3.
ἀμφί Gebr. 84; mit Art. 5, 7; ohne Anastrophe 78.
ἀμφιεννύναι mit dopp. Akk. 47; Medium
123, a.
ἀμφισβητεῖν konstr. 60; mit μή (μὴ οὐ)
192.
ἀμφότεροι mit Artikel 10, 2.
ἄμφω mit Artikel 10, 2; mit Dual 22.
ἄν in hypothetischen Sätzen 152 ff.; beim
Ind. Aor. od. Imperf. zur Bezeichn.
d. Wiederhol. 135, 2 c; als Potentialis
der Vergangenheit 135, 2 a; 152, 3;
beim Optat. 138, b; 152, 2; beim Relativ 158, 4; beim finalen ὡς u. ὅπως
148, Anm. 2; bei Zeitpartikeln 156, 2;
beim Inf. 170; 166, Anm. 2; beim
Partiz. 181. – ἄν 152.

251

ἀνά Gebr. 84; ohne Anastrophe 78.
ἀναγκάζειν mit Inf. 166, b, β.
ἀναγκαῖόν ἐστι mit Infin. od. *Acc. c. inf.*
166, a; persönl. od. unpersönl. konstr.
167.
ἀναγιγνώσκω: ἀναγνώσεται 18, 3.
ἀνάγκη ἐστί mit *Acc. c. inf.* oder einf.
Infin. 166, a.
ἀναζευγνύναι intrans. 118.
ἀναίτιος mit Gen. 70.
ἀναμιμνήσκειν mit dopp. Akk. 47; 74;
mit Part. 180, 2, b.
ἀνάξιος mit Gen. 70.
ἄνεμος ohne Artikel 6, Anm.
ἄνευ mit Gen. 83.
ἀνέχεσθαι mit Partiz. im Akk. od. Gen.
180, 1, c.
ἀνήρ bei Subst. 31; ohne Artikel 6, 4.
ἄνθρωποι oft ohne Artikel 6, 2; mit
attribut. Subst. 31.
ἀνόητόν ἐστι μὴ οὐ 192.
ἀνταλλάττειν u. ἀνταλλάττεσθαι konstr. 74.
ἀντέχεσθαι mit Gen. 74.
ἀντί mit Gen. 83; 28; 74; ohne Anastrophe 78.
ἀντιλαμβάνεσθαι mit Gen. 74.
ἀντιλέγειν mit μή (μὴ οὐ) 192.
ἀντιποιεῖσθαι konstr. 74.
ἄνω mit Gen. 71.
ἄξιος mit Gen. 70; mit Dat. 59, Anm. 2;
mit Infin. 166 d; persönl. konstr. 167,
c; ἄξιον ἦν 135, a.
ἀξιοῦν mit Infin. od. *Acc. c. inf.* 166, b;
οὐκ ἀξιοῦν 190, Anm. 2.
ἀπαγορεύειν mit Inf. 166, b, β; mit μή
(μὴ οὐ) und Inf. 192; mit Partiz. 180,
1, c.
ἀπάγχεσθαι 123, a.
ἀπαιτεῖν konstr. 47.
ἀπαλλάττειν mit Gen. 74.
ἅπαξ mit Gen. 71.
ἀπαρνεῖσθαι μή (μὴ οὐ) 192.
ἀπειλεῖν mit Inf. Fut. 166, Anm. 2.
ἀπείργειν mit Gen. 74.
ἄπειρος mit Gen. 70.
ἀπεύχεσθαι μή (μὴ οὐ) 192.
ἀπέχειν intrans. 118, a; mit Gen. 74;
mit Infinitiv und μή (μὴ οὐ) 192.

ἀπέχεσθαι „sich enthalten" 123, a.
ἀπιστεῖν bildet ein persönl. Pass. 120;
mit Inf. und μή (μὴ οὐ) 192.
(ὡς) ἁπλῶς εἰπεῖν 171.
ἀπό Bed. u. Gebr. 84; beim Pass. 86; ἀπό
– auf die Frage wo? 85; bei anbinden
u. ä. 85; ἀφ' οὗ 156; bei „anfangen"
74, 9, Anm. 2.
ἀπογιγνώσκειν konstr. 74, 9, Anm. 3; mit
Inf. und μή 192.
ἀποδεικνύναι mit dopp. Akk. 43; Passiv
mit dopp. Nom. 34; Akt. u. Med.
123, c.
ἀποδίδοσθαι mit *Gen. pretii* 74.
ἀποδιδράσκειν mit Akk. 44, b.
ἀποθνήσκειν Pass. zu ἀποκτείνειν 120, c.
ὑπό τινος 120, c. Bed. der Tempora
125.
ἀποκρίνεσθαι, ἀποκρίνειν mit Gen. 74.
ἀποκρύπτεσθαι konstr. 47.
ἀποκτείνω, Passiv ἀποθνήσκω 120.
ἀπολαύειν mit Gen. 74.
ἀπολείπεσθαι mit Gen. 74.
ἀπολύειν konstr. 74; mit Inf. u. μή (μὴ οὐ)
192.
ἀπορεῖν mit Gen. 74.
ἀποστερεῖν mit doppeltem Akk. 47; mit
Gen. 74.
ἀποτέμνεσθαι 120.
ἀποτρέπειν mit Gen. 74.
ἀποτυγχάνειν mit Gen. 74.
ἀποφαίνειν mit dopp. Akk. 43. Medium,
Bed. 123, c; mit Partiz. 180, 2, c.
ἀποφεύγειν mit Akk. 44, b; mit Gen. 74.
ἅπτεσθαί τινος 74.
ἆρα, ἆρ' οὐ, ἆρα μή 187, 2.
ἄρα 199, 5; εἰ ἄρα, εἰ μὴ ἄρα 199, 5; 152,
Anm. 2.
ἀρᾶσθαι mit *Acc. c. inf.* 166, b. β.
ἀριστεύειν mit Gen. 74.
ἀρνεῖσθαι mit Inf. u. μή (μὴ οὐ) 192.
ἁρπάζειν, ἁρπάσαι, ἡρπακέναι, Unterschied
der Bed. 125, Anm.
ἀρτᾶν ἐκ od. ἀπό 85.
ἄρχειν „herrschen" konstr. 74; ἦρξα „ich
wurde Herrscher" 129; bildet ein persönl. Pass. 120; ἄρξομαι pass. 120,
Anm. 4.

ἄρχειν u. ἄρχεσθαι „anfangen", Bed. 123,
   Anm. 1; konstr. 74; mit Inf. und Part.
   180; ἀρχόμενος „anfangs" 177, Anm. 1.
ἄσμενος für das deutsche Adverb 32;
   ἀσμένῳ μοί ἐστι 59, Anm. 2.
ἀσπίς kollektivisch für „Schwerbewaffnete" 26, 4.
ἄστρα ohne Artikel 6, Anm.
ἄστυ ohne Artikel 6, Anm.
ἅτε mit Partiz. 178, c; 28.
αὖ 199, 3.
αὐτίκα beim Partiz. 178, a.
αὐτός u. ὁ αὐτός 9, 3; αὐτός als Personal-
   pron. 91, 2; 101. in Verbindung mit
   Ordinalzahlen 101; zurückweisend auf
   ein Relativ 111; ὁ αὐτός mit Dat. 55;
   καὶ αὐτός „gleichfalls" 101; αὐτοῖς,
   αὐταῖς „mitsamt" 58, a.
ἀφαιρεῖσθαι mit doppelt. Akk. 47; als
   Passivum 120.
ἀφειδεῖν mit Gen. 74.
ἀφιέναι mit *Gen. criminis* 74.
ἀφιστάναι u. ἀφίστασθαι mit Gen. 74.
ἀφ' οὗ „seitdem" 156.
ἄχθεσθαι konstr. 62; εἰ statt ὅτι 146,
   Anm.; mit Partiz. 180, 2, a.
ἄχρι mit Gen. 83.

B

βάθος Akk. des Bezuges 49, Anm. 2.
βάλλειν in Compositis intrans. 118, a.
βαρέως φέρειν mit Dat. od. Akk. 62; mit
   Part. 180, 2, a.
βαρύς mit Inf. 166, d.
βασιλεύειν mit Gen. 74; ἐβασίλευσα „ich
   wurde König" 129, b.
βασιλεύς „Perserkönig" ohne Artikel 4, 4.
βία 62.
βιάζεσθαι mit Passivbed. 122.
βλάπτειν mit Akk. 44, a.
βοᾶν mit *Acc. c. inf.* 166, b, β.
βοηθεῖν mit Dat. 44, Anm. 2; 54.
βούλεσθαι mit *Acc. c. inf.* oder einf. Inf.
   166, b, β; βούλει, βούλεσθε mit Konj.
   137, b; ὁ βουλόμενος 16, 1; 176, 2, b, βουλομένῳ μοί ἐστι 59, Anm. 2; ἠβουλόμην
   ἄν 138, Anm. 1. ὅστις βούλει 107, Anm.
βουλεύεσθαι, Med. 123, a u. Anm. 2.

Γ

γαμεῖν u. γαμεῖσθαι 54.
γάμους ἑστιᾶν 41.
γάρ Bed. u. Gebr. 199, 4; in Antworten
   188, Anm.; καὶ γάρ 199, 4; εἰ γάρ in
   Wunschsätzen 138, a; γὰρ οὖν 195, 5;
   γάρ τοι 196, 6; οὐ γὰρ ἀλλά 199, 4.
γε 199, 6; ἀλλά γε 199, 3; ἔγωγε 92.
γεγονώς mit Akk. 51, 2.
γελᾶν (ἡδύ) 41; ἐγέλασα „ich muß lachen"
   129, d.
γέμειν mit Gen. 74.
γένος Akk. des Bezuges 49, Anm. 2.
γεύεσθαι 123; mit Gen. 74.
γῆ ohne Artikel 6 und Anm.
γίγνεσθαι mit Adverbien 20; mit Gen.
   74; mit Dat. 59; mit Partiz. 180, 1, a;
   mit *Acc. c. inf.* 166, a; γεγονώς mit Akk.
   der Jahre 51, 2; γενόμενον ἐπ' ἐμοί 177,
   II, 2.
γιγνώσκειν, Präs. für Perf. 126; mit Partiz.
   180, 2, b; mit Inf. oder *Acc. c. inf.* 166,
   b, γ; in der Bed. „beschließen" mit
   Inf. oder *Acc. c. inf.* 166, b, β; mit
   Prolepsis 141; mit Dat. od. ἐκ, ἀπό
   62.
γοῦν 199, 5.
γράφειν u. γράφεσθαι νόμους 123, Anm. 1;
   mit *Gen. criminis* 74.
γυμνός u. γυμνοῦν mit Gen. 70.
γυνή ohne Artikel, 6, 4; mit attribut.
   Subst. 31; wird ausgel. 66.

Δ

δαί 199, 6.
δακρύειν transit. 44, d.
δανείζειν u. δανείζεσθαι 123, c.
δε Suffix bei Demonstrativen 92.
δέ Gebr. 199, 3; καί – δέ 199, 1; μέν – δέ
   199, 3; Stellung 79, 3.
δεδοικέναι mit Akk. 44, d; mit μή oder
   Infin. 148, b, β; mit Prolepsis 141.
δείκνυμι mit Part. 180, d.
δεῖν „binden" ἐκ od. ἀπό τινος 85.
δεῖν „müssen" und δεῖσθαι „bedürfen,
   bitten" konstr. 74; 54; δεῖ mit *Acc. c.
   inf.* od. einf. Inf. 166, a; ἔδει „es wäre
   notwendig" 135, a; ἔδει ἄν 152, 3; δέον

177, II, 2; πολλοῦ (μικροῦ, ὀλίγου) δέω
persönl. konstr. 167, b; 135, b; δεῖν
als absol. Inf. 171; 135, b.
δεινός mit Inf. 166, d; δεινόν ἐστι mit
ὅτι od. εἰ 146, Anm.; mit μὴ οὐ 192;
δεινὸν ἦν 135, a; τὸ δὲ δεινότατον 37.
δεσποτεύειν mit Gen. 74.
δεύτερος mit Gen. 70, e. δευτεραῖος 32.
δέχεσθαι mit Inf. 166, c.
δή 199, 6; 199, 5.
δῆθεν 199, 6.
δηλονότι 142, Anm. 3.
δῆλον εἶναι persönl. mit Part. 180, 1, b;
unpers. oder pers. mit ὅτι 180, Anm. 2.
δηλοῦν mit Part. 180, 2, c; δηλωθέντος ὅτι
177, Anm. 2.
δημοσίᾳ 62.
δήπου 199, 6.
δῆτα 199, 6.
διά Gebr. 84; 87; mit einer Ordinalzahl
im Gen. 72, Anm. 2; bezeichnet die
Mittelsperson 62; ohne Anastrophe
78; damit zusammenges. Verba mit
Akk. 46, b; beim Inf. 164ff.; διὰ
πολέμου ἰέναι τινί 60.
διαβαίνειν transit. 46, b.
διάγειν mit Part. 180, 1, b.
διαγίγνεσθαι mit Part. 180, 1, b.
διαδιδόναι mit Dat. 54.
διαλέγεσθαι mit Dat. 60; Bed. 123, Anm. 2.
διαλλάττειν u. διαλλάττεσθαι mit Dat. 60.
διανέμειν mit Dat. 54.
διανέμεσθαι reziprok. 123, Anm. 2.
διατελεῖν mit Part. 180, 1, b.
διαφέρειν konstr. 74; intransit. 118;
διαφέρει mit Acc. c. inf. 166, a;
διαφέρεσθαι mit Dat. 60.
διάφορος mit Gen. 70.
διδασκάλου, εἰς 66.
διδάσκειν 47, 1; im Pass. konstr. 120;
Bed. des Mediums 117.
διδόναι mit Inf. 166, c; „geben wollen,
anbieten" 126; in Compositis intransit.
118, a; οὐ δίδωμι 190, Anm. 2.
διέρχεσθαι mit Akk. 46, b.
διέχειν mit Gen. 74.
διίστασθαι mit Gen. 74.
δικάζειν konstr. 74. Bed. d. Med. 123 c.

δίκαιον εἶναι persönl. u. unpers. konstr.
167, c; mit Inf. 166, a; δίκαιον ἦν 135,
a; δίκαιον ὄν 177, II, 2; οὐ δίκαιον μὴ
οὐ 192.
δίκην adverb. Akk. 52; 31.
διπλάσιος mit Gen. 70.
δίς mit Gen. 71.
διψῆν mit Gen. 74.
διώκειν mit Akk., 44. b; mit Gen. 74.
δοκεῖν mit Acc. c. inf. oder einf. Inf. 166,
a; 180, 1, Anm. 2; pers. konstr. 167;
δοκεῖν als abs. Inf. 171; δοκοῦν, δόξαν,
δεδογμένον 177, II, 2; δοκῶ μοι 96,
Anm. 2.
δοξάζειν mit Acc. c. inf. od. einf. Inf.
166, b, γ.
δοῦλος ausgelassen 66, 2.
δρᾶν konstr. 44, 1.
δρόμῳ 62.
δύνασθαι mit Inf. 166, b, α; οὐ δύναμαι
μὴ οὐ 192.
δυναστεύειν mit Gen. 74.
δυνατός mit Inf. 166, a; δυνατὸν ὄν 177
II, 2.

E

ἐάν Gebr. 152, 4; 153; ἐὰν καί u. καὶ ἐάν
154, b; ἐάντε – ἐάντε 152, Anm. 3.
ἐᾶν mit Inf. 166, b, β; οὐκ ἐᾶν vetare 190,
Anm. 2.
ἑαυτοῦ, ἑαυτοῖς usw. vertritt das Reflex.
der 1. u. 2. Pers. 96, Anm. 1.
ἐγγύς mit Gen. 71.
ἐγκαλεῖν konstr. 54.
ἐγκρατής mit Gen. 70.
ἐγχειρεῖν mit Dat. 63.
ἔγωγε 199, 6; 92.
ἔδει 135 a; ἔδει ἄν 152, 3.
ἐθέλειν mit Inf. 166 b β; οὐκ ἐθέλω 190,
Anm. 2; ἐθέλοντί μοί ἐστι 59, Anm. 2.
ἐθίζειν mit Inf. 166, b, α.
εἰ 152ff.; statt ὅτι 146, Anm.; in indir.
Fragen 144; mit dem Opt. iterativus
152, 5: εἰ καί u. καὶ εἰ 154, b; εἰ γάρ in
Wunschsätzen 138, a; εἴπερ 199, 6; εἰ
δὲ μή 152, Anm. 2; ὥσπερ ἂν εἰ 154, a;
εἴγε 199, 6; εἰ ἄρα 199, 5; εἴτε 152,
Anm. 3; 144.

εἰδέναι mit Part. und Inf. 180, 2, b; mit
ὅτι 142; mit Prolepsis 141; οἶδ' ὅτι
adverbial 142, Anm. 3.
εἴθε in Wünschen 138, a.
εἰκάζειν mit Dat. 54; 62; mit Inf. 166,
b, γ; ὡς εἰκάσαι 171.
εἴκειν mit Gen. 74.
εἰκὸς ἦν 135, a.
εἶναι ausgelassen 19; selbständiges Verbum 20; mit Dat. 59; mit Gen. possess.
74; „es ist Pflicht, Amt" usw. 65,
Anm.; mit Adverbien 20; mit Partiz.
Perf. od. Aor. 130, 1; 180, 1, a; εἶναι
als absol. Infin. in Redensarten 171;
überflüssig hinzugefügt 171 und
Anm.; ἔστιν οἵ, ἔστιν ὅπου usw. 107;
τῷ ὄντι 62.
εἰπεῖν als absol. Inf. 171; εἰρημένον
absol. Akk. 177, II, 2.
εἴργειν konstr. 74; mit Inf. und μή 192.
εἰρημένον absol. Akk. 177, II, 2.
εἰς, ἐς mit dekl. Infin. 164; bei den Ausdrücken „ankommen, sich versammeln, landen" 85; εἰς Ἅιδου 66, εἰς
διδασκάλου 66.
εἰσβάλλειν intrans. 118.
εἰσὶν οἵ 107; εἰσὶν οἱ οἰόμενοι 176, Anm. 2.
εἰσπράττειν mit doppeltem Akk. 47.
εἴσω mit Gen. 71; 83.
εἶτα bei Fragen 187,2; nach Partiz.178,a.
εἴτε – εἴτε 152, Anm. 3; 144.
εἰωθέναι mit Inf. 166, b, α.
ἐκ ἐξ 84; mit deklin. Inf. 164; bei „hangen u. anbinden" 85, c; ἐξ οὗ 156;
bei „anfangen" 74, Anm. 2.
ἕκαστος mit und ohne Artikel 9, 4; mit
partit. Appos. 29.
ἑκάτερος mit Artikel 10, 2.
ἐκβαίνειν mit Akk. 46, b.
ἐκβάλλειν hat im Pass. ἐκπίπτειν oder
φεύγειν 120, c; mit Gen. 74, 10.
ἐκδιδόναι mit Infin. 166, c; Medium
123, c.
ἐκδύειν mit dopp. Akk. 47.
ἐκεῖ, ἐκεῖσε mit Gen. 71.
ἐκεῖνος Bed. 103; mit Artikel 10, 1.
ἐκκόπτειν τινί τι im Pass. 120.
ἐκλείπειν intrans. 118.

ἑκούσιος statt des deutschen Adv. 32.
ἐκπίπτειν statt ἐκβάλλεσθαι 120, c.
ἐκπλήττεσθαι mit Akk. 44, d.
ἐκτός mit Gen. 83.
ἑκών statt deutschen Adv. 32; ἑκὼν εἶναι
171.
ἐλαττοῦσθαι mit Gen. 74.
ἐλάττων mit od. ohne ἤ 199, 2, Anm. 1.
ἐλαύνειν intrans. 118.
ἐλέγχειν mit Part. 180, 2, c.
ἐλεεῖν konstr. 74.
ἐλεύθερος u. ἐλευθερῦον mit Gen. 70; 74.
ἐλλείπειν mit Gen. 74.
ἐλπίζειν mit Inf. Fut. 166, Anm. 2.
ἐμβάλλειν intrans. 118.
ἐμμένειν mit Dat. 63.
ἔμπειρος mit Gen. 70.
ἐμποδὼν εἶναι mit Inf. u. μή (μὴ οὐ) 192.
ἔμπροσθεν mit Gen. 83.
ἐν bei Zeitbest. 72; statt εἰς bei „setzen,
legen, stellen" 85; beim dekl. Inf. 164;
ἐν ᾧ 156.
ἐναντίος mit Gen. od. Dat. 70f.
ἐνδεής mit Gen. 70.
ἐνδέχεται mit Inf. 166, a.
ἐνδιδόναι intrans. 118.
ἐνδύειν mit dopp. Akk. 47.
ἐνεδρεύειν mit Akk. 44, b.
ἐνεῖναι mit Dat. 63.
ἕνεκα mit Gen. 83; Stell. 77; Bed. 87;
mit dekl. Inf. 164.
ἐνταῦθα mit Gen. 71.
ἐντέλλεσθαι mit Dat. 54, 15; mit Inf.
166, b, β.
ἐντός mit Gen. 71; 83.
ἐντρέπεσθαι mit Gen. 74.
ἐντυγχάνειν mit Dat. 60.
ἐν ᾧ 156.
ἐξαγγελθέντος 177, Anm. 2.
ἔξαρνος u. ἐξαρνεῖσθαι mit Inf. u. μή (μὴ
οὐ) 192.
ἐξελέγχειν mit Part. 180, 2, c.
ἐξελθεῖν mit Akk. 46, b.
ἔξεστι mit Inf. oder *Acc. c. inf.* 166, a.
ἐξικνεῖσθαι mit Gen. 74.
ἐξίστασθαι mit Akk. 46, b.
ἐξόν 177, II, 2.
ἐξ οὗ 156.

ἔξω mit Gen. 71; 83.
ἐοικέναι mit Dat. 54; mit Inf. 166, a; mit Part. 180, 1, Anm. 2; persönl. konstr. 167, a.
ἐπάγειν mit Inf. 166, b, β.
ἐπάν Form 138, 1, Anm. 2; 156, 2.
ἐπαρκεῖν mit Dat. 54.
ἐπεί 156; 146; ἐπεὶ τάχιστα 156; ἐπείγε 146; ἐπείπερ 199, 6.
ἐπειδάν Gebr. 156, 2.
ἐπειδή 156; 146; ἐπειδὴ πρῶτον 156; ἐπειδήπερ 146.
ἔπειτα in Fragen 187, 2; nach Partiz. 178, a.
ἔπεσθαι mit Dat. 54.
ἐπεύχεσθαι mit Dat. 54.
ἐπήν 138, 1, Anm. 2; 156,2.
ἐπί konstr. 84; damit zusammenges. Verben mit Dat. 63; mit Dat. bei Verben der Gemütsstimmung 62, 4; mit deklin. Inf. 164; τὸ ἐπ' ἐμοὶ εἶναι 171; ἐφ' ᾧ oder ἐφ' ᾧτε konstr. 150, 2, d.
ἐπιβουλεύομαι 120.
ἐπιδιδόναι intrans. 118.
ἐπίδοξός εἰμι persönl. konstr. 167, a.
ἐπιεικές ἐστι mit *Acc. c. inf.* 166, a.
ἐπιθυμεῖν mit Gen. 74, 2, c; mit Inf. od. *Acc. c. inf.* 166, b, β.
ἐπίκλησιν Akk. des Bezugs 49, Anm. 2.
ἐπικουρεῖν τινι 54.
ἐπιλαμβάνεσθαι mit Gen. 74.
ἐπιλανθάνεσθαι mit Gen. 74; mit Partiz. 180, 2, b.
ἐπιλείπειν mit Akk. 44, c.
ἐπιμελεῖσθαι mit Gen. 74; mit ὅπως 148, b, α.
ἐπιορκεῖν mit Akk. 44, c.
ἐπίστασθαι mit Inf. oder Part. 180, 2, b u. Anm. 5.
ἐπιστέλλειν mit Inf. 166, b, β.
ἐπιστήμων mit Gen. 70.
ἐπιτάσσειν mit Inf. 166, b, β; im Pass. konstr. 120.
ἐπιτήδειος mit Inf. 166, d; ἐπιτήδειον εἶναι persönl. oder unpersönl. konstr. 167, c.
ἐπιτίθεσθαι mit Dat. 54.
ἐπιτιμᾶν mit Dat. 54.

ἐπιτρέπειν mit Inf. 166, b, β; ἐπιτρέπεσθαι konstr. 120.
ἐπιχειρεῖν mit Inf. 166, b, β; mit Dat. 63.
ἔπος, ὡς ἔπος εἰπεῖν 171.
ἐπωνυμίαν ἔχειν, τιθέναι usw. konstr. 36.
ἐρᾶν mit Gen. 74.
ἐργάζεσθαι mit Passivbed. 122.
ἐρέσθαι mit dopp. Akk. 47.
ἔρημος u. ἐρημοῦν mit Gen. 70; 74.
ἐρίζειν mit Dat. 60.
ἔρχεσθαι mit Part. Fut. 177 I, e.
ἐρωτᾶν mit dopp. Akk. 47; mit Prolepsis 141.
ἐσθίειν mit Gen. od. Akk. 74.
ἑσπέριος adverbial. 32.
ἔστε, ἔστ' ἄν 156.
ἐστι weggelassen 19; ἔστιν ὅστις, ἔστιν οἵ 107.
ἔσχατος Stell. und Bed. 9, 2; τὸ δὲ ἔσχατον 37.
ἔσω mit Gen. 71.
ἕτερος mit Gen. 70.
ἕτοιμος mit Inf. 166, d.
εὖ ποιεῖν mit Akk. 44, a; mit Part. 180, 1, d; εὖ λέγειν mit Akk. 44, a; εὖ πάσχειν ὑπό τινος 120, c. εὖ ἀκούειν ὑπό τινος 120, c;
εὐδαιμονίζειν mit Gen. 70.
εὐδαίμων mit Gen. 70, b.
εὐεργετεῖν mit Akk. 44, a.
εὐθύς beim Partiz. 178, a.
εὐλαβεῖσθαι mit Akk. 44, d; mit Inf. u. μή (μὴ οὐ) 192.
εὐλογεῖν τινα 44, a.
εὐπορεῖν mit Gen. 74.
εὔπορος mit Inf. 166, d.
εὖρος als Akk. des Bezuges 49.
εὔχεσθαι konstr. 54; mit *Acc. c. inf.* od. einf. Inf. 166, b, β.
ἐφιέναι mit Inf. 166, c; ἐφίεσθαι mit Gen. 74; mit Inf. 166, b, β.
ἐφικνεῖσθαι mit Gen. 74.
ἐφ' ᾧ od. ἐφ' ᾧτε konstr. 150, 2, d.
ἔχειν mit dopp. Akk. 43; intrans. 118; mit Adv. u. mit Gen. 71; Bed. des Aor. 129; mit Part. Aor. od. Perf. 130, 1; 180, 1, a; ἔχων „mit" 88; 58, c; ἔχεσθαι mit Gen. 74.

ἐχθρός konstr. 59.
ἐχρῆν 135, a.
ἕως 156.

Z

ζηλοῦν mit Gen. 74; mit Akk. 44, b
ζητεῖν mit Inf. 166, b, β.

H

ἤ „als" 199, 2; ausgel. 199, 2, Anm. 1;
durch den *Gen. comparativus* ersetzt 74;
ἀλλ' ἤ 199, 3; ἤ ὥστε 150, 2, c.
ἤ „oder" Gebr. 199, 2; in disjunkt. Fragen 144; ἤ οὐ 144; ἤ – ἤ 199, 2.
ἦ Versicherungspartikel 199, 6; ἦ μήν
199, 3.
ἦ Fragewort 187, 2.
ἦ δ' ὅς, ἦ δ' ἤ 1, Anm.
ἡγεῖσθαι mit dopp. Akk. 43; mit Akk.
des Weges 46, a; mit Gen. od. Dat. 74,
Anm. 2; mit Inf. od. *Acc. c. inf.* 166, b,
γ; ἡγήσω ἄν *putares* 135, 2, a.
ἡγεμονεύειν mit Gen. 74.
ἥδεσθαι mit Dat. 62; mit Part. 180, 2, a;
ἡδομένῳ μοί ἐστι 59, Anm. 2.
ἤδη – καί 199, 1; 156 Anm.
ἡδύς mit Inf. 166, d; ἡδὺ γελᾶν 41.
ἥκειν Bed. 126; ἧκον aoristisch 126.
ἥλιος ohne Artikel 6, Anm.
ἡμέρας u. τῆς ἡμέρας 72 u. Anm. 1.
ἥμισυς 67, Anm. 1.
ἤν s. ἐάν.
ἡνίκα 156.
ἡττᾶσθαι mit Gen. 74; mit Part. 180, 1, d;
mit Perfektbed. 126.

Θ

θάλασσα ohne Artikel 6 und Anm.
θανάτου κρίνειν, ὑπάγειν usw. 74.
θαρρεῖν konstr. 44, Anm.
θαυμάζειν mit Gen. 74; mit ὅτι oder
Part. 180, 2, a; mit εἰ 146, Anm.;
ἐθαύμασα „ich muß mich wundern"
129, d.
θέλεις oder θέλετε beim *Coni. dubit.*
137, b.
θεοί oft ohne Artikel, 6, 2.
θεραπεύειν mit Akk. 44, a.

θηρᾶν, θηρεύειν mit Akk. 44, b.
θιγγάνειν mit Gen. 74.
θνήσκειν s. ἀποθνήσκειν.
θρηνεῖν transitiv 44, d.
θυγάτηρ ausgel. 66, 2.
θύειν m. Akk. 41.
θωπεύειν mit Akk. 44, a.

I

ι *demonstrativum* 92.
ἴδιος mit Gen. 70; ἰδίᾳ 62.
ἰέναι mit Akk. des Weges 46, a; εἰς
χεῖρας ἰέναι τινί 60. ἰέναι u. ἰέναι mit
Inf. od. Part. Fut. zur Bezeichnung der
Absicht 177, I, e; 166, c, Anm.
ἱερός mit Gen. 70.
ἴθι beim *Coni. adhortat.* 137, a.
ἱκανός mit Inf. 166, d; persönl. oder unpersönl. konstr. 167, c.
ἱκετεύειν mit Inf. 166, b, β.
– ικός: Adj. auf ι :ός mit Gen. 70, f.
ἵνα 148.
ἵππος, ἡ „Reiterei" kollekt. gebr. 26, 4.
ἰσοῦν mit Dat. 54.
ἱστάναι εἰς u. ἐν 85.

K

καθάπερ 28.
καθαρός u. καθαίρειν mit Gen. 74; 70.
καθέζεσθαι εἰς u. ἐν 85.
καθιστάναι mit dopp. Akk. 43; mit dopp.
Nom. 34.
καί Bed. u. Gebr. 199, 1; bei πολύς 33, 3;
bei εἰ und ἐάν 154, b; beim Part. 178,
b; nach Adj. der Gleichheit u. Ähnlichkeit 55; 199, 1; verbindet beigeordnete Adj. 33; verbindet mehrere
Part. 177, Anm. 5; καί steht da, wo
im Deutschen Asyndeton stattfindet
199, 1; bei Vergleichen doppelt gesetzt
199, 1; bezeichnet ein unerwartet ein-
tretendes Ereignis 199, 1; 156, Anm.;
καὶ αὐτός 101; καὶ οὗτος 103; καὶ ὅς 1,
Anm.; καὶ οὐ und οὐδέ 197; καί–καί,
τε–καί 199, 1; καὶ γάρ 199, 4, Anm. 2.
καίπερ mit Part. 178, b.
καιρός mit Inf. od. *Acc. c. inf.* 166, a.
καίτοι 199, 3.

257

μεμνῆσθαι mit Gen. 74, 4; mit Inf. od.
Part. 180, 2, b u. Anm. 5.
μέμφεσθαι 54; mit pass. Bed. 122.
μέν 199, 3; μέν–δέ *cf.* δέ. Stellung 79, 3;
199, 3, Anm. 1; ὁ μέν–ὁ δέ 1, 1; μὲν
οὖν 199, 3; 199, 5.
μένειν mit dopp. Nom. 34; mit Akk. 44, c.
μέντοι 199, 3; οὐ μέντοι ἀλλά 195, 4.
μέρος mit Verbum im Plur. 23, a.
μεσονύκτιος 32.
μέσος mit Gen. 70, f. Stell. u. Bed. 9, 2.
Adjekt. statt Adv. 32; μέσαι νύκτες
ohne Artikel 6, 4.
μεστός mit Gen. 70. d.
μετά 84.
μεταβάλλειν intrans. 118.
μεταδιδόναι konstr. 74.
μεταλαμβάνω konstr. 74.
μεταμέλει mit Gen. 74.
μεταξύ mit Gen. 71; beim Part. 178, a.
μέτεστι konstr. 74.
μετέχειν mit Gen. 74; mit Dat. 60.
μέτοχος mit Gen. 70.
μετρεῖν konstr. 62, 11.
μέχρι 156.
μή Gebr. 190; in Wunschsätzen 138, a;
beim *Coni. adhortat.* 137, a; mit Konj.
des Präs. = „vielleicht, doch wohl“
137, Anm. 3; = „daß nur nicht“ ohne
regierendes Verb. 148, Anm. 5; bei
Verboten 137, c; nach *Verbis timendi*
148, b, β; in Konsekutivsätzen 150;
in Finalsätzen 148; beim Inf. 163; beim
Part. 174; in konditionalen Relativsätzen 158; in hypothet. Temporalsätzen 156; εἰ μή, ὅτι μή „außer“ 152,
Anm. 2; οὐ μή 137, Anm. 3; 193; μὴ
οὐ mit Konj. Präs. 137, Anm. 3; beim
Inf. 192; μὴ ὅτι, μὴ τί γε 195, 4.
μηδέ u. καὶ μή 197.
μηδείς 194.
μήν 199, 3; οὐ μὴν ἀλλά 195.
μήτηρ ohne Art. 6, 4.
μήτοι 199, 6.
μηχανὴ οὐδεμία μὴ οὐ 192.
μικροῦ (*sc.* δεῖν) mit Ind. 135, b; 167, b. 171.
μιμεῖσθαι mit Akk. 44, b; mit Passivbed.
122.

μιμνήσκειν mit Gen. 74, 4; μιμνήσκεσθαι
mit Part. 180, 2, b.
μνημονεύειν konstr. 74, 4.
μνήμων mit Gen. 70.
μόνος Stell. 9, 2; μόνος τῶν ἄλλων 117;
μόνον οὐ 195; οὐ μόνον–ἀλλὰ καί 199.
μῶν 187, 2.

N

ναί 199, 6; „ja“ 188.
νέμειν mit Dat. 54, 2.
νή mit Akk. 199, 6.
νικᾶν mit Akk. 41; mit Part. 180, 1, d;
„Sieger sein“ 126.
νομίζειν mit dopp. Akk. 43; mit dopp.
Nom. 34; mit Gen. 74, 1; persönl.
konstr. 167, c; mit Inf. oder *Acc. c. inf.*
166, b, γ; οὐ νομίζω 190, Anm. 2.
νόμους γράφειν und γράφεσθαι 123, Anm. 1.
νουθετεῖν mit Inf. 166, b, β.
νυκτός u. τῆς νυκτός 72, Anm. 1.
νῦν u. τὸ νῦν 52; τὸ νῦν εἶναι 171.

O

ὁ, ἡ, τό s. Artikel
ὁ μέν – ὁ δέ 1, 1.
ὅδε Bed. 103; mit Art. 10. 1.
ὁδὸν ἰέναι, τρέπεσθαι usw. 46, a.
οἶδ᾽ ὅτι 142, Anm. 3. s. εἰδέναι.
οἴεσθαι mit Inf. od. *Acc. c. inf.* 166, b, γ;
ᾤετό τις ἄν, τίς ἂν ποτ᾽ ᾠήθη 135, 2, a.
οἰκεῖος mit Gen. 70.
οἰκέω mit Akk. 44, Anm.
οἰκία ausgel. 66.
οἰκτίρειν konstr. 74, 8.
οἴμοι mit Gen. 71.
οἰμώζειν trans. 44, d.
οἷος im Ausruf 106, 1; mit Inf. nach
τοιοῦτος 150, Anm. 2; οἷόν τέ ἐστι mit
Inf. 166, a; οἶον, οἷον δή „zum Beispiel“ 28; τοιοῦτος – οἷος 113; οὐχ οἷόν
τε μὴ οὐ 192.
οἴχεσθαι Bed. 126; mit Part. 126; 180, 1, b.
ὀκνεῖν mit Inf. 148, Anm. 4.
ὀλίγοι u. οἱ ὀλίγοι 9, 1; ὀλίγῳ 62; ὀλίγου
δεῖν 135, b; 167, c.
ὀλιγωρεῖν mit Gen. 74.
ὅλος mit Art. 9, 5.
Ὀλύμπια νικᾶν 41.

ὁμιλεῖν mit Dat. 60.
ὀμνύναι mit Akk. 44, c; mit Inf. Fut. 166, Anm. 2.
ὅμοιος mit Dat. od. καί 55.
ὁμοιοῦν mit Dat. 54.
ὁμολογεῖν mit Dat. 60; pers. od. unpers. konstr. 167, c.
ὁμονοεῖν mit Dat. 60.
ὁμοῦ mit Dat. 83.
ὅμως 199, 3; beim Part. 178, b.
ὀνινάναι mit Akk. 44, a.
ὄνομα Akk. des Bezugs 49, Anm. 2; ὄνομα ἔχω, ὄνομά ἐστί μοι usw. konstr. 36.
ὀνομάζειν mit dopp. Akk. od. Nom. 43 u. 34; ὀνομαζόμενος 176, Anm. 1.
ὄπισθε mit Gen. 71; 83.
ὁποῖος 105.
ὁπόσος 105.
ὁπόταν 156, 2.
ὁπότε 156; mit *Opt. iterativ.* 152, 5 u. 156, 3.
ὅπως als Finalkonjunktion 148; ὅπως ἄν 148, Anm. 2; mit Ind. Fut. 148, b, α; ohne regierendes Verbum 148, Anm. 3; οὐκ ἔστιν ὅπως 107; οὐχ ὅπως - ἀλλὰ καί (οὐδέ) 195, 3.
ὁρᾶν mit Part. od. Inf. 180, 2, b.
ὀργίζεσθαι, Bed. d. Tempusstämme 125, Anm.; mit Dat. 62; mit Partizip 180, 2, a.
ὀρέγεσθαι mit Gen. 74; mit Inf. 166, b, β.
ὄρθριος statt des deutschen Adv. 32.
ὁρμᾶν intrans. 118.
ὁρμίζεσθαι εἰς 85.
ὀρχεῖσθαι mit Dat. 59.
ὅς Bed. u. Gebr. 105; als Demonstrativ 1, Anm.; ἐξ οὗ, ἀφ' οὗ, ἐν ᾧ 156; ὅςγε 105, Anm.
ὅσιον οὐκ ἔστι μὴ οὐ 192.
ὅσος - τοσοῦτος 113; ὅσῳ - τοσούτῳ 62, 8; 113; ὅσος im Ausruf 106; bei Adj. 107, 3, Anm.; mit Inf. 150, 2, Anm. 2; ὅσον οὐ 195, 1.
ὅστις Bed. u. Gebr. 105; ὅστις δή u. ὁστισοῦν 199, 5, Anm. 2; 107, 3, Anm.; οὐδεὶς ὅστις οὐ 107, 2; ὅστις βούλει 107, 3, Anm.

ὅταν 153; 156, 2.
ὅτε 156; mit *Opt. iterat.* 152, 5.
ὅτι „weil" 146; „daß" 142; 180, 2, Anm. 1; führt die direkte Rede ein 142, Anm. 2; οὐχ ὅτι - ἀλλὰ καί 195, 2.
οὐ Gebr. 190 ff.; für das deutsche „kein" 194; beim Inf. 163; beim Part. 174; in indirekten Fragen bei εἰ 190, Anm. 3; οὐ μή 193; 137, Anm. 3; in Fragen statt eines Verbotes 131, 1, c; μὴ οὐ beim Inf. 192; οὐ μή mit Konj. Aor. od. Ind. Fut. 137, Anm. 3; οὔ „nein" 188; οὐ γὰρ ἀλλά 199, 4, Anm. 2.
οὐδαμοῦ mit Gen. 71.
οὐδέ u. καί οὐ 197; οὐδέ - οὐδέ 197.
οὐδείς Gebr. 194; οὐδεὶς οὐ 191; οὐδεὶς ὅστις οὐ 107.
οὐδέν „durchaus nicht" 194, Anm.; 52; 62, 8.
οὐδέποτε 194, Anm.
οὐκοῦν u. οὔκουν 187, 2; 199, 5.
οὖν Gebr. 199, 5.
οὔποτε 194, Anm.
οὐρανός ohne Artikel 6, Anm.
οὔτε - οὔτε 197; οὔτε - οὐδέ 197.
οὔτι 194.
οὔτοι 199, 6.
οὗτος Bed. 103; mit Artikel 10, 1; ὃ οὗτος 38, 2; εἰς τοῦτο μανίας ἐλθεῖν 67, Anm. 2; τί τοῦτο 115, d; οὑτοσί 92.
οὕτως Gebr. 103; nach dem Part. 178, a; οὕτως ἔχειν mit Gen. 71; οὕτως - ὡς 113; οὐχ οὕτως - ὡς 199, 3.
ὄχλος mit Verbum im Plur. 23, a.
ὀψέ mit Gen. 71.
ὄψιος statt des deutschen Adv. 32.

Π

παιδεύειν konstr. 47.
παῖς ohne Art. 6, 4.
πάλαι u. τὸ πάλαι 14, Anm.
παννύχιος 32.
πανταχοῦ mit Gen. 71.
παρά 84, e, 1.
παραβαίνειν mit Akk. 46, b.
παραγγέλλειν mit Dat. 54, 15; mit Inf. 166, b, β.
παραδιδόναι mit Inf. 166, c.

παραινεῖν mit Dat. 54, 14; mit Inf. 166, b, β.

παρακελεύεσθαι mit Dat. 54, 15; mit Inf. 166, b, β.

παραμυθεῖσθαι mit Dat. 54, 14.

παραπλεῖν mit Akk. 46, b.

παραπλήσιος mit Dat. oder καί 55.

παρασκευάζεσθαι Med. 123.

παραχωρεῖν mit Gen. 74, 9, b, α.

παρεῖναι εἰς 85; παρόν 177, II, 2.

παρέχειν mit dopp. Akk. 43; παρέχεσθαι Med. 123, c; mit Inf. 166, c.

παροξύνειν mit Inf. 166, b, β.

πᾶς Stell. beim Artikel 9, 5; 10, 5; τὰ πάντα adv. Akk. 52.

πάσχειν Passiv zu ποιεῖν 44, Anm. 1; ὑπό τινος 118.

πατήρ ohne Art. 6, 4.

παύεσθαι 123; mit Gen. 74, 9; mit Part. 180, 1 c.

πεδίον ohne Art. 6, Anm.

πεζῇ 62.

πείθειν 166, b, β; mit Dat. 54, Anm.; πείθω „ich suche zu überreden" 126; πέποιθα mit Dat. 54, 3.

πεινῆν mit Gen. 74, 3, c.

πειρᾶσθαι mit Gen. 74, 4; mit Inf. 166, b, β.

πέμπειν mit Inf. od. Part. Fut. zur Bezeichn. der Absicht 177, I, e; 166, Anm. 4.

πένης mit Gen. 70.

πενθεῖν konstr. 44, d.

περ 199, 6.

περαιοῦσθαι und

περᾶν mit Akk. des Weges 46, a.

περί 84; mit dem Artikel 5, 7; steht hinter dem Nomen 77 u. 78; περὶ πολλοῦ (οὐδενός etc.) ποιεῖσθαι 74, 6.

περιγίγνεσθαι mit Gen. 74, 9.

περιεῖναι mit Gen. 74, 9.

περιιέναι mit Akk. 46, b.

περιίστασθαι mit Akk. 46.

περιμένειν mit Akk. 44, c.

περιορᾶν mit Inf. od. Part. 180, 2, b, Anm. 2.

περιτυγχάνειν mit Dat. 63.

πιμπλάναι mit Gen. 74, 7.

πίνειν mit Gen. 74, 3.

πιστεύειν mit Dat. 54; πιστεύομαι 120.

πλεῖν θάλασσαν 46, b.

πλέον mit od. ohne ἤ 199, 2, Anm. 1. πλέονες u. οἱ πλέονες 9, 1; ὁ πλείων τοῦ στρατοῦ 67, Anm. 1.

πλεονεκτεῖν c. gen. 74.

πλῆθος als Akk. des Bezuges 49, Anm. 2; mit Verbum im Plur. 23, a.

πλήν mit Gen. 83.

πλήρης und πληροῦν mit Gen. 70.

πλησίον mit Gen. 71; 83.

πλούσιος mit Gen. 70.

ποθεῖν mit Inf. 166, b, β; mit Akk. 44, d.

πόθεν mit Gen. 71.

ποῖ mit Gen. 71.

ποιεῖν mit dopp. Akk. 43; εὖ (κακῶς) ποιεῖν mit Akk. 44, a; mit Part. 180, 2, c; ποιεῖσθαι περὶ πολλοῦ (οὐδενός etc.) 74, 6; ποιεῖσθαι mit Subst. zur Umschreibung von Verben 123, c, Anm. 2.

πολεμεῖν mit Dat. 60; mit Akk. 41.

πόλεμον ποιεῖν u. ποιεῖσθαι 123, c, Anm. 2.

πόλις mit Verbum im Plur. 23, a.

πολιτεύειν u. --εσθαι 123, c, Anm. 1.

πολιτικόν = πολῖται 26, 4.

πολύ od. πολλῷ beim Komp. od. Superl. 62, 8; οἱ πολλοί 9, 1; πολλοὶ καί 33, 3; πολλοῦ δεῖν s. δεῖν, πολλά adv. Akk. 52; ἡ πολλὴ (πλείστη) τῆς Ἑλλάδος 67, Anm. 1.

πορεύεσθαι mit Akk. des Weges 46, a.

πόρρω mit Gen. 71.

πότε mit Gen. 71.

πότερον in disj. Fragen 144.

ποῦ mit Gen. 71.

πρακτικός mit Gen. 70.

πράττειν mit dopp. Akk. 47; πράττειν intrans. 118.

πρέπειν mit Inf. od. *Acc. c. inf.* 166, a.

πρεσβεύειν εἰρήνην 41.

πρίασθαι mit Gen. 74.

πρίν 156, 4; τὸ πρίν 52.

πρό 84; damit zusammges. Verb. mit Gen. 74, 10; πρὸ τοῦ 1, 5.

προάγειν mit Inf. 166 b, β.

τέλος adverb. Akk. 52.
τῇ μέν – τῇ δέ 1, 1.
τηλικοῦτος mit Art. 10, 3.
τιθέναι εἰς od. ἐν 85; mit dopp. Akk. 43;
   mit Gen. 74, Anm. 1.
τιμᾶν u. –ᾶσθαι konstr. 74, 6.
τίμιος mit Gen. 70.
τιμωρεῖν 44 u. Anm. 3.
τίνειν u. –εσθαι 44, Anm. 3.
τί ἐστι φιλία u. τίς ἐστι φιλία 25, b; τίς
   u. ὅστις untersch. 115, a; τί „warum"
   52; τί γάρ 199, 4; τίς οὗτος 115, d.
τις Bed. u. Gebr. 116; für den deutschen
   unbest. Artikel 16, 3; für das deutsche
   „man" 21; τινα beim Inf. weggel. 162,
   1, d; τι adverbialer Akk. 52.
τοι 199, 6.
τοιγαροῦν, τοιγάρτοι 199, 5.
τοίνυν 199, 5.
τοῖος selten 113.
τοιοῦτος u. τοιόσδε. mit Art. 10, 3; Bed.
   103, 5; τοιοῦτος – οἷος 113.
τὸ μέν – τὸ δέ 1, 1.
τοξεύειν mit Gen. 74.
τόσος selten 113.
τοσοῦτος u. τοσόσδε mit Artikel 10, 3;
   103, 5; τοσοῦτος – ὅσος, τοσούτῳ – ὅσῳ
   113; τοσούτου δέω 167, b; εἰς τοσοῦτο
   μανίας ἐλθεῖν 67, Anm. 2. οὐ τοσοῦτον
   – ὅσον 199, 3.
τότε nach Partiz. 178, a.
τρέπεσθαι ὁδόν 46, a.
τριταῖος 32.
τρόπον adverb. Akk. 52.
τυγχάνειν mit Gen. 74, 3, c; mit Part.
   180, 1, b; ὁ τυχών 16, 1; 176, 2.
τυραννεῖν mit Gen. 74.

Υ

υἱός ohne Art. 6, 4; ausgel. 66, 2.
ὑπάγειν konstr. 74, 5.
ὑπάρχειν mit Part. 180, 1, b.
ὑπέρ 84; mit ὑπέρ zusammenges. Verba
   regieren d. Gen. 74, 10; d. Akk. 46, b.
ὑπερβαίνειν mit Akk. 46, b.
ὑπερβάλλειν mit Akk. 74, 9, Anm. 1.
ὑπερέχειν mit Gen. 74, 9, γ.
ὑπήκοος mit Gen. 70.

ὑπισχνεῖσθαι mit Inf. Fut. 166, Anm. 2.
ὑπό 84; beim Passiv 86; 57; bei ἀποθνῄσκειν, φεύγειν etc. 118; bezeichnet
   den Beweggrund 62, 3.
ὑπολαμβάνειν mit Inf. od. Acc. c. inf. 166,
   b, γ; ὑπολαμβάνεσθαι mit dopp. Nom.
   34.
ὑπομιμνήσκειν 47; 74, 4, Anm. 2.
ὑποπτεύειν mit Prolepsis 141; mit Inf. od.
   Acc. c. inf. 166, b, γ; Bed. d. Aor. 129.
ὕστατος, Adj. statt Adv. 32.
ὑστερεῖν mit Gen. 74, 9, γ.
ὕστερος Adj. statt Adv. 32; mit Gen. 70.
ὑφίστασθαι mit Akk. 46, b.
ὕψος Akk. des Bezuges 49, Anm. 2.

Φ

φαίνειν mit Part. 180, 2, c; φαίνεσθαι
   persönl. konstr. 167; mit dopp. Nom.
   34; mit Inf. oder Part. 180, 1 b und
   Anm. 2.
φάναι: οὐ φημι nego 190, Anm. 2.
φανερός εἰμι mit Part. 180, 1, b und
   Anm. 2.
φείδεσθαι mit Gen. 74.
φέρειν χαλεπῶς, βαρέως konstr. 62, 4; mit
   Part. 180, 2, a; φέρε δή 199, 6; φέρε
   beim Coni. adhortat. 137, a; φέρων „mit"
   88.
φεῦ mit Gen. 71.
φεύγειν mit Akk. 44, b; ὑπό τινος 118;
   Bed. im Präs. u. Aor. 125; 126; ὁ
   φεύγων 176, 2; mit Gen. criminis 74; mit
   Inf. u. μή (μὴ οὐ) 192.
φθάνειν mit Akk. 44 c; mit Part. 180, 1,
   b; 180, 1 Anm. 1; οὐκ ἂν φθάνοις mit
   Part. für den Imperativ 180, 1, Anm. 3.
φθονεῖν konstr. 74, 8, b; 54, 7; im Passiv
   120.
φίλος konstr. 59, c.
φοβεῖν mit Akk. 44 d; mit μή 148, b, β;
   mit Inf. 148, b, β, Anm. 4; Bed. der
   Tempusstämme 125.
φοβερός mit Inf. 166, d.
φροντίζειν mit Gen. 74; mit ὅπως 148, b, α.
φυλάττεσθαι mit Akk. 44, d; mit Prolepsis 141; mit μή od. ὅπως μή 148, b,
   γ; mit Inf. u. μή 192.

263

X

χαίρειν mit Dat. 62, 4; mit εἰ 146, Anm.
1; mit Partiz. oder ὅτι 180, 2 a. χαλεπός
mit Inf. 166 d; χαλεπῶς φέρω konstr.
62, 4; 180, 2, a.
χάριν mit Gen. 52; 83.
χειροτονεῖν konstr. 43; mit Inf. 166, c;
Passiv mit dopp. Nom. 34.
χρή mit Inf. od. *Acc. c. inf.* 166, a; χρῆν
od. ἐχρῆν „es wäre notwendig" 135,
a;
ἐχρῆν ἄν 152, 3.
χρῄζειν mit Inf. 166, b, β.
χρῆσθαι mit Dat. 54, 17; χρώμενος „mit"
88.
χρίεσθαι Med. 123, a.
χωρίζειν mit Gen. 74, 9, b.
χωρίς mit Gen. 83.

Ψ

ψαύειν mit Gen. 74, 3, b.
ψηφίζεσθαι mit Inf. od. *Acc. c. inf.* 166,
b, β.
ψιλός mit Gen. 70.

Ω

ὦ beim Vokativ 38 u. 39; mit Gen. 71.
ὧδε Gebr. 103.
ὤμοι mit Gen. 71.
ὤν für das deutsche „als" bei der Appos.
28; 177, II, Anm. 2; ὄν als *Acc. absol.*
177, II, 2.
ὠνεῖσθαι mit Gen. 74; mit Passivbedeu-
tung 122.
ὥρα ἐστί mit Infin oder *Acc. c. inf.* 166, a.
ὡς temporal 156; ὡς τάχιστα 156.
ὡς „wie" beim Part. 178; 177, I, e, u. II, 2,
c; beim Inf. 171; beim Ausruf 106, 1;
οὕτως – ὡς 113.
ὡς final 148; 149; ὡς ἄν 148, Anm. 2.
ὡς konsekutiv 150.
ὡς kausal 146; 171; 178, c, 2; 28.
ὡς „daß" 142, 143.
ὡς Präposition 84, c, 2.
ὥσπερ 28; 199, 6; mit Partiz. 178, c, 2;
mit absol. Partiz. 177, II, 2.
ὥστε 150 u. 151; „daher, demnach"
150, Anm. 1.
ὠφελεῖν mit Akk. 44, a; Passiv 120
ὤφελον 138, a, β.